Für Maria Widl,
mit den besten Wünschen
für die pastoraltheo-
logische Arbeit in
Erfurt. Möge die Arbeit
dazu beitragen, den
Blick für die pastorale
Bedeutung der Sozial-
berufe in der Kirche
zu schärfen!
In kollegialer
Verbundenheit
Martin
26.1.06

Benediktbeurer Studien

Herausgegeben von den Professoren
der Philosophisch-Theologischen Hochschule
der Salesianer Don Boscos Benediktbeuern
Theologische Fakultät

Band 8

Martin Lechner

Theologie in der Sozialen Arbeit

Begründung und Konzeption einer Theologie
an Fachhochschulen für Soziale Arbeit

DON BOSCO

Die Deutsche Bibliothek – CIP-Einheitsaufnahme

Ein Titeldatensatz für diese Publikation
ist bei Der Deutschen Bibliothek erhältlich.

1. Auflage 2000 / ISBN 3-7698-1213-1
© 2000 Don Bosco Verlag, München
Umschlag: Alex E. Schmid
Satz: Marianne Leskovac, Benediktbeuern
Gesamtherstellung: Weihert Druck, Darmstadt

Gedruckt auf umweltfreundlichem Papier.

„Auch denke ich, es ist nicht blanke Illusion, einige Erwartungen damit zu verbinden, daß Theologen/innen in einem allerdings paritätischen und sprachlich zuträglichen Austausch z. B. mit Sozialarbeiter/innen ihre Gedanken als Motivationshilfe für die Beteiligten überkommen lassen können, je mehr sie sich von den Erzählungen aus dem sozialen Bereich selbst betreffen lassen. Vielleicht entdecken wir doch allmählich wieder gemeinsame soziale Felder, wo theologische Inhalte nicht als Indoktrination und Disziplinierung, sondern als Ideen ankommen, die sich am Erzählgut der Caritasleute aufs Spiel setzen und sich von ihren Realerfahrungen und Glaubensmöglichkeiten entsprechend ausschmelzen lassen."[1]

---

[1] O. Fuchs, Krise der Theologie: Krise der Theolog(inn)en?, in: *I. Cremer/D. Funke (Hrsg.)*, Diakonisches Handeln. Herausforderungen – Konfliktfelder – Optionen, Freiburg 1988, 65-71, hier 60f.

Inhalt

0 Vorwort 11

1. Motive und Kontext einer Theologie in der Sozialen Arbeit 15

   1.1 Persönliche Erfahrungen 19

   1.2 Kontextuelle Herausforderungen 24

      1.2.1 Die Motivkrise in der Sozialen Arbeit 24

      1.2.2 Säkularisierung und Ökonomisierung des Helfens 26

      1.2.3 Die Leitbild- und Qualitätsdebatte in der kirchlichen sozialen Arbeit 30

      1.2.4 Der aktuelle Diskurs um die Etablierung einer Sozialarbeitswissenschaft 35

      1.2.5 Krise der akademischen Theologie? 39

      1.2.6 Das religiöse und theologische Interesse von Studierenden der Sozialen Arbeit 41

2. Zwischen Anspruch und Wirklichkeit – Theologie an katholischen Fachhochschulen für Soziale Arbeit 49

   2.1 Selbstverständnis und Anspruch der katholischen Fachhochschulen 49

   2.2 Konzeptionelle und inhaltliche Wirklichkeit der Theologie an katholischen Fachhochschulen für Soziale Arbeit 51

      2.2.1 Katholische Fachhochschule Berlin 53

      2.2.2 Katholische Universität Eichstätt – Fachhochschulstudiengang Soziale Arbeit 59

      2.2.3 Katholische Fachhochschule Freiburg – staatlich anerkannt – Hochschule für Sozialwesen, Religionspädagogik und Pflege 63

      2.2.4 Katholische Fachhochschule Mainz 72

      2.2.5 Katholische Stiftungsfachhochschule München, Abteilungen München und Benediktbeuern. Fachhochschule der kirchlichen Stiftung des öffentlichen Rechts „Katholische Bildungsstätten für Sozialberufe in Bayern" 79

2.2.6 Katholische Fachhochschule Norddeutschland -
        Vechta/Osnabrück 94
  2.2.7 Katholische Fachhochschule Nordrhein-Westfalen.
        Abteilungen: Aachen - Köln - Münster - Paderborn 101
  2.2.8 Katholische Hochschule für Soziale Arbeit Saarbrücken 112
2.3 Bilanzierende Bewertung 117
  2.3.1 Zwischen staatlichem Auftrag und kirchlichem Proprium -
        Zum Selbstverständnis katholischer Fachhochschulen für
        Soziale Arbeit 117
  2.3.2 Zwischen Kür und Pflicht -
        Zur strukturellen und konzeptionellen Einbindung der
        Theologie 118
  2.3.3 Zwischen philosophisch-theologischer Wertorientierung
        Sozialer Arbeit und religionspädagogischer Zusatz-
        qualifikation - Zur Zielsetzung der Theologie 120
  2.3.4 Zwischen theologischer und kairologischer
        Systematik - Zu den bestimmenden Kriterien
        für die Konzeption von Lehrangeboten 121
  2.3.5 Zwischen Professur und Lehrauftrag -
        Zur personellen Repräsentanz der Theologie 122
  2.3.6 Zwischen akademischer Vorlesung und
        multiperspektivischer Fallarbeit - Zur methodischen Form
        theologischer Lehre 123
  2.3.7 Zwischen Praxislehre und Grundlagenforschung -
        Das Forschungsdefizit bezüglich einer Theologie
        in der Sozialen Arbeit 124
3. Begründung einer bezugswissenschaftlichen Theologie
   an Fachhochschulen für Soziale Arbeit 126
3.1 Sozialarbeitswissenschaft im Werden 126
  3.1.1 Anliegen der aktuellen Debatte um eine
        Sozialarbeitswissenschaft 127
  3.1.2 Theologie in der Sozialen Arbeit? - Möglichkeit und
        Notwendigkeit 133

3.2 Spuren einer Theologie in der Sozialen Arbeit 136

    3.2.1 (Kontextuelle) Sozialtheologie *(J. B. Banawiratma/ J. Müller)* 136

    3.2.2 Sozialpastoral *(N. Mette/H. Steinkamp)* 140

    3.2.3 ‚Theologie an der Grenze' *(H.-G. Heimbrock)* 142

    3.2.4 ‚Theologie der sozialen Aufgabe' *(K. Rahner)* 146

    3.2.5 Pastoraltheologie ‚mit Anstand' *(F. J. Hungs)* 148

    3.2.6 ‚Theologie für Nichttheologen' *(Ch. Bäumler)* 150

3.3 Braucht Soziale Arbeit die Theologie? 153

    3.3.1 Anschlußstelle: ‚Interdisziplinäre Theorie' 157

    3.3.2 Anschlußstelle: Menschen- und Gesellschaftsbild 163

    3.3.3 Anschlußstelle: ‚Wertewissen' und ‚moralisch inspirierte Kasuistik' 168

    3.3.4 Anschlußstelle: Soziale Gerechtigkeit 176

    3.3.5 Anschlußstelle: Professionalität als ‚Lebenswelthermeneutik' 181

    3.3.6 Anschlußstelle: Spiritualität - Sinn - Kontingenzbewältigung 186

    3.3.7 Anschlußstelle: Institution 190

    3.3.8 Anschlußstelle: Geschichts- und Erinnerungsarbeit 193

3.4 Konvergenzen zwischen Sozialer Arbeit und Praktischer Theologie 198

    3.4.1 Konvergenzpunkt: Handlungswissenschaft 199

    3.4.2 Konvergenzpunkt: Sinn- und Bedeutungsverstehen 202

    3.4.3 Konvergenzpunkt: Theorie-Praxis-Bezug 205

    3.4.4 Konvergenzpunkt: Der Mensch und das Soziale 209

    3.4.5 Konvergenzpunkt: Subjektorientierung 212

    3.4.6 Konvergenzpunkt: Option für die Benachteiligten 216

4. Theologie in der Sozialen Arbeit - Konzeptualisierung einer Theologie als Bezugswissenschaft an (konfessionellen) Fachhochschulen für Soziale Arbeit 219

4.1 Theologie - eine notwendige Bezugswissenschaft 219

4.2 Theologie in der Sozialen Arbeit - ein definitorischer Versuch.... 222

    4.2.1 Eine christliche Theologie 222

    4.2.2 Eine bezugswissenschaftliche Theologie 226

    4.2.3 Eine kontextuelle Theologie 227

    4.2.4 Eine elementarisierte Theologie 230

    4.2.5 Eine originäre diakonische Theologie 232

    4.2.6 Eine praktische Theologie 234

4.3 Ziele und Aufgaben einer Theologie an Fachhochschulen für Soziale Arbeit 236

    4.3.1 Das allgemeine Studienziel: Befähigung zu einem selbständigen beruflichen Handeln auf der Basis wissenschaftlicher Erkenntnisse und wissenschaftlicher Methoden 236

    4.3.2 Spezifischer Beitrag zum Erwerb einer fachlichen, personal-spirituellen und institutionellen Kompetenz - Aufgabe der Theologie an allen Fachhochschulen 238

    4.3.3 Vermittlung einer sozialpastoralen Kompetenz - Zusätzliche Aufgabe der Theologie an konfessionellen Fachhochschulen 244

4.4 Das inhaltliche Angebot einer Theologie in der Sozialen Arbeit - Versuch eines Aufrisses 245

    4.4.1 „Glaube, Hoffnung und Liebe, diese drei ..." (1 Kor 13,13) - Das entscheidend und unterscheidend Christliche einer „Theologie im Brennpunkt des Sozialen" 245

    4.4.2 „Was ist der Mensch, daß Du an ihn denkst ...?" (Ps 8,5) - Der Mensch aus der Perspektive Gottes 254

    4.4.3 „... das Wichtigste im Gesetz: Gerechtigkeit, Barmherzigkeit und Treue" (Mt 23,23) - Das christliche Ethos als Motivation und Radikalisierung sozialer Praxis 261

4.4.4 „Solidarität und Gerechtigkeit" - Sozialethische Perspektiven und Themen Sozialer Arbeit 267

4.4.5 „Religion entdecken und verstehen lernen" - Theologische Beiträge zu einer professionellen Deutungskompetenz in der Sozialen Arbeit 275

4.4.6 „Nichts Außergewöhnliches, aber das Gewöhnliche außergewöhnlich gut" tun (Ellen Ammann) - Bausteine zu einer spirituellen Fundierung sozialberuflicher Professionaliät 280

4.4.7 „Eine Kirche, die nicht dient, dient zu nichts" (J. Gaillot) - Eine realistische und prophetische Sicht von Kirche 287

4.4.8 „Die Hilfe muß der Not gebracht werden ..." - ‚Gefährliche Erinnerungen' an die Geschichte christlich motivierten Helfens 292

4.5 Vermittlungsformen der Theologie 302

4.6 Anforderungen an das Lehrpersonal 305

5. Ausblick 308

Abkürzungsverzeichnis 312

Literaturverzeichnis 313

Index 356

0 Vorwort

Theologie sei, so schreibt A. Heller, ein „Risiko", wenn man sie in Verbindung mit der sozialen Arbeit bringt. Sie ist für deren Würdigung und Dignität nicht nur wichtig, sondern unverzichtbar. Sie setzt fachlich kompetente und interdisziplinäre Theologinnen und Theologen voraus, die sich selbst in die Prozesse der sozialen und caritativen Arbeit hineinbegeben, ‚maieutische' Dienste zur Entstehung einer diakonischen Theologie leisten und bereit sind, verändert aus diesen Vorgängen hervorzugehen. Ein ‚Theologieimport' von oben oder außen wirke letztlich kontraproduktiv.[2]

Diese Aussage kann vom Autor aufgrund seiner langjährigen Tätigkeit in der Aus- und Fortbildung von Erziehern/-innen, Sozialarbeitern/-innen und Sozialpädagogen/-innen nur bestätigt werden. Die dort gemachten Erfahrungen waren auch das Hauptmotiv, sich der Mühe einer wissenschaftlichen Reflexion über eine Theologie in der Sozialen Arbeit zu unterziehen. Während der etwa dreijährigen Entstehungsphase dieser Arbeit verdichtete sich der Eindruck, daß es gegenwärtig eine große Offenheit hinsichtlich einer Verknüpfung von Theologie und Sozialer Arbeit gibt.

So forderte etwa der Bamberger Pädagoge Reinhold Ortner die allgemeine Erziehungswissenschaft auf, endlich wieder die Gottesfrage zu thematisieren. Die Verdrängung der Ausrichtung auf Gott in den Pädagogik-Debatten und in der Pädagogik-Forschung sei ein schwerwiegender Mangel. Er führe dazu, daß sich die allgemeine wissenschaftliche Pädagogik zusehends als unfähig erweise, Anregungen zu einer erzieherischen Bewältigung der großen Lebensfragen von Kindern und Jugendlichen zu geben.[3] In diese Richtung weist auch der Zehnte Kinder- und Jugendbericht der deutschen Bundesregierung, in dem mit aller Ausdrücklichkeit davon die Rede ist, daß sich Kinder in unserer Gesellschaft ganz selbstverständlich mit ihrem religiösen und konfessionellen Umfeld auseinandersetzen und dabei Fragen ar-

---

[2] Vgl. A. Heller, „Wir wollen Leisten lernen, denn im Dienen sind wir schon ganz gut!" Chancen und Risiken von Leitbild-Entwicklungen in kirchlichen Organisationen, in: Caritas 98 (1997) 1, 9-16, hier 15.

[3] Vgl. die Meldung „Wenn Erziehungswissenschaft religiös versagt", in: CIG 50 (1998) 15, 122.

tikulieren, die man „auch als religiöse Fragen begreifen" kann.[4] *„Wenn es eine Aufgabe der Religion ist, Kontingenzen und ungelöste Fragen so in Sprache zu bannen, daß man mit ihnen leben kann (Luhmann 1982), ist zu fragen, ob Kinder nicht angesichts gesellschaftlicher Tabuisierung von Schmerz, Tod und Trauer, Versagen und Schuld Bilder und Geschichten kennenlernen müßten, um zu erfahren, was es überhaupt an Sprachmöglichkeiten, Deutungen und Sinnentwürfen gibt. Gegenwärtig wird akzeptiert, daß Menschen bei der Suche nach Sinn für ihr Leben unterstützt werden müssen."*[5] *Aus diesem Grund fordert der Bericht die schulischen Institutionen auf, sich im Interesse der Zukunft der Kinder und Jugendlichen „den gesellschaftlichen Ausklammerungspraktiken gegenüber religiösen Fragen (zu) widersetzen". Zugleich warnt er sie davor, das „für die ‚Erziehung zur Menschlichkeit' lebensnotwendige Erbe der Religionen endgültig über Bord zu werfen."*[6] *Mit aller Deutlichkeit wird also hier eine Lanze für eine neue Wahrnehmung der Religion als Ressource für die Lebensbewältigung von Kindern und Jugendlichen gebrochen.*

Umgekehrt findet aber auch innerhalb der Theologie ein lebensweltlicher Annäherungsvorgang, eine Kontextualisierung statt. Theologie stellt sich selbst die Frage, wozu sie eigentlich betrieben wird und welche Fragestellungen, Wertmuster und Orientierungen sie aus ihrer christlich-kirchlichen Tradition der Welt von heute zur Verfügung stellen kann. „Das kann die Theologie aber nur, wenn sie als integrative Sinnwissenschaft in den Kontext der Geistes-, Sozial- und Humanwissenschaften an den Universitäten eingebunden bleibt."[7]

Diesem Anliegen eines Zueinanderfindens von Theologie und Humanwissenschaft, hier speziell der Sozialen Arbeit, will diese Arbeit dienen. Der Verfasser ist der Überzeugung, daß die christliche Theologie Schritt für Schritt eine ‚integrierte Sinnwissenschaft' werden kann, wenn sie - trotz mancher Verdächtigungen ihr gegenüber - mutig den eigenen akademischen

---

[4] Vgl. *Bundesministerium für Familie, Senioren, Frauen und Jugend (Hrsg.)*, Zehnter Kinder- und Jugendbericht. Bericht über die Lebenssituation von Kindern und die Leistungen der Kinderhilfe in Deutschland, Bonn 1998, 45.

[5] Ebd, 45.

[6] Ebd. mit Verweis auf die Arbeiten von D. Knab (1996) und H. Gloy (1995).

[7] So der Bamberger Religionspädagoge Prof. Dr. Dr. Godehard Ruppert - Vgl. „Theologie darf nicht abgebaut werden", in: Dialog. Universitätszeitung der Otto-Friedrich-Universität Bamberg 13 (1998) Nr. 2, 1.

Bereich überschreitet und sich selbst im Dialog mit Vertretern/-innen anderer Disziplinen und anderer Professionen riskiert. Nur wenn die Theologie dabei nicht nach Dominanz strebt, sondern eine Weggefährtenschaft im Dienst einer menschlichen Welt einzugehen bereit ist, dann wird sie künftig ein unverzichtbares Fach im Ausbildungssystem unserer Gesellschaft und speziell an Fachhochschulen für Soziale Arbeit sein können.

Der Verfasser hat vielen zu danken, die ihn während der Arbeitsphase begleitet und gestärkt haben. Allen voran Prof. Dr. Ottmar Fuchs, der nicht nur den Entstehungsvorgang fachkompetent begleitete, sondern auch durch seinen partnerschaftlichen Stil die notwendige Motivation zu geben verstand. Seine breite und tiefschürfende Arbeit als theologischer Lehrer, sein Gespür für den Puls der Zeit und seine spirituelle Verwurzelung haben mich immer wieder aufs neue beeindruckt. Auch allen Mitgliedern des Doktoranden- und Habilitantenkolloquiums, das für mich jedesmal eine Quelle der Inspiration gewesen ist, fühle ich mich für die aufbauende Kritik und für die anregenden Gespräche sehr verbunden. Besonders erwähnen darf ich meinen Kollegen und Freund Prof. Rainer Krockauer. In vielen Gesprächen hat er aus seiner Perspektive den Fortgang der Arbeit mit wichtigen Impulsen angereichert. Ein Dank gilt ebenso den Kollegen an meinem Arbeitsort Benediktbeuern, besonders den Mitarbeiterinnen und Mitarbeitern des JPI für Unterstützungen vielfältiger Art. Frau Marianne Leskovac danke ich für ihre akribische und professionelle Arbeit am Manuskript und am Layout, Frau Bärbl Zeimantz für die Überprüfung des Fußnotenapparates, den Professoren der Philosophisch-Theologischen Hochschule der Salesianer Don Boscos für die Aufnahme der Arbeit in die Reihe „Benediktbeurer Studien" und der Diözese Augsburg für den Druckkostenzuschuß. Nicht zuletzt bin ich meiner Familie für die Zeit, die sie mir für dieses Werk geschenkt hat, von Herzen dankbar.

Einige wenige formale Hinweise seien noch angefügt. Die Rechtschreibung erfolgte nach den alten Regeln, allerdings wurde die neue Rechtschreibung, soweit sie in der verwendeten Literatur bereits üblich ist, in Zitaten übernommen. Die männliche und weibliche Form konnte nicht immer in letzter Konsequenz durchgeführt werden. Dafür aber wurde darauf Wert gelegt, im Literaturverzeichnis die Vornamen nicht abzukürzen, sondern vollständig aufzuführen. Damit soll es dem Leser bzw. der Leserin rasch erkenntlich werden, daß es zahlreiche Frauen sind, die bei der Theorient-

wicklung der Sozialen Arbeit (und neuerdings der Theologie) mitgewirkt haben und die diese weiterhin entscheidend prägen.

Ein Wort muß schließlich zur Klärung der Schreibweise von ‚Sozialer Arbeit' gesagt werden. Immer dann, wenn ‚Sozial' im Begriff ‚Soziale Arbeit' großgeschrieben ist, wird damit entweder der Studiengang oder ein bestimmtes Arbeits- bzw. Berufsfeld bezeichnet, der bzw. das vormals „Sozialarbeit/Sozialpädagogik" hieß. Wird der Begriff ‚soziale Arbeit' (kleingeschrieben) verwendet, so ist damit jegliche Form von sozialer Tätigkeit bezeichnet, also z. B. auch Zivildienst, Pflegedienste, Freiwilligendienste. Von daher wird deutlich, daß in der vorliegenden Arbeit fast ausschließlich von einer ‚Theologie in der Sozialen Arbeit' die Rede ist.

Benediktbeuern, im März 2000
Dr. Martin Lechner

1. Motive und Kontext einer Theologie der Sozialen Arbeit

Die Sozialarbeitsprofessorin S. Staub-Bernasconi spricht im Zusammenhang mit der Ausgrenzung von Frauen aus der „Wissenschaft des ‚Sozial Arbeitens'" und der dadurch mitverursachten „fremdverordneten Bescheidenheit" sozialer Arbeit davon, daß seit den vierziger Jahren dieses Jahrhunderts eine „systematische Kritik, ja teilweise Lächerlichmachung von Kategorien der Sorge, Caritas, Barmherzigkeit und Nächstenliebe, von Kategorien des ‚Helfens' (bis hin zum ‚Helfer-Trip') im Namen eines theoretisch oder wissenschaftlich aufgeklärten Professionalismus"[8] im Gange war. Soziale Arbeit wurde „belächelt und kritisiert ..., wenn sie in den Geruch von Caritas und barmherzigen Samaritertums kam. Ihre Vertreter/-innen hüteten sich fortan peinlichst davor, auch nur den Anschein zu erwecken, Soziale Arbeit könnte praktisch wie theoretisch irgend etwas mit Liebe und persönlicher Hingabe zu tun haben."[9] So kam es, daß im Laufe der Zeit die gesamtgesellschaftliche Eingrenzung und Diffamierung von Werten, die der „Frauen- und Familienwelt", aber auch der Religion zuzurechnen sind, von den Professionellen sozusagen „in den eigenen Reihen" im Namen eines „Expertentums ohne Liebe" nachgeholt und festgeschrieben wurden.[10]

Wen wundert es daher, wenn *R. Zerfaß* heute beklagt, der Caritassektor sei „der am weitesten säkularisierte Bereich kirchlicher Arbeit". Viele Mitarbeiterinnen und Mitarbeiter orientierten sich „in erster Linie an dem, was in der eigenen Berufsgruppe gedacht wird, also an Carl Rogers oder an Paul Watzlawick, nicht an Vinzenz von Paul und auch nicht an der Enzyklika ‚Redemptor hominis'. Auch in den kirchlichen Einrichtungen entwickelt sich ein Stil der ‚Bearbeitung' individueller und gesellschaftlicher Not, für den das Prinzip der Hilfe zur Selbsthilfe wichtiger ist als das Apostolische Glaubensbekenntnis. Worte wie ‚Gott' oder ‚Liebe' kommen allenfalls noch in der Weihnachtsansprache des Caritasdirektors vor, aber nicht mehr im Alltag. So vertieft sich die Kluft zwischen Diakonie und Gemeinde, Caritasap-

---

[8] *S. Staub-Bernasconi*, Zur Zukunft sozialer Arbeit, in: Nachrichtendienst des Deutschen Vereins für öffentliche und private Fürsorge 69 (1989) 4, 127-137, hier 134.

[9] *S. Staub-Bernasconi*, Das fachliche Selbstverständnis Sozialer Arbeit - Wege aus der Bescheidenheit. Soziale Arbeit als „Human Rights Profession", in: *W. R. Wendt (Hrsg.)*, Soziale Arbeit im Wandel ihres Selbstverständnisses. Beruf und Identität, Freiburg 1995, 57-80, hier 60.

[10] *Staub-Bernasconi* (1989), Zur Zukunft sozialer Arbeit, 134.

parat und Seelsorgsstruktur."[11] Dieses Urteil untermauern mit Blick auf die Ausbildungssituation an Fachhochschulen für Sozialarbeit und Sozialpädagogik *M. Hermanns* und *A. Stempin*, die beklagen, daß dort zwar „qualifizierte Methoden des Helfens und Intervenierens, des Betreuens und Beratens" vermittelt würden, aber „das Gefühl des Mitleidens und sich erbarmender Herzlichkeit"[12] eher als ein Faktor angesehen werde, der Menschen in belastende Abhängigkeiten bringt.

Was ist geschehen, so muß die zentrale Frage lauten, daß sich die Theologie im Verhältnis zur sozialen Arbeit dem Verdacht der Kolonialisierung, der Unbrauchbarkeit und der Belanglosigkeit ausgesetzt sieht?[13] Worin liegt die Ursache, daß an den staatlichen Fachhochschulen für Soziale Arbeit kein Fach Theologie existiert, und daß auch an solchen in konfessioneller Trägerschaft die Theologie keinesfalls als gleichberechtigte Bezugswissenschaft, sondern als freiwilliges Wahlfach gilt? Was verleitet nicht wenige Mitarbeiter und Mitarbeiterinnen in den Institutionen und Initiativen der Caritasverbände „zu schnell (aus berechtigter Angst vor Indoktrination)" dazu, „sich zu wenig als Subjekte der Kirche und ihrer Theologie aufzufassen und zu realisieren"[14]? Liegt dies nur an der gesellschaftlichen Modernisierung oder sind die Ursachen eher hausgemacht? Hat sich die Theologie in der Vergangenheit vielleicht doch zu sehr in ein akademisches Ghetto zurückgezogen und das Gespräch mit der Welt des Sozialen vernachlässigt? Oder hat sie im Diskurs mit der Sozialarbeit und Sozialpädagogik - ähnliches gilt wohl auch mit Blick auf die Schulpädagogik - den Anschein doch nicht beiseite wischen können, ihr gehe es mehr um eine dogmatische Vorrangstellung als um eine partnerschaftliche Zusammenarbeit?

Alle diese Anfragen sind seit Jahren für den Verfasser auf Grund seiner pastoraltheologischen Arbeit in der Aus- und Fortbildung von Sozialberufen dringlich geworden und haben sich zu der Frage verdichtet, wie eine Theologie auszusehen hat, die kein ‚Heimspiel' an einer theologischen Fakultät, sondern ein ‚Gastspiel' an einer Fachhochschule für Soziale Arbeit gibt. Wie kann die Notwendigkeit einer solchen Theologie aus den Theorien der Sozialen Arbeit heraus begründet werden, und wie muß sie konzeptionell ent-

---

[11] *R. Zerfaß*, Lebensnerv Caritas. Helfer brauchen Rückhalt, Freiburg 1992, 23.

[12] *H. Hermanns/A. Stempin*, Barmherzigkeit - unmodern?, in: *K. H. Breuer (Hrsg.)*, Jahrbuch für Jugendsozialarbeit, Bd. XVII, Köln 1996, 161-179, hier 162.

[13] Vgl. *R. Krockauer*, Soziale Arbeit als theologiegenerativer Ort, in: PthI 18 (1998) 1, 69-80, hier 73.

[14] *O. Fuchs*, Krise der Theologie: Krise der Theolog(inn)en?, in: *I. Cremer/D. Funke (Hrsg.)*, Diakonisches Handeln. Herausforderungen - Konfliktfelder - Optionen, Freiburg 1988, 56-71, hier 69.

faltet werden, damit sie in der Aus-, Fort- und Weiterbildung von Sozialberufen nicht als störend und blockierend, sondern als aufbauend, vitalisierend und motivierend empfunden wird und sich so als brauchbare und ernstzunehmende Bezugswissenschaft sozialer Arbeit etablieren kann?

In den folgenden vier Kapiteln wird der Versuch unternommen, in systematischer Absicht eine Theologie in der Sozialen Arbeit zu begründen und zu entwerfen. Dabei besteht entsprechend der pastoraltheologischen Grundausrichtung dieser Arbeit das Ziel darin,

- ein Konzept einer *Theologie an Fachhochschulen für Soziale Arbeit* zu entwickeln. Der Begriff Soziale Arbeit wird bewußt in Großschreibung verwendet, weil er sich heute als fester Begriff anstelle des traditionellen Doppelbegriffs ‚Sozialarbeit/Sozialpädagogik' durchgesetzt hat[15] und die beiden historischen Traditionslinien der Sozialen Arbeit, nämlich die fürsorgerische und die erzieherische, integriert.[16] Theologie (in) der Sozialen Arbeit ist dabei sowohl im Sinne eines genetivus objektivus (Theologie für Soziale Arbeit) als auch im Sinne eines genetivus subjektivus (Theologie, die aus der Sozialen Arbeit heraus wächst) zu verstehen.

- eine Theologie zu begründen, die als *bezugswissenschaftliche Disziplin* in der Ausbildung an staatlichen wie konfessionellen Fachhochschulen für Soziale Arbeit als notwendig erachtet wird, um eine ganzheitliche Ausbildung unter Einschluß der weltanschaulichen, spirituellen und kirchlich-institutionellen Dimension zu ermöglichen.

- eine Orientierung vorzulegen, deren Kerngedanken auch auf *andere Institutionen der Ausbildung* von Sozialberufen (Fachakademien für Sozialpädagogik, Schulen für Pflegedienst und Heilerziehung), möglicherweise auch auf die Ausbildung von Lehrern/-innen an Universitäten und Akademien übertragbar sind.

---

[15] Vgl. *E. Engelke*, Soziale Arbeit als Wissenschaft. Eine Orientierung, Freiburg 1992, 115.

[16] Soziale Arbeit bezeichnet dann „eine Vielzahl von Einrichtungen und Maßnahmen ..., die Menschen helfen sollen, sich in ihre Gesellschaft zu integrieren (Sozialpädagogik) und in ihr ein Leben zu führen, das der Würde des Menschen entspricht (Sozialarbeit)" - So nach *C. W. Müller*, Art. Sozialarbeit/Sozialpädagogik, in: *D. Kreft/I. Mielenz (Hrsg.)*, Wörterbuch Soziale Arbeit, Weinheim u.a. ⁴1996, 503-506, hier 503; vgl. auch die Definition in der neuen Rahmenstudienordnung in Bayern aus dem Jahre 1995 bei *Th. Eikelmann/A. Hutter*, Vom „Sozialwesen" zur „Sozialen Arbeit". Reform der Rahmenstudienordnung für die Fachhochschulen in Bayern, in: *E. Engelke (Hrsg.)*, Soziale Arbeit als Ausbildung. Studienreform und Modelle, Freiburg 1996, 150-171, hier 150.

Der Weg zu diesem Ziel wird mit vier Kapiteln beschritten. Im ersten soll von der kontextuellen Aktualität der Fragestellung ausgegangen werden, um die Motive zu dieser wissenschaftlichen Reflexionsarbeit deutlich werden zu lassen. Das zweite Kapitel eruiert sodann den konzeptionellen Status quo der Theologie an den katholischen Fachhochschulen für Soziale Arbeit und versucht eine kritische Bilanz der vorfindbaren Praxis. Im dritten Teil dieser Arbeit wird dann eine Begründung einer Theologie der Sozialen Arbeit vorgelegt. Dies geschieht nicht theologisch, sondern sozialarbeitstheoretisch, indem die Theorien der Sozialen Arbeit auf zwingende Anschlußstellen für die Theologie untersucht und auf Konvergenzen mit der Praktischen Theologie geprüft werden. Im abschließenden vierten Kapitel steht es dann an, eine Konzeption der Theologie an Katholischen Fachhochschulen für Soziale Arbeit zu entwickeln und insbesondere ihr inhaltliches Angebot zu umreißen.

Wer eine wissenschaftliche Arbeit schreibt, muß sich notwendigerweise und bewußt begrenzen, um eine Ausuferung zu vermeiden. Die vorliegende Theologie der Sozialen Arbeit wird daher vom Reflexionsgegenstand her beschränkt, und zwar auf

– jenes Handlungsfeld, das mit dem Begriff *Soziale Arbeit*[17] bezeichnet wird – also nach traditionellem Sprachgebrauch auf die Disziplinen Sozialarbeit und Sozialpädagogik, und nicht auf Heilpädagogik oder die Pflegewissenschaft.

– die *Ausbildung* in der Sozialen Arbeit, und nicht auf die Fort- und Weiterbildungsarbeit, obwohl für diesen Sektor die Problemstellung in analoger Weise Gültigkeit besitzt.

– die Ausbildung an *Fachhochschulen für Soziale Arbeit,* und nicht an Fachakademien oder Schulen für Kinderpflege oder Heilerziehungspflege. Auch hier gilt, daß die in dieser Arbeit reflektierten Fragen durchaus für diese Schulen relevant sind.

---

17 In der jüngeren Vergangenheit, insbesondere im Kontext der Studienreformen in den 90er Jahren, hat sich der Begriff 'Soziale Arbeit' als Oberbegriff für die traditionellen Bezeichnungen Sozialarbeit und Sozialpädagogik eingebürgert. Er löst damit auch den alten Begriff 'Sozialwesen' ab. Die Heilpädagogik wird gewöhnlich trotz der vorhandenen Überschneidungen nicht unter Sozialer Arbeit subsumiert, da – so die Auffassung der Fachkommission Sozialpädagogik/Sozialarbeit – deren Wissenschaftsbezüge und Praxisfelder in sich schon zu weit ausdifferenziert sind. – Vgl. *A. Hutter,* Überlegungen und Ergebnisse der Fachkommission Sozialpädagogik/Sozialarbeit zu einem einheitlichen Fachhochschulstudiengang Soziale Arbeit, in: *Engelke* (1996), Soziale Arbeit als Ausbildung, 190-205, hier 203.

– *katholische* Fachhochschulen für Soziale Arbeit, und nicht auf evangelische und staatliche Fachhochschulen. Für jene in evangelischer Trägerschaft trifft die vorliegende Fragestellung in gleicher Weise zu. Denn auch dort ist die Theologie - im Unterschied zur staatlichen Fachhochschule - ein Sondergut, das seitens der öffentlichen Hand als trägerspezifisches Weltanschauungsangebot anerkannt und gefördert wird.

Die Begrenzung wurde bewußt so vorgenommen, damit die vorliegende Arbeit ein Anstoß sein kann, auch andernorts die Konzeptualisierung einer Theologie der Sozialen Arbeit voranzutreiben.

1.1 Persönliche Erfahrungen

Mit der Frage nach dem Verhältnis von Sozialer Arbeit und Theologie sieht sich der Verfasser seit vielen Jahren konfrontiert. Die Sensibilität dafür gründet zum einen in seiner beruflichen Biographie, die beide Ausbildungen vereint, und zwar in einer wichtigen Reihenfolge; zuerst das Studium der Sozialpädagogik in der Zeit von 1971 bis 1975, dann das Studium der Theologie in den Jahren 1979 bis 1983, das mit einer Promotion in Pastoraltheologie[18] vertieft wurde. Dazwischen liegen mehrere Jahre hauptberuflicher, nebenberuflicher und ehrenamtlicher Praxis in der kirchlichen Jugendarbeit, in einem katholischen Jugendverband und in einer Einrichtung für geistig behinderte Menschen.

Mit Eintritt in das Jugendpastoralinstitut der Salesianer Don Boscos und einer beginnenden nebenamtlichen Lehrtätigkeit an der Katholischen Stiftungsfachhochschule für Soziale Arbeit München, Abteilung Benediktbeuern sowie an der Philosophisch-Theologischen Hochschule der Salesianer Don Boscos in Benediktbeuern verdichtete sich die Fragestellung, wie denn die Studien von Theologie und Sozialarbeit/Sozialpädagogik besser miteinander zu verbinden seien. Die damals vom Jugendpastoralinstitut initiierten ‚Integrationstage', die Dozenten unterschiedlicher Fachrichtungen zu interdisziplinären Kolloquien (z.B. „Freiheit, Schuld, Sünde") zusammenführten, waren ein wichtiger Antrieb für dieses Anliegen, das bis heute mit neuen Formen, z. B. einer regelmäßigen Ringvorlesung, fortzusetzen versucht wird. Trotzdem bleibt die Rolle der Theologie in der Ausbildung an der Katholi-

---

[18] Vgl. *M. Lechner*, Pastoraltheologie der Jugend. Geschichtliche, theologische und kairologische Bestimmung der Jugendpastoral einer evangelisierenden Kirche, München ^{1}1992 (^{2}1996).

schen Stiftungsfachhochschule unklar und ungesichert. Schuld daran sind sicherlich zum einen die Theologen selbst, die sich bis dato schwer tun, ein Profil der Theologie als Bezugswissenschaft Sozialer Arbeit zu entwickeln. Zum anderen aber dürfte dies auch an der hiesigen Fachhochschule selbst liegen, für die es keineswegs selbstverständlich ist, daß sie eine Bezugswissenschaft ‚Theologie' benötigt, um qualifizierte Sozialarbeiter/-innen und Sozialpädagogen/-innen auszubilden. Mit den daraus resultierenden Schwierigkeiten und Spannungen wurde der Verfasser in der nunmehr 15jährigen nebenamtlichen Dozententätigkeit an beiden Hochschulen konfrontiert. Sie verdichteten sich in den vergangenen Jahren immer mehr zu der Motivation, der Identität und der konzeptionellen Gestalt einer Theologie im Kontext der Ausbildung an Fachhochschulen für Soziale Arbeit wissenschaftlich nachzuspüren.[19]

Eine *zweite* Motivation resultiert aus der Verantwortung für die Theologische Zusatzausbildung an der Katholischen Stiftungsfachhochschule für Soziale Arbeit München, Abteilung Benediktbeuern. Dieses ergänzende Studium verfolgt das Ziel „einer persönlichen Identitätsfindung im Glauben und in der Kirche".[20] Auch wenn man davon ausgehen kann, daß die Theologische Zusatzausbildung in Benediktbeuern vergleichsweise hoch entwickelt ist, so war doch auch ein gewisses Ungenügen spürbar, das sich an drei grundlegenden Schwierigkeiten festmachen läßt. Eine erste besteht im Selbstverständnis der Theologie, die sich noch keineswegs als kontextuelle Theologie begreift, sondern immer noch allzu sehr als eine auf das Niveau der Fachhochschule für Soziale Arbeit verkleinerte akademische Theologie. Augenscheinlich wird dieses Faktum insbesondere an der Systematik der Lehrangebote, die dem üblichen Fächerkanon Dogmatik und Fundamentaltheologie, Biblische Theologie, Theologische Ethik, Kirchengeschichte, Praktische Theologie und Spiritualität folgt, sowie an der konzeptionellen Anlage der meisten Lehrveranstaltungen: Es überwiegt die akademische Form der Vorlesung. Ein zweites Manko zeigt sich in der marginalen Rolle der Theologischen Zusatzausbildung innerhalb des Studiums an der Fach-

---

[19] Ein erster Beleg für diese von mir empfundene Spannung findet sich bereits in einem unveröffentlichten Manuskript. - Vgl. *M. Lechner,* „Sozialtheologe?" Oder: Brauchen die sozialpädagogischen Mitarbeiter in der kirchlichen Jugendarbeit eine theologische Zusatzausbildung?, unveröff. Manuskript, 10 S., Benediktbeuern 1984.

[20] So im Schreiben der Bayerischen Bischofskonferenz zur Theologischen Zusatzausbildung von 1978, zitiert in: Hochschulen Benediktbeuern. Personal- und Vorlesungsverzeichnis Sommersemester 1996, hrsg. von den *Hochschulen Benediktbeuern. Philosophisch-Theologische Hochschule der Salesianer Don Boscos Benediktbeuern - Theologische Fakultät - und Katholische Stiftungsfachhochschule München, Abteilung Benediktbeuern,* Ensdorf 1996, 105.

hochschule für Soziale Arbeit. Die theologischen Lehrveranstaltungen sind sogenannte Randstunden, d. h. sie werden meist frühmorgens vor die anderen Stunden plaziert oder in Stundenplanlücken eingepreßt. Außerdem gibt es - und das ist ein drittes Ungenügen - kaum sozialpädagogische Veranstaltungen (z.B. Studienschwerpunkte), in denen die Theologie zum interdisziplinären Gespräch oder zu einem fachlichen Beitrag eingeladen ist. Der allgemein vorherrschenden Auffassung gemäß gilt die ‚Theologische Zusatz(!)-Ausbildung' daher nicht als ein für alle Studierenden relevantes Fachgebiet, sondern eher als ein Sonderkurs für religiös besonders Interessierte oder als separater Qualifizierungskurs für solche, die mit einer theologischen und religionspädagogischen Zusatzkompetenz ihre kirchlichen Anstellungschancen erhöhen möchten. Von einer echten Integration der Theologie in die Ausbildung in Sozialer Arbeit konnte und kann bis dato - trotz der durchaus vorhandenen positiven Ansätze - nur ansatzweise die Rede sein. Diese subjektive Erfahrung und Bewertung weckten im Verfasser das Interesse, den Entwicklungsstand der Theologie an den anderen katholischen Fachhochschulen in Deutschland zu analysieren und sich ein objektiveres Bild als Basis einer Neukonzeption einer Theologie in diesem Kontext zu verschaffen.

Ein *dritter* Beweggrund zur Reflexion über die Frage der Theologie im Ausbildungskontext ‚Soziale Arbeit' ist die eigene langjährige Tätigkeit in der pastoraltheologischen Begleitung der kirchlichen Kinder- und Jugendhilfe. Auf zahlreichen Fortbildungsveranstaltungen für Mitarbeiter/-innen in der Jugend- und Jugendverbandsarbeit, der Jugendsozialarbeit, der Erziehungshilfe, in der Schule und in Tageseinrichtungen für Kinder erwies es sich als gewinnbringend, die Theologie bei der Reflexion des alltäglichen Handelns von Sozialberufen ins Spiel zu bringen und dieser Praxis wirklich subsidiär und solidarisch, d. h. unter Verzicht auf theologische Rezepte und moralische Zusatzforderungen, zur Seite zu stehen. Das Interesse konzentrierte sich dabei vornehmlich auf zwei Aspekte: zum einen auf die Frage nach der kirchlichen und pastoralen Identität der einzelnen Handlungsfelder der Jugendhilfe und ihrer Einrichtungen und zum anderen auf die Identitätsfindung der sozialpädagogischen und sozialarbeiterischen Fachleute im Horizont der pastoralen Sendung der Kirche. Aus dieser Arbeit entstand eine Reihe von Publikationen und Handlungskonzepten:

- das neue Pastoralkonzept der Heimerziehung, das einen pastoraltheologischen Paradigmenwechsel der Heimerziehung einläutet: von einer ‚Pastoral in der Heimerziehung' zur ‚Heimerziehung als pastoraler Aufgabe';[21]

- die pastoraltheologische Neuorientierung der katholischen Jugendsozialarbeit,[22] der Jugendarbeit von Diözesen und Ordensgemeinschaften[23] und der Pastoral in der Schule;[24]

- die kirchliche Profilentwicklung von Einrichtungen der Jugendhilfe und von kirchlicher Jugendarbeit und Jugendverbandsarbeit;[25]

- die Entwicklung von Leitbildern sozial-caritativer Arbeit in kirchlicher Trägerschaft.[26]

Die Arbeit in diesen Arbeitskontexten war für den Verfasser eine wichtige Stufe der Bewußtwerdung darüber, daß es durchaus Schnittpunkte zwischen

---

[21] Vgl. *Verband Katholischer Einrichtungen der Heim- und Heilpädagogik e.V. (Hrsg.)*, Heimerziehung als Dienst der Kirche (= Beiträge zur Erziehungshilfe, H. 11), Freiburg 1995; *M. Lechner/A. Zahalka (Hrsg.)*, Hilfen zur Erziehung. Der Dienst der Kirche für beeinträchtigte und gefährdete Kinder und Jugendliche (= Benediktbeurer Beiträge zur Jugendpastoral, hrsg. von *M. Lechner u. a.*, Bd. 4), München 1997; auch *M. Lechner*, Heimerziehung als pastorale Aufgabe. Überlegungen zur Kooperation zwischen Heimerziehung und Gemeindepastoral, in: Pädagogischer Rundbrief 47 (1997) 6/7, 3-16.

[22] So der Entwurf zu einem Konzept katholischer Jugendsozialarbeit, bei dessen Erstellung es zu einer wichtigen Auseinandersetzung um die pastoraltheologische Identität dieser Arbeitsgemeinschaft kam. Vgl. *D. Herbertz/M. Lechner/W. Voggeser*, Diskussionspapier Jugendsozialarbeit in katholischer Trägerschaft, Düsseldorf 1993.

[23] *Süddeutsche Provinz der Salesianer Don Boscos (Hrsg.)*, Jugendpastoralkonzept, München 1990; auch: *Provinzialat der Don Bosco Schwestern (Hrsg.)*, Jugendpastoralkonzept der Don Bosco Schwestern (FMA) in Österreich, Innsbruck 1995.

[24] So die Thesen zur Schulpastoral der *Vereinigung der Deutschen Ordensoberen (VDO)*, Schulpastoral in katholischen Schulen in freier Trägerschaft (Orden) in der Bundesrepublik Deutschland. Grundlagentext, in: *G. Rüttiger (Hrsg.)*, Schulpastoral (= Benediktbeurer Beiträge zur Jugendpastoral, hrsg. von *M. Lechner/F. Schmid*, Bd. 3), München 1992, 21-26.

[25] Vgl. *M. Lechner*, Kirchlichkeit der Mitarbeiter - Kirchlichkeit der Einrichtungen, in: Jugendwohl 74 (1993) 11, 486-500; *ders.*, Jugendverbände und Jugendpastoral, in: KatBl 109 (1984) 6, 438-446; *ders.*, Personen sind wichtiger als Programme - Beziehungen wichtiger als Service, in: Praxis in der Gemeinde 17 (1995) 3, 34-36; *ders.*, Katholische Junge Gemeinde - Kirche in der Lebenswelt von Kindern und Jugendlichen, in: MThZ 47 (1996) 2, 155-161.

[26] Vgl. *M. Lechner*, Gelebter Glaube im Sozialen Dienst - Was macht den SkF kirchlich?, in: Korrespondenzblatt des Sozialdienstes Katholischer Frauen H. 1/1995, 3-16 (Sonderdruck); *ders.*, Formalität oder Identität? Überlegungen zum Proprium Katholischer Tageseinrichtungen für Kinder, in: Jugendwohl 77 (1996) 8, 358-369.

Sozialer Arbeit und Pastoraltheologie gibt,[27] an denen das Gespräch miteinander für beide Seiten bereichernd und nutzbringend ist.

Ein *vierter* Anlaß für diese Arbeit ist schließlich auch die spezielle Erfahrung als Sprecher der Theologen an katholischen Fachhochschulen für Soziale Arbeit. Diese Tätigkeit in den Jahren 1989 bis 1994 war in mehrfacher Hinsicht problematisch. Erstens: Es war nicht bzw. nur beschränkt möglich, die Verantwortlichen für die Theologie an den einzelnen katholischen Fachhochschulen ausfindig zu machen. Es wuchs die Vermutung, daß es vielerorts weder eine personelle Verantwortlichkeit noch eine koordinierte, konzeptionell abgestimmte und auch - mit wenigen Ausnahmen - systematisch reflektierte ‚Theologie für Sozialberufe' gibt. Mit diesem Faktum verbindet sich ein zweites Problem: Es gestaltete sich äußerst schwierig, eine Kommunikation unter den Theologen an katholischen Fachhochschulen für Soziale Arbeit anzuregen. Das war schon deshalb nicht möglich, weil einige Fachhochschulen den zuständigen Verantwortlichen für Theologie gar nicht benennen konnten und nur auf Personen verwiesen, die nebenher auch noch theologische Lehrveranstaltungen vor Studierenden der Sozialarbeit/Sozialpädagogik abhielten. Aber auch an jenen Fachhochschulen, an denen es hauptberufliche Dozenten für Theologie gab, war keinesfalls immer schon ein eindeutiger Kooperationswille erkennbar. Alle Versuche, über mehrere Rundschreiben Kontakte aufzubauen und inhaltliche Problemanzeigen zu formulieren, blieben weithin erfolglos. Auch schlug mangels Teilnehmerzahl der Versuch fehl, bei den damals noch im Turnus von zwei Jahren stattfindenden Konferenzen der Professoren/-innen der Fachbereiche Religionspädagogik eine eigene Untergruppe ‚Theologen/-innen an der Fachhochschule für Soziale Arbeit' zu bilden.

Aus diesen Erfahrungen heraus erhärtete sich der Verdacht, daß die Theologie an Fachhochschulen in katholischer Trägerschaft ein marginales Dasein führt, und daß weder eine hochschulübergreifende Zusammenarbeit noch eine Reflexion über gemeinsame Problemlagen oder konzeptionelle Fragen einer Sozialarbeits-Theologie existieren. Das Faktum des Fehlens einer Plattform für Kooperation und Konzeption unter den Theologen/-innen an Fachhochschulen für Soziale Arbeit erscheint als ein großes Defizit und signalisiert die relative Bedeutungslosigkeit und die Identitätskrise einer Theologie in diesem Kontext. Umso dringlicher ist es, ihr originäres Selbstbewußtsein durch eine wissenschaftliche Reflexion zu fördern und ihren objektiven Stellenwert innerhalb der Ausbildung in Sozialer Arbeit zu heben.

---

[27] Diese Auffassung hat schon vor Jahren vertreten *F. J. Hungs*, Zur Beziehung von Sozialarbeit und Pastoraltheologie, in: Caritas 90 (1989) 12, 552-555.

1.2 Kontextuelle Herausforderungen

Die bisher dargelegten Motive für diese wissenschaftliche Arbeit, die eng mit dem beruflichen Werdegang des Verfassers und seinen Erfahrungen in der Lehrtätigkeit an der Stiftungsfachhochschule für Soziale Arbeit München, Abteilung Benediktbeuern zusammenhängen, finden eine Entsprechung in den aktuellen Herausforderungen, denen sich gegenwärtig die Soziale Arbeit gegenüber sieht. Fünf davon seien hier skizziert, weil sie einen unmittelbaren Antrieb für die vorliegende Arbeit darstellen: erstens die Motivkrise Sozialer Arbeit, zweitens die Leitbilddiskussion, drittens die wissenschaftstheoretische Debatte um die Etablierung einer Sozialarbeitswissenschaft, viertens die Anfragen an die akademische Theologie sowie fünftens das theologische Interesse von Studierenden an Fachhochschulen für Soziale Arbeit.

1.2.1 Die Motivkrise in der Sozialen Arbeit

In der Erklärung der Kommission 7 „Sozial-caritativer Dienst" des Zentralkomitees der deutschen Katholiken zum Thema der Barmherzigkeit wird kritisch festgestellt: „In den letzten Jahrzehnten wurden in der Praxis und Ausbildung der Sozialarbeiter zu einseitig die Programmierung der sozialen Hilfe, Sozialtechnologie als Steuerung gesellschaftlicher Handlungs- und individueller Entwicklungsprozesse und Professionalisierung der Sozialarbeit betont. Mit der Professionalisierung war eine Entethisierung des sozialen Handelns zu verzeichnen. Kennzeichen dieser Entwicklung ist, daß in Fachlexika der sozialen Arbeit das Stichwort Barmherzigkeit fehlt. Genügt es aber tatsächlich, wenn die Sozialarbeit, die Beziehungsarbeit zwischen Personen ist, ausschließlich professionell geschieht? Muß Sozialarbeit nicht mitunter über Professionalität hinausgehen, gibt es nicht Grenzen der Professionalisierung?"[28] In dieses Urteil fügt sich nahezu nahtlos die Einschätzung von *J. Degen* ein, der mit Blick auf die evangelische Diakonie betont, daß die entscheidende Frage im Zusammenhang mit den aktuellen Anpassungs- und Modernisierungsprozessen der sozialen Arbeit nicht eine technische, sondern eine sinnhafte sei. Sie provoziere zur Antwort darauf, ob wir uns mehr zutrauen, als eine ausgeglichene Gewinn- und Verlustrechnung, und ob

---

[28] *Generalsekretariat des Zentralkomitees der deutschen Katholiken (Hrsg.)*, Barmherzigkeit. Eine neue Sichtweise zu einem vergessenen Aspekt der Diakonie. Eine Erklärung der Kommission 7 „Sozial-caritativer Dienst" des Zentralkomitees der deutschen Katholiken, Bonn 1995, 16.

wir es für möglich halten, „daß im hochtourig laufenden Diakoniebetrieb ein Geist wirkt, dem sich auszusetzen, den zu fördern unsere erste Aufgabe sein könnte. Manchmal mag ja heute der Eindruck entstehen, daß es Kräfte, Interessen, Trends gibt, die bewirken, daß der Mehrwert, den Glaube, fromme Genossenschaften, Pfennigvereine und unzählige Kleinspender/-innen in Gestalt der Diakonie geschaffen haben, einfach abkassiert wird; als brauche es keinen Glauben mehr, um die sozialen Dienstleistungen, die in der organisierten Diakonie wie in der beiläufigen Nächsten- und Nachbarschaftshilfe tagtäglich erbracht werden, zu inspirieren und zu begründen; als könnte man einfach wie ein unspezifischer sozialer Dienstleistungsbetrieb weitermachen und dabei auf allen christlichen Sinn verzichten."[29]

Auf derartige kritische Positionen, die eine gefährliche Krise des Ethos in der sozialen Arbeit diagnostizieren, stößt man jedoch keineswegs nur in kirchlichen Aussagen, sondern auch in der aktuellen sozialarbeitswissenschaftlichen Diskussion. So beklagt beispielsweise *Elisabeth Badry* einen „Reduktionismus des Humanen" in unserer Gesellschaft und auch in der Sozialarbeit. Die von den Humanwissenschaften übernommenen naturwissenschaftlichen Methoden hätten - so ihre Überzeugung - zu einer Einseitigkeit der Wirklichkeitserschließung geführt, in deren Gefolge „auch das Menschliche ... unter wissenschaftlich-technischen Zwecksetzungen funktionalisiert" werde. Vorgänge und Ereignisse würden „primär unter politischen, ökonomischen und technischen Gesichtspunkten betrachtet und beurteilt, allenfalls noch unter ästhetischen". Die moralisch-ethische Relevanz interessiere wenig oder werde bewußt ausgeklammert. So schaffe sich der Mensch „zunehmend eine Wirklichkeit, die ohne ihn auskommt, jedenfalls ohne vieles, was sein Menschsein ausmacht."[30]

Auch die Diagnose von *Baron/Landwehr* geht in eine ähnliche Richtung. Ihrer Ansicht nach sei die Soziale Arbeit „gekennzeichnet durch den Verlust fraglos selbstverständlicher Wert- und Normexekution."[31] Die heutigen Studenten der Sozialarbeit und Sozialpädagogik und die Berufsanfänger unterschieden sich zwar durch Alter oder formale Bildung kaum von ihren Vor-

---

[29] *J. Degen,* Die Identität der Diakonie, in: Diakonie-Korrespondenz H. 12/1994, 1-8, hier 2.

[30] Alle Zitate *E. Badry,* Leitgedanken für das Studium der Sozialarbeit und Sozialpädagogik an der Fachhochschule, in: *K. H. Breuer (Hrsg.),* Jahrbuch für Jugendsozialarbeit, Bd. XIII, Köln 1992, 113-153, hier 115f.

[31] *R. Baron/R. Landwehr,* Zum Wandel beruflicher Identität - der Verlust bürgerlichen Selbstbewußtseins in der sozialen Arbeit, in: *Th. Olk/H.-U. Otto (Hrsg.),* Soziale Dienste im Wandel 2. Entwürfe sozialpädagogischen Handelns, Neuwied u. a. 1989, 139-167, hier 153.

gängern, doch könnten sie ihren Klienten weder ein profiliertes berufliches Selbstbewußtsein noch ein vorbildliches Verhalten, das auf eine innere Überzeugung gründe, anbieten: „Explizite Wertorientierungen religiös-caritativer oder humanistischer Art gelten als unzeitgemäß; emotionales Engagement wird als ‚Gefühlsarbeit' abgewertet. Selbst kirchliche Träger trauen sich kaum mehr, umstandslos für die Aufopferung im sozialen Dienst zu plädieren. Appelle an die ‚Menschenwürde' oder ‚Solidarität mit den Betroffenen' bleiben folgenlos."[32]

1.2.2 Säkularisierung und Ökonomisierung des Helfens

All diese Belege führen uns mitten hinein in zwei aktuelle Herausforderungen, die einen starken Movens für die vorliegende Arbeit darstellen. Es handelt sich um die Problematik der sich seit den siebziger Jahren vollziehenden *„Säkularisierung des Helfens im entwickelten Sozialstaat"*[33] einerseits und der in den jüngsten Jahren rasch voranschreitenden *‚Ökonomisierung des Helfens im sich entwickelnden Sozialmarkt'* andererseits. Dabei ist zunächst festzustellen, daß die heute bemerkbare Wert- und Motivkrise sozialer Arbeit nicht zuerst individuelle, sondern systemische Ursachen hat. Wichtig erscheint mir dieser Hinweis, weil gerade im kirchlichen Kontext diese Problematik meist individualisierend als Verlust von persönlicher Frömmigkeit und Kirchlichkeit thematisiert wird. Wie hingegen *N. Luhmann* bereits anfangs der siebziger Jahre herausgearbeitet hat, liegen durchaus plausible systemische Gründe für diese Motivkrise sozialer Arbeit vor. Denn das Helfen wird in der Moderne nicht mehr wie in der archaischen Gesellschaft über reziproke Hilfs- und Dankeserwartungen oder - wie in der hochkultivierten Gesellschaft - mittels einer „moralisch generalisierten, schichtenmäßig geordneten Erwartungsstruktur" organisiert, sondern über „organisierte Sozialsysteme ..., die sich aufs Helfen spezialisieren."[34] Deren Merkmale sind die exakte Analyse von Not, die Entwicklung entsprechender Programme zu deren Lösung sowie die professionell durchgeführte Hilfeleistung. Diese neue Organisation des Helfens im entfalteten Sozialstaat hat jedoch Vor- und

---

[32] Ebd.
[33] *J. Degen,* Vom „Pathos des Helfens". Zur Säkularisierung des Helfens im entwickelten Sozialstaat, in: *M. Schibilsky (Hrsg.),* Kursbuch Diakonie, Neunkirchen-Vluyn 1991, 27-37, hier 27 (Hervorhebung, M. L.).
[34] *N. Luhmann,* Formen des Helfens im Wandel gesellschaftlicher Bedingungen, in: *H.-U. Otto/S. Schneider (Hrsg.),* Gesellschaftliche Perspektiven der Sozialarbeit. Erster Halbband, Neuwied u. a. ²1973, 21-43, hier 32.

Nachteile. Auf der einen Seite wird helfende Aktivität „nicht mehr durch den Anblick der Not, sondern durch einen Vergleich von Tatbestand und Programm ausgelöst und kann in dieser Form generell und zuverlässig stabilisiert werden",[35] ja es wird die Hilfe sogar zum Rechtsanspruch. Auf der anderen Seite aber werden individuelle Motive der Hilfe entbehrlich, mit dem „Pathos des Helfens"[36] ist es vorbei. Zugleich gerät nichtprofessionelles, ehrenamtliches Helfen in die Hinterhand, ja es wird sogar ausgesprochen als Störung empfunden, wenn jemand ‚unprogrammiert' hilft.[37] Nicht zuletzt fallen jene Personen aus der Hilfe heraus, die jenseits der Problemdefinitionen existieren und auf die somit die Hilfsprogramme nicht zugeschnitten sind. *Luhmann* postuliert daher explizit die Notwendigkeit von Organisationen, etwa der Kirchen, die sich darauf spezialisieren, diese Lücken auszufüllen[38] und Hilfen jenseits systemisch organisierter Programme bereitzustellen.[39]

Dieser von *Luhmann* analysierte und prognostizierte Prozeß der Säkularisierung des Helfens in der Moderne hatte nachhaltige Auswirkungen auf die sozial-caritative Arbeit der Kirchen. Katholischerseits - ähnliches gilt für die evangelische Diakonie! - mußte man die Säkularisierung der Caritas[40] feststellen und den Standort des Caritasverbandes zwischen Staat und Kirche[41] neu ausloten. Mittels einer groß angelegten Leitbilddebatte auf allen Ebenen versuchte man, der Profilkrise der sozialen Einrichtungen und Verbände entgegenzuwirken, die besonderen Anforderungen einer sozialen Arbeit im kirchlichen Dienst zu klären,[42] verbindliche Orientierungen festzulegen[43]

---

[35] Ebd., 34.

[36] „Nach wie vor ist es möglich und sinnvoll, konkret zu helfen, etwa einem alten Menschen unter die Arme zu greifen und ihn über die verkehrsreiche Straße zu geleiten. Nur mit dem Pathos des Helfens ist es vorbei." - Ebd., 37.

[37] „Die organisierte Arbeit an der Beseitigung von Problemfällen gräbt andersartigen Hilfsmotivationen das Wasser ab, weil sie ihnen in der Effektivität und durch eine diffuse Streuung der Belastungen überlegen ist." - Ebd., 36.

[38] Vgl. ebd.

[39] Vgl. *Deutscher Caritasverband e.V. (Hrsg.)*, Zwischen versorgter Gemeinde und entsorgender Sozialarbeit. Dokumentation des Symposions „Christliche Diakonie zwischen System und Lebenswelten" vom 13. bis 15. März 1989 (= DCV-Materialien, Nr. 15), Freiburg 1990.

[40] Vgl. *Zerfaß* (1992), Lebensnerv Caritas, 23.

[41] Vgl. *K. Gabriel,* Die verbandliche Caritas im Postkatholizismus, in: Caritas 91 (1990) 12, 575-584; auch *M. N. Ebertz,* Dampf im fünften Sektor. Die Herausforderung der Caritas zwischen Staat und Markt, persönlichem Netzwerk und Kirche, in: *H. Puschmann (Hrsg.),* Not sehen und handeln. Caritas. Aufgaben - Herausforderung - Perspektiven. 100 Jahre Deutscher Caritasverband, Freiburg 1996, 35-49.

[42] Vgl. dazu im Überblick *Lechner* (1993), Kirchlichkeit der Mitarbeiter.

sowie die Bedeutung der Ehrenamtlichkeit und die Unverzichtbarkeit von lebensweltlichen Hilfen neu zu begründen. Allerdings werden diese noch andauernden Bemühungen um eine Gegensteuerung zur Säkularisierung des Helfens im modernen Sozialstaat durch eine neue, für die neunziger Jahre kennzeichnende Herausforderung überlagert, die man als ‚Ökonomisierung des Helfens im sich entwickelnden Sozialmarkt' kennzeichnen könnte. *J. Habermas* hat diesen Prozeß bereits vor Jahren[44] als Ergebnis der kapitalistischen Entwicklungslogik vorhergesehen. In seiner Auseinandersetzung mit Max Weber hält er diesem vor, er sehe nicht, daß in der kapitalistischen Entwicklung jene Elemente unterdrückt würden, die Weber selbst „unter dem Topos der ‚Brüderlichkeitsethik' analysiert" habe: nämlich die „moralisch-praktische(n) Potentiale, die in den radikalen religiösen Bewegungen, z. B. bei den Täufern, zum Zuge gekommen sind in den Versuchen, institutionelle Formen zu schaffen, die nicht einfach nur funktional waren für das gerade entstehende kapitalistische Wirtschaftssystem. Genau diese Potentiale sind nicht eingegangen in das herrschende institutionelle Muster der kapitalistischen Moderne. Gerade die auf kommunikative Organisationsformen drängenden ethischen Visionen fallen heraus."[45] Die Ersetzung der im Verfall begriffenen traditionellen Motive erfolge heute nun aber nicht mehr durch eine „reflexive Verflüssigung" und damit mittels einer Wiederentdeckung und Wiederaneignung traditionaler Wertbestände, sondern vor allem durch die Übernahme wirtschaftlicher und administrativer Regeln. „Heute dringen die über die Medien Geld und Macht vermittelten Imperative von Wirtschaft und Verwaltung in Bereiche ein, die irgendwie kaputt gehen, wenn man sie vom verständigungsorientierten Handeln abkoppelt und auf solche mediengesteuerten Interaktionen umstellt."[46] Als Handlungsbereiche, die für die Lösung ihrer Aufgaben unbedingt kommunikativ strukturiert sein müssen, nennt *Habermas* explizit die kulturelle Reproduktion, die soziale Integration und die Sozialisation.[47]

Die aktuelle Entwicklung zeigt, wie recht *Habermas* mit seiner Prognose hatte. Die Studie der Prognos AG zur Arbeit der freien Wohlfahrtpflege im

---

[43] Vgl. Erklärung der deutschen Bischöfe zum kirchlichen Dienst. Grundordnung des kirchlichen Dienstes im Rahmen kirchlicher Arbeitsverhältnisse vom 22.09.1993 (= Die deutschen Bischöfe, hrsg. vom *Sekretariat der Deutschen Bischofskonferenz*, H. 51), Bonn 1994.

[44] *J. Habermas*, Die Neue Unübersichtlichkeit. Kleine Politische Schriften V, Frankfurt a. M. 1985.

[45] Ebd., 188.

[46] Ebd., 189.

[47] Vgl. ebd.

vereinten Europa[48] konstatiert eine zunehmende Vermarktung der sozialen Arbeit. Soziale Dienste, Pflege und Betreuung gestalten sich immer mehr zu ‚Märkten' um, auf denen Angebot und Nachfrage über Preise geregelt werden. „Diese Entwicklung führt dazu, daß soziale Aktivitäten und Leistungen immer weniger durch Überzeugungen, Motivation, Neigung oder Interesse bestimmt und immer stärker an Kriterien der Effizienz und Marktfähigkeit gemessen werden."[49] Konstatiert wird gleichzeitig ein zunehmender Bedeutungsverlust von religiösen Maßstäben im Bereich professioneller sozialer Arbeit, die durch säkulare Werte wie Humanität, Hilfsbereitschaft oder soziale Gerechtigkeit ersetzt werden oder auch ersatzlos gestrichen werden.[50] Waren und Tauschwertorientierung treten – folgt man der Untersuchung – künftig an die Stelle sozialer Gerechtigkeit, ein Prozeß, der derzeit durch die Finanzkrise des Sozialstaates forciert wird. Er ist verbunden mit einer Übernahme von Steuerungsinstrumenten aus der Industrie, der sogenannten ‚Neuen Steuerung'. Wirtschaftliche Begriffe prägen daher heute zunehmend die soziale Arbeit: Der Bürger wird zum Kunden, Produkte ersetzen Hilfen, Markt und Nachfrage substituieren den politisch auszuhandelnden Bedarf, Marktkompetenz und Marktakzeptanz stehen künftig für Fachlichkeit. *Mike Corsa* hat meines Erachtens den überzeugenden Nachweis geführt, daß die öffentliche Jugendhilfe dafür zum „Experimentierlabor" wird. Er befürchtet für die gesamte soziale Arbeit den Verlust zentraler Prinzipien wie lebensweltliche Orientierung, Rechtsanspruch, Wunsch- und Wahlrechte, Beteiligungsrechte der Kinder- und Jugendlichen, ehrenamtliches Engagement, sozialpolitische Verantwortung.[51] Gefährdet wird aber ebenso die Wertebasis sozialer Arbeit, was den von *Luhmann* konstatierten Prozeß der Säkularisierung des Helfens nochmals beschleunigt. So beklagt der Pädagoge *B. Haupert*, daß in der zunehmenden Marktorientierung nicht nur ein zentrales Thema sozialer Arbeit, nämlich die Randgruppen, verloren geht, sondern daß insbesondere das „caritativ-professionelle Ethos sozialer Arbeit als hel-

---

[48] *Prognos AG (Hrsg.),* Freie Wohlfahrtspflege im zukünftigen Europa. Herausforderungen und Chancen im Europäischen Binnenmarkt. Studie der Prognos AG im Auftrag der Bank für Sozialwirtschaft GmbH, Köln 1991.
[49] Ebd., 16.
[50] Vgl. ebd.
[51] Vgl. *M. Corsa,* Eine Einmischung in die Diskussion über neue Steuerungsmodelle, in: deutsche jugend 45 (1997) 2, 67-75, hier 69f.

fender Profession mit einem begrifflichen Federstrich hinweggeräumt und der Kapitallogik geopfert" wird.[52]

Dieser neuen Herausforderung gilt es auch mit Hilfe der Theologie zu begegnen. Dabei wird es darauf ankommen, der Einladung des Sozialpädagogik-Professors *H. Oppl* zu folgen, der schon vor Jahren betont hat, daß sich soziale Arbeit nur dann nicht im Markt verlieren wird, wenn es gelingt, „weltanschauliche Kernoptionen" nicht den säkularen Trends zu opfern, sondern diese „zum trennscharfen Qualitätsmerkmal der sozialen Dienstleistung zu machen. Darin liegen letztlich die Chancen der Hochschulen in freier Trägerschaft, daß sie die ihnen zukommende Freiheit zu mehr Gestaltungsmacht nutzen, um die in ihre Weltanschauung eingebundenen sozialen und auch politischen Optionen ernsthaft und glaubwürdig einzufordern."[53] Diese Spur will die vorliegende Arbeit aufnehmen.

1.2.3 Die Leitbild- und Qualitätsdebatte in der kirchlichen sozialen Arbeit

Die Leitbilddiskussion, die im Deutschen Caritasverband von 1993 bis 1997 geführt wurde[54] und die bei den Caritasverbänden der Diözesen, in den caritativen Fachverbänden mit ihren Gliederungen und in den caritativen Vereinigungen und Ordensgemeinschaften noch andauert, muß als Seismograph einer Identitäts- und Profilkrise der kirchlich verantworteten sozialen Arbeit betrachtet werden. Sie ist zugleich ein Instrument zu deren Behebung. Denn nach einer Phase der quantitativen Expansion der caritativen Einrichtungen und Dienste steht heute ihre Qualitätssicherung an: „Der Werte-Wandel, der oft ein Werte-Verlust ist, bzw. die Veränderung der Einstellung und der Voraussetzungen, die Mitarbeiter/-innen mitbringen, bedingen eine Neubesinnung auf das ureigene Profil. Deutlich ist heute eine Tendenz hin zu mehr Markt und Wettbewerb auch im Non-Profit-Bereich. Die konfessionelle Prägung der Wohlfahrtsverbände wird zunehmend in Frage gestellt, vielleicht

---

[52] *B. Haupert,* Kritische Anmerkungen zum Stellenwert und Gegenstand der Sozialarbeitswissenschaft, in: *R. Puhl (Hrsg.),* Sozialarbeitswissenschaft. Neue Chancen für theoriegeleitete Soziale Arbeit, Weinheim u.a. 1996, 41-62, hier 45.

[53] *H. Oppl,* Neue Herausforderungen für die Sozialarbeit. Sozialarbeit im Spannungsfeld von Wissenschaft, Markt und Diakonie, in: *F. J. Hungs u.a. (Hrsg.),* Sozialarbeit. Herkunft und Perspektive. Festschrift für Martha Krause-Lang, München 1992, 86-98, hier 98.

[54] Vgl. *Deutscher Caritasverband (Hrsg.),* Leitbild. Verabschiedet durch den Zentralrat des DCV am 6. Mai 1997 in Limburg, Freiburg 1997.

auch, weil das Charakteristische nicht mehr sichtbar wird. Bedingt durch diese gesellschaftliche Entwicklung und die Öffnung des Europäischen Marktes drängen immer mehr private Anbieter in den sozialen Bereich."[55] Mit der Entwicklung von Leitbildern soll auf diese neuen Herausforderungen eine Antwort gegeben werden, die klar und konkret ausdrückt, was das eigene Selbstverständnis ausmacht.

Die Leitbilddiskussion hat mehrere Stoßrichtungen. Erstens reagieren die Verantwortlichen der Caritas auf die Standortunsicherheit der kirchlichen sozialen Arbeit im Spannungsfeld zwischen Kirche und Sozialstaat. Wie der Religionssoziologe *K. Gabriel* analysiert hat, stellt die Caritas ein „zentrale(s) Bindeglied zwischen organisatorisch verfaßter Kirche und sozialstaatlich organisierter Gesellschaft" dar.[56] Diese Verbindung nütze beiden Seiten: einerseits der Kirche als motivstiftende Klammer hin zu den nicht-interaktiven, zum pastoral-seelsorglichen Kern der Kirche sich distanziert verhaltenden Mitgliedern, andererseits dem Staat als Mittel zur gesellschaftlichen Integration der marginalisierten und sozial schwächsten Bevölkerungsteile. Doch gerade in dieser symbiotischen Beziehung zwischen Sozialstaat und Kirche lauere eine große Gefahr für das innere wie äußere Profil der Caritas: „Sie kann sich - an die ‚goldenen Fesseln' des Sozialstaates gebunden - von innen her ‚säkularisieren' und ihren Bezug zur verfaßten Kirche verlieren; sie kann aber auch im Rückzug auf eine explizite und enge Kirchlichkeit ihre gesellschaftliche Funktion aufgeben und damit der sozialstaatlichen Verfassung der Gesellschaft den Rückhalt durch die Kirchen rauben."[57] Daß diese doppelte Gefahr tatsächlich existiert, zeigt sich überdeutlich in den aktuellen Kontroversen über den Weg, den die Kirche als freier Träger sozialer Einrichtungen und Maßnahmen künftig einschlagen soll. Während die einen mit Blick auf den sozialen Sektor eine ‚Verschlankung' oder ein ‚Gesundschrumpfen' fordern, um zu verhindern, daß die Kirche Gefahr laufe, „zu einem humanitären Verein" zu „degenerieren", weil sie sich hineindehnt „in Aufgaben, die von ihrem Christusglauben nicht mehr abgedeckt und getragen werden",[58] argumentieren die anderen gerade mit diesen caritativen Diensten, um die gesellschaftliche Bedeutung der Kirche und die

---

[55] *Verband Katholischer Einrichtungen und Dienste für körperbehinderte Menschen e.V.* (Hrsg.), Bilder, die uns leiten. Wege zu einem Leitbild, Freiburg 1994, 5.

[56] *Gabriel* (1990), Die verbandliche Caritas, 581.

[57] Ebd.

[58] Predigt des Erzbischofs von Köln, Kardinal Joachim Meißner, bei der Frühjahrs-Vollversammlung der Deutschen Bischofskonferenz am 20. Februar 1997 in Mallersdorf, in: Pressemitteilungen der Deutschen Bischofskonferenz vom 21.02.1997, hrsg. vom *Sekretär der Deutschen Bischofskonferenz H. Langendörfer*, 9-12, hier 10.

Notwendigkeit der Kirchensteuer zu begründen. Angesichts der Kürzungsmaßnahmen im sozialstaatlichen Bereich und des sinkenden Kirchensteueraufkommens ist daher ein Streit darüber entbrannt, an welchen Stellen zuerst gespart werden soll.[59] Es gibt bereits erste Tendenzen, der Liturgie und Verkündigung Vorrang vor der Diakonie einzuräumen.[60] Für die Theologie im Kontext sozialer Arbeit steht es daher heute dringend an, den pastoraltheologischen Stellenwert diakonischen Handelns als Konstitutivum - und eben nicht nur als Konsekutivum - kirchlicher Praxis zu begründen und zugleich die ekklesiale Würde der kirchlichen Sozialeinrichtungen anwaltschaftlich zu vertreten.

Die Leitbilddebatte zielt zweitens auf die Überwindung des Schismas zwischen Caritas und Pastoral, zwischen Diakonie und Seelsorge. Etwas überzogen könnte man formulieren: Die katholische Kirche - bei der evangelischen scheint die Konstellation ähnlich zu sein[61] - existiert faktisch als in zwei Kirchen aufgeteilt: auf der einen Seite die ‚Caritas-Kirche' und auf der anderen Seite die ‚Seelsorge-Kirche'.[62] Gegen die Aufteilung wäre nichts einzuwenden, wenn beide durch eine ideelle Klammer verbunden wären, etwa dem Pastoralbegriff des Konzils, in dem das Bekennen und Bezeugen, die Martyria und Diakonia gleichberechtigt sind. Hier aber gilt landläufig leider die caritative Tätigkeit eher als Vorfeld des ‚Eigentlichen',[63] der Seelsorge. Dies führt u. a. zu der verhängnisvollen Konsequenz einer Separierung der kirchlichen Mitarbeiterschaft in eine pastorale und soziale Berufsgruppe. Die Pastoralteams in den Gemeinden setzen sich entsprechend vor-

---

[59] Zu dieser Problematik vgl. *M. Lechner*, Der Sinn kirchlicher Kinder- und Jugendhilfe. Thesen für das Spitzengespräch der Kinder- und Jugendhilfe in Bayern am 23.06.97 in München, Typoskript (Benediktbeuern, 20.6.1997).

[60] „Bei den anstehenden Kürzungsmaßnahmen werden Liturgie und Verkündigung eine Vorrangstellung vor der Diakonie eingeräumt. (Amtsblatt des Erzbischöflichen Ordinariats Berlin vom 1.5.96, S. 46)" - Zitiert nach *B. Rooß*, Flexible Antworten! Projekte der Jugendsozialarbeit vom BDKJ im Erzbistum Berlin, in: *M. Wedell (Hrsg.)*, Gemeinsam sind wir Kirche. 50 Jahre BDKJ im Erzbistum Berlin, Berlin 1997, 94-98, hier 97.

[61] Vgl. etwa *Degen* (1994), Die Identität der Diakonie.

[62] Augenscheinlich wird diese Spaltung in der organisatorischen Struktur der Kirche, und zwar auf allen kirchlichen Ebenen von der Pfarrei bis zur Diözese: hier das Seelsorgeamt bzw. die Gemeinden, in denen die sog. pastoralen Aufgaben - die Verkündigung und Liturgie, die Bildungsarbeit und Exerzitienarbeit, die Sonder- und Zielgruppenseelsorge sowie die pastorale Planung und Organisation - angebunden sind, dort die Caritas mit ihren spezialisierten Diensten für Arme, Kranke, Notleidende.

[63] Vgl. *K. Hilpert*, Der Ort der Caritas in Kirche und Theologie, in: *Deutscher Caritasverband (Hrsg.)*, Caritas '90. Jahrbuch des Deutschen Caritasverbandes, Freiburg 1989, 9-23, hier bes. 10f; Hilpert verdeutlicht die Problematik dieser Trennung, als deren Ursache er das „Vorfeldschema" und das „Spezialisten-Schema" betrachtet.

wiegend bzw. ausschließlich aus theologisch vorgebildeten, eben ‚pastoralen' Mitarbeitern/-innen zusammen, während umgekehrt in den Caritaseinrichtungen nahezu ausschließlich sozialpädagogisch vorgebildete Fachleute tätig sind. In dem diesem Denken zugrunde liegenden Pastoralbegriff[64] gelten Sozialberufe nicht als pastorale Berufe, sondern als ‚Vorarbeiter' der Seelsorger/-innen. Auch wenn diese Problematik bereits in vielfacher Weise angegangen wurde - etwa von *H. Steinkamp* mit seiner Analyse der Diakonie als kirchlicher „Zweitstruktur"[65], in der anwachsenden Zahl von Publikationen zur diakonischen Theologie[66] - so ist sie doch noch im Bewußtsein vieler Verantwortungsträger und Mitarbeiter ungelöst. Dies zeigt sich unter anderem in bestürzender Weise in der Mitarbeiterbefragung der Caritas: „Nur jeder dritte Hauptamtliche der Caritas bestätigt, daß er sich von der Amtskirche getragen weiß. Diese Daten werden zum Alarmzeichen. Es ist der stille Schrei von Vergessenen, Verdächtigten und Übersehenen, die sich trotzdem mit großer Mehrheit als Teil der Kirche verstehen."[67] Stimmt dieser Befund, so steht nicht nur die spirituelle und kirchliche Formation der Mitarbeiter/-innen in der Caritas an, sondern viel mehr noch und zuerst die caritative Sensibilisierung und Qualifizierung der Theologen/-innen und Priester. Denn: „Die Diskussion von Kirchlichkeit und Christlichkeit von Mitarbeiterinnen und Mitarbeitern wird kontraproduktiv, wenn sie nicht im Kontext der Diakonievergessenheit von Theologie, Kirche und Gemeinde geführt wird. Der Mangel an Kirchlichkeit korreliert mit den diakonalen Defiziten in der Gemeinde."[68] Einer Theologie im Kontext sozialer Arbeit ist es somit aufgegeben, an der Überwindung dieses pastoralen Schismas und an einer inner-

---

[64] Vgl. *Lechner* (1993), Kirchlichkeit der Mitarbeiter, 490f.

[65] Steinkamp hat die Diakonie im Anschluß an R. K. W. Schmidt als „kirchliche Zweitstruktur" beschrieben, d. h. als ein spezifisches Sozialsystem neben und außerhalb der Kirche. - Vgl. *H. Steinkamp,* Diakonie. Kennzeichen der Gemeinde, Freiburg 1985; *ders.,* Selbst „wenn die Betreuten sich ändern". Das Parochialprinzip als Hindernis für Gemeindebildung, in: Diakonia 19 (1988) 2, 78-89.

[66] Besonders wichtig sind dem Verfasser u. a. folgende Bücher: *O. Fuchs,* Heilen und befreien. Der Dienst am Nächsten als Ernstfall von Kirche und Pastoral, Düsseldorf 1990; *I. Cremer/D. Funke (Hrsg.),* Diakonisches Handeln. Herausforderungen - Konfliktfelder - Optionen, Freiburg 1988; *H. Steinkamp,* Sozialpastoral, Freiburg 1991; *R. Völkl,* Nächstenliebe. Die Summe der christlichen Religion?, Freiburg 1987; *R. Krockauer,* Kirche als Asylbewegung. Diakonische Kirchenbildung am Ort der Flüchtlinge (= Praktische Theologie heute, hrsg. von *G. Bitter u. a.,* Bd. 11), Stuttgart u. a. 1993; *K.-F. Daiber,* Diakonie und kirchliche Identität. Studien zur diakonischen Praxis in einer Volkskirche, Hannover 1988; nicht zuletzt auch das Themenheft „Diakonie - eine vergessene Dimension der Pastoral" der Zeitschrift PThI 10 (1990) 1.

[67] *U. F. Schmälzle,* Caritasmitarbeiter verwirklichen Kirche, in: Caritas 97 (1996) 6, 261-275, hier 274.

[68] Ebd.

kirchlichen Aufwertung sozialer Berufe gemäß den pastoralen Weichenstellungen des Zweiten Vatikanischen Konzils zu arbeiten.[69]

Daß auf Seiten der Mitarbeiterschaft der Caritas für eine solche pastorale Identitätsfindung durchaus Ansatzpunkte und eine Offenheit bestehen, das zeigt sich in der o. g. Mitarbeiterbefragung[70] zu Beginn des Leitbildprozesses im Deutschen Caritasverband, der - und das ist seine dritte Stoßrichtung - wesentlich von der „immer wiederkehrende(n) Frage nach der Kirchlichkeit der Einrichtungen, letztlich nach der Kirchlichkeit der Mitarbeiter/-innen"[71] eingeleitet worden ist und nach einer Klärung dieser Problematik verlangt. Entgegen allen Vermutungen einer defizitären Spiritualität und Kirchlichkeit wurde jedoch offenkundig, daß es für mehr als drei Viertel der Mitarbeiter/-innen selbstverständlich ist, „Teil von Kirche" zu sein und in ihrer Arbeit das Christsein zu leben. Neun von zehn Mitarbeiter/-innen behaupten, die Option für die Armen und die Anwaltschaftsfunktion seien tragendes Leitmotiv ihrer Tätigkeit. Auch verstehen immerhin fast die Hälfte der Mitarbeiterschaft ihre Arbeit als „Verkündigung des Glaubens".[72] Dieses durchaus beeindruckende Ergebnis darf als Zeichen für eine hohe kirchliche Identifikationsbereitschaft der caritativen Mitarbeiterschaft gewertet werden. So besteht eine gute Basis, um mittels theologischer, pastoraltheologischer und spiritueller Bildungsarbeit die kirchlich-christliche Kompetenz der Mitarbeiter/-innen und über sie das Profil der Caritas und ihrer Einrichtungen zu fördern. Eine sozialarbeitsbezogene Theologie, wie sie hier zu entwerfen versucht wird, bezieht aus diesen Ergebnissen eine große Motivation und fühlt sich in der Annahme bestärkt, daß die kirchliche Identität der Mitarbeiter/-innen nicht mittels juristischer Verordnungen, sondern nur über kommunikative Bildungsprozesse geformt werden kann. Diese aber müssen von einer Theologie kommen, die sich in das Erfahrungsfeld der Sozialberufe hinein begibt und von dort her die Glaubenstradition der Kirche neu zu buchstabieren versucht.

---

[69] Zu diesen Weichenstellungen des Konzils vgl. *M. Lechner*, Heimerziehung als pastorale Aufgabe. Zur Kooperation zwischen Heimerziehung und Gemeindepastoral, in: Jugendwohl 78 (1997) 6, 246-256.

[70] Vgl. dazu das Themenheft der Zeitschrift Caritas 97 (1996) 6.

[71] So *M. B. Klos*, „Der Geist Gottes ist über alle und nicht nur über wenige ausgegossen", in: *Verband Katholischer Einrichtungen und Dienste für körperbehinderte Menschen e.V. (Hrsg.), Bilder, die uns leiten. Wege zu einem Leitbild*, Freiburg 1994, 32-57, hier 32.

[72] Die Zitate vgl. *Schmälzle* (1996), Caritasmitarbeiter verwirklichen Kirche, 265.

1.2.4 Der aktuelle Diskurs um die Etablierung einer Sozialarbeitswissenschaft

In den vergangenen Jahren haben sich die Bemühungen um die Etablierung einer Sozialarbeitswissenschaft verstärkt.[73] Diese zeigen einerseits Wirkungen auf die wissenschaftliche Profilierung der Ausbildung an Fachhochschulen für Soziale Arbeit, wie sie in der gegenwärtig andauernden Neugestaltung der Studienordnungen zum Ausdruck kommt, andererseits leisten sie der Forderung nach Errichtung eigener Lehrstühle für Sozialarbeitswissenschaft auf universitärer Ebene Vorschub. Die Debatte wird aus der festen Überzeugung heraus geführt, daß die Praxis der Sozialen Arbeit heute für ihr Handeln einen fundierten, systematisch wissenschaftlichen Forschungs-, Reflexions-, Orientierungs- und Interpretationsrahmen braucht. Die meisten Problemstellungen, denen sich Soziale Arbeit im modernen Sozialstaat gegenübersieht (Jugendgewalt, Verschuldung, Obdachlosigkeit, sexueller Mißbrauch, Krise der Familie u. a.), sind nämlich äußerst komplex und lassen sich nicht mehr einfach nur auf pädagogischem Wege lösen. Sie erfordern eine interdisziplinär angelegte Wissenschaft, „die neben (abnehmenden) pädagogischen vor allem ökonomische, sozialpolitische, sozialrechtliche, sozialplanerische, sozialverwalterische Aspekte und Paradigmen zu integrieren in der Lage"[74] sein muß. Der Einwand, mit der universitären Erziehungswissenschaft und (Sozial-)Pädagogik sei bereits eine Wissenschaft vorhanden, die über den Kontext von Schule und außerschulischer Bildungsarbeit hinaus auch als identitätsstiftende Leitwissenschaft für Sozialarbeiter und Sozialpädagogen fungieren und deren Praxis mit in ihre wissenschaftliche Aufgabenbestellung einbeziehen könnte,[75] wird daher von Repräsentanten/-innen einer Sozialarbeitswissenschaft genau mit dem Argument zurückgewiesen, eine bloße Ausweitung einer pädagogischen Wissenschaft reiche heute nicht

---

[73] Vgl. dazu insb. *Engelke* (1992), Soziale Arbeit als Wissenschaft; *W. R. Wendt (Hrsg.)*, Sozial und wissenschaftlich arbeiten, Freiburg 1994; *H. Thiersch/K. Grunwald (Hrsg.)*, Zeitdiagnose Soziale Arbeit. Zwischen wissenschaftlicher Leistungsfähigkeit der Sozialpädagogik in der Theorie und Ausbildung, Weinheim u. a. 1995; Puhl (1996), Sozialarbeitswissenschaft; *K. Merten/P. Sommerfeld/Th. Koditek (Hrsg.)*, Sozialarbeitswissenschaft. Kontroversen und Perspektiven, Neuwied u.a. 1996. Vgl. dazu die Debatte in den einschlägigen Zeitschriften, insbesondere die Themenhefte der Zeitschrift Soziale Arbeit 44 (1995) 9/10 und die Blätter der Wohlfahrtspflege 142 (1995) 1/2.

[74] *P. Erath* in der Umfrage zum Thema „Der Fundus methodischen und theoretischen Berufswissens muß wissenschaftlich systematisiert werden", in: Blätter der Wohlfahrtspflege 142 (1995) 1/2, 14.

[75] Dieser Ansicht sind vor allem universitäre Pädagogen, wie beispielsweise *C. W. Müller*, Vom Mißverständnis der Forderung nach einer „Sozialarbeitswissenschaft", in: Soziale Arbeit 44 (1995) 9/10, 337-342.

mehr aus, um die Praxisprobleme Sozialer Arbeit hinreichend zu erforschen, zu erklären, zu systematisieren und handlungsorientierend zu begleiten. Hingegen wird herausgestellt, daß auch schon die Pioniergeneration Sozialer Arbeit am Anfang des Jahrhunderts bei der wissenschaftlichen Profilierung ihrer Tätigkeit sowohl methodische als auch zunehmend wirtschaftliche, politische, kulturelle und ethische Aspekte einbezogen habe und Lehrstühle für ‚Soziale Fürsorge und Statistik' (Frankfurt), für ‚allgemeine Wohlfahrtspflege' (Münster) oder auch ‚Caritaswissenschaft' (Freiburg) auf Universitätsniveau etablieren konnte.[76] Eine Sozialarbeitswissenschaft wäre die konsequente Fortsetzung dieser Tradition. Sie könnte ein geschlossenes, allgemein gültiges wissenschaftliches Aussagesystem darstellen, mit dem Soziale Arbeit zu profilieren und eine Abgrenzung gegenüber anderen wissenschaftlichen Disziplinen vorzunehmen wäre.[77]

Wenn die Theologie sich als eine für die Ausbildung von Sozialberufen relevante Wissenschaft begreift, dann muß sie die aktuelle Theoriedebatte um eine Sozialarbeitswissenschaft mit Interesse verfolgen, dies sowohl im Interesse der eigenen Identität als auch im Interesse der Sozialarbeitswissenschaft selbst. Zur Erstellung der vorliegenden Arbeit jedenfalls motivierte die aktuelle sozialarbeitswissenschaftliche Theoriedebatte in doppelter Hinsicht.

Erstens: Die Notwendigkeit einer Sozialarbeitswissenschaft wurde in den vergangenen Jahren aus verschiedenen Perspektiven begründet: vom Standpunkt der Geschichte, der Wissenschaftstheorie (Materialobjekt und Formalobjekt), der Forschung, der Ausbildung und der Praxis selbst. Zwar konnte bis dato noch keine „umfassende theoretische Begründung der Sozialen Arbeit - vor allem in Form von akzeptierten Standardwerken, welche historische und aktuelle Entwicklungen in schlüssigen wissenschaftstheoretischen Zusammenhängen abhandeln"[78], vorgelegt werden, dennoch schälen sich immer deutlicher die Konturen einer Sozialarbeitswissenschaft heraus, die als Grundlagenwissenschaft in der Ausbildung der Sozialen Arbeit an

---

[76] Vgl. dazu *H. Maier*, Ausgangspunkt war die praktische Hilfe. In den Anfängen war eine Fürsorgewissenschaft - Eine vergessene Traditionslinie der Sozialarbeitswissenschaft, in: Bätter der Wohlfahrtspflege 142 (1995) 1/2, 8-10; auch *Engelke* (1992), Soziale Arbeit als Wissenschaft, 79f.

[77] Vgl. *H. Heitkamp*, in der Umfrage zum Thema „Der Fundus methodischen und theoretischen Berufswissens muß wissenschaftlich systematisiert werden", in: Blätter der Wohlfahrtspflege 142 (1995) 1/2, 14.

[78] *H. Maier*, Gestalten statt Verwalten. Von den „Allgemeinen Lehren der Sozialarbeit/Sozialpädagogik" zur Sozialarbeitswissenschaft, in: Forum Katholische Fachhochschule Nordrhein-Westfalen, Nr. 10, 7/94, 13-18, hier 14.

Fachhochschulen fungieren und im Zusammenspiel mit Bezugswissenschaften den Zustand einer „disziplinäre(n) Heimatlosigkeit"[79] bzw. einer halbherzigen Verwissenschaftlichung des Sozialarbeiterstudiums sukzessive beseitigen könnte. Auf jeden Fall will man der Gefahr entgehen, die Ausbildung in Sozialer Arbeit wiederum „der mütterlichen Führung einer etablierten Wissenschaft" zu unterstellen,[80] würde doch mit einer solchen sogenannten „Leitwissenschaft" die Theoriebildung für die Soziale Arbeit wiederum zur Domäne der Psychologen/-innen, Soziologen/-innen, Pädagogen/-innen, Juristen/-innen etc.[81] Die Eigenständigkeit und das originäre Profil einer Sozialarbeitswissenschaft gegen eine „'Kolonialisierung' durch Fremddisziplinen"[82] durchzusetzen ist also das unbestrittene Ziel, das in der gegenwärtigen wissenschaftstheoretischen Debatte verfolgt wird. Dies bedeutet mit Blick auf die Theologie an Fachhochschulen für Soziale Arbeit, daß sie sich selbst darauf prüfen und sich selbst so entwerfen muß, daß sie keinesfalls den Anschein eines hegemonialen Auftretens erweckt. Sie muß vielmehr bereit sein, ihre Lehrinhalte auf das Ausbildungsziel der Fachhochschule auszurichten und in partnerschaftlicher Weise am Studienbetrieb mitzuwirken.

Zweitens: In der sozialarbeitswissenschaftlichen Debatte geht es sodann um die Begründung der Rolle von Bezugswissenschaften Sozialer Arbeit. In der bisherigen Debatte wurde der meines Erachtens überzeugende Vorschlag gemacht, eine „Allgemeine Sozialarbeitswissenschaft"[83] zu konzipieren, der dann eine doppelte Aufgabe zukommt. Zum einen muß sie sich mit den Grundlagen befassen, die die Dimensionen des Sozialen strukturieren; zum anderen hat sie mit Nachbardisziplinen in Kontakt zu treten, das Verhältnis

---

[79] Vgl. dazu *B. Haupert/K. Kraimer*, Die disziplinäre Heimatlosigkeit der Sozialpädagogik/Sozialarbeit, in: Neue Praxis 21 (1991) 2, 106-121, hier 106.

[80] Vgl. *Heitkamp* (1995), Der Fundus, 15.

[81] „Ebenso gilt es, die Dominanz der berufsfremden Fachvertreter abzubauen. Diese haben mehr die Profilierung ihrer eigenen Fachdisziplin im Auge, als der Sozialarbeit auf dem Hintergrund ihrer eigenen Fachperspektive zu einem wissenschaftlichen Eigenrecht zu verhelfen. In diesen Profilierungsbestrebungen der Einzelwissenschaften scheint die Sozialarbeit eher an Eigenprofil zu verlieren als zu gewinnen." - *R. Feth*, Studienreform an der kath. Fachhochschule Saarbrücken, in: *M. Lewkowicz (Hrsg.)*, Neues Denken in der Sozialen Arbeit. Mehr Ökologie - mehr Markt - mehr Management, Freiburg 1991, 236-261, hier 237.

[82] *K. D. Müller/G. Gehrmann*, Wider die „Kolonialisierung" durch Fremddisziplinen, in: Sozialmagazin 19 (1994) 6, 25-29, hier 25.

[83] *H. Maier*, Armenküche und Wissenschaft? Perspektiven einer Sozialarbeitswissenschaft an Fachhochschulen, in: Forum Katholische Fachhochschule Nordrhein-Westfalen, Nr. 8, 7/93, 19-24.

zu ihnen zu klären und deren „theoretische Erkenntnisse systematisch aufzuarbeiten, um so die Konstitutiva für die filigranen Begründungen einer differenzierten Sozialarbeitswissenschaft zu erschließen. Eine Allgemeine Sozialarbeitswissenschaft nimmt sich dabei nicht der Fußnoten der Nachbarschaftsdisziplinen an, sondern sucht nach ihrer systematischen Verortung im bestehenden Wissenschaftsgefüge."[84] In Anbetracht der Komplexität des Gegenstandes Sozialer Arbeit[85] bedeutet dies aber, daß es neben einer Allgemeinen Sozialarbeitswissenschaft auch Spezialisierungen gibt, z. B. eine Sozialarbeitspsychologie, eine Sozialarbeitssoziologie, eine Sozialarbeitspädagogik, eine Sozialarbeitsmedizin und ein Sozialarbeitsrecht. In der Fortführung dieses Gedankens, der heute maßgeblich die Neuorientierung der Ausbildung an Fachhochschulen bestimmt,[86] wird auch die in diesem Kontext zu lehrende Philosophie und Theologie eine neue Identität und Aufgabenstellung gewinnen müssen, und zwar als ‚Sozialarbeitsphilosophie' und als ‚Sozialarbeitstheologie'.[87] Ziel ist jedenfalls ein „kooperativ-integratives Arbeitsbündnis"[88] zwischen allgemeiner Sozialarbeitswissenschaft und ihren spezialisierten Bezugswissenschaften (Psychologie, Soziologie, Pädagogik, Recht, Medizin, Philosophie/Theologie), die einerseits ihre Wissenschaftsinhalte auf die Bedürfnisse der Ausbildung Sozialer Arbeit zu fokussieren haben, andererseits aber auch weiterhin den Kontakt zu den universitären Instituten und Lehrstühlen halten müssen, um die fachspezifischen Forschungsergebnisse und Entwicklungen zu rezipieren und in die Ausbildung einzubringen.

Es ist offenkundig, daß diese Forderung nach spezialisierten Bezugswissenschaften einer als allgemeine Grundlagenwissenschaft entworfenen Sozialarbeitswissenschaft auch die Theologie in konzeptioneller Hinsicht herausfordern muß. Zwar gibt es in der aktuellen Debatte keinen Konsens hinsichtlich der Frage, ob neben der Philosophie auch die Theologie eine notwendi-

---

[84] Ebd., 23; Maier denkt die Sozialarbeitswissenschaft als eine „Wirklichkeitswissenschaft", die vier Entfaltungsmöglichkeiten besitzt: als verstehende, als empirische, als komparative und als historische Sozialarbeitswissenschaft.

[85] Vgl. *Erath* (1995), Der Fundus, 14.

[86] So beispielsweise an der Katholischen Hochschule für Soziale Arbeit in Saarbrücken oder an den Fachhochschulen für Soziale Arbeit in Bayern. - Vgl. *Feth* (1991), Studienreform an der kath. Fachhochschule Saarbrücken; *A. Hutter*, Soziale Arbeit zwischen Wissenschaft, Profession und Praxis - Gedanken zur neuen Rahmenstudienordnung Soziale Arbeit, in: Bayerischer Wohlfahrtsdienst 47 (1995) 10, 112-116.

[87] Erste Ansätze dazu gibt es bereits, so z. B.: *W. Schlüter*, Sozialphilosophie für helfende Berufe, München u.a. 1983; *H. Baum*, Ethik sozialer Berufe, Paderborn 1996; *H. Mogge-Grotjahn*, Soziologie. Eine Einführung für soziale Berufe, Freiburg 1996.

[88] *Maier* (1993), Armenküche und Wissenschaft?, 23.

ge Bezugswissenschaft der Sozialarbeitswissenschaft darstellt, doch finden sich auch Autoren, die diese Frage bejahen: so etwa *E. Engelke*[89] oder auch *J. Tillmann*.[90] Beide zählen in ihren Übersichten über die an der Sozialen Arbeit interessierten wissenschaftlichen Disziplinen auch die Theologie auf und betrachten sie als elementaren Bestandteil einer Ausbildung an Fachhochschulen. Diese Einladung gilt es seitens der Theologie anzunehmen und ein solides konzeptionelles Fundament für die Aufgabe als Bezugswissenschaft Sozialer Arbeit zu entwickeln.

1.2.5 Krise der akademischen Theologie?

In der Vergangenheit mehren sich die Anfragen an die akademische Theologie, ja es wird ihre Krise diagnostiziert.[91] Zwar erbringe sie im Binnenraum theologischer Fakultäten große wissenschaftliche Leistungen, es mangele ihr aber an praktischer Relevanz. An ihre Adresse, und speziell an die der Praktischen Theologie,[92] wird daher der Vorwurf einer erheblichen Diakonievergessenheit laut. In ihrem Verhältnis zur sozialen und caritativen Praxis sei die deutsche Theologie - so das Urteil von *R. Zerfaß* - „alles andere als kontextuell."[93] Auch versage die akademische Theologie bei der Begleitung der Praxis sozialer Arbeit. Selbstkritisch muß daher an die Adresse der Pastoraltheologie gefragt werden: „Wo werden die Laien, die sich, der Einladung des Konzils folgend (...), auf die komplexen Strukturen der modernen Gesellschaft einlassen, um in ihnen apostolisch wirksam zu werden, theologisch begleitet, die Erfahrungen des fremden Elends und der eigenen Ohnmacht, die sie dabei machen, ,im Licht des Glaubens zu betrachten, zu beurteilen und zu vollbringen, durch das eigene Handeln sich selbst mit den anderen weiterzubilden und zu vervollkommnen und so in einen wirkungsreichen Dienst für die Kirche hineinzuwachsen' (Laienapostolat 29)? Wie sie die Ei-

---

[89] Vgl. *Engelke* (1992), Soziale Arbeit als Wissenschaft, 92.

[90] Vgl. *J. Tillmann*, Sozialarbeitswissenschaft als Basis der Curriculumentwicklung, in: Soziale Arbeit 44 (1995) 9/10, 317-324, hier 323.

[91] Vgl. *Fuchs* (1988), Krise der Theologie: Krise der Theolog(inn)en?, 69.

[92] „Diakonie - eine vergessene Dimension der Pastoraltheologie" lautete das Thema der deutschsprachigen Pastoraltheologen vom 15.-18. Juni 1989 in Freiburg. - Vgl. dazu das Themenheft der PthI 10 (1990) 1.

[93] *Zerfaß* (1992), Lebensnerv Caritas, 29; auch *ders.*, Organisierte Caritas als Herausforderung an eine nachkonziliare Theologie, in: *E. Schulz/H. Brosseder/H. Wahl* (Hrsg.), Den Menschen nachgehen. Offene Seelsorge als Diakonie in der Gesellschaft, St. Ottilien 1987, 321-348, hier bes. 324; 338ff.

gengesetzlichkeit modernen Managements mit dem Ethos diakonischer Agape, die Logik moderner sozialtherapeutischer Konzepte mit der theologischen Anthropologie vermitteln, bleibt ihnen selbst überlassen."[94]

Dieses beklagte Defizit an theologischer Begleitung muß auch für den Bereich der Ausbildung festgestellt werden. Zwar gibt es an allen Fachakademien für Sozialpädagogik das Lehrfach Religion, doch ist dieses allzu sehr auf eine religionspädagogische Fachkompetenz mit dem Ziel der Glaubensverkündigung ausgerichtet. Auf die persönliche Glaubensentwicklung der Studierenden und auf die theologische Aufarbeitung von Erfahrungen ihrer Praxis wird kaum Wert gelegt. So ist wiederum mit *Zerfaß* zu fragen, „unter welchen Bedingungen junge Erzieherinnen im Kindergarten parallel zu ihrer beruflichen Entwicklung die Chance haben, das Evangelium zu entdecken"[95] - und eine reife Beziehung zur Kirche zu entwickeln" - eine Frage, die mit gleicher Intensität an die Theologie an Fachhochschulen für Soziale Arbeit zu richten ist.

Angesichts dieser Diagnose wird man *O. Fuchs* zustimmen können, der in seiner Beurteilung der aktuellen Situation im Verhältnis von Diakonie und Theologie geneigt ist, „der akademischen Theologie jegliche diakonische Qualität abzusprechen." Umso mehr hält er die Klärung der Frage für nötig, wem die Arbeit der Pastoraltheologen dient, wo ihr „eigener diakonischer Ort im Kontext aller diakonischen Manifestationen" ist und wie dieses diakonale Reflexionsdefizit abgebaut werden kann.[96] Als ein strenges Postulat aus der Konzilsekklesiologie und aus dem Apostolischen Schreiben ‚Evangelii nuntiandi' ergibt sich für ihn die Rückbesinnung der wissenschaftlichen Theologen/-innen „auf die diakonale Dimension dieser akademischen Theologie ... Dies gilt umso mehr, als die Diakonie nicht sektoral zu sehen ist (also etwa nur bei der Theologie des Caritasverbandes), sondern das Vorzeichen und den Aggregatszustand der gesamten Theologie, also aller Theologien ‚ausmacht'."[97] Wie aber soll die Theologie hierzulande diakonisch werden, wie soll die Caritas in die Theologie gelangen?[98] *Fuchs* antwortet zunächst mit einer Warnung. Seiner Ansicht nach darf sich die wissenschaftliche Praktische Theologie nicht in einem Allzuständigkeitsdenken auch noch diese Sphäre des Theologietreibens einverleiben und sich „dach-

---

[94] *Zerfaß* (1992), Lebensnerv Caritas, 27f.
[95] Ebd., 118.
[96] *O. Fuchs*, Ämter für eine Kirche der Zukunft. Ein Diskussionsanstoß, Luzern 1993, insb. 43-66, hier 43.
[97] Ebd., 49.
[98] Vgl. *O. Fuchs*, Wie kommt Caritas in die Theologie?, in: Caritas 91 (1990) 1, 11-22.

förmig zu einer universalen diakonalen Theologie" aufblähen.[99] Er fordert sie vielmehr zu einer diesbezüglichen Bescheidenheit auf, um die tatsächlichen diakonischen Lebens- und Praxiskontexte nicht ihrer eigenen theologischen Kompetenz zu berauben.[100] Denn die akademische Theologie ist nicht Subjekt jeder möglichen Theologie, sondern eben nur der akademischen, und dementsprechend muß neben der akademischen Theologie die Existenz anderer Theologieräume und -herkünfte anerkannt werden, etwa eine Theologie kirchlicher Verbände oder eine Theologie der Jugend. Entsprechend müßte auch eine diakonische Theologie im engeren Sinn denkbar sein, die in einem spezifischen sozialen Raum außerhalb der theologischen Fakultät ihren Ursprungsort hat.

Fachhochschulen für Soziale Arbeit - so die durchaus gewagte These - können ein solcher Theologieraum sein, ein theologiegenerativer Ort, an dem eine spezifische diakonale Theologie entsteht. Diese Idee einer originären Theologie, die von Studierenden der Sozialen Arbeit entwickelt wird, erscheint als eine faszinierende Einsicht aus der derzeitigen diakonisch-kontextuellen Theoriedebatte. Sie trifft sich mit dem bezugswissenschaftlichen Postulat nach einer Sozialarbeits-Theologie und ist daher eine wichtige Spur, die es in der vorliegenden Arbeit aufzunehmen und im Sinne eine Theologie auszubauen gilt, die diakonisch-kontextuell und im Wortsinn ‚originär' ist, insofern sie an der Fachhochschule ihren Ursprungs-, Reflexions- und Lehrort hat.

1.2.6 *Das religiöse und theologische Interesse von Studierenden der Sozialen Arbeit*

Einen nicht unerheblichen Beweggrund für die Entwicklung einer Theologie der Sozialen Arbeit stellen die langjährigen, zunächst ganz persönlichen Beobachtungen des Verfassers zum religiösen und kirchlichen Interesse der Studierenden an der Katholischen Stiftungsfachhochschule für Soziale Arbeit München, Abteilung Benediktbeuern dar. Dieses Interesse der Studierenden allerdings ist sehr unterschiedlich gelagert und spiegelt in vielem die Ergebnisse der jüngeren Jugendforschung zum Verhältnis von Jugend zur Kirche, zur Religion und zum christlichen Glauben wider. Während die einen in Gesprächen verlauten lassen, sie möchten sich gerne mit Religion auseinandersetzen, aber für eine feste Bindung an die Kirche und ihren

---

[99] Ebd., 15.
[100] Vgl. ebd., 13.

Glauben seien sie (noch) nicht zu haben, gibt es andere, die das theologische Lehrangebot zum Anlaß nehmen, um mehr Kenntnisse im christlichen Glauben zu erwerben und in ihm zu wachsen. Immer wieder ist das Argument zu hören, man möchte ‚mehr wissen', damit man in Auseinandersetzungen im Freundes- und Bekanntenkreis argumentativ besser bestehen könne. Auch die eigene Kirchenbeziehung schwingt immer wieder als Motiv der Teilnahme an theologischen Lehrangeboten mit. Für manche Studierenden - und dies quer durch alle Konfessionszugehörigkeiten - sind diese eine willkommene Gelegenheit, sich ein objektiveres Bild von der Kirche zu machen, sich kritisch mit ihr auseinanderzusetzen und den eigenen Standort zu klären. Natürlich gibt es auch eine gewisse Zahl von Studierenden, die neben dem inhaltlichen ein kalkulatorisches Interesse mit den theologischen Lehrangeboten verbinden: Sie rechnen sich bessere Anstellungschancen bei kirchlichen Trägern sozialer Arbeit aus. Letzere Motivation allein aber ist niemals ein zureichendes Kriterium für die Wahl theologischer Lehrangebote. Vielmehr darf man sowohl für die Abteilung München wie für die Abteilung Benediktbeuern der Katholischen Stiftungsfachhochschule München von einer nicht unerheblichen Zahl von Studierenden ausgehen, die theologische, ekklesiologische und spirituelle Lehrangebote bewußt wählen und als elementaren Baustein ihres Studiums der Sozialen Arbeit betrachten. Die folgende Tabelle über die Teilnehmer/-innen und Absoventen/-innen der Theologischen Zusatzausbildung an der Abteilung Benediktbeuern zeigt, daß diese Annahme auch auf einer realistischen Basis steht. Rund ein Drittel aller Studierenden befaßt sich während des Studiums sporadisch oder systematisch mit theologischen Themenstellungen:[101]

---

[101] In diese Statistik sind nicht diejenigen Studenten/-innen einbezogen, die ein Doppelstudium ‚Soziale Arbeit/Theologie (Diplom) absolvieren. Im Durchschnitt der letzten zehn Jahre waren dies etwa 30 Studierende.

Theologie in der Sozialen Arbeit: Motive und Kontext 43

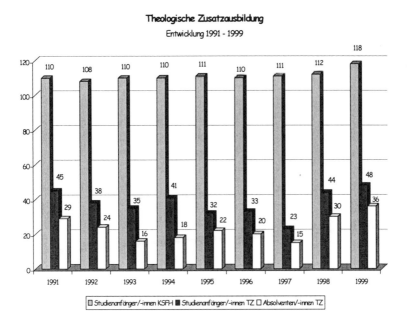

Diese erste subjektive Wahrnehmung steht nicht allein. Auch andere Theologen, etwa an der Abteilung München, berichten über ein ständig wachsendes Interesse an theologischen und spirituellen Angeboten - allerdings bei abnehmender Zahl der Absolventen des gesamten Kurses der Theologischen Zusatzausbildung.[102] Dabei darf nicht unberücksichtigt bleiben, daß ein hoher Prozentsatz der Studierenden kirchlich gebunden und engagiert ist: Laut Statistik von Oktober 1996 gehörten von den 487 Studierenden an der Abteilung Benediktbeuern 399 (= 89%) der katholischen, 63 (= 12%) der evangelischen Kirche und 5 einer sonstigen christlichen Religionsgemeinschaft an. Zwei Studierende waren muslimischen Bekenntnisses und 18 Studierende konfessionslos. Bundesweit bestätigt eine Absolventenbefragung aus dem Jahre 1996/97 diesen hohen Anteil konfessionell gebundener Studenten an konfessionellen Fachhochschulen: 63% der Studierenden an evangelischen und 82% der Studierenden an katholischen Fachhochschulen sind demnach

---

[102] Vgl. *Katholische Bildungsstätten für Sozialberufe in Bayern - Kirchliche Stiftung des öffentlichen Rechts*, 25 Jahre Katholische Bildungsstätten für Sozialberufe in Bayern 1971-1996, München 1996, 68.

konfessionsgebunden. Auffällig ist auch, daß „viele Studierende an kirchlichen Fachhochschulen sehr stark durch die kirchliche Jugendarbeit geprägt" sind. Während an staatlichen Hochschulen nur 29% der in derselben Studie befragten Absolventen Erfahrungen aus der - zumeist kirchlichen - Jugendarbeit vorweisen konnten, waren es an kirchlichen Hochschulen zum selben Zeitpunkt immerhin 77% der Befragten.[103]

Dieser Befund wird auch durch eine Studie gestützt, die an der Abteilung Köln der Katholischen Fachhochschule Nordrhein-Westfalen durchgeführt wurde. Bei dieser Vergleichsstudie zwischen der katholischen und der staatlichen Fachhochschule in Köln konnte nachgewiesen werden, daß sich die Studierenden beider Fachhochschulen hinsichtlich ihrer Kirchenbindung und hinsichtlich ihres sozialen Engagements in hohem Maße unterscheiden. „Soziales Engagement" stellt bei der Bewerbung an der katholischen Fachhochschule neben der Vorlage einer kirchlichen Referenz ein wichtiges Zulassungskriterium dar. So überrascht es einerseits nicht, daß in der untersuchten Fallgruppe an der *katholischen* Fachhochschule 83% der Studierenden katholischen Bekenntnisses und 16,6% evangelischen Bekenntnisses waren. Es gab keine konfessionslosen Studierenden. An der staatlichen Fachhochschule hingegen waren nur 43% katholisch, 36.6% evangelisch und 20% konfessionslos.[104] Auch ist erstaunlich, daß das ehrenamtliche soziale Engagement bei Studierenden der staatlichen Fachhochschule wesentlich geringer ausfällt als das bei der Vergleichsgruppe an der katholischen Fachhochschule. Während bei der ersteren Gruppe eine „völlig zu vernachlässigende Größe" (realiter nur 1 Person) neben dem Studium ehrenamtlich in einer Kirchengemeinde tätig ist und weitere drei Personen bei anderen Institutionen (Rotes Kreuz, Feuerwehr) engagiert sind, was hochgerechnet etwa eine Zahl von 13% aller Fachhochschulstudenten/-innen ausmacht, beläuft sich die entsprechende Quote von Studierenden an kirchlichen Fachhochschulen auf ca. 30% Aktive bei einem kirchlichen und 50% bei einem nichtkirchlichen Träger. „Selbst wenn man von Mehrfach-Aktivitäten und damit von Überschneidungen der Prozent-Anteile ausgeht, wird doch die starke Ten-

---

[103] Vgl. *K. Maier,* Berufsziel Sozialarbeit/Sozialpädagogik. Biografischer Hintergrund, Studienmotivation, soziale Lage während des Studiums, Studierverhalten und Berufseinmündung angehender SozialarbeiterInnen/SozialpädagogInnen. Mit einem ergänzenden Beitrag von Uta Löckenhoff zur Situation studierender Mütter, Östringen 1995, 27f.

[104] Bei diesen Zahlen handelt es sich um Tendenzgrößen, nicht um präzise Zahlen. Es ist also nicht ausgeschlossen, daß auch an der KFH Köln konfessionslose StudentInnen sind, jedoch in äußerst geringer Zahl! Vgl. *J. Wiesner,* Kirchliches Engagement der Studenten des Sozialwesens im Vergleich Kölner Fachhochschulen. Resultate einer Explorationsstudie, in: Forum Katholische Fachhochschule Nordrhein-Westfalen Nr. 14, 10/96, 25-26, hier 23f.

denz eines anhaltenden - bei mehr als der Hälfte der KFH NW-Studierenden vorhandenen - ehrenamtlichen Engagements auch noch während des Studiums erkennbar."[105] Ähnlich verhält es sich mit der Mitgliedschaft der Studierenden in einer kirchlichen Jugendgruppe. Nahezu alle Studenten der katholischen Fachhochschule waren vor Studienbeginn in einer kirchlichen Jugendgruppe engagiert (96,6%), während dies nur 26% der Studierenden an der staatlichen Fachhochschule waren. Diese beiden Befunde sind ein deutlicher Beleg für einen Zusammenhang von kirchlicher Orientierung und Wahl einer kirchlichen Fachhochschule zum Studium der Sozialen Arbeit, die nach Erkenntnis der Studie von den allermeisten Studenten „sehr bewußt" getroffen worden ist.[106] Verallgemeinert man dieses Kölner Ergebnis und verbindet es mit den subjektiven Erfahrungen vor Ort, so darf man insgesamt davon ausgehen, daß an kirchlichen Fachhochschulen eine ausgewählte Gruppe von Personen mit einer überdurchschnittlich hohen kirchlichen Orientierung und einer hohen altruistischen Motivation studiert.[107]

Von großem Interesse für unsere Fragestellung nach der religiösen Motivation von Studierenden der katholischen Fachhochschulen ist die wertvolle Studie von *H.-G. Ziebertz*,[108] die dieser ebenfalls an der Katholischen Fachhochschule Nordrhein-Westfalen, Abteilung Köln durchgeführt hat. Sein Interesse zielte in vier Richtungen: (1) Hintergrundmerkmale der Studierenden (Alter, Geschlecht, Herkunft, Wohnort, Konfession, Schulabschluß, Lebensform, politische Orientierung, familiär-religiöser Kontext); (2) Religiosität; (3) Einflußfaktoren auf die ideelle Bewertung sozialer Arbeit; (4) Beziehung zwischen Religiosität und Berufsorientierung. Die Ergebnisse zur Konfessionszugehörigkeit (röm.-kath.: 80,9%; ev.: 16,8%; ohne Konf.: 1,5%) sind mit denen der o. g. Studie nahezu deckungsgleich. Darüber hinaus ist deutlich, daß die überwiegende Mehrheit der Studierenden ihr Elternhaus,

---

[105] Ebd., 26.

[106] Vgl. ebd.

[107] Diese These wird bestätigt von K. Maier, der mit Bezug auf eine empirische Erhebung an der Fachhochschule Wiesbaden resümiert: „Eine unmittelbar *religiöse Motivation* ist auch an kirchlichen Fachhochschulen nur bei einer begrenzten Zahl von Studierenden gegeben, deren Zahl liegt aber deutlich höher als an den staatlichen Fachhochschulen." - *Maier* (1995), Berufsziel, 73.

[108] Vgl. *H.-G. Ziebertz,* Sozialarbeit und Diakonie. Eine empirisch-theologische Studie zu Identitäts- und Legitimationsproblemen kirchlicher Sozialberufe, Weinheim 1993; *H. Kraus/B. Jakobi,* Motivation Kölner Studenten des Sozialwesens für die Wahl der staatlichen oder katholischen Fachhochschule. Projektarbeit im Fach Methoden der Empirischen Sozialforschung. KFH Nordrhein-Westfalen, Abteilung Köln, Sommersemester 1994; zum Ergebnisbericht dieser Studie durch den begleitenden Dozenten. - Vgl. *Wiesner* (1996), Kirchliches Engagement der Studenten des Sozialwesens.

insbesondere die Mutter, als „(sehr) religiös" qualifizieren. Die religiöse Erfahrung, Einstellung und Praxis der Studierenden selbst erkundete *Ziebertz* anhand einer Skala aus der Kirchentagsuntersuchung von *A. Feige* mit fünf Items, die folgendes Ergebnis erbrachten:[109]

a) Ich bin überzeugt und glaube. Die Aussagen der Bibel und des kirchlichen Glaubensbekenntnisses sind wortwörtlich wahr und gültig.   *6,9 %*

b) Mit manchen kirchlichen Glaubensformulierungen und biblischen Inhalten habe ich durchaus meine Schwierigkeiten. Aber trotzdem halte ich mich für einen Christen, der an das Wesentliche, nämlich Gott und Jesus Christus glaubt.   *46,6 %*

c) Ich kann nicht behaupten, daß ich bewußt ‚ungläubig' wäre. Aber ob ich gläubig im Sinne der Kirche, streng nach Bibel und Glaubensbekenntnis bin, möchte ich stark bezweifeln. Ich würde sagen, ich stimme eher im Prinzipiellen mit dem Christentum überein.   *19,8 %*

d) Ich halte mich nicht für ‚christlich-gläubig', weder im allgemeinen, noch gar im kirchlichen Sinne.   *5,3 %*

e) Ich halte mich für einen religiösen Menschen und glaube, daß ich nicht exklusiv im Christentum oder der Kirche, sondern in allen Religionen Antworten auf meine Fragen finden kann.   *17,6 %*

Ohne auf die vielfältigen Korrelationen, die Zieberts aufgrund seiner Hintergrundvariablen herstellt, einzugehen, kann doch festgehalten werden, „daß sich etwas mehr als die Hälfte der Befragten durchaus christlich-gläubig versteht, während ein Viertel eine lockere oder keine Bindung an den christlich-kirchlich geprägten Glauben hat. Knapp ein Fünftel bezeichnet sich als religiös, ohne dieses Bekenntnis in exklusiv christlichem Sinn zu erfüllen."[110] Dieser positive Befund erhärtet sich auch durch die Ergebnisse der Untersuchungsskala „Transzendenzbezug", der als Indikator für die Existenz eines christlichen Glaubens gelten darf. Auch hier wird deutlich, daß allein die christliche und die allgemeine Transzendenz Zustimmung erfahren, während alle anderen Transzendenzkonzepte (wie Zweifel oder Ablehnung von Transzendenz) negativ bewertet werden, am „schwächsten negativ" allerdings die Anthropozentrik, d. h. jene Vorstellung, daß Gott bzw. das Göttli-

---

[109] Die folgende Tabelle wurde entnommen aus *Zieberts* (1993), Sozialarbeit und Diakonie, 79.
[110] Ebd., 80.

che nichts anderes sind als das Gute im Menschen.[111] Noch schärfer wird das an sich schon positive Bild, wenn man die Befunde zum Christusbild hinzuzieht. „Die Befragten", so resümiert *Ziebertz*, „sind nicht nur in hohem Maße transzendent orientiert, ... sondern sie verfügen überdies über eine ausgeprägte christologische Orientierung. Jesus Christus ist für sie vor allem Vorbild: ‚Jesus Christus hat uns vorgelebt, was Mitmenschlichkeit bedeutet.'"[112] Am meisten Sympathie bringen die Studierenden einem Christusbild entgegen, in dem dieser als „Christus von unten" vorgestellt wird: Jesus als der Mensch unter uns, der Weggefährte. Leicht negativ bewertet wird hingegen eine „Christologie von oben", wie sie etwa die scholastische Theologie darbietet. Keine Zustimmung findet interessanterweise eine rein humanistische Reduktion des Christusgeheimnisses, wie es in dem Satz ‚Christus war ein wertvoller Mensch' zum Ausdruck kommt.[113]

Eine derart hohe christliche Basisorientierung überrascht doch angesichts der aktuellen Jugendstudien, die für die Mehrheit der jungen Generation einen diffusen Gottesglauben, eine verbreitete Unkenntnis der Person Jesu Christi und eine Tendenz zu einer religiöse Bricolage diagnostizieren. Die Ergebnisse von *Ziebertz* sind jedoch ähnlich der o. g. Studie von *Kraus/ Jakobi* eindeutig und bestätigen eine große kirchliche Verbundenheit der Studierenden: Etwa ein Drittel der Befragten (38,4%) ist in kirchlichen Gruppen aktiv, ebenso viele beten regelmäßig (38,9%), 22,9% gehen öfter (etwa 1 x im Monat) und 29,8% regelmäßig (jeden Sonntag) in den Gottesdienst. Ein hoher Prozentsatz (68,7%) denkt regelmäßig oder häufig über Fragen des Glaubens nach oder führt mit anderen darüber Gespräche (29,8% ab und zu; 37,4% öfter; 18,3% jede Woche). Etwa die Hälfte der Studierenden praktiziert meditative Übungen und bemüht sich um ein spirituelles Leben.[114]

So kann man zusammenfassend mit *Ziebertz* feststellen, daß nur etwa ein Viertel der Studierenden der Abteilung Köln der Katholischen Fachhochschule Nordrhein-Westfalen „keine aktive Relation mit religiösen Fragen unterhält und als säkularisiert gelten kann. Für drei Viertel trifft dies nicht zu. Sie können als ‚religiös' gelten, was nicht bedeutet, daß ihre Religiosität eine kirchlich vermittelte Religiosität ist. Dies trifft wiederum nur für eine Teilgruppe zu",[115] die etwa die Hälfte der Studierenden ausmacht. Zu dieser

---

[111] Vgl. ebd., 83-86.
[112] Ebd., 105.
[113] Ebd., 106.
[114] Vgl. ebd., 113.
[115] Ebd., 118.

Kirchlichkeit kommt hinzu, daß die Mehrheit der Studenten ein berufliches Selbstverständnis vor Augen hat, das eine Verbindung von Professionalität und christlichem Zeugnis anstrebt.[116] Denn: „Die Bereitschaft, Sozialarbeit im Sinne eines theologischen Diakonie-Verständnisses religiös zu konnotieren, hängt vor allem davon ab, ob die Befragten selbst einen Zugang zu Religion haben, und zwar in Form einer eigenen religiösen Praxis, in der ‚Erfahrung religiöser Erfahrungen' und hinsichtlich des Für-Wahr-Haltens bestimmter theologischer Überzeugungen, bei denen vor allem der Glaube an Jesus Christus hervorscheint."[117]

Diese Befunde fordern geradezu dazu auf, die Bedeutung einer Theologie in der Ausbildung an katholischen Fachhochschulen für Soziale Arbeit neu ins Licht zu heben.

---

[116] Ziebertz konstruiert dafür eine Skala mit fünf Berufskonzepten: 1. ein *professionelles* Berufsverständnis, in dem es vor allem auf die Professionalität des Helfers/der Helferin ankommt; 2. ein *klientenzentriertes* Berufskonzept, in dem der Klient und seine Not im Vordergrund des Helfens stehen; 3. ein *religiös-situatives* Berufsverständnis, das religiöse Fragen und Themen als möglichen Teil der helfenden Beziehung betrachtet, falls die Initiative vom Klienten ausgeht; 4. ein *Zeugniskonzept*, in dem ausdrücklich Wert auf die Verbindung von Sozialarbeit und Verkündigung gelegt wird nach dem Motto: „Helfen im kirchlichen Bereich schließt ein, den Glauben zur Sprache zu bringen"; 5. ein *Motivkonzept*, bei dem die Professionellen auch vor den KlientInnen ihre eigenen Motive offenlegen. – Die Untersuchung erbrachte eindeutig den Beleg, daß bei den Studierenden das klientenzentrierte und religiös-situative Berufskonzept die höchste Zustimmung erhielten (4,8 auf einer sechsstelligen Skala), während das Zeugnis- und Professionellen-Konzept eine deutliche Ablehnung erfuhren (3,1 bzw. 3,4). Leicht positiv wird mit 3,7 (Skalenmitte = 3,5) das Motivkonzept beurteilt. Ziebertz bilanziert: „Im Vordergrund aller Bemühungen sollen die Belange und Bedürfnisse der Menschen selbst stehen, denen geholfen werden soll, und die Befragten zeigen eine hohe Bereitschaft, auf Fragen von Religion und Glaube einzugehen, insoweit dies als ein Bedürfnis von Seiten der Klienten signalisiert wird." - Ebd., 122f.

[117] Ebd., 148.

2. Zwischen Anspruch und Wirklichkeit - Theologie an katholischen Fachhochschulen für Soziale Arbeit

Nachdem im ersten Kapitel die kontextuelle Dringlichkeit einer Theologie in der Sozialen Arbeit aufgewiesen wurde, soll nun im zweiten Kapitel die derzeitige Situation der Theologie an katholischen Fachhochschulen für Soziale Arbeit in Deutschland erhoben und bilanziert werden. Dieser beschränkte Analyseumfang ergibt sich aus der Tatsache, daß ein Fach Theologie nur an Fachhochschulen in kirchlicher Trägerschaft existiert. Es macht einen wesentlichen Aspekt des besonderen Status und Anspruchs der Fachhochschulen in kirchlicher Trägerschaft aus. Da jedoch die Rahmenstudienordnungen der Fachhochschulen landeshoheitlich geregelt werden, ist mit unterschiedlichen konzeptionellen Entfaltungen der Theologie in der Ausbildung Sozialer Arbeit zu rechnen. Dies macht die Bestandsaufnahme umso interessanter.

2.1 Selbstverständnis und Anspruch der katholischen Fachhochschulen

„Die Katholischen Fachhochschulen vermitteln den Studenten eine praxisorientierte Ausbildung auf wissenschaftlicher Grundlage, die inhaltlich und im Niveau derjenigen an staatlichen Fachhochschulen gleichwertig ist. Zugleich sind sie bemüht, ihrer Arbeit eine besondere Prägung zu verleihen, die sie als kirchliche Ausbildungsstätten ausweist und so von Einrichtungen in anderer Trägerschaft erkennbar abhebt. Diese besondere Prägung ist Grundlage und Legitimation dafür, daß die Kirche im Bereich der Fachhochschulen mit eigenen Einrichtungen Verantwortung trägt."[118]

Diese Präambel aus den Empfehlungen der Arbeitsgemeinschaft der Träger und Rektoren/Präsidenten katholischer Fachhochschulen gibt den Rahmen vor, in dem das Profil einer konfessionellen Fachhochschule zu entwickeln ist und in dem auch die Theologie ihren Ort hat. Als Profilmerkmale werden in den Empfehlungen folgende aufgeführt:

---

[118] Aufgaben und Entwicklung der Katholischen Fachhochschulen. Empfehlungen der Arbeitsgemeinschaft der Träger und der Rektoren/Präsidenten Katholischer Fachhochschulen (= Arbeitshilfen, hrsg. vom *Sekretariat der Deutschen Bischofskonferenz*, H. 34), Bonn, 23. Januar 1984, 8.

- Der *Bildungsauftrag:* Dieser impliziert über die Vermittlung eines qualifizierten, anderen Hochschulen ebenbürtigen Fachwissens hinaus das Ziel, „ausgehend vom Evangelium Jesu Christi zur ganzheitlichen Entfaltung der menschlichen Person beizutragen und junge Menschen dahin zu führen, aus christlicher Überzeugung heraus in ihrem Beruf tätig zu sein".[119]

- Die *Professoren/-innen und Dozenten/-innen:* Von ihnen wird mehr als nur eine qualifizierte Lehrtätigkeit auf wissenschaftlicher Grundlage erwartet. Sie sollen einerseits um „eine lebendige Verbindung von Glauben und Berufsausübung" bemüht sein und andererseits „ihre Lehrtätigkeit unter den Anspruch des christlichen Menschen- und Weltbildes stellen, für philosophische und theologische Fragen offen sein und den Dialog zwischen der Theologie und den Human- und Sozialwissenschaften pflegen".[120]

- Die *Studierenden:* An sie richtet sich die Erwartung, den spezifischen Charakter einer katholischen Fachhochschule mitzutragen. Dies schließt eine kritisch-offene Auseinandersetzung mit dem Glauben und der Kirche nicht aus, sondern ein. An den katholischen Fachhochschulen sollen darüber hinaus auch begleitende Hilfen zur spirituellen Vertiefung und persönlichen Reifung angeboten werden, deren Wahrnehmung in besonderer Weise von jenen Studierenden erwartet wird, die eine Beschäftigung im kirchlichen oder caritativen Dienst anstreben.

- Die *Eigenprägung der Ausbildungsinhalte:* Im Rahmen des Anspruchs, den Studierenden eine mit anderen Fachhochschulen gleichwertige berufliche Qualifikation zu vermitteln, haben die katholischen Fachhochschulen einen lehrinhaltlichen Gestaltungsraum, den sie für die Entwicklung einer christlich geprägten Ausbildung nutzen können. Dafür aber ist es nötig, das Bildungsangebot in einem permanenten Reflexionsprozeß „in Abstimmung untereinander und mit der Praxis auf der Grundlage des christlichen Bildungsauftrags" zu entwickeln.[121] Neben einem wissenschaftlich-fachlichen Angebot auf hohem Niveau gehört dazu auch, „daß die Studenten während ihres gesamten Studiums den christlichen Glauben in seinen verschiedenen Dimensionen vertieft kennenlernen und seine Bedeutung für die Berufspraxis erschließen können. Entsprechende *theologische Studienangebote* in Form von Wahlpflichtveranstaltungen

---

[119] Ebd.
[120] Ebd., 9.
[121] Ebd., 11.

sind notwendig und sollen daher ebenso wie *interdisziplinäre Veranstaltungen,* die das Gespräch zwischen Theologie und den Humanwissenschaften fördern, im Rahmen des Studienganges ‚Sozialwesen' einen festen Platz haben. Neben dem Fachstudium gewinnt auch im Fachbereich Sozialwesen die *pastorale und menschliche Begleitung* angesichts der zunehmenden geistigen Vereinsamung und Verunsicherung vieler junger Menschen eine wachsende Bedeutung."[122]

- *Dialog* als gestaltendes Element: „Der vertrauensvolle Dialog und der offene geistige Austausch sollen gestaltende Elemente für das Leben an einer Katholischen Fachhochschule sein. Dies anspruchsvolle Ziel verlangt von den Lehrenden und Lernenden persönliches Engagement."[123] Es sollen daher neben den gewöhnlichen Lehrveranstaltungen auch Hochschultage, Aktionen, Initiativen, Studientage und andere Formen des dialogischen Lernens kultiviert werden.

- Die *Hochschulgemeinde:* Sie soll allen Hochschulmitgliedern Raum für die Besinnung auf die gemeinsame Grundüberzeugung bieten.

In diesen Vorgaben zum Profil katholischer Fachhochschulen, die gewissermaßen ein Leitbild darstellen, kommt explizit und deutlich zum Ausdruck, daß die Theologie ein wichtiges Element der Ausbildung an einer Fachhochschule ist. Welche Rolle sie allerdings ausübt, das bleibt offen. Es ist möglich, daß sie sich nur auf die wissenschaftliche Lehre beschränkt. Sie kann sich darüber hinaus an interdisziplinären Gesprächen zu Fragen der Sozialen Arbeit beteiligen oder an Sonderveranstaltungen, etwa Ringvorlesungen mitwirken. Die Fachhochschule bietet ihr aber auch Raum für die persönliche, spirituelle und pastorale ‚Formation' von Studierenden sowie für die Mitgestaltung des Klimas der Hochschule.

2.2 Konzeptionelle und inhaltliche Wirklichkeit der Theologie an katholischen Fachhochschulen für Soziale Arbeit

Dieser faszinierende selbstformulierte Anspruch der Rolle der Theologie an katholischen Fachhochschulen ist einer Überprüfung zu unterziehen. Wie die Erfahrung zeigt, gibt es nicht nur sehr unterschiedliche Formen und Grade

---

[122] Ebd. (Hervorh., M. L.)
[123] Ebd., 12.

der Einbindung der Theologie, sondern auch so gut wie keinen Kontakt und Austausch zwischen den Dozenten für Theologie an katholischen Fachhochschulen, von einem interkonfessionellen Gespräch ganz zu schweigen. Die Ursachen dafür sind verschieden: Nicht an allen katholischen Fachhochschulen für Soziale Arbeit gibt es Lehrstühle für Theologie. Lehraufträge werden von wechselnden Personen wahrgenommen, die das Feld der sozialen Arbeit nur bedingt kennen und kein Problembewußtsein über eine spezifische Form der Theologie haben. Überdies gibt es auch innerhalb der akademischen (Praktischen) Theologie so gut wie keine Wahrnehmung der Existenz einer Theologie in einem anderen Raum, nämlich dem der Fachhochschule. Die dortige Theologie fristet sozusagen das Dasein eines Mauerblümchens.

Bei der folgenden Analyse des theologischen Lehrangebotes an katholischen Fachhochschulen für Soziale Arbeit wurde eine Methode der Evaluation gewählt, mit der die Vorlesungsverzeichnisse der katholischen Fachhochschulen in der Bundesrepublik Deutschland ab dem WS 1990/91 bis SS 1997 auf ihr theologisches Lehrangebot hin untersucht wurden. Dies geschah unter folgenden Blickwinkeln: Träger und Zielsetzung, Ausbildungskonzeption, Lehrkörper, Theologie im Kontext der Ausbildung, Bilanz. In einzelnen Fällen wurden darüber hinaus schriftliche und mündliche Informationen über theologische Kurse oder Lehrangebote eingeholt. Mit dieser Methodik war es zwar nicht möglich, das tatsächliche Zustandekommen der Lehrveranstaltungen und die Zahl der Teilnehmer/-innen festzustellen. Auch konnten weder die einzelnen Lehrinhalte noch die didaktische Ausgestaltung des Unterrichts durch die Dozenten erfaßt werden. Dennoch ergeben sich interessante Aufschlüsse über die konzeptionelle und inhaltliche Wirklichkeit der theologischen Lehre an Fachhochschulen für Soziale Arbeit.

Die in jüngster Zeit durchgeführten Studienreformen - so in Bayern oder Nordrhein-Westfalen - konnten ansatzweise noch berücksichtigt, allerdings in der weiteren Entwicklung nur verfolgt werden. Was das Fach Theologie betrifft, ist aus der heutigen Perspektive bereits zu ersehen, daß an den meisten katholischen Fachhochschulen für Soziale Arbeit die Theologie zwar in studienorganisatorischer Hinsicht als Bezugsfach deklariert wird, daß jedoch in konzeptioneller und personeller Hinsicht noch keine entscheidenden Veränderungen gegenüber dem früheren Zustand vorgenommen worden sind. Trotz der Bemühung um sorgfältige Recherche mag vielleicht die Außenperspektive des Verfassers manche Sachverhalte unzureichend erfassen und in der Folge möglicherweise unzulänglich bewerten. Das Interesse richtet sich aber keineswegs auf eine kritische Be- oder gar Verurteilung des Zustandes der Theologie an einzelnen katholischen Fachhochschulen. Vielmehr soll durch einen systematischen Vergleich der Fachhochschulen der m. E. dringend notwendige Diskurs zum Stellenwert, zur Einbindung und zur Rolle des Faches Theologie vor Ort angestoßen werden. Die folgenden Porträts der katholischen Fachhochschulen in Deutschland wollen allein diesem Ziel einer konzeptionellen Verbesserung der theologischen Lehre und damit der Qualitätssicherung der Ausbildung in Sozialer Arbeit dienen.

2.2.1 Katholische Fachhochschule Berlin

Träger und Zielsetzung

Die Katholische Fachhochschule Berlin ist die jüngste katholische Fachhochschule in Deutschland. Sie wurde im Jahre 1991 in der Trägerschaft des Bistums Berlin errichtet. Der Verfassungspräambel zufolge steht sie „in der Tradition des sozialen Engagements der katholischen Kirche in Berlin seit dem vorigen Jahrhundert und der 1917 gegründeten Sozialen Frauenschule des Katholischen Deutschen Frauenbundes Berlin, der späteren bis 1971 bestehenden Helene-Weber-Akademie. Sie führt Aufgaben der kirchlichen Ausbildungsstätten ‚Seminar für den kirchlich-caritativen Dienst in Magdeburg' und ‚Kirchliches Seminar II des Deutschen Caritasverbandes, Zentralstelle Berlin' (Ausbildungsstätte für Sozialpädagoginnen im kirchlichen Dienst) weiter."[124]

Das Engagement der katholischen Kirche von Berlin in der Ausbildung von Sozialberufen wird explizit mit dem „Evangelium Jesu Christi" begründet sowie mit dem „Auftrag der Kirche, sich an der Gestaltung des gesellschaftlichen Lebens zu beteiligen und zur Lösung sozialer Probleme beizutragen."[125] Diesem Motiv zufolge besteht das Studienziel der Fachhochschule Berlin darin, „Studentinnen und Studenten eine qualifizierte Berufsausbildung anzubieten, die auf anwendungsbezogener Forschung, wissenschaftlich fundierter Lehre und reflektierter Einübung in die Praxis sozialer Arbeit beruht. Sie will ihnen dabei Möglichkeiten bieten, ihren Studieninteressen nachzugehen, ihre Begabung ganzheitlich zu entfalten und eine berufliche Identität zu entwickeln. Sie sollen auch Gelegenheit haben, den Glau-

---

[124] Verfassung der Katholischen Fachhochschule Berlin (KFB), in: *Die Gründungsrektorin der Katholischen Fachhochschule Berlin (Hrsg.)*, Studienführer. Stand 1. September 1992, Berlin 1992, 13-33, hier 13.
[125] Ebd.

ben kennenzulernen oder ihn zu vertiefen und sich mit der Botschaft der Kirche auseinanderzusetzen."[126]

Die Fachhochschule steht Studentinnen und Studenten aller Weltanschauungen offen. Von ihnen wird jedoch erwartet, daß sie den kirchlichen Auftrag der Katholischen Fachhochschule Berlin respektieren.[127]

Studienkonzeption

Die Katholische Fachhochschule Berlin hat es sich ganz allgemein zum Ziel gesetzt, Studierende zu befähigen, „Aufgaben kompetent und veranwortlich wahrzunehmen sowie sich an der Qualifizierung und Weiterentwicklung der Fachdienste und am Aufbau einer ‚Kultur des Helfens' und des solidarischen Engagements in Kirche und Gesellschaft zu beteiligen".[128] Erreicht werden soll dieses Ziel durch ein siebensemestriges Studium, das sich in ein Grund- und Aufbaustudium von jeweils drei Semestern gliedert. Dazwischen liegt im 4. Semester ein 20wöchiges praktisches Studiensemester.

Die Studienkonzeption der Sozialen Arbeit an der KFH Berlin wurde bereits nach der neuen Leitlinie einer Themenorientierung gestaltet. Diese Konzeption verlangt von den einzelnen Bezugswissenschaften Sozialer Arbeit, ihre Lehrinhalte nicht mehr rein systematisch, sondern studienbereichsbezogen zu präsentieren und sich auch der interdisziplinären Auseinandersetzung in Form einer multiperspektivischen Fallarbeit zu stellen. Laut Studienordnung gibt es im Grund- wie im Hauptstudium folgende sieben „Studienbereiche":

Studienbereich 1:	Lebenswelt und Lebenslagen
Studienbereich 2:	Philosophisch-theologische Grundlagen der Sozialen Arbeit
Studienbereich 3:	Rahmenbedingungen der Sozialen Arbeit
Studienbereich 4:	Rechtsgrundlagen der Sozialen Arbeit
Studienbereich 5:	Handlungstheorien der Sozialen Arbeit
Studienbereich 6:	Handlungskonzepte/Methodik/Didaktik
Studienbereich 7:	Praxis

---

[126] Ebd., 13f.
[127] Vgl. ebd., 32.
[128] Studienordnung der Katholischen Fachhochschule Berlin (KFB), in: *Rektor der Katholischen Fachhochschule Berlin K. Kliesch*, Studienführer 1995, Berlin 1995, 3.

Angesichts der Weite des Berufsfeldes und der Vielfalt der beruflichen Aufgaben, die Sozialpädagogen/-innen und Sozialarbeiter/-innen übernehmen können, bedarf es in der Ausbildung Sozialer Arbeit einer Schwerpunktsetzung. Eine solche wird den Studierenden im Hauptstudium ermöglicht, wo sie zwischen drei Studienrichtungen wählen können: Sozialarbeit, Sozialpädagogik und Heilpädagogik. Ergänzend zu den o. g. sieben Studienbereichen, die das ganze Studium an der KFH Berlin strukturieren, gibt es daher im Hauptstudium noch die „studienschwerpunktorientierten Angebote" als zusätzlichen Lernbereich.[129]

Lehrpersonal

Der Lehrkörper der Katholischen Fachhochschule Berlin setzt sich aus hauptamtlichen Lehrkräften, Honorarprofessoren, Gastprofessoren und Lehrbeauftragten zusammen. Laut den Zahlen vom Wintersemester 1996/97 sind unter den 23 hauptamtlichen Lehrkräften zwei promovierte Theologen. Einer von ihnen vertritt die Bereiche „Gemeindesozialarbeit, Theologie", der andere zeichnet für „theologische Ethik/Sozialpolitik" verantwortlich. Unter den 45 Lehrbeauftragten befinden sich nochmals zwei Diplomtheologen, die im Bereich der Ökotheologie bzw. des „theologischen Ergänzungsstudiums" lehrend tätig sind.[130]

Theologie im Kontext des Fachhochschulstudienganges Soziale Arbeit

Eine Analyse der Vorlesungsverzeichnisse der Jahre seit der Gründung ergibt, daß die Theologie primär im Bereich „Philosophisch-theologische Grundlegung der sozialen Arbeit" plaziert ist und dort vier Lehrangebote bereitstellt: Anthropologie, Gesellschaftsethik, Ökotheologie und Ethik. Die ersten drei jeweils zweistündigen Lehrveranstaltungen sind im Grundstudium angesiedelt, das Thema Ethik im Hauptstudium. Im Grundstudium ist eines der drei Lehrangebote auszuwählen und mit einem benoteten Leistungsnachweis in Form eines Referates oder einer Hausarbeit zu absolvieren. Das Fach Ethik des Hauptstudiums ist zwar obligatorisch, jedoch muß kein Leistungsnachweis mehr erbracht werden.

---

[129] Vgl. ebd., 4ff.
[130] Vgl. *Katholische Fachhochschule Berlin (Hrsg.)*, Vorlesungsverzeichnis Wintersemester 1996/97, Berlin 1996, 13-17.

In den vergangenen Jahren wurden die vier Themenbereiche im Turnus angeboten und wie folgt inhaltlich ausgestaltet:

- „Zugänge zum Menschen" mit dem Ziel, einen Überblick über markante Menschenbilder im abendländischen Kulturraum zu geben und wichtige Grundvollzüge menschlicher Existenz (lieben, arbeiten, spielen, staunen, sich erinnern, verzweifeln, hoffen usw.) zu erörtern, um so einen anderen Zugang zum Phänomen „Mensch" zu ermöglichen;[131]

- „Gesellschaftsethik/Wirtschaftsethik" mit dem Ziel, sich mit unterschiedlichen Gesellschafts- und Wirtschaftssystemen auseinanderzusetzen und zugleich den Beitrag der Christlichen Gesellschaftslehre für die Gestaltung eines freiheitlich-demokratischen Sozialstaates aufzuzeigen;[132]

- „Ökotheologie" mit dem Ziel, die Beziehungen des Menschen zu seiner natürlichen Um- und Mitwelt zu betrachten, Ursachen der ökologischen Krise zu analysieren und das besondere Interesse von Sozialberufen an der ökologischen Fragestellung zu thematisieren;[133]

- „Ethik" mit dem Ziel, Grundfragen des Lebens zu behandeln, die in den Handlungsfeldern der Sozialen Arbeit aufbrechen: Beginn und Ende des Lebens, Gesundheit und Krankheit, Lebensformen und Lebensbeziehungen, Jugend und Alter;[134]

Die Theologie an der Katholischen Fachhochschule Berlin ist somit vorrangig und überwiegend im Studienbereich „Philosophisch-theologische Grundlagen der sozialen Arbeit" plaziert. Vereinzelt existieren aber auch Lehrveranstaltungen von Theologen, die in andere Studienbereiche integriert sind. So z.B. das Angebot „Gemeindediakonie und sozialökologische Stadtteilarbeit", das unter „Lebenswelt und Lebenslagen" angeboten wird und das Ziel verfolgt, einerseits theologisch-ethische Grundlagen sozialökologischen Handelns zu erarbeiten und andererseits in kleineren Projektgruppen Ansätze sozialökologischer Gemeindediakonie in Berlin und Umgebung kennenzulernen,[135] oder das Angebot „Ausgewählte Probleme der Sozial- bzw. Gesellschaftspolitik", das von dem Theologen des Fachbereichs angeboten wird.[136] Eine darüber hinausgehende Integration theologischer Fragestellun-

---

[131] Vgl. ebd., 26.
[132] Vgl. *dies.*, Vorlesungsverzeichnis Sommersemester 1995, Berlin 1995, 26.
[133] Vgl. *dies.*, Vorlesungsverzeichnis Wintersemester 1995/96, Berlin 1995, 40.
[134] Vgl. *dies.* (1995), Sommersemester 1995, 56.
[135] Vgl. *dies.* (1996), Wintersemester 1996/97, 34f.
[136] Vgl. ebd., 49.

gen und Themen in die sogenannte Studienschwerpunkte konnte anhand der Vorlesungsverzeichnisse nicht eruiert werden.

Über die auf alle Studierenden bezogene theologische Auseinandersetzung im Studienbereich „Philosophisch-theologische Grundlagen der sozialen Arbeit"[137] hinaus besteht an der KFH Berlin auch ein fakultatives „theologisches Ergänzungsstudium". Es setzt sich aus zwei Komponenten zusammen. Erstens aus dem „Grundkurs des Glaubens: Einführung in Lehre und Leben der Kirche" und zweitens aus dem „Studienkurs zum Erwerb der kirchlichen Lehrbefähigung".[138] Dieses theologische Lehrangebot wurde vom kirchlichen Träger im Rahmen der Ausbildung Sozialer Arbeit zum einen aus historischen Gründen eingerichtet, um die Tradition der theologischen Kurse an der sozial-caritativen Frauenschule (Helene-Weber-Schule) fortzuführen. Zum anderen beabsichtigte man damit, dem Mangel an religionspädagogisch qualifiziertem Personal in den Schulen Ostdeutschlands zu begegnen.

Der Grundkurs des Glaubens ist die Voraussetzung für den Studienkurs zum Erwerb der kirchlichen Missio. Er will der grundlegenden Vertiefung des christlichen Glaubens dienen, wendet sich also zuallererst an die Christen unter den Studierenden. Laut telefonischer Auskunft sind es jedoch immer auch einige Ungetaufte, die aus persönlichem Interesse an den Lehrveranstaltungen teilnehmen. Für diesen Grundkurs gab es im Studienjahr 1996/97 noch kein Curriculum. Ein solches soll im Laufe der kommenden Jahre erstellt werden. Bis dato herrscht im Grundkurs eine theologische Systematik vor und entsprechend der wissenschaftlichen Qualifikation des Dozenten eine stark biblische Orientierung, wie folgende Übersicht der Lehrveranstaltungen im Grundkurs des Glaubens zeigt:

Fundamentaltheologie/Dogmatik:

- Glauben, Hoffen, Lieben. Grundvollzüge menschlicher Existenz
- Der Gott der Juden und der Christen
- Jesus von Nazareth, das Neue Testament und die Kirche

Eschatologie

- Lehre von der Zukunft und den letzten Dingen

---

[137] Vgl. § 7 der Studienordnung, in: *Die Gründungsrektorin der Katholischen Fachhochschule Berlin (Hrsg.)*, Studienführer, Berlin Oktober 1991, 45.
[138] Vgl. ebd., § 8, 50.

Ekklesiologie

- Kirche und ihre sakramentalen Lebensvollzüge

– Im *Studienkurs zum Erwerb der missio canonica* sind ausschließlich Lehrangebote relevant, die auf die Erteilung des Religionsunterrichts ausgerichtet sind:

Kirchengeschichte

- Kirchengeschichte im Religionsunterricht

Religionspädagogik

- Einführung in die Religionspädagogik und Fachdidaktik
- Religionspädagogische Psychologie

Das gesamte theologische Ergänzungsangebot wird nach Auskunft der Hochschule von etwa 20 bis 30 Studierenden eines Jahrgangs belegt, das entspricht etwa einem Fünftel bis einem Viertel aller Immatrikulierten. Etwa 10 bis 15 Absolventen/-innen schließen jeweils das Studium mit der „missio canonica" ab.

Bilanz

Die Analyse der Rolle der Theologie an der KFH Berlin ergibt, daß diese Disziplin ein echter Partner und eine bezugswissenschaftliche Größe in der Ausbildung Sozialer Arbeit ist. Dies zeigt sich nicht nur daran, daß die Theologie von hauptberuflichen Dozenten vertreten und repräsentiert wird, sondern auch an der Plazierung der Theologie im Gesamt der Ausbildung. Sie ist primär innerhalb eines eigenen Studienbereiches angesiedelt, vereinzelt sind theologische Lehrveranstaltungen auch in andere Studienbereiche integriert. Durch die jetzige Organisation des Studiums besitzt die Theologie im Verbund mit der Philosophie den Rang eines ordentlichen Lehrfaches und wird als gleichrangige Bezugswissenschaft angesehen. Bei aller Wahlfreiheit im Rahmen der drei Lehrangebote des Grundstudiums sind religionswissenschaftliche und theologische Fragestellungen in das Studium der Sozialen Arbeit verbindlich integriert.

Über dieses Angebot hinaus besteht an der KFH Berlin das theologische Ergänzungsstudium, das insbesondere auf diejenigen Studierenden zugeschnitten ist, die bewußt den christlichen Glauben als motivstiftende Grundlage ihres Berufs verstehen, vertiefen oder überhaupt erst kennenlernen wollen. Der „Grundkurs des Glaubens" ist gewissermaßen das Angebot einer anfänglichen und lebensbegleitenden Katechese während der Studienzeit. Es stellt eine Antwort auf die stark säkularisierte Situation im östlichen Deutschland und in der Großstadt Berlin dar. Der religionspädagogische Aufbaukurs, der „Bausteine zum Erwerb der kirchlichen Lehrbefähigung"[139] bietet, versucht zwar, dem großen Bedarf an Personal für den Religionsunterricht in den ostdeutschen Schulen abzuhelfen, er muß jedoch - angesichts spezieller Ausbildungseinrichtungen für Religionspädagogen/-innen - eher als Notbehelf verstanden und daher daraufhin angefragt werden, ob er nicht stärker und primär auf den Erwerb einer Kompetenz für die außerschulische Glaubensbildung im Bereich der Sozialen Arbeit (Jugendarbeit, Heimerziehung, offene Arbeit etc.) ausgerichtet werden müßte.

2.2.2 Katholische Universität Eichstätt - Fachhochschulstudiengang Soziale Arbeit

Träger und Zielsetzung

Der Fachhochschulstudiengang Sozialwesen wurde im Jahre 1972 zusammen mit dem Fachhochschulstudiengang Religionspädagogik/Kirchliche Bildungsarbeit errichtet und mit den bereits bestehenden kirchlichen Hochschulen, der Philosophisch-Theologischen und der Pädagogischen, zu einer Gesamthochschule zusammengefaßt. Nachdem in den folgenden Jahren weitere Fachbereiche hinzukamen, beschlossen die bayerischen Bischöfe am 05.04.96 der Gesamthochschule den Namen „Katholische Universität Eichstätt" zu geben. Sie ist eine Universität in freier Trägerschaft und kirchliche Stiftung des öffentlichen Rechts. Großkanzler der Katholischen Universität und Vorsitzender des Stiftungsrates ist der Bischof von Eichstätt.

Der Fachhochschulstudiengang ‚Soziale Arbeit' der Katholischen Universität Eichstätt hat teil an dieser Identität, die Raum gibt, im Rahmen der staatlichen Vorgaben das eigene kirchliche Proprium zu entwickeln. Das selbstformulierte Ziel des Fachbereichs zentriert sich allerdings allein auf den fachlichen Aspekt, wenn es heißt, daß die Studierenden „zu selbständigem, beruflichen Handeln in den verschiedenen Arbeitsfeldern der Sozialen Arbeit (Sozialarbeit und Sozialpädagogik) auf der Basis wissenschaftlicher Erkenntnisse und wissenschaftlicher Methoden" befähigt werden sollen.

---

[139] Vgl. *Rektor der Katholischen Fachhochschule Berlin K. Kliesch* (1995), Studienführer, 6.

„Das Studium soll wissenschaftliches Wissen und berufsbezogene Kompetenzen vermitteln."[140] Ist diese Beschränkung ein Indikator?

Studienkonzeption

Die seit dem WS 1996/97 gültige neue Studienordnung des Fachhochschulstudiengangs Soziale Arbeit gliedert das Grund- und Hauptstudium in drei Studienbereiche:

Studienbereich 1:	Allgemeine Grundlagen der Sozialen Arbeit
Studienbereich 2:	Bezugswissenschaftliche Grundlagen der Sozialen Arbeit
Studienbereich 3:	Berufliches Handeln in der Sozialen Arbeit

Zu den Lehrveranstaltungen dieser Studienbereiche kommen fachbezogene und allgemeinwissenschaftliche Wahlpflichtfächer hinzu, die von den Studierenden aller Semester nach Vorgabe der Studienordnung belegt werden können. Das Hauptstudium prägen die Studienschwerpunkte, und zwar folgende:

- Hilfen zur Erziehung/Familienhilfe
- Jugendarbeit/Jugendsozialarbeit
- Gefährdetenhilfe/Resozialisierung
- Soziale Arbeit im Gesundheitswesen
- Interkulturelle/Internationale Soziale Arbeit

Die Ausbildung dauert acht Semester, aufgeteilt in ein dreisemestriges Grundstudium, in ein zweisemestriges Jahrespraktikum und in ein dreisemestriges Hauptstudium.

Lehrpersonal

Der Lehrkörper des Fachhochschulstudiengangs Soziale Arbeit besteht laut Vorlesungsverzeichnis WS 1996/97 aus sieben hauptberuflichen Professoren/-innen, drei „Lehrkräften für besondere Aufgaben" und 38 Lehrbeauftragten. Im Kollegium der Professoren gibt es einen promovierten Fachpsychologen für klinische Psychologie, der zugleich von der Ausbildung her Diplomtheologe ist. Allerdings lehrt und vertritt er nicht das Fach Theologie.

---

[140] *Katholische Universität Eichstätt,* Vorlesungsverzeichnis Sommersemester 1997, Eichstätt 1997, 62.

Unter den lehrbeauftragen Dozenten befindet sich ein promovierter Theologe, der medienpädagogische Lehrangebote macht. Ein weiterer Lehrbeauftragter für den allgemeinwissenschaftlichen Bereich ist promovierter Pastoraltheologe. Somit kann festgestellt werden, daß die Theologie im Fachbereich Soziale Arbeit durch keine hauptamtliche Dozentur vertreten wird. Es liegt auf der Hand, daß es deshalb auch niemanden gibt, der dieses für das Profil der Fachhochschule essentielle Fach konzeptionell entwickelt und anwaltschaftlich vertritt.

Theologie im Kontext des Fachhochschulstudienganges Soziale Arbeit

Gemäß der Rahmenstudienordnung ist es an Fachhochschulen in kirchlicher Trägerschaft möglich, mit einem spezifischen Spektrum an Lehrangeboten, das auch die Theologie einschließt, ein eigenes Profil zu entwickeln. In der Studienordnung für den Fachhochschulstudiengang Soziale Arbeit an der Fakultät für Sozialwesen der Katholischen Universität Eichstätt und in der beigehefteten Fächerübersicht[141] findet sich jedoch kein einziger Hinweis, der auf eine Einbindung der Theologie als Bezugswissenschaft Sozialer Arbeit schließen lassen würde.

Die Suche nach theologischen Lehrangeboten in den Vorlesungsverzeichnissen seit dem WS 1990/91 erhärtet diesen ersten Eindruck einer marginalen Rolle der Theologie innerhalb der Ausbildung am Fachhochschulstudiengang Soziale Arbeit der Katholischen Universität Eichstätt. Die bis zum SS 1996 verbindliche (alte) Studienordnung sah für das Studium Pflichtfächer, musisch-sportliche Lehrveranstaltungen, praxisorientierte Ausbildungseinheiten sowie allgemeinwissenschaftliche und fachbezogene Wahlpflichtfächer vor. Theologische Lehrveranstaltungen tauchen hier unter den allgemeinwissenschaftlichen Wahlpflichtfächern auf, allerdings beschränken sich diese seit Jahren auf nur eine einzige theologische Lehrveranstaltung in der gesamten(!) Ausbildung. Sie wird von einem lehrbeauftragten Pastoraltheologen angeboten und behandelt das Thema „Kirche und Dritte Welt". Angesichts dieses Faktums kann sicher nicht von einer Theologie als bezugswissenschaftlichem Fach die Rede sein; sie hat eher Alibifunktion.

---

[141] Vgl. *R. Wimmer*, Studienordnung für den Fachhochschulstudiengang Soziale Arbeit an der Fakultät für Sozialwesen der Katholischen Universität Eichstätt vom 1.10.1996, Eichstätt 1996.

Nach diesem Befund hätte man gehofft, daß diesem Mangel im Rahmen der Einführung der neuen Studienordnung ab Wintersemester 1996/97 abgeholfen worden wäre. Doch auch hier findet man die Theologie als Bezugswissenschaft Sozialer Arbeit nicht vor. Weder wurde sie in den drei o. g. neuen Studienbereichen plaziert noch erfuhr sie innerhalb der allgemeinwissenschaftlichen Wahlpflichtfächer eine Aufwertung. Im Vorlesungsverzeichnis 1996/97 findet sich im theologischen Lehrangebot wiederum ausschließlich die Lehrveranstaltung „Kirche und Dritte Welt". Das Faktum, daß die Theologie weder unter den sogenannten „bezugswissenschaftlichen Grundlagen Sozialer Arbeit" noch in der „Übersicht über die Fächer, Semesterwochenstundenzahlen und Art der Lehrveranstaltungen" Erwähnung findet, belegt nachdrücklich ihre Bedeutungslosigkeit. Auch in den fünf Studienschwerpunkten des Hauptstudiums sucht man vergebens nach der Theologie. Dies alles gibt zur Vermutung Anlaß, daß im Rahmen der Neuordnung des Studiums keine grundlegende Auseinandersetzung über die Rolle der Theologie als mögliche Bezugswissenschaft in der Ausbildung Sozialer Arbeit erfolgt ist.

Bilanz

Im Fachhochschulstudiengang Soziale Arbeit der Katholischen Universität Eichstätt spielt die Theologie in der Ausbildung künftiger Sozialpädagogen/-innen und Sozialarbeiter/-innen nur eine sehr untergeordnete Nebenrolle. Von einer Position als bezugswissenschaftlichem Fach kann aufgrund der vorliegenden Untersuchungsergebnisse keine Rede sein. Wohl mag die Theologie infolge des konfessionellen Status der Fachhochschule hintergründig als Motiv der Lehre fungieren oder infolge der theologischen Sensibilität von Professoren/-innen in einzelnen Lehrveranstaltungen implizit vorkommen, als Fachwissenschaft ist ihr jedoch an dieser Fachhochschule kein angestammter und fachlich anerkannter Platz zugewiesen. Diese Einschätzung erhärtet sich durch das Fehlen einer ordentlichen Professur für ‚Theologie in der Sozialen Arbeit'. Das Faktum einer einzigen theologischen Lehrveranstaltung im allgemeinwissenschaftlichen Wahlpflichtbereich vermag somit die Vermutung nicht zu beseitigen, daß die Theologie am Fachhochschulstudiengang Soziale Arbeit der Katholischen Universität Eichstätt keine originäre und essentielle Ausbildungsfunktion besitzt.

2.2.3 Katholische Fachhochschule Freiburg staatlich anerkannt - Hochschule für Sozialwesen, Religionspädagogik und Pflege

Träger und Zielsetzung

Die staatlich anerkannte Katholische Fachhochschule Freiburg wurde zum 1.10.1971 aus mehreren Vorgängereinrichtungen gegründet und versteht sich heute - nach Errichtung des Fachbereichs Pflege zum WS 1992/93 - als „Hochschule für Sozialwesen, Religionspädagogik und Pflege". Rechtsträger der Fachhochschule ist eine gemeinnützige GmbH, die von den Gesellschaftern, der Erzdiözese Freiburg, Diözese Rottenburg-Stuttgart, des Deutschen Caritasverbandes e.V. sowie dessen diözesanen Verbänden Freiburg und Rottenburg-Stuttgart gebildet wird. Gemessen an der Zahl der Studierenden (ca. 950) ist sie unter den acht Fachhochschulen mit Studiengängen des Sozialwesens in Baden-Württemberg die größte. Rund ein Drittel der an Fachhochschulen dieses Bundeslandes eingeschriebenen Studenten/-innen sind in den sechs Studiengängen der Katholischen Fachhochschule Freiburg immatrikuliert. Diese sind: Sozialarbeit, Sozialpädagogik, Heilpädagogik, Religionspädagogik, Pflegedienstleitung/Management, Pflegepädagogik.[142]

Gemäß der Verfassung sind der Katholischen Fachhochschule Freiburg Aufgaben in Lehre, Weiterbildung und Forschung gestellt. „Zuvörderst soll die KFH ihren Studierenden eine praxisorientierte Ausbildung auf wissenschaftlicher Grundlage vermitteln. Das spezifische Profil der KFH als Hochschule in kirchlicher Trägerschaft kommt zum Ausdruck in qualifizierter anwendungsorientierter Lehre und dem Bemühen der Mitglieder, dem Leben aus christlicher Verantwortung Gestalt zu geben und einen engagierten Dienst am Menschen und an der Gesellschaft zu leisten."[143]

Studienkonzeption

Das Studium in den Studiengängen Sozialarbeit und Sozialpädagogik gliedert sich an der KFH Freiburg in ein zweisemestriges Grundstudium und in

---

[142] Vgl. *Rektor der Katholischen Fachhochschule Freiburg H. Pielmaier (Hrsg.)*, Verzeichnis der Lehrveranstaltungen im Wintersemester 1996/97, Freiburg 1996.

[143] So im Vorwort zum Vorlesungsverzeichnis, dem auch die vorausgehenden Informationen entnommen sind. - Vgl. *ders.*, Verzeichnis der Lehrveranstaltungen im Wintersemester 1995/96, Freiburg 1995.

ein viersemestriges Hauptstudium, das sich über das zweite und vierte Studienjahr erstreckt. Darin integriert sind zwei praktische Studiensemester im dritten Studienjahr. Der Studiengang Heilpädagogik, der wegen seiner langen Tradition ebenfalls in diese Analyse einbezogen wurde, gliedert sich in ein zweisemestriges Grundstudium und in ein sich direkt anschließendes viersemestriges Hauptstudium. Im 7./8. Semester wird dort das Studium mit dem Anerkennungsjahr abgeschlossen.

Kennzeichnend für die Studienkonzeption an der Katholischen Fachhochschule Freiburg sind die Fächerorientierung und eine entsprechende durchgängige Einteilung der Lehrangebote in:[144]

- Pflichtfächer
- Wahlpflichtfächer
- Zusatzangebote

Im Hauptstudium wird diese Fächerorientierung durch eine Konzentration des Studiums auf sogenannte Studienschwerpunkte ergänzt, und zwar wie folgt:

- Im Studiengang *Sozialarbeit* kann im zweiten Studienjahr zwischen folgenden Schwerpunkten gewählt werden:

Schwerpunkt I:	Arbeit mit Familien/Arbeit mit Menschen im dritten Lebensabschnitt
Schwerpunkt II:	Gemeinwesenorientierte Sozialarbeit/ Jugendsozialarbeit
Schwerpunkt III:	Arbeit mit Straffälligen und mit Abhängigen

Im vierten Studienjahr werden diese Schwerpunkte durch sogenannte Fallseminare weitergeführt und inhaltlich verdichtet.

- Der Studiengang *Sozialpädagogik* bietet den Studierenden während des zweiten Studienjahres zwei Schwerpunkte zur Wahl an:

Schwerpunkt I:	Arbeit mit Kindern, Jugendlichen, Familien, Erwachsenen und Betagten in sozialpädagogischen Maßnahmen und Einrichtungen
Schwerpunkt II:	Arbeit mit entwicklungsauffälligen jungen Menschen und deren Bezugspersonen in Maßnahmen und Einrichtungen der Jugendhilfe

---

[144] Vgl. zum folgenden: *ders.* (1996), Wintersemester 1996/97.

Ebenfalls im letzten Studienjahr wird ein Lernen in Form von Projekten angestrebt, um eine Auseinandersetzung mit einzelnen Themen, Praxisfeldern und Zukunftsvisionen Sozialer Arbeit zu gewährleisten.

Lehrpersonal

Nach Auskunft des Vorlesungsverzeichnisses vom WS 1996/97 umfaßt der Lehrkörper in den Fachbereichen Sozialarbeit und Sozialpädagogik insgesamt 18 Professoren, darunter 5 Frauen. Im Fachbereich Heilpädagogik lehren je drei Professoren und drei Professorinnen, im Fachbereich Religionspädagogik fünf Professoren und im Fachbereich Pflege weitere drei Professoren und eine Professorin. Zu diesem hauptamtlichen Personal kommen noch einige Fachschulrätinnen und -räte sowie 134 Lehrbeauftragte. Unter diesen befinden sich 13 teils promovierte Theologen und fünf Theologinnen. Es ist zu vermerken, daß in den Fachbereichen Sozialarbeit, Sozialpädagogik, Heilpädagogik und Pflege keine eigene Professur für Theologie eingerichtet ist. Die Theologie wird in diesen Studiengängen ausschließlich von „auswärtigen" Dozenten und Dozentinnen gelehrt, und zwar von Professoren des Fachbereichs Religionspädagogik sowie von anderen lehrbeauftragten Theologen/-innen aus den Bereichen von Caritas und Gemeinde.

Theologie in den Studiengängen Sozialarbeit, Sozialpädagogik und Heilpädagogik

Im Rahmen des fächerorientierten Studiums an der KFH Freiburg finden sich die theologischen Lehrangebote des Grundstudiums wie des Hauptstudiums ausnahmslos unter der Kategorie „Wahlpflichtfächer". Dies ermöglicht allen Studierenden, auch theologische Fächern begleitend zum Studium zu belegen und mit einer Prüfung zu absolvieren. Umgekehrt muß niemand Theologie wählen, er kann dieses Fach auch durch die Wahl philosophischer Lehrveranstaltungen ersetzen. Die theologischen Wahlpflichtangebote erscheinen im Grundstudium unter der Rubrik „Philosophisch-theologische Grundlegung der Sozialen Arbeit", im Hauptstudium unter der Sparte „Wertorientierungen in der Sozialen Arbeit". Laut Studienordnung sind im Grundstudium wie im Hauptstudium je vier Semesterwochenstunden zu belegen und mit je einer Prüfung auszuweisen.

Die Analyse der einzelnen Lehrangebote in den vergangenen Jahren ergibt folgendes Bild:

- **„Philosophische/theologische Grundlegung der sozialen Arbeit" - Theologie im Grundstudium Sozialarbeit, Sozialpädagogik, Heilpädagogik**

Im Grundstudium der Studiengänge Sozialarbeit, Sozialpädagogik und Heilpädagogik werden theologische Lehrveranstaltungen unter der Rubrik *‚Philosophische/theologische Grundlegung der sozialen Arbeit'* angeboten. Es handelt sich dabei um fünf je zweistündige Themenkomplexe, aus denen die Studierenden des 1. und 2. Semesters einen Themenbereich auszuwählen und ihn über zwei Semester hindurch - also vierstündig - zu studieren haben. Über den Stoff des gewählten Themenbereiches ist eine Prüfung in Form einer Hausarbeit mit ergänzender mündlicher Prüfung (in SA), in Form einer sogenannten Studienarbeit (in SP) und in Form einer Hausarbeit (in HP) abzulegen. Folgende Themenbereiche stehen zur Auswahl:

- Religionsphilosophie I: Philosophische Strömungen der Gegenwart und ihre Bedeutung für aktuelle Fragen der Ethik und Religion (Vorlesung)
- Religionsphilosophie II: Analyse religionskritischer und religionsbegründender Texte (Seminar)
- Vernunft der Religion I bzw. II
 Seit WS 1996/97: Grundzüge einer theologischen Anthropologie und ihre Relevanz für die soziale Arbeit (Vorlesung)
- Anthropologische und ethische Grundlagen (Seminar)
- Texte und Übungen zum philosophischen und christlichen Menschenbild (Seminar)
 Seit WS 1996/97: „Erkenntnis und Wirklichkeit"
- Was ist der Mensch? Philosophische Annäherung
 Seit WS 1996/97: Philosophie und Erziehung (Vorlesung)

Diese Lehrveranstaltungen, insbesondere die neuerdings vorgenommenen Veränderungen, deuten eine zunehmende Ausrichtung der theologischen Lehre am Erfahrungs- und Fragehorizont der Studierenden an. Im Vorlesungsverzeichnis des SS 1996 widmen sich, wie aus dem begleitenden Text zur Vorlesung hervorgeht, die philosophisch-theologischen Lehrveranstaltungen der Grundlegung sozialer Arbeit: durch Einführung in einflußreiche philosophische Strömungen, durch kritische Auseinandersetzung mit diesen im Hinblick auf ihr Verständnis von Ethik und Religion, durch Hinführung zu einem tieferen Verständnis des christlichen Menschenbildes und durch die Beschäftigung mit Fragen des Glaubens und der Religionen.[145] Auch bemüht man sich darum, daß die grundgelegten Inhalte - wie z. B. die der philosophischen Anthropologie - „in Verbindung mit praktisch-ethischen Problemstellungen neu durchdacht werden."[146] Und das Seminar „Anthropologische und ethische Grundlagen" folgt der Zielbestimmung, „in Auswahl für soziale Arbeit relevante anthropologische Themen" wie etwa Freiheit, Verantwortung und Schuld; Sinn und Glück; Sterben und Tod zu behandeln.[147] Unverkennbar sind also Ansätze zu einer kontextuellen Philosophie/Theologie.[148]

- **„Wertorientierung der Sozialarbeit/Sozialpädagogik" - Theologie im Hauptstudium der KFH Freiburg**

Allen Studierenden des Hauptstudiums (also des zweiten und vierten Studienjahres) werden pro Semester unter der Rubrik „Wertorientierung" zwei bis vier jeweils zweistündige Lehrveranstaltungen (Vorlesungen/Seminare) angeboten. Darunter befinden sich auch einige theologische Lehrveranstaltungen.

Im *Hauptstudium des Studiengangs Sozialarbeit* haben die Studierenden während des Hauptstudiums insgesamt nur eine(!) zweistündige Wahlpflichtveranstaltung aus dem Themenbereich „Wertorientierung in der Sozialarbeit" zu belegen und darin einen Leistungsnachweis zu erbringen. Laut Studienführer geht es um die Auseinandersetzung mit anthropologischen und gesellschaftspolitischen Konzepten sowie um eine Fundierung der Wertentscheidungen des Sozialarbeiters in konkreten Arbeitsfeldern.[149] Seit WS

---

[145] Vgl. ebd., 38.

[146] Vgl. *ders.*, Verzeichnis der Lehrveranstaltungen im Sommersemester 1996, Freiburg 1996, 28.

[147] Vgl. ebd.

[148] So heißt es im Kommentar zur theologischen Lehrveranstaltung „Grundzüge einer theologischen Anthropologie und ihre Relevanz für die soziale Arbeit", es gehe darum, „Grundzüge einer theologischen Anthropologie zu entfalten", sie in einen Bezug zu den vorherrschenden Menschenbildern unseres Kulturraumes zu setzen und „die Bedeutung eines christlichen Menschenbildes als normative Bezugsgröße für die soziale Arbeit generell" zu erörtern und „im Blick auf exemplarische Felder" zu konkretisieren. - Vgl. *ders.* (1996), Wintersemester 1996/97, 39.

[149] Vgl. Studien- und Prüfungsordnung der Katholischen Fachhochschule Freiburg - staatl. anerkannt - Hochschule für Sozialwesen, Religionspädagogik und Pflege, *Rektor der Kath. Fachhochschule Freiburg, Prof. Dr. Herbert Pielmaier (Hrsg.)*, vom 18. November 1993, 29.

1990/91 bis SS 1997 sollten folgende thematische Lehrveranstaltungen diesem Ziel dienen:

Anthropologisch bezogene Lehrveranstaltungen:

- Ethische und religiöse Fragen zu Krankheit, Gesundheit, Leiden und Sterben
- Religion out?
- Glaube(n) und Helfen: Wertorientierte Qualifizierungsmodelle in der sozialen Arbeit
- Glaube(n) und Helfen: Psychologisch-theologische Grundlagen in der haupt- und ehrenamtlichen Praxis christlicher Sozialarbeit
- „Opferorientierung" in der sozialen Arbeit

Gesellschaftspolitisch bezogene Lehrveranstaltungen:

- Sozialarbeit und Fremdenangst
- Sozialarbeit mit Fremden im Spannungsfeld von Anpassungserwartung und Ablehnung
- Rassismus und Sozialarbeit
- Die Diskussion um die „neue Subsidiarität" - Probleme, Stand, Entwicklungen
- Sozialarbeit und neue soziale Bewegungen
- Soziales Ehrenamt zwischen Tradition und Erneuerung: Zur aktuellen Diskussion um das „Neue Ehrenamt"
- Stigmatisierung und Entstigmatisierung

Wertentscheidungsbezogene Lehrveranstaltungen:

- Leitideen der Sozialarbeit und Sozialpolitik: Soziale Sicherheit
- Grundwerte und Grundhaltungen - Neuere Versuche ihrer Begründung in der skeptischen und dialogischen Philosophie sowie in der christlichen Theologie
- Wertbindungen der Caritas
- Wertewandel und Soziale Arbeit
- Auf der Suche: Was ist „christliche" Sozialarbeit?
- „Lebenswert - lebenswert"? Effizienz, Effektivität und Ethik in der Sozialen Arbeit.

Im Unterschied zum Grundstudium, dessen philosophisch-theologische Lehrveranstaltungen einem systematischen Curriculum folgen, fällt die Vielfalt an Themen im Hauptstudium auf, was wiederum ein Verweis auf die Bemühungen ist, die Theologie zu kontextualisieren. Zwar wechseln die Themen mit den Lehrbeauftragten, doch zeigt sich auch eine gewisse Themenkontinuität, etwa bei den Lehrangeboten zu ethisch-religiösen Fragen von Krankheit und Gesundheit, Leiden und Sterben, zur Sozialarbeit mit Fremden sowie zum sozialen Ehrenamt. Interessant ist auch, daß in den letzten Jahren verstärkt Themen hinzugekommen sind, die sich mit dem Proprium einer christlich motivierten Sozialarbeit auseinandersetzen.

Im *Hauptstudium der Sozialpädagogik* sind ähnlich dem der Sozialarbeit Lehrveranstaltungen zur Wertorientierung vorgesehen, und zwar unter der Rubrik „Ausgewählte Fragen aus Ethik und Humanwissenschaften" mit vier Semesterwochenstunden im 7. und 8. Semester. Dabei ist bedeutsam, daß es sich um ein sich über zwei Semester hinziehendes Lehrangebot handelt. Mittels einer sogenannten Studienarbeit wird im 8. Semester ein Leistungsnachweis erworben.

Die Lehrveranstaltungen sind meist deckungsgleich mit denen des Studienganges Sozialpädagogik. In den vergangenen fünf Jahren gab es davon abweichend folgende eigenständige Angebote nur für Sozialpädagogen/-innen:

- Wertekonflikte und Wertebefähigungen in der sozialpädagogischen Arbeit
- Subkulturell gebundene Wertsysteme: Erfassung, Analyse, Orientierung
- Ethische Fragen zu Krankheit und Gesundheit
- Christlich soziale Arbeit - Anspruch und Wirklichkeit
- Christliche Pädagogik
- „Erziehen - Helfen - Strafen - Muß Strafe sein?"

Insgesamt läßt sich feststellen, daß das Lehrangebot zur Wertorientierung im Fachbereich Sozialpädagogik geringer als im Fachbereich Sozialarbeit ausfällt. Es ist überdies stark philosophisch geprägt, während die Theologie eine eher marginale Rolle spielt.

Das *Hauptstudium der Heilpädagogik* kennt laut Studien- und Prüfungsordnung keine Lehrveranstaltungen zur weltanschaulichen oder wertorientierten Grundlegung. Zwar findet sich unter den Pflichtfächern ein prüfungsrelevantes Lehrangebot aus dem Bereich „Sozialpolitik, freie Wohlfahrtspflege, kirchliche Sozialarbeit", doch ansonsten findet man in den analysierten Vorlesungsverzeichnissen unter der Rubrik „Anthropologie und Religionsphilosophie" ‚nur' den Verweis: „siehe Fachbereich Religionspädagogik". Dort allerdings existiert kein speziell auf den Erfahrungskontext von Heilpädagogen/-innen zugeschnittenes Lehrangebot. Zwar ist das Anliegen einer philosophisch-theologischen Orientierung heilpädagogischer Praxis zu würdigen, ob jedoch ein Besuch religionspädagogischer Lehrveranstaltungen dem Anspruch einer Theologie im Kontext der Heilpädagogik genügen kann, muß mehr als bezweifelt werden.

- **Theologische Zusatzausbildung**

Eine Besonderheit der Freiburger Hochschule ist die Integration der Fachbereiche Religionspädagogik und der vier Studiengänge der Sozialen Arbeit unter dem Dach einer Fachhochschule. Diese strukturelle Verbindung und die zusätzlich gegebene räumliche Nähe der Fachbereiche ermöglichen eine inhaltliche Kooperation der einzelnen Studiengänge. Eine Frucht dieser Zusammenarbeit ist zum einen das o.g. fachbereichsübergreifende philosophisch-theologische Lehrangebot, das insbesondere durch den Professor für „Religionsphilosophie und Theologie" des Fachbereichs Religionspädagogik konzeptionell auf die Bedürfnisse von Sozialberufen hin zugeschnitten wurde. Zum anderen bieten die Professoren des Fachbereichs Religionspädagogik auch eine sogenannte ‚Theologische Zusatzausbildung' für die Studierenden der Studiengänge Sozialarbeit, Sozialpädagogik, Heilpädagogik an. Dieses Studium war früher auf den Erwerb einer kirchlichen Missio für den schulischen Religionsunterricht ausgerichtet. Da diese Möglichkeit für Sozialpädagogen/-innen heute nicht mehr besteht, wurde vor einigen Jahren diese Zusatzausbildung in seiner Zielsetzung stärker auf ‚Persönlichkeitsbildung' ausgerichtet, sozusagen auf den Erwerb eines vertieften Glaubens und einer vertieften Sicht von Kirche. Ein schriftlich fixiertes Konzept dieser Ausbildung existiert (noch) nicht. Nach Auskunft der Fachhochschule nehmen jedoch etwa 10 bis 15 Studierende jeden Jahrgangs an dieser studienbegleitenden Zusatzausbildung teil.

Lehrinhaltlich sind die beiden Lehrveranstaltungen in Religionsphilosophie I und II sowie die Lehrveranstaltung „Die Vernunft der Religion" deckungsgleich mit den Wahlpflicht-Lehrangeboten des Grundstudiums im Bereich Sozialwesen und somit für alle Studierenden der drei Studiengänge offen. Ergänzend hinzu kommen vom 1. bis zum 7. Semester folgende zweistündige Lehrveranstaltungen:

- Einführung in die Theologie
- Einführung in die Dogmatik
- Einführung in das Alte Testament

- Einführung in die Evangelien sowie „Wunder und Gleichnisse"
- Religionspädagogik
- Christliche Ethik

Nach Abschluß des religionspädagogischen Zusatzstudiums erhalten die Teilnehmer/-innen ein Zertifikat des Fachbereichs Religionspädagogik. Wie die Erfahrung zeigt, werden den Absolventen/-innen, die dieses zusätzliche Zeugnis bei der Bewerbung vorweisen können, bessere Chancen für eine Anstellung im kirchlichen Dienst eingeräumt.

Bilanz

Die Analyse der theologischen Lehrangebote in den Studienbereichen Sozialarbeit, Sozialpädagogik und Heilpädagogik an der Katholischen Fachhochschule Freiburg erbringt zunächst einen positiven Eindruck: Es wird großer Wert auf eine philosophisch-theologische Grundlegung (Grundstudium) und auf eine Wertorientierung der Sozialen Arbeit (im Hauptstudium) gelegt. Insgesamt acht Semesterwochenstunden im gesamten Studium sprechen hier eine deutliche Sprache. Während im Grundstudium ein eher systematisches Anliegen vorherrscht, ist im Hauptstudium das Bemühen zu würdigen, die philosophischen und theologischen Inhalte mit den Erfahrungen der beruflichen Praxis in Sozialarbeit und Sozialpädagogik zu verbinden. Hinter diesem erkennbaren Prinzip einer kontextuellen Philosophie und Theologie bleibt der Studienbereich Heilpädagogik allerdings zurück.

Die Analyse zeigt *zweitens* eine starke religionswissenschaftliche und philophische Ausrichtung der theologischen Lehrangebote, dies sowohl in quantitativer wie qualitativer Hinsicht. Lehrveranstaltungen mit explizit theologischen Themen gibt es in den drei analysierten Studienbereichen relativ wenige, doch ist deutlich, daß - methodisch gesehen - ein induktiver Ansatz gewählt wird, um von Fragestellungen der Sozialen Arbeit ausgehend über die Philsophie behutsam zur Theologie vorzustoßen.

Drittens ist festzuhalten, daß die Theologie an der Katholischen Fachhochschule zusammen mit der Philosophie ‚nur' unter den Wahlpflichtfächern rangiert. So bietet sich zwar allen interessierten Studierenden die prinzipielle Chance, sich im Rahmen ihres Studiums auch mit einer philosophischen, religiösen oder christlichen Perspektive der Sozialen Arbeit auseinanderzusetzen. Aber es ist ebenso möglich, theologische Themen völlig auszublenden. Diese Regelung bietet einerseits die Chance, durch ein qualifiziertes Lehrangebot das Interesse von Studierenden an der Auseinandersetzung mit der christlichen Tradition zu wecken und ‚zwanglos' Theologie zu treiben. Andererseits bringt sie die Theologie in den Rang eines für die Ausbildung in Sozialer Arbeit letztlich doch belanglosen Faches.

Dieser Status verfestigt sich *viertens* durch die Tatsache, daß im Lehrkörper der Fachbereiche Sozialarbeit, Sozialpädagogik und Heilpädagogik keine hauptamtliche Professur für „Theologie in der Sozialen Arbeit" eingerichtet ist. Damit fehlt die Voraussetzung für eine öffentliche Wahrnehmung der Theologie als Bezugswissenschaft. Nötig wäre somit eine Person, die eine konzeptionelle Entwicklung der Theologie an der Fachhochschule für Soziale Arbeit federführend vorantreibt und die Lehrangebote koordiniert, die von einer Vielzahl lehrbeauftragter Dozenten/-innen durchgeführt werden.

Positiv zu würdigen ist abschließend die Existenz einer theologischen Zusatzausbildung. Sie setzt die Tradition der Missio canonica an der sozialcaritativen Frauenschule fort und leistet eine religionspädagogische Zusatzqualifikation für alle Felder Sozialer Arbeit.

2.2.4 Katholische Fachhochschule Mainz

Träger und Zielsetzung

„Die Katholische Fachhochschule Mainz wurde im Jahre 1972 von den (Erz-)Diözesen Köln, Limburg, Mainz, Speyer und Trier gegründet."[150] Träger ist eine „Gemeinnützige Gesellschaft zur Förderung von Wissenschaft und Bildung mbH,"[151] die von den genannten Bistümern gebildet wird. Die Fachhochschule beheimatet die Fachbereiche Sozialarbeit, Sozialpädagogik, Praktische Theologie und seit dem WS 1993/94 den Fachbereich Pflege mit den Studiengängen Pflegeleitung und Pflegepädagogik. Sie ist staatlich anerkannt und steht katholischen und nichtkatholischen Studieninteressenten/-innen offen. Eine Ausnahme bildet der Fachbereich Praktische Theologie, der ausschließlich katholischen Studierenden offensteht.[152]

Laut der im WS 1995/96 überarbeiteten Zielsetzung weiß sich die Katholische Fachhochschule „dem christlichen Menschenbild verpflichtet. Sie will

---

[150] *Die Rektorin (Hrsg.)*, Katholische Fachhochschule Mainz. Personen- und Studienverzeichnis. Wintersemester 1995/96, Mainz 1995, 11.
[151] Ebd., 12.
[152] Vgl. ebd., 11.

deshalb den Studierenden über eine praxisbezogene Ausbildung auf wissenschaftlicher Grundlage (§ 8 Fachhochschulgesetz Rheinland-Pfalz) hinaus Orientierungen für ein berufliches Handeln aus christlicher Verantwortung vermitteln und ihnen Hilfen zu einer ganzheitlichen Entfaltung ihrer Person anbieten, die die Dimension des Glaubens einbezieht."[153] Die Ausbildung zielt also erklärterweise nicht nur auf den Erwerb einer fachlichen Kompetenz, sondern auch einer personalen Kompetenz, die im christlichen Glauben wurzelt.

Eine derartige Zielsetzung hat aber Konsequenzen für die Lehrenden wie die Studierenden. Die Professoren/-innen und Dozenten/-innen sind „verpflichtet", „ihre Tätigkeit am christlichen Menschenbild auszurichten und die Grundsätze der katholischen Kirche in der Erörterung fachbezogener Probleme erkennbar werden zu lassen." Und von den Studierenden „wird erwartet,

– daß sie den besonderen Bildungsauftrag der Katholischen Fachhochschule und deren kirchlichen Charakter anerkennen und ihren Beitrag zur Entwicklung dieser Fachhochschule leisten,

– daß sie daran interessiert sind, sich mit den alternativen Lehrangeboten aus dem Bereich der Anthropologie/Philosophie/Theologie auseinanderzusetzen,

– daß sie bereit sind, die Chance zum offenen Austausch von Meinungen in fairer Auseinandersetzung und Achtung voreinander unter Wahrung demokratischer Grundsätze zu nutzen."[154]

Ein wichtiger Aspekt der Katholischen Fachhochschule Mainz ist die Kooperation des Fachbereichs Sozialarbeit/Sozialpädagogik mit dem Fachbereich Religionspädagogik. Dessen „besondere Aufgabe" besteht darin, „unter dem Aspekt der Ausbildung für kirchliche Berufe ... die Sinnfrage nach dem Menschen und seinem Dienst in der Gesellschaft besonders intensiv" zu reflektieren.[155]

---

[153] Ebd.
[154] Ebd.
[155] *Die Rektorin (Hrsg.)*, Katholische Fachhochschule Mainz. Personen- und Studienverzeichnis. Sommersemester 1995, Mainz 1995, 10.

Studienkonzeption

Die Studienordnung der Mainzer Fachhochschule sieht eine Aufteilung in drei Semester Grundstudium (1.-3. Sem.) und drei Semester Hauptstudium (4.-6. Sem.) vor. Zwischen dem Grundstudium, das am Ende des 3. Semesters mit einer Vorprüfung abgeschlossen wird, und dem Beginn des Hauptstudiums ist in den Semesterferien ein 12wöchiges Blockpraktikum zu absolvieren, das dem vertieften Kennenlernen der Arbeitsvollzüge in dem gewählten Arbeitsfeld dient. Begleitend zum 4. und 5. Semester steht in derselben Einrichtung, in der das Blockpraktikum abgeleistet wurde, ein Teilzeitpraktikum an. Nach der Diplomprüfung am Ende des 6. Semesters erfolgt das einjährige Berufspraktikum mit dem Ziel der staatlichen Anerkennung als Sozialarbeiter/-in bzw. Sozialpädagoge/-in. Dieses liegt in der Verantwortung des Landesamtes für Jugend und Soziales.

Lehrpersonal

Laut Auskunft des Vorlesungsverzeichnisses 1996/97 befinden sich im Professorenkollegium der Fachbereiche Sozialarbeit/Sozialpädagogik der Katholischen Fachhochschule Mainz kein Theologe und keine Theologin. Als nebenberufliche Dozenten sind jedoch zwei promovierte Theologen tätig, die allerdings nicht für theologische Fächer, sondern für die Bereiche Sozialethik bzw. Philosophie/Anthropologie beauftragt sind. Ähnliches trifft für eine lehrbeauftragte Religionspädagogin, die den Bereich Mädchen- und Frauenarbeit verantwortet, zu. Die explizit theologischen Lehrveranstaltungen im Fachbereich Sozialpädagogik werden von einem ordentlichen Professor des Fachbereichs Praktische Theologie angeboten. Dasselbe gilt für die Fächer Ethik und Anthropologie/Philosophie.

Theologie im Kontext der Studiengänge Sozialarbeit/Sozialpädagogik

Die Studienordnung der Katholischen Fachhochschule Mainz sieht im Grundstudium eine prüfungsrelevante Fächerkombination „Philosophie/ Anthropologie, Theologie, Sozialethik" vor. Im Hauptstudium entfällt diese Fächerkombination, so daß dort auch die Theologie keine verpflichtende Bezugswissenschaft der Ausbildung in Sozialarbeit und Sozialpädagogik mehr darstellt. Allerdings gibt es sowohl im Grundstudium wie im Hauptstudium wahlfreie theologische Lehrangebote für interessierte Studenten/-innen. Sie werden ergänzt durch Sonderveranstaltungen, die in jedem Semester fachbereichsübergreifend angeboten werden und auch theologische Themen enthalten.

Theologie im Grundstudium

Die Studierenden der KFH Mainz haben im Grundstudium aus der Fächerkombination Philosophie/Anthropologie - Theologie - Sozialethik ein Fach zu wählen, das sie dann über drei Semester hinweg (also 6 Semesterwochenstunden) zu belegen und mit einer Prüfung abzuschließen haben. Damit kommt der Theologie im fakultativen Verbund mit den anderen Fächern der Rang eines ordentlichen bezugswissenschaftlichen Lehrfachs zu, allerdings der eines Wahlpflichtfachs. Theologie kann als Studienfach gewählt, aber auch durch ein philosophisch-anthropologisches oder sozialethisches Fach ersetzt werden. Da alle drei Fächer jedoch von promovierten Theologen des Fachbereichs Praktische Theologie angeboten werden, ist eine implizite theologische Dimension auch in den beiden anderen Angeboten dieser Fächerkombination anzunehmen. Eine telefonische Nachfrage bestätigte dies.[156]

Eine Durchsicht der Vorlesungsverzeichnisse seit dem WS 1990/91 auf theologische Lehrangebote ergab folgendes Resultat:

- **„Theologie/Philosophie/Sozialethik/Anthropologie"
als Wahlpflichtfach im Grundstudium**

    Theologie
    - Einführung in die Bibel
    - Gottesbild und Menschenbild
    - Jesus, der Christus

    Philosophie/Anthropologie
    - Teil I: Grundfakten der Gegenwart (wissenschaftstheoretische Revision)
    - Teil II: Rückblick auf Antike und Frühchristentum (negativ-theologische und philosophische Revision 1)

---

[156] So ist z. B. der Ethiker des Fachbereichs durchaus bemüht, auch die christliche und kirchliche Position zu aktuellen Fragen der Ethik (z. B. Euthanasie, Abtreibung, Bioethik, Familie) einzubringen und auch eine Auseinandersetzung mit der Aufgabe des kirchlichen Lehramtes anzustoßen.

- Teil III: Rückblick auf Antike und Frühchristentum (negativ-theologische und philosophische Revision 2)

Sozialethik

- Teil 1: Grundlagen der Ethik: Was ist Ethik? Wert- und Normbegründung u. a.
- Teil II: Ausgewählte Fragen der Bioethik (ungeborenes Leben, Euthanasie, Behinderung)
- Teil III: Ehe und Familie

Bezüglich des theologischen Zyklus ist anzumerken, daß er in den vergangenen fünf Jahren von verschiedenen (insg. sieben) Dozenten des Fachbereichs Praktische Theologie durchgeführt wurde. Dies hatte zur Folge, daß die Themen je nach Fachdozent wechselten: z.B. „Glauben im Kontext von Gesellschaft und Kirche" (SS 1993), „Grundformen des Glaubens" (WS 91/92), „Deutung und Feier menschlicher Grundsituationen" (WS 91/92) sowie „Christliche An-Gebote zum Leben" (= Arbeit mit dem Medienverbundprojekt „Alles Alltag. Zehn An-Gebote zum Leben") im WS 1992/93. Seit WS 1993/94 wird jedoch versucht, die Theologie zu systematisieren, so daß sich der o. g. vorläufige dreisemestrige Zyklus herausgebildet hat. Laut telefonischer Auskunft ist er jedoch als vorläufig zu betrachten.

- **Theologie als wahlfreies Angebot im Grund- und Hauptstudium**

Sozusagen als Kür zu den Wahlpflichtveranstaltungen aus den theologischen, philosophisch-anthropologischen und ethischen Bereichen finden sich im Vorlesungsverzeichnis für das Grund- und Hauptstudium weitere sogenannte ‚wahlfreie' und damit auch prüfungsfreie Lehrangebote. Sie stehen den Studierenden aller Fachbereiche der Fachhochschule offen. In den vergangenen Jahren waren dies folgende Angebote, die teils immer wieder, teils nur einmal auftauchen:

- Einführung in die feministische Theologie
- Begegnung mit dem Islam
- Spiritualität
- Vergleichende Religionswissenschaft: Klassischer und Zen-Buddhismus. Einführung und Vergleich mit dem Christentum
- Ausgewählte Themen der systematischen Theologie
- Historisch-systematischer Vergleich christlicher, hinduistischer und buddhistischer Modelle in Eutonie und Meditation

- Eutonische Übungen des asiatischen und europäischen Kulturkreises: Pranayama, Hatha-Yoga/autogenes Training, Zazen, Bibel
- Kirche - Gesellschaft - Staat. Zur politischen Relevanz des Glaubens
- Vorbereitung des Semestergottesdienstes
- Die gesellschaftliche Diakonie der Kirchen

Das Anliegen, interessierten Studierenden nicht nur im Grundstudium, sondern auch im Hauptstudium eine theologische Vertiefung Sozialer Arbeit und eine persönliche Glaubensbildung zu ermöglichen, hat neuerdings dazu geführt, einen dreisemestrigen theologischen Kurs mit je zwei Semesterwochenstunden Theologie anzubieten. Dieser Kurs, in dem die o. g. Angebote systematisiert enthalten sind, befindet sich derzeit in Erprobung. Wie auf Nachfrage mitgeteilt wurde, ist das Angebot wahlfrei und schließt auch nicht mit einem Zertifikat ab.

- **Sonderveranstaltungen**

Neben diesen wahlpflichtigen und wahlfreien Möglichkeiten haben die Studenten/-innen der Katholischen Fachhochschule Mainz noch die Möglichkeit, fachbereichsübergreifende Lehrveranstaltungen und Ringvorlesungen zu besuchen. Unter diesen Lehrveranstaltungen gibt es ein pastoraltheologisch interessantes Angebot, das sich durch fast alle Vorlesungsverzeichnisse der vergangenen Jahre zieht und den Titel trägt: „Berufspolitische und institutionelle Aspekte sozialen und pastoralen Handelns." Bemerkenswert ist auch die Ringvorlesung „Gebet: ein interdisziplinäres Gespräch", die von der Professorin und den Professoren des Fachbereichs Praktische Theologie im WS 1995/96 für alle Studierenden angeboten wurde. Im WS 1996/97 finden sich eine Blockveranstaltung zur „Einführung in die Feministische Theologie" und ein Gastvortrag „Der multireligiöse und soziopolitische Kontext indischer Theologie".

Bilanz

An der KFH Mainz ist die Theologie ein fester Bestandteil der Ausbildung im Fachbereich Sozialarbeit/Sozialpädagogik. Im Grundstudium hat sie den Rang eines Wahlpflichtfaches, so daß sich interessierte Studierende über drei Semester hinweg mit ausgewählten Themen der christlichen Theologie befassen können. Dieses Lehrangebot ist stark religionswissenschaftlich geprägt, sicherlich mit dem Ziel, angesichts der unter Studierenden skeptischen Haltung gegenüber dem christlichen Glauben und der Kirche möglichst viele von ihnen anzusprechen. Die Themenstellung der theologischen Angebote zeigt, daß auch das Anliegen einer auf die Erfahrungen und Fragen der Hörer/-innen zentrierten Theologie in Ansätzen erkannt ist.

Positiv ist *zweitens* die Vielzahl der wahlfreien theologischen Angebote zu vermerken, dies sowohl im Grundstudium wie im Hauptstudium, das ja von der Studienordnung her keine verpflichtenden ethischen, philosophischen und theologischen Lehrangebote kennt. Das Bemühen, die Theologie trotzdem für Studierende der Sozialen Arbeit interessant zu machen, ist auch mit Blick auf das katholische Proprium der KFH Mainz zu würdigen.

Bemerkenswert ist *drittens* die enge Kooperation des Fachbereichs Sozialarbeit/Sozialpädagogik mit dem Fachbereich Praktische Theologie, die sich in dem aufgezeigten theologischen und spirituellen Lehrangebot niederschlägt. Man würde jedoch annehmen, daß gerade wegen dieser Kooperation mit der ‚Praktischen Theologie' auch Lehrangebote bestünden, die eine religionspädagogische, diakoniewissenschaftliche oder praktisch-theologische Qualifikation der Studierenden des Sozialwesens für kirchliche Tätigkeitsfelder zum Ziel hätten. Dies ist jedoch nicht der Fall und meines Erachtens ein Defizit. Es zeigt, daß die Theologie an der KFH Mainz über die fundamentaltheologische, ethische und spirituelle Dimension hinaus insbesondere noch in praktisch-theologischer Hinsicht ausbaubar wäre. Die Bemühungen um eine theologische Zusatzausbildung sind ein Weg in diese Richtung.

Als gravierender Mangel erscheint *viertens* das Fehlen eines Theologen bzw. einer Theologin im Lehrkörper des Fachbereichs Sozialarbeit/Sozialpädagogik. Wie schon mehrfach angedeutet, erweist sich dies auch an der KFH Mainz als entscheidendes Hemmnis für die Entwicklung einer originären Theologie in der Sozialen Arbeit.

2.2.5 Katholische Stiftungsfachhochschule München, Abteilungen München und Benediktbeuern. Fachhochschule der kirchlichen Stiftung des öffentlichen Rechts „Katholische Bildungsstätten für Sozialberufe in Bayern"

Träger und Zielsetzung

Die Katholische Stiftungsfachhochschule München, Fachhochschule der Stiftung „Katholische Bildungsstätten für Sozialberufe in Bayern" mit den Abteilungen München und Benediktbeuern wurde im Jahre 1971 errichtet. Sie steht in der Tradition der im Jahre 1909 gegründeten ‚Sozialen und Caritativen Frauenschule' des Landesverbandes Bayern e.V. des Katholischen Deutschen Frauenbundes,[157] der seit 1959 bestehenden Wohlfahrtsschule für Männer[158] und der Höheren Fachschule für Sozialpädagogik München[159]. Trägerin der Fachhochschule ist eine kirchliche Stiftung öffentlichen Rechts „Katholische Bildungsstätten für Sozialberufe in Bayern". Die Organe der Stiftung sind der Stiftungsvorstand und der Stiftungsrat.

Die Stiftungsfachhochschule weiß sich „dem christlichen Menschenbild verpflichtet und führt im Geiste der katholischen Kirche unter Beachtung der jeweils geltenden staatlichen Bestimmungen eine Aus- und Fortbildung für

---

[157] Diese Schule gilt als die älteste deutsche sozial-caritative Fachschule. Bereits 1926 erhielt sie den Status einer staatlich anerkannten Wohlfahrtsschule. Am 1. April 1941 von den Nationalsozialisten geschlossen, wurde Anfang 1946 das Aufhebungsdekret mit Zustimmung der Militärregierung vom Bayerischen Staatsministerium für Unterricht und Kultus widerrufen, so daß der Lehrbetrieb wieder aufgenommen werden konnte. Ab 1963 wandelte man die Schule in eine Höhere Fachschule für Sozialarbeit um und benannte sie im Jahre 1964 nach ihrer Gründerin „Ellen-Ammann-Schule". Ab 3. Juni 1964 wurde sie vom Schulverein „Ellen-Ammann-Schule e.V." getragen und ab 19. Juli 1967 in die Trägerschaft des Schulvereins „Katholische Bildungsstätten für Sozialberufe in Bayern" übergeführt. - Vgl. dazu *S. Hundmeyer (Hrsg.)*, Geschichte der Katholischen Stiftungsfachhochschule München. Fachhochschule der kirchl. Stiftung öffentlichen Rechts „Katholische Bildungsstätten für Sozialberufe in Bayern, München 1981, 11; ferner: *Katholische Bildungsstätten für Sozialberufe in Bayern* (1996), 25 Jahre Katholische Bildungsstätten, 34.

[158] Die Wohlfahrtsschule für Männer wurde im Jahre 1959 unter der Trägerschaft des Schulvereins „Katholisches Seminar für Sozialberufe in Bayern e.V." gegründet, ab 1963 zur Höheren Fachschule für Sozialarbeit weiterentwickelt. Seit dem 19. Juli 1967 befand sie sich ebenfalls in Trägerschaft des Schulvereins „Katholische Bildungsstätten für Sozialberufe in Bayern e.V." - Vgl. ebd.

[159] Die „Höhere Fachschule für Sozialpädagogik" in München wurde 1968 unter der Trägerschaft des Schulvereins „Katholische Bildungsstätten für Sozialberufe in Bayern" gegründet. - Vgl. ebd.

den Beruf des/r Sozialarbeiters/-in/Sozialpädagogen/-in durch, die sich an Person und Botschaft Jesu Christi orientiert."[160] Die Ausbildung ist derjenigen an staatlichen Fachhochschulen gleichwertig, aber nicht gleichartig. Der besondere Charakter der Hochschule zeigt sich - bei aller Offenheit für verschiedene Lehrmeinungen und Anschauungen - in der Darstellung der Auffassung der Kirche und in der persönlichen Stellungnahme der Dozentinnen und Dozenten als Christen. Auch werden im Rahmen der Pflicht- und Wahlpflichtfächer „Lehrveranstaltungen angeboten, die diesen Charakter der Hochschule unterstreichen und über das allgemeine Lehrangebot hinaus ergänzen."[161]

Die Ausbildung an der Stiftungsfachhochschule soll die Studierenden befähigen, „ihren späteren Beruf aufgrund christlicher Werthaltungen und Wertentscheidungen zu leisten." Die Fachhochschule steht trotzdem „ohne Rücksicht auf Bekenntniszugehörigkeit allen Studentinnen und Studenten offen, die als Mitglieder der Hochschule deren besonderen Charakter anerkennen, das Recht der Kirche auf Errichtung und Profilierung dieser Einrichtung bejahen und bereit sind, zur Entwicklung der Hochschule beizutragen." Sie erwartet allerdings, daß die Studierenden „sich mit den Angeboten aus dem Bereich der Theologie und Philosophie auseinandersetzen und so ihre berufsspezifische Ausbildung ergänzen und vertiefen ..." Deshalb beschränkt sich die Hochschule „nicht darauf, Fachwissen zu vermitteln"[162].

Studienkonzeption

An der Katholischen Stiftungsfachhochschule trat zum Wintersemester 1996/97 eine neue Studienordnung in Kraft. Sie löst die seit dem 1. Oktober 1981 geltende ‚Rahmenstudienordnung für den Fachhochschulstudiengang Sozialwesen' ab. Beide Konzeptionen besitzen daher Relevanz für unsere Analyse zur Rolle der Theologie in der Ausbildung in den Abteilungen Benediktbeuern und München.

---

[160] *Katholische Stiftungsfachhochschule München*, Vorlesungs- und Personenverzeichnis. Wintersemester 1996/97; Sommersemester 1997, München 1996, 6.
[161] Ebd.
[162] Alle Zitate ebd.

Die alte Studienordnung

Die alte Studienordnung, die zur Zeit der Erhebung noch Geltung hatte, sieht ein viersemestriges Grundstudium, ein zweisemestriges Praktikum und ein zweisemestriges Hauptstudium vor. Im Grund- wie Hauptstudium dominieren Pflichtfächer und die Wahlpflichtfächer (Medizin, der musisch-sportliche Bereich, Pädagogik, Psychologie, Philosophie, Soziologie, Politikwissenschaften, Recht, sozialwissenschaftliche Methoden und Arbeitsweisen), die auf das Zentralfach ‚Sozialarbeit/Sozialpädagogik' ausgerichtet sind. Im zweiten Teil des Grundstudiums kommen die sogenannten Praxisseminare hinzu, in denen die Erfahrungen des theoriebegleitenden Praktikums gemeinsam reflektiert werden. Das Hauptstudium sieht in analoger Weise eine Konzentration auf ein exemplarisches Arbeitsfeld der Sozialarbeit/Sozialpädagogik vor. Diese Studienschwerpunkte - insgesamt sind es vierzehn - haben „die Aufgabe, die gewonnenen Einsichten auf andere Arbeitsfelder übertragen zu lernen und somit auch auf diesem Wege zur beruflichen Qualifizierung der Absolventen und Absolventinnen beizutragen."[163]

Die neue Studienordnung

Mit Wirkung vom WS 1996/97 trat an der Stiftungsfachhochschule München eine neue Studienordnung, die für alle Studienanfänger/-innen gilt, in Kraft. Die augenscheinlichste Änderung ist die Aufgliederung des Studiums in ein dreisemestriges Grundstudium, ein zweisemestriges Jahrespraktikum (4./5. Sem.) und ein dreisemestriges Hauptstudium (6.-8. Sem.). Mit dieser strukturellen Veränderung geht eine ebenso bedeutsame inhaltliche einher: Im Grund- wie im Hauptstudium wurde das Fächerstudium durch thematische Studienbereiche ersetzt, zu denen nun die bezugswissenschaftlichen Disziplinen der Sozialen Arbeit ihren je spezifischen Beitrag zu leisten haben. Laut Rahmenstudienordnung sind dies:

Studienbereich 1: Allgemeine Grundlagen der Sozialen Arbeit
- Einführung in das Studium
- Geschichte der Sozialen Arbeit
- Sozialwissenschaftliche Methoden und Arbeitsweisen
- Themen und Theorien der Sozialen Arbeit
- Werte und Normen in der Sozialen Arbeit

---

[163] *Katholische Bildungsstätten für Sozialberufe in Bayern* (1996), 25 Jahre Katholische Bildungsstätten, 64.

- Soziale Arbeit und Gesellschaft

Studienbereich 2: Bezugswissenschaftliche Grundlagen der Sozialen Arbeit
- Soziale Arbeit und ihre Bezugswissenschaften
- Menschliche Entwicklung und menschliches Handeln/Verhalten
- Die soziale und kulturelle Umwelt des Menschen
- Rechtliche Grundlagen und Rahmenbedingungen der Sozialen Arbeit

Studienbereich 3: Berufliches Handeln in der Sozialen Arbeit
- Einführung in das berufliche Handeln
- Organisation, Träger und Institutionen der Sozialen Arbeit
- Handlungslehre der Sozialen Arbeit
- Organisationslehre der Sozialen Arbeit
- Bewegung, musische Bildung, kreatives Gestalten
- Anleitung zum wissenschaftlichen Arbeiten

Über diese Lehrangebote hinaus gibt es im Grund- wie im Hauptstudium eine Reihe von allgemeinwissenschaftlichen und fachwissenschaftlichen Wahlpflichtfächern. Jeder Studierende muß aus diesen beiden Bereichen eine festgelegte Anzahl der dort angebotenen Lehrveranstaltungen auswählen, die dann wie Pflichtveranstaltungen behandelt werden. Darüber hinaus existieren an der KSFH München auch Wahlfächer, die von den Studierenden aus Interesse gewählt werden können, ohne einen Leistungsnachweis erbringen zu müssen.

Lehrpersonal

Der Lehrkörper der Katholischen Stiftungsfachhochschule München umfaßte an der Abteilung München zum SS 1998 laut Auskunft des Vorlesungsverzeichnisses 31 „Professoren/-innen und Lehrkräfte für besondere Aufgaben" sowie 101 „Lehrbeauftragte und nebenberufliche Lehrkräfte für besondere Aufgaben". Im Professorenkollegium sind zwei Stellen für Theologie vorgesehen. Sie sind derzeit mit einer Theologin und einem Theologen besetzt. In der Gruppe der Lehrbeauftragten befinden sich kein Theologe und keine Theologin.

Hinsichtlich der personellen Situation der Abteilung München unterscheidet sich die der Abteilung Benediktbeuern in gravierender Weise. Im 15köpfigen hauptberuflichen Dozentenkollegium gibt es eine Professur für

Philosophie, an die formal auch die Theologie angebunden ist. Die theologischen Lehrveranstaltungen werden allerdings ausschließlich von zehn lehrbeauftragten Theologen/-innen durchgeführt. Die meisten von ihnen gehören dem Lehrkörper der Philosophisch-Thologischen Hochschule an. Diese Kooperation bildet den Kern des sogenannten ‚Benediktbeurer Studienmodells', das eine enge Verbindung von Theologie und Sozialer Arbeit (z.B. Doppelstudium Soziale Arbeit/Diplom-Theologie bzw. Theologische Zusatzausbildung und Aufbaukurs Religionspädagogik) und eine Kooperation der Dozentenkollegien beider Hochschulen anstrebt.

Theologie im Kontext der Studiums ‚Soziale Arbeit'

Aus der Zielsetzung der Hochschule ergibt sich eine hohe Erwartung an die Theologie, die indirekt aufgefordert ist, auch im Rahmen der Pflicht- und Wahlpflichtveranstaltungen Lehrangebote bereitzustellen, die den katholischen Charakter der Hochschule unterstreichen. Außerdem wird die Theologie wie alle Fachdisziplinen in der Ausbildung der Sozialen Arbeit dazu aufgefordert, sich stärker als bisher als bezugswissenschaftliches Fach zu verstehen und nicht mehr nur fachsystematisch, sondern themenbezogen zu arbeiten. Das erfordert ein neues Verständnis von theologischer Lehre, insofern sie sich in den allgemeinen Lehrplan integrieren muß.

Abteilung München

Im Rahmen der alten fächerorientierten Studienordnung war die Theologie - im Unterschied zur Philosophie - kein Pflichtfach. Theologische Lehrangebote erschienen einerseits unter der Rubrik „Allgemeinwissenschaftliche Wahlpflichtveranstaltungen" und andererseits unter der Rubrik „Theologische Zusatzausbildung". Die Lehrangebote beider Sparten waren weitgehendst deckungsgleich.

- **Theologie im Kontext der alten Studienordnung**

Im Rahmen des Studiums waren insgesamt 6 SWoSt allgemeinwissenschaftliche Wahlpflichtfächer vorgesehen, aus denen die Studierenden nach ihrer eigenen Interessenlage auswählen konnten. Diese wurden dann wie Pflichtfächer behandelt. Die theologischen Lehrveranstaltungen der Abteilung München befanden sich unter dieser Rubrik. Da es sich um Wahlpflichtfächer handelte, mußte keiner der Studierenden theologische Lehrveranstaltungen belegen, er konnte sie auch zugunsten anderer Fächer abwählen und somit ein Sozialpädagogikstudium ohne theologische Auseinandersetzung absolvieren. Dies entsprach dem Selbstverständnis der Theologie, die sich nicht aufdrängen will, sondern von den Studierenden als willkommene Bereicherung der fachlichen Ausbildung empfunden und angenommen werden sollte.[164]

In der Zeit seit dem WS 1990/91 bis 1996/97 wurden an der Abteilung München von seiten der Theologie im Rahmen der allgemeinwissenschaftlichen Wahlpflichtfächer (und zugleich der Theologischen Zusatzausbildung) folgende Themen angeboten:

Persönliche und anthropologische Glaubensbesinnung

- (Christliche) Spiritualität
- Spirituelle Wege
- Wege biblischer Spiritualität. Einführung und Erschließung der Psalmen im Alten Testament
- Heute religiös sein? Gesprächsversuch zwischen Soziologie und Theologie
- Heute glauben - Glaubensbegründung, persönlich und gesellschaftlich
- Solidarität und Widerstand: Theologische Aspekte zum Glauben heute
- Glauben - Der Weg zwischen dem Ja zum Dasein und dem Nein zum „Lauf der Dinge"
- Lebensgeschichte, Identität und Glaube
- Der „traurige" Atheismus - Gottesferne und Gottesnähe als lebensgeschichtliche Frage
- Frauenemanzipation: Anfragen an Theologie und Kirche
- Was ist feministische Theologie?
- Jüdisches Leben in München

---

[164] Vgl. *F.-J. Hungs, Beauftragter für Theologische Zusatzausbildung (Hrsg.),* Theologische Zusatzausbildung (TZ) an der Katholischen Stiftungsfachhochschule München. Fachhochschule der kirchlichen Stiftung öffentlichen Rechts „Katholische Bildungsstätten für Sozialberufe in Bayern", München 1987, 7.

Biblische Grundlegung und Konzentration des Glaubens

- „Ich mache Dich zur ehernen Säule!" Propheten und Prophetismus im Alten Testament
- Das Alte Testament: Offenbarung Gottes in der Geschichte des Volkes
- Du sollst Dir kein Bildnis machen. Frauen im Alten Testament
- Die Bergpredigt - Christliches Ethos und Ethik
- Das Buch Hiob - Von Gott sprechen in Leid und Unrecht
- „Ägypten ist überall": Biblische Exil- und Asylerfahrungen
- „Etwas, was nur schwer zu verstehen ist". Theologie der Befreiung und Bibelarbeit
- Prophetische Sozialarbeit? Begegnung mit Persönlichkeiten des Alten Testamentes
- Botschaft Jesu in den Gleichnissen oder: Der Stil der Rede Jesu
- „Warum sollten sie sagen: Wo ist denn ihr Gott?". Gottesferne und Gottesnähe in der Bibel
- Paulus - „Unser Bruder, der nicht leicht zu verstehen ist"
- Wunder Jesu - Zeichen der Botschaft Jesu und Zeugnisse des Glaubens
- „Einiges, was nicht leicht zu verstehen ist!" Bibelkritische Einführung in die Evangelien (Teil 1: Formgeschichte, Redaktionsgeschichte; Teil 2: rabbinische und sozialgeschichtliche Aspekte)
- „... nur so können wir die Gerechtigkeit ganz erfüllen". Hinführung in das Matthäus-Evangelium
- Der „Fall Jesus" - Eine folgenreiche Frage zwischen Christen und Juden. Überlegungen zum Prozeß Jesu aus der Sicht der Evangelien und heutiger Wissenschaft

Hinführung zur Lehre der Kirche

- Gott wird Mensch. Das christliche Grunddogma, das humane Grundmotiv einer christlichen Weltanschauung, das leitende Kriterium einer Sozialarbeit/Sozialpädagogik in christlicher Verantwortung
- Rechtfertigung der Hoffnung. Religionskritische Aspekte der Botschaft Jesu
- Versöhnung - persönliche Chance und gesellschaftlicher Auftrag

- Vollendung oder Gericht, Hoffnung oder Tragödie. Gedanken zu den sogenannten „Letzten Dingen" (Himmel etc.)
- Grenzerfahrung Sterben und Tod
- Kirchenerfahrungen und das Recht zu träumen. Hinführung zu einem offenen Kirchenbild
- Freiheit will gefeiert sein! Zugänge zur Eucharistie, zu ihrem Verständnis, Anliegen und zu ihrer Feier

Praktisch-theologische Begleitung und Handlungsorientierung

- Sozialarbeit in christlicher Verantwortung. Was fällt der Theologie zu ökosozialen Überlegungen heutiger Sozialarbeit ein?
- Erwachsenenbildung unter besonderer Berücksichtigung friedens- und sozialpolitischer Fragestellungen
- Herde oder Partner? Konzeptionelle Fragen kirchlicher Erwachsenenbildung
- Nicht nur bei der (katholischen) Verbandsarbeit. Unsere Perspektiven zwischen totalem Engagement und resignativem Rückzug
- Leid - Schicksal - Menschenwürde. Pastoraltheologisches Fallseminar

Die allgemeinwissenschaftlichen theologischen Lehrveranstaltungen warteten, so kann man feststellen, fast jedes Jahr mit neuen aktuellen Themenstellungen auf. Für die Münchner Abteilung war also bereits damals kennzeichnend, daß die traditionelle Aufgliederung der Theologie nach Disziplinen im Interesse der Zentrierung der theologischen Lehre auf die Fragen von Studierenden der Sozialen Arbeit verlassen und in eine bemerkenswerte neue thematische Systematik eingegossen wurde. Diese inhaltliche Logik entspricht nicht nur den Anforderungen einer in die Ausbildung von Sozialberufen integrierten Theologie, sondern sie trifft offensichtlich auch das Interesse von Studierenden, wie eine interne Evaluation des Präsidenten der Katholischen Stiftungsfachhochschule unter Studierenden des ‚berufsbegleitenden Studiums' der KSFH bestätigte. Unter den Lehrveranstaltungen mit den höchsten persönlichkeitsbildenden Anteilen rangierten die Lehrangebote in Philosophie und Theologie an erster Stelle. Und vier der theologischen Lehrangebote („spirituelle Wege"; „Versöhnung"; „Jesus fragte den Blinden: ‚Was soll ich dir tun'"; „Solidarität und Widerstand - Theologische Aspekte von Glauben heute") wurden sogar als „unverzichtbare Bereicherung" bezeichnet.[165]

- **Theologie im Kontext der neuen Studienordnung (seit WS 1996/97)**

Im Kontext der neuen Studienordnung wurde diese Integration der Theologie konsequent weiterentwickelt. Im Unterschied zur alten Studienordnung taucht sie nun mit ihren Beiträgen nicht mehr nur im Rahmen der allgemeinwissenschaftlichen Wahlpflichtfächer und innerhalb der Theologischen Zusatzausbildung auf, sondern sie ist in die o. g. drei Studienbereiche integriert. Damit ist die Theologie zu einer, den anderen Disziplinen gleichrangigen Partnerin innerhalb der Ausbildung in Sozialer Arbeit avanciert, mehr noch: Sie wird zu einer „Grundlagen- und Bezugswissenschaft" für den Studiengang Soziale Arbeit.[166] Rein äußerlich ist dies daran erkennbar, daß sie ihre Angebote nun sowohl innerhalb der Pflichtfächer als auch innerhalb der fachwissenschaftlichen und allgemeinwissenschaftlichen Bezugsfächer plazieren kann. Überdies ist sie aufgefordert, sich bewußter und gezielter am interdisziplinären fachwissenschaftlichen Gespräch zu konkreten Fragen Sozialer Arbeit einzubringen, etwa im Rahmen der Studienschwerpunkte oder bei bezugswissenschaftlichen Studien- oder Projekttagen. Vier Ziele verfolgt die Theologie im Rahmen der neuen Studienordnung:

– Sie vermittelt „auf eigene Weise *Grundaussagen* der Botschaft Jesu, der kirchlichen Glaubenslehre und des christlichen Glaubenszeugnisses."

– Sie leistet „einen *eigenständigen Beitrag* zum Verständnis von Sozialarbeit in christlicher Verantwortung und zur beruflichen Professionalität."

– Sie nimmt „durch ihren fachspezifischen Beitrag der theologischen Begleitung der einzelnen Studienbereiche, Studienschwerpunkte bzw. Themenkreise zugleich an der Entwicklung des Studienganges" teil.

– Sie „beteiligt sich bewußter und gezielter an fachwissenschaftlichem *Gespräch* des Studienganges, als es bisher in ihrer Funktion als ‚Zusatz'-ausbildung möglich war."[167]

---

[165] *K. Schäflein,* Weihnachten 96. Brief zum Weihnachtsfest und neuen Jahr, München 20.12.96.
[166] Vgl. *Katholische Bildungsstätten für Sozialberufe in Bayern* (1996), 25 Jahre Katholische Bildungsstätten, 68.
[167] Alle Zitate ebd.

Dieser neue strukturelle Ort und das neue inhaltliche Konzept von Theologie an der KSFH München wird bereits im ersten Jahr der Geltung der neuen Studienordnung erkennbar. Im 1. Semester wird unter der Sparte „Die soziale und kulturelle Umwelt der Menschen" das theologische Thema „Zwischen Fundamentalismus und religiöser Obdachlosigkeit: Religiöse Sozialisation, ihre Brüche, Veränderungen und neue Suchbewegungen" angeboten. Im 2. Semester gibt es zwei weitere in den Pflichtbereich integrierte Veranstaltungen für alle Studierenden: unter der Rubrik „Selbst- und Weltverständnis" den Beitrag „Jesus fragte den Blinden: Was soll ich tun? Erwägungen wider ein christlich motiviertes Helfersyndrom"; und unter der Sparte „Handeln und Verhalten" das biblische Thema „Josef, Tobit, Ruth und viele mehr! ‚Biblische Erziehungsgeschichten'".

- **Theologische Zusatzausbildung (TZ)**

Die Theologische Zusatzausbildung an der Katholischen Stiftungsfachhochschule basiert auf einem, von einer Kommission unter Vorsitz des Münchner Weihbischofs Ernst Tewes erarbeiteten Konzept, das von der bayerischen Bischofskonferenz im Jahre 1977 genehmigt wurde.[168] Sie versteht sich als ein Angebot an jene Studenten/-innen, die „als Sozialarbeiter/Sozialpädagogen im kirchlichen Dienst tätig werden oder aus persönlichem Interesse ihr Fachstudium vertiefen wollen."[169] Unter Federführung des Pastoraltheologen der Münchner Abteilung wurde Anfang der achtziger Jahre die konzeptionelle Grundlegung der theologischen Zusatzausbildung weiterentwickelt und

---

[168] Vgl. *Hungs* (1987), Theologische Zusatzausbildung.

[169] Weiter heißt es: „Es handelt sich dabei um eine qualifizierende Ausbildung für alle Dienste im kirchlichen Bereich, die einem fachlich vorgebildeten Sozialarbeiter/Sozialpädagogen übertragen werden können. Dazu zählen Tätigkeiten wie in der kirchlichen Jugend- und Erwachsenenarbeit, in Pfarrgemeinden oder in einem Pfarrverband, in der Caritas und in caritativen Fachorganisationen, in kirchlichen Verbänden und Institutionen. Eine solche zusätzliche Ausbildung hat neben der fachlichen Qualifizierung eine persönliche Bereicherung der Absolventen für den theologischen und religiösen Bereich zum Ziel. Dem Studenten soll damit eine persönliche Identitätsfindung im Glauben und in der Kirche ermöglicht werden." - Zitiert aus dem Schreiben des Geschäftsführers der Stiftung „Katholische Bildungsstätten für Sozialberufe in Bayern e.V.", Herrn Josef Draxinger, betreffend die „Theologische Zusatzausbildung für Sozialarbeiter/Sozialpädagogen an der Katholischen Stiftungsfachhochschule München (Abteilungen Benediktbeuern und München) vom 1.12.1978. Archiv der KSFH München, Abteilung Benediktbeuern, 3.

nach Genehmigung durch das Kuratorium und den Stiftungsrat als Leitfaden für die weitere Arbeit publiziert.[170]

Gemäß des vorstehend skizzierten Konzeptes der TZ dienen die Lehrveranstaltungen dem Ziel, Studierende theologisch und spirituell zu begleiten, ihnen biblisch-theologische und ekklesiologische Orientierung zu Fragestellungen der Sozialen Arbeit zu geben und sie in praktisch-theologischer Hinsicht zu befähigen. Da die Angebote der Theologischen Zusatzausbildung an der Abteilung München weitgehend mit den allgemeinwissenschaftlichen Lehrveranstaltungen identisch sind, zeichnet sich seit Jahren folgende, von der Abteilung Benediktbeuern differierende Entwicklung ab: „Die Zahl der Studierenden, die an theologischen und spirituellen Angeboten teilnehmen, wächst ständig - die Zahl derer, die das Abschluß-Zertifikat erwerben wollen, nimmt ab. Das heißt, aus der ursprünglichen ‚Theologischen Zusatzausbildung' wird immer erkennbarer eine *theologisch-fachliche und spirituelle Begleitung des Studienganges ‚Soziale Arbeit'.*"[171]

Abteilung Benediktbeuern

An der Abteilung Benediktbeuern gilt in Bezug auf die Ausbildung und auch bezüglich der Theologie dieselbe Studienordnung wie an der Abteilung München. Allerdings bestehen durchaus örtliche Differenzierungen und Besonderheiten, die wesentlich durch die historische Entwicklung und die personelle Situation bedingt sind. Innerhalb der alten Studienordnung ist die Theologie kein Pflichtfach, sondern erscheint im Rahmen sogenannter ‚allgemeinwissenschaftlicher Wahlpflichtfächer' und - abweichend von der Abteilung München - auch unter den ‚fachbezogenen Wahlpflichtfächern'.

- **Theologie im Kontext der alten Studienordnung**

Zentraler Ort der Theologie an der Abteilung Benediktbeuern ist die Theologische Zusatzausbildung (Grund- und Aufbaukurs), deren Lehrangebote - wie in München - fast alle auch unter den allgemeinwissenschaftlichen bzw. fachbezogenen Wahlpflichtfächern erschienen. Im Unterschied zur Abteilung München variierten die Themen kaum und waren überdies nach der tra-

---

[170] Vgl. *Hungs* (1987), Theologische Zusatzausbildung.
[171] *Katholische Bildungsstätten für Sozialberufe in Bayern* (1996), 25 Jahre Katholische Bildungsstätten, 67.

ditionellen theologischen Systematik geordnet. Im Überblick über sieben Jahren ergibt sich daher folgendes Bild der theologischen Lehrangebote:[172]

Dogmatische und fundamentaltheologische Grundlagen

- Religion und Glaube
- Glauben alle an denselben Gott? Die großen Religionen im Vergleich
- Jesus Christus und die Christen
- Jugendspiritualität - Christliche Erneuerungsbewegungen
- Ausgewählte Fragen der heutigen Diskussion über die Kirche (AB)
- Wort Gottes - Sakramente - Eschatologie (AB)
- Sekten und Kulte. Religiöse Bewegungen der Neuzeit (AB)

Biblische Besinnung

- Einführung in das Alte und Neue Testament
- Die Botschaft der Urgeschichte
- Prophetische Texte zum alttestamentlichen Gottes- und Menschenbild
- Einführung in das Johannes-Evangelium und in die paulinische Theologie
- Theologie der synoptischen Evangelien (AB)
- Jünger und Propheten. Christliches Leben nach dem Markusevangelium (AB)
- Alttestamentliche Bibelarbeit (AB)

Theologisch-ethische Orientierung

- Sittliches Leben aus dem Glauben. Grundlegung einer christlich-theologischen Ethik
- Geschlechtlichkeit, Ehe (Ehelosigkeit) und Familie

Kirchengeschichtliches Studium

- Geschichte der Kirche. Ausgewählte Themen

---

[172] Die mit (AB) gekennzeichneten Angebote werden im Rahmen des Theologischen Aufbaukurses im 7./8. Sem. angeboten und können zugleich als allgemeinwissenschaftliche bzw. fachbezogene Wahlpflichtfächer gewählt werden.

Praktisch-theologische Impulse
- Wozu Kirche? Überlegungen zu Wesen und Auftrag der Kirche heute
- Spiritualität im Alltag
- Die Pädagogik Don Boscos
- Einführung in die Feier der Liturgie und praktische Übungen
- Leben im Rhythmus der Zeit. Vom Sinn und den Formen der christlichen Liturgie
- Kinder- und Jugendliturgie (AB)
- Der Laie in der Kirche und seine Berufung, Stellung und Mitwirkung
- Gemeindekatechese und außerschulische Jugendkatechese (AB)
- Glaubensverkündigung in der Schule und Erschließung zentraler Themen des Glaubens (AB)

- **Theologie im Kontext der neuen Studienordnung (seit WS 1996/97)**

Für die Theologie an der Abteilung Benediktbeuern gilt im Hinblick auf die neue Studienordnung all das, was schon im Rahmen der Abteilung München zu dieser Frage ausgeführt wurde. Allerdings ist die Theologie in Benediktbeuern einerseits konzeptionell noch nicht in dem Maße auf das neue Erfordernis einer ‚integrierten Theologie' vorbereitet wie dies an der Abteilung München der Fall ist, andererseits stellt sie sich durch die ausgebauten theologischen Ergänzungsangebote vielfältiger und breiter dar als an der Abteilung München. Mit Einführung der neuen Studienordnung im WS 1996/97 wurden jedoch auch an der Abteilung Benediktbeuern erste Schritte hin zur Konzeption einer integrierten Theologie unternommen. Zwar bedarf es noch einer Bewußtseinsänderung und weiterer Diskurse mit allen Dozenten/-innen der Theologie wie der Sozialen Arbeit, um die Theologie in die Themen des Lehrplans, in die multiperspektivische Fallarbeit, in die Studienschwerpunkte oder in die bezugswissenschaftlichen Projekttage einzuklinken. Doch die ersten Ansätze dafür finden sich bereits im Vorlesungsverzeichnis des WS 1996/96: die Lehrveranstaltung „Kirchliche soziale Dienste im 19. und 20. Jahrhundert" unter dem Themenbereich „Einführung ins Studium der sozialen Arbeit"; die Lehrveranstaltung „Christliche Spiritualität", die unter dem Themenbereich „Die soziale und kulturelle Umwelt des Menschen" plaziert wurde sowie die weiteren theologischen Lehrangebote, die sich unter den fachwissenschaftlichen bzw. allgemeinwissenschaftlichen Wahlpflichtfächern finden. So besteht die begründete Hoffnung, daß es möglich sein wird, die Theologie an der Abteilung Benediktbeuern sowohl an das konzeptionelle Niveau der ‚integrierten Theologie' der Abteilung München anzunähern als auch andererseits die eigentümlichen Besonderheiten und Möglichkeiten - z. B. den Aufbaukurs und die personellen Ressourcen - auszubauen und zu profilieren. Voraussetzung dafür aber ist insbesondere die Berufung eines hauptamtlichen Dozenten für Theologie.

- **Theologische Zusatzausbildung (Grundkurs)**

Die Theologische Zusatzausbildung (Grundkurs) wird an der Abteilung Benediktbeuern in der Regel als viersemestriger Grundkurs (mit 30 Semesterwochenstunden und 10 Leistungsnachweisen sowie 3 Teilnahmescheinen aus dem Bereich Spiritualität) absolviert. Nur die Veranstaltungen zur christlichen Spiritualität variieren und bieten die Möglichkeit, im Rahmen der Theologischen Zusatzausbildung auf aktuelle und persönliche Fragen der Studierenden intensiver einzugehen. Solche Veranstaltungen in den vergangenen Jahren waren: „Einander das Heil gönnen". Sexualität christlich verantwortet leben; „Symbol und Glaubenserfahrung"; „Pax Christi stellt sich vor"; „Auf den Spuren des abendländischen Mönchtums - Wochenende in einem Kloster" u. a. m.! Die Theologische Zusatzausbildung wird mit einem Kolloquium abgeschlossen und mit einem Zertifikat beglaubigt. Die Entwicklung der vergangenen Jahre zeigt eine hohe Bereitschaft der Studierenden, diesen Grundkurs zu belegen und abzuschließen.[173] Er wurde jüngst an die neue Studienordnung angepaßt, so daß er nun 3 Semester umfaßt

- **Aufbaukurs „Religionspädagogik" (AB)**

Die Absolventen/-innen des Grundkurses der TZ können im letzten Studienjahr (7./8. Sem.), neuerdings in den drei Semestern des Hauptstudiums (6.-8. Sem.), den religionspädagogischen Aufbaukurs belegen. Dieser Kurs, der von der Philosophisch-Theologischen Hochschule der Salesianer Don Boscos in Kooperation mit der Katholischen Stiftungsfachhochschule München, Abteilung Benediktbeuern angeboten wird, ist vom Bischöflichen Ordinariat Augsburg, Abteilung Schulreferat approbiert und endet mit der Verleihung der vorläufigen kirchlichen Unterrichtsgenehmigung, der ‚Missio canonica'. Diese steht in der Tradition der sogenannten ‚kleinen Missio' für

---

[173] Vgl. hierzu Tabelle im Kapitel 1.

Erzieherinnen und Fürsorgerinnen/Seelsorgshelferinnen, die noch in den sechziger Jahren an den höheren Fachschulen für Sozialpädagogik erworben werden konnte und auch heute noch an manchen katholischen Fachakademien verliehen wird. Der Abschluß des Aufbaukurses Religionspädagogik an der Abteilung Benediktbeuern berechtigt „zur nebenamtlichen Erteilung des Religionsunterrichts an Grund- und Hauptschulen im Bistum Augsburg und befähigt zur Mitarbeit bei der religiösen Bildung von Jugendlichen und Erwachsenen."[174]

Bilanz

Versucht man, eine Gesamtbewertung der Theologie an der Katholischen Stiftungsfachhochschule München vorzunehmen, so darf man sicherlich behaupten, daß die Theologie an dieser Fachhochschule in quantitativer wie qualitativer Hinsicht ein hohes Niveau im Vergleich zu allen anderen katholischen Fachhochschulen für Soziale Arbeit in Deutschland besitzt. Die Gründe dafür liegen *erstens* in der langen Tradition der Theologischen Zusatzausbildung, die im Jahre 1984 schriftlich fixiert wurde, was im deutschen Raum singulär ist. *Zweitens* liegt es an der Tatsache, daß insbesondere der Pastoraltheologe der Abteilung München seit Jahren das Konzept einer ‚integrierten Theologie' entfaltet und hochschulpolitisch vertreten hat. *Drittens* dürfte der hohe konzeptionelle Standard auch darin begründet sein, daß an beiden Abteilungen eine praktisch-theologische Orientierung vorherrschend ist. Diese erscheint meines Erachtens richtungsweisend für die künftige Rolle der Theologie an katholischen Fachhochschulen. Schließlich muß *viertens* erwähnt werden, daß die Theologie an der Entwicklung der neuen Studienordnung wesentlich beteiligt war. Wie kaum an einer anderen Fachhochschule ist also die Theologie eine anerkannte Bezugswissenschaft Sozialer Arbeit.

Kritisch bleibt vor allem hinsichtlich der Abteilung Benediktbeuern das Fehlen einer eigenen hauptamtlichen Professur anzumerken. Der Berufung eines Professors bzw. einer Professorin für Theologie in der Sozialen Arbeit, der/die in das Kollegium der Fachhochschule eingebunden ist und die theologische Lehre koordiniert, konzeptionell trägt und in den Gremien anwaltschaftlich vertritt, muß höchste Priorität eingeräumt werden.

---

[174] *Hochschulen Benediktbeuern. Philosophisch-Theologische Hochschule der Salesianer Don Boscos - Theologische Fakultät - und Katholische Stiftungsfachhochschule München, Abteilung Benediktbeuern (Hrsg.), Personal- und Vorlesungsverzeichnis.* Wintersemester 1996/97, Ensdorf 1996, 111.

2.2.6 Katholische Fachhochschule Norddeutschland - Vechta/Osnabrück

Träger und Zielsetzung

Die Bischöfe von Hildesheim und Osnabrück sowie der Bischöfliche Offizial für den oldenburgischen Teil der Diözese Münster in Vechta haben im Februar 1972 die Katholische Fachhochschule Norddeutschland als eine kirchliche Stiftung des öffentlichen Rechts errichtet. Sie hat zwei Abteilungen, eine in Osnabrück und eine in Vechta, und sie beherbergt zwei Studiengänge: Sozialwesen und Gesundheitspflege. Die von den Bischöfen errichtete „Stiftung hat den Zweck, die Fachhochschule zu unterhalten und zu fördern mit dem Ziel, insbesondere Nachwuchskräften für die sozialen Berufe eine fachlich qualifizierte und an der Lehre der katholischen Kirche orientierte Ausbildung zu vermitteln."[175] Diese ist derjenigen an staatlichen Fachhochschulen gleichwertig und vermittelt „eine praxisbezogene fachliche Bildung". Darüber hinaus versucht sie auch den Verpflichtungen der katholischen Kirche Rechnung zu tragen, die dieser im sozial-caritativen Bereich und im Bildungs- und Erziehungswesen aus ihrem Selbstverständis heraus erwachsen sind. Das kirchliche Spezifikum soll sich sowohl „in der Beachtung der kirchlichen Lehre" als auch im Lehrangebot zeigen, das über das allgemeine Lehrangebot hinausgehen und die kirchliche Ausrichtung der Fachhochschule unterstreichen soll.[176]

Studienkonzeption

Das Studium des Bereichs Sozialwesen an der Katholischen Fachhochschule Norddeutschland kann sowohl in „grundständiger" als auch in „berufsbegleitender" Weise absolviert werden. Neben dieser Besonderheit gibt es eine weitere: das Studieren in der abwechselnden Form von Präsenzwochen, Regionalstudientagen, Selbststudium, Praxistätigkeit/Projektarbeit und zwei achtwöchigen Blockpraktika jeweils im Grund- und Hauptstudium. Das dreisemestrige Grundstudium ist wie das ebenso lange Hauptstudium konzeptionell gleichartig strukturiert und bietet ein Lehrangebot in Form von *Studienbereichen (I-IV)* und in Form von *Fächern:*

---

[175] *Katholische Fachhochschule Norddeutschland,* Personal- und Vorlesungsverzeichnis Wintersemester 1995/96, 11.
[176] Vgl. ebd.

Studienbereiche:

Studienbereich 1:	Personale Grundlagen der Sozialarbeit/ Sozialpädagogik
Studienbereich 2:	Gesellschaftliche Perspektiven der Sozialarbeit/Sozialpädagogik
Studienbereich 3:	Institutionelle und organisatorische Bedingungen von Sozialarbeit/Sozialpädagogik
Studienbereich 4:	Arbeitsweisen der Sozialarbeit/Sozialpädagogik a) im Rahmen von Einzel-, Gruppen- und Gemeinwesenarbeit b) im Rahmen einzelner Fächer (Musik, Sport, Werken, Religionspädagogik, Literatur)

Fächer:
- Recht/Verwaltung
- Theologie/Christliche Soziallehre/Philosophie
- Wahlpflichtfächer
- Propädeutik (im Grundstudium) bzw. Schwerpunktfach (im Hauptstudium)

Aus dieser Übersicht wird bereits erkennbar, daß die Theologie in der Ausbildung an der KFH Norddeutschland keineswegs ein Randdasein führt, sondern dem Proprium des katholischen Trägers entsprechend in das allgemeine Lehrangebot eingebunden ist. Dies muß als ein besonderer Vorteil der konzeptionellen Anlage des Studiums an dieser Fachhochschule gewürdigt werden.

Lehrpersonal

Die Integration der Theologie als Bezugswissenschaft in der Ausbildung Sozialarbeit/Sozialpädagogik zeigt sich auch an der Zusammensetzung des Lehrpersonals. Im Kreis der 23 hauptberuflich Lehrenden im Fachbereich Sozialwesen befinden sich drei Theologiedozenten, und zwar für die Fächer katholische Theologie, Praktische Theologie/Religionspädagogik und christliche Soziallehre/Sozialethik/Philosophie. Sie werden von drei lehrbeauftragten, nebenamtlichen Dozenten/-innen für die Bereiche Theologie, Philosophie, Religionspädagogik unterstützt.

Theologie im Kontext des Studiums ‚Sozialarbeit/Sozialpädagogik'

Die inhaltliche Analyse des Lehrangebotes der Theologie anhand der Vorlesungsverzeichnisse von 1990 bis 1996 belegt den ersten positiven Eindruck, daß an der Fachhochschule Norddeutschland nicht nur eine strukturelle Einbindung der Theologie als Bezugswissenschaft von Sozialarbeit/Sozialpädagogik gelungen ist, sondern daß sich auf dieser Basis auch ein vielfältiges und kreatives theologisches Lehrangebot entwickeln konnte. Fünf zentrale Aspekte, die das Vorlesungsangebot betreffen, sind zu würdigen:

In die Studienbereiche integrierte Theologie

Die strukturelle Einbindung der Disziplin Theologie in die Lehrkonzeption an der Katholischen Fachhochschule Norddeutschland erlaubt es der Theologie, sich in spezielle Fragen des Studiums Sozialwesen einzubringen. Innerhalb des Studienbereichs I stellt sich die Theologie dem interdisziplinären Gespräch über die Frage „Was ist der Mensch?". In den Studienbereich II „Gesellschaftliche Bedingungen" bringt sich die katholische Soziallehre ein, indem sie den Studierenden sozialpolitische Positionen der katholischen Kirche in Geschichte und Gegenwart verfügbar macht. Im Studienbereich „Institutionelle und organisatorische Bedingungen von SA/SP" findet sich leider keine theologische oder philosophische Lehrveranstaltung, obwohl dies durchaus denkbar wäre - z.B. kirchliche Wohlfahrtspflege oder eine Auseinandersetzung mit der Markt- und Kundenorientierung in der Sozialen Arbeit. Im Studienbereich VI b „Fachdidaktische Inhalte und Methoden der SA/SP" hingegen bietet sich für die Religionspädagogik die Möglichkeit, spezielle praktisch-theologische und religionspädagogische Themenstellungen einzubringen. Innerhalb der Rubrik ‚Fächer' nehmen schließlich die Disziplinen Theologie, christliche Sozialethik und Philosophie einen relativ breiten Raum ein und können Themenstellungen und außerschulische Kurse ihrer Wahl anbieten.

Kontextuelle und dialogische Theologie

Die theologischen Lehrveranstaltungen, die im Vorlesungsverzeichnis meist kurz kommentiert sind, zeugen von dem Bemühen der Lehrenden, ihre Theologie einerseits auf den Fragehorizont der Studierenden auszurichten und sie andererseits in Auseinandersetzung mit anderen Disziplinen und mit den Studierenden zu betreiben. Dies wird insbesondere an der vierstündigen Lehrveranstaltung „Was ist der Mensch? Grundfragen der Anthropologie" deutlich, die von drei Dozenten aus Psychologie, Soziologie und Theologie als „integrierte Lehrveranstaltung" durchgeführt wird. Dahinter steht die Überzeugung, daß das in verschiedenen Disziplinen vorherrschende und dem sozialarbeiterischen Handeln zugrundeliegende Wissen über den Menschen nicht einheitlich ist, sondern „zu einer spannungsgeladenen Einheit" integriert werden muß. Dazu müsse man „die Sache Mensch" vor einem offenen Horizont behandeln und zugleich die Methodik des Dialogs wählen.[177] Die kontextuelle Ausrichtung der Theologie, wie sie an der Katholischen Fachhochschule offensichtlich versucht wird, provoziert aber auch eine Vielfalt von theologischen Themen, mit denen sich die Theologie an der Fachhochschule Norddeutschland ‚ins Gespräch bringt' und auf Fragen von Studierenden des Sozialwesens Antwort zu geben versucht. Solche Beiträge sind in den vergangenen Jahren erfolgt:

- Arbeiten mit Leib und Seele: Motive und Motivation zum religionspädagogischen/sozialpädagogischen Handeln
- Beratung und/als Seelsorge
- 'Viva' - ... damit sie das Leben in Fülle haben (eine Analyse von Musikvideos)
- Vom richtigen und guten Leben. Grundlagen einer christlichen Ethik des Lebens
- Nicht nur richtig, sondern auch gut, d.h. zum Guten hin, erziehen
- Freiheit - Gewissen - Verantwortung
- Helfer/-innen brauchen Rückhalt. Theologische Perspektiven zu Fragen von Tod, Ohnmacht und Leben
- Gewalt gegen Frauen - (k)ein Thema für die Theologie?
- Anderen zum Nutzen, den Frauen zur Ehre. Zur ehrenamtlichen Arbeit von Frauen
- Vom Tun und Lassen. Feministisch-theologische Ethik
- Job - oder das Problem des Leidens
- Heilung und Heil in der Begegnung mit Jesus
- Jesus - Anwalt der Armen. Ein Gang durchs Lukas-Evangelium
- Barmherziger Samariter im Dienste des Sozialstaates - Die Stellung der Kirche als Träger der freien Wohlfahrt
- Kindheit heute - eine Herausforderung für die Religionspädagogik

---

[177] Vgl. ebd., 65.

Theologische und kirchliche Bildung des Studierenden

Das Angebot der Theologie an der Katholischen Fachhochschule Norddeutschland zielt über ihren Beitrag als Bezugswissenschaft zum Studium der Sozialarbeit/Sozialpädagogik auch auf eine grundlegende theologische und kirchliche Bildung der Studierenden. Den Rahmen dafür bietet die Rubrik ‚Fächer', unter der die systematische, biblische, historische und praktische Theologie eine Reihe von Lehrveranstaltungen und außerschulischen Kursen anbieten. Es handelt sich dabei nicht um einen strengen Zyklus von Themen, sondern um eine breite Vielfalt von Grundfragen der Theologie und Ekklesiologie, die einerseits der theologischen Systematik, andererseits aktuellen Anlässen entstammen. Im Rückblick auf die vergangenen sechs Jahre stellt sich die Bilanz der theologischen Lehrangebote in der Rubrik ‚Fächer', an denen Studierende teilnehmen konnten, wie folgt dar:

- Innerhalb der *biblischen Theologie* wurden allgemeine Einführungen in das Neue Testament ebenso angeboten wie spezielle Themen des Alten und Neuen Testaments (Markus-Evangelium Job, Hohes Lied der Liebe; Jesus, Anwalt der Armen; Heil und Heilung in der Begegnung mit Jesus).

- Die *systematische Theologie* führte ein in dogmatische Grundfragen (Worum geht es im christlichen Glauben?; Jesus von Nazareth, wer war er wirklich?; Auferstanden von den Toten!; Einführung und Grundriß der Theologie der Sakramente; „Durch sein Blut haben wir die Erlösung" (Eph 1,7): Was heißt das?). Sie stellte sich aber auch aktuellen Fragestellungen wie Spiritismus, Satanismus, Psychokulte; Auseinandersetzung um die psychologische Deutung von Bibel und kirchlicher Lehre; Schöpfungsglaube und Naturwissenschaft.

- Die *Praktische Theologie* war u. a. mit Veranstaltungen zu den Themen Entstehung der Kirche, Verhältnis von persönlichem Glauben und institutioneller Kirche, neuere geistliche Gemeinschaften, Frauen in der Geschichte der Kirche, Diakonie und Gemeinde, Jugend - Religion - Kirche sowie Kirche zwischen Fundamentalismus und Modernismus im Lehrangebot vertreten. Deutlich wird hier das Bemühen der Dozenten/-innen einerseits um ein vertieftes Verständis der Kirche als Ort des christlichen Glaubens und anderersits um eine Auseinandersetzung mit aktuellen Entwicklungen in der Kirche. Beispiele dafür sind die Beteiligung am Konsultationsprozeß der beiden christlichen Kirchen „Zur wirtschaflichen und sozialen Lage in Deutschland", die moraltheologischen Überlegungen zur Moralenzyklika des Papstes oder die Veranstaltung „Kirche im Gespräch", die der Frage nach der Bedeutung der Diözesanforen und

-synoden für die Annäherung von Gläubigen und Kirchenleitung nachging.

Spirituelle Formation der Studierenden

Eine Theologie ‚im Kopf' allein reicht nicht aus, um Studierende des Sozialwesens auf ihre künftige Aufgabe im Dienste der Caritas oder Diakonie vorzubereiten. Dieser Einsicht folgend ist man an der KFH Norddeutschland mit einer breiten Palette von spirituellen Angeboten um eine Glaubensvertiefung und spirituelle Formation der Studierenden bemüht. Obwohl die dafür konzipierten Veranstaltungen stark variieren, erkennt man doch auch gewisse Standards, die aufgrund ihrer Bewährung eine Tradition ausgebildet haben. Unzweifelhaft zählen dazu die sogenannten ‚Intensivkurse' in Form von Wochenendseminaren. Ihre Themen waren: „Worte für die Wüste - oder Wie heißt das Ziel, an dem ich messe Ja und Nein?"; „Eine Mitte finden, aus der Mitte leben"; „Die Sache Jesu braucht Begeisterte, sein Geist sucht sie auch unter uns ..."; „Symbole erleben - Umgang mit Symbolen praktisch"; „Lebendige Gemeinde für mich"; „New Age - eine Gefahr?"; „Ein Glaube, zwei Konfessionen"; „Partnerschaft und Sexualität"; „Füllt den Wein nicht in alte Schläuche, zwängt die junge Kirche nicht in alte Bräuche"; „Stolpersteine - Anstöße zur Selbstreflexion". Eine feste Tradition hat auch die Feier der Karwoche, zu der Studierende von einem Dozenten, der Priester ist, jährlich in ein Kloster eingeladen werden. Außerdem gibt es Besinnungswochenenden, die der sprititellen Vertiefung dienen. In den vergangenen Jahren gab es solche u. a. zu den Themen „Jugend und Spiritualität"; „Bibel - mehr als ein Buch"; „Bibliodrama"; „Leben aus dem siebten Tag." Auch wenn nicht überprüft werden konnte, wie viele der Veranstaltungen stattfanden und wie groß das Interesse der Studenten/-innen war, so ist doch das damit verbundene spirituelle Anliegen bemerkenswert, weil es an katholischen Fachhochschulen für Soziale Arbeit - ganz im Unterschied zu den Fachhochschulen für Religionspädagogik - doch eher die Ausnahme ist.

Pastorale und religionspädagogische Qualifikation von Sozialberufen

Eine wichtige Rolle spielt an der KFH Norddeutschland das Fach Praktische Theologie/Religionspädagogik, was nicht zuletzt an einer eigenen Professur für dieses Fach deutlich wird. Insofern in vielen Berufsfeldern Sozialer Arbeit (z.B. kirchliche Jugendarbeit, Tageseinrichtungen für Kinder, Heime der Erziehungshilfe) von Sozialpädagogen/-innen und Sozialarbeitern/-innen auch ein Beitrag zur religiöser Erziehung und Bildung der Kinder und Jugendlichen erwartet wird, erscheint es als sinnvoll, sich während der Ausbildung eine gewisse religionspädagogische Kompetenz anzueignen. Wie den Vorlesungsverzeichnissen zu entnehmen ist, stellen sich die Religionspädagogik und die Praktische Theologie an der KFH Norddeutschland diesem Anspruch. Zum Vorlesungsangebot der letzten Jahre jedenfalls zählten Lehrveranstaltungen sowohl zu Grundfragen der Religionspädagogik („Sprachformen des Glaubens"; „Didaktik des Glaubens", „Grundfragen der Moralerziehung") als auch zur Einübung praktischer Fähigkeiten in der religionspädagogischen Arbeit mit verschiedenen Zielgruppen: mit Kleinkindern („religiöse Erziehung im Vorschulalter"), mit Kindern („Kindern die Bibel erzählen"), mit Jugendlichen („RU und außerschulische religiöse Arbeit mit Jugendlichen"), mit jungen Paaren („Eheseminare"), mit Frauen („religiöse Bildungsarbeit mit Frauen"), mit Eltern („Elternarbeit, aber wie?"), mit alten Menschen und schließlich auch mit behinderten Menschen („religiöse Erziehung mit Geistig-Behinderten").

Bilanz

Die Katholische Fachhochschule Norddeutschland nimmt den Gestaltungsfreiraum, der ihr als nichtstaatlicher Hochschule gemäß § 70 des Hochschulrahmengesetzes zukommt, in einer bemerkenswerten Weise wahr. Dies ist nicht nur deshalb der Fall, weil die Theologie strukturell als Bezugswissenschaft in die Studienbereiche des Sozialwesens integriert ist, sondern auch, weil die Theologie in vielfältiger Weise auf die Bedürfnisse, Erfahrungen und Fragen der Hörerschaft zugeschnitten ist. Hier zeigt sich, wie positiv es sein kann, wenn die theologischen Fachdozenten/-innen nicht von auswärts kommen, sondern in den Fachbereich Sozialwesen eingebunden sind. Dies ermöglicht sowohl eine konzeptionelle Grundlagenarbeit als auch eine inhaltlich differenzierte Ausgestaltung der theologischen Lehre: Als *kontextuelle* und in die Studienbereiche *integrierte Theologie* sucht sie das Gespräch mit allen Studierenden des Sozialwesens und mit den humanwissenschaftlichen Bezugsfächern, als *theologische Lehre* zielt sie auf Glaubensvertiefung und Identifikation mit der Kirche und als *praktische Theologie* vermittelt sie jenen eine religionspädagogische Kompetenz, die sich der religiösen Dimension ihres sozialen Berufes bewußt stellen möchten. So darf man die konzeptionelle Einbindung und Entfaltung der Theologie an der KFH Norddeutschland als ein gelungenes Modell für eine Theologie in der Sozialen Arbeit anerkennen.

2.2.7 Katholische Fachhochschule Nordrhein-Westfalen - Abteilungen Aachen - Köln - Münster - Paderborn

Träger und Zielsetzung

Die Katholische Fachhochschule (KFH) Nordrhein-Westfalen ist eine Bildungseinrichtung, die von den fünf Bistümern Nordrhein-Westfalens (Aachen, Essen, Köln, Münster, Paderborn) getragen wird. Sie leitet „ihren Wissenschafts- und Bildungsauftrag von der Mitverantwortung der Kirche für das Leben der Menschen und die Zukunft der Gesellschaft ab."[178] Sie bietet an allen vier Abteilungen im Fachbereich Sozialwesen die Studiengänge Sozialarbeit und Sozialpädagogik an, in den Abteilungen Köln und Münster zusätzlich den Studiengang Heilpädagogik. In Köln wurde zum WS 1994/95 der Fachbereich Gesundheitswesen mit den Studiengängen Pflegeleitung/Pflegemanagement und Pflegepädagogik eingerichtet. An der Abteilung Paderborn existiert auch der Studiengang Pastoraler Dienst/Religionspädagogik.

Gemäß ihres Selbstverständnisses will die KFH Nordrhein-Westfalen „der Pflege und Entwicklung der Wissenschaften durch Lehre, Studium und Forschung" dienen. „Ihren besonderen Auftrag sieht sie in der Wahrnehmung einer kritisch-klärenden Funktion für die soziale, sozialpädagogische, religionspädagogische und heilpädagogische Arbeit auf theologisch-philosophischer Grundlage."[179] Während in der Präambel des Vorlesungsverzeichnisses über die aus dieser Zielsetzung folgenden Anforderungen an die Lehrenden nichts ausgesagt wird, wird an die Studierenden u. a. die Erwartung ausgesprochen, daß sie das Recht der Kirche auf Errichtung und Profilierung einer solchen Einrichtung anerkennen, ihren Beitrag zur Entwicklung dieser Fachhochschule leisten und auch „ernsthaft daran interessiert sind, in Vertiefung und Ergänzung der unmittelbar berufsspezifischen Ausbildung sich mit den Angeboten aus dem Bereich der Anthropologie, Philosophie, Theologie auseinanderzusetzen."[180]

---

[178] *Kath. Fachhochschule Nordrhein-Westfalen*, Studienordnung des Studienganges Sozialarbeit im Fachbereich Sozialwesen der Katholischen Fachhochschule Nordrhein-Westfalen mit dem Abschluß „Diplom-Sozialarbeiter/Diplom-Sozialarbeiterin". Senatsbeschluß vom 23. Februar 1983, o. O., S. 6.

[179] Vgl. *Katholische Fachhochschule Nordrhein-Westfalen - die Rektorin (Hrsg.)*, Personal- und Vorlesungsverzeichnis Wintersemester 1996/97, Köln 1996, 20.

[180] Ebd., 21.

Studienkonzeption Sozialwesen

Das allgemeine Studienziel im Fachbereich Sozialwesen besteht im „Erwerb von Handlungskompetenz auf der Grundlage von wissenschaftlichen Erkenntnissen und berufsspezifischen Methoden." Das Studium soll die Studierenden „zur Analyse individueller und gesellschaftlicher Probleme und zum Einsatz der grundlegenden Handlungsarten der Sozialarbeit" bzw. Sozialpädagogik „als Mittel der Problemlösung befähigen." Die Studierenden sollen hinsichtlich ihrer Sachkompetenz, ihrer Selbstkompetenz und ihrer Sozialkompetenz qualifiziert werden.[181] Mit Blick auf dieses Ziel wurden nach Maßgabe des Fachhochschulgesetzes des Landes Nordrhein-Westfalen eine Studienordnung[182] erlassen, die das Studium gliedert in:

1. ein *Fächerstudium* mit neun Pflichtfächern, darunter die „Theologie oder Sozialphilosophie",

2. ein *Lernbereichsstudium* mit vier Lernbereichen über die Dauer von sechs Semestern. Sein Ziel ist die „praxisbezogene Lehre nach dem Prinzip der Fächerintegration und des exemplarischen Lernens",

3. ein *Wahlpflichtstudium*, das der Ausweitung des Fächerstudiums dient,

4. ein *Wahlstudium*, zu dem Ergänzungsangebote zu Fächer-, Lernbereichs- und Wahlpflichtstudium gehören,

5. Praktika, Praktikumsberatung, Supervision/Praxisberatung.

Die Studiendauer des Studiums im Fachbereich Sozialwesen beträgt in der Regel drei Studienjahre. Im ersten und zweiten Studienjahr ist jeweils ein Vollzeitpraktikum von 10 Wochen Dauer (Februar/März) vorgesehen. In das dritte Studienjahr sind drei Teilzeitpraktika mit Supervision integriert, die zusammen maximal 40 Wochen umfassen. Die Diplomarbeit wird nach dem 6. Semester angefertigt, das abschließende Kolloquium findet im siebten Semester statt.

---

[181] *Katholische Fachhochschule Nordrhein-Westfalen - die Rektorin (Hrsg.)*, Studienordnung des Studiengangs Sozialarbeit. Senatsbeschluß vom 23.2.1983, Köln 1983, 7.

[182] Die mittlerweile durchgeführte Studienreform konnte in dieser Arbeit nicht mehr Berücksichtigung finden.

Lehrpersonal

Für die Katholische Fachhochschule Nordrhein-Westfalen ist kennzeichnend, daß an jeder Abteilung ein hauptamtlicher Professor für Theologie (Aachen, Köln) bzw. für Theologie/Philosophie (Münster, Paderborn) wirkt. Ihre Schwerpunkte sind allerdings unterschiedlich: In Aachen wird dieser mit „Anthropologie, Ethik, Soziallehre" benannt, in der Abteilung Köln mit „Fundamental- und Moraltheologie", in der Abteilung Münster mit „theologischer und philosophischer Anthropologie" und in der Abteilung Paderborn mit „theologischer Anthropologie". Die hauptberuflichen Dozenten werden unterstützt von ein bis drei Lehrbeauftragten pro Abteilung, die ihre je eigenen Themen in das theologische Lehrangebot einbringen. Da an allen Abteilungen Männer die Position des Professors für Theologie innehatten,[183] ist es anerkennenswert, daß sich laut Auskunft des Vorlesungsverzeichnisses vom WS 1996/97 an allen Abteilungen wenigstens eine Frau unter den lehrbeauftragten Dozenten für Theologie befindet.

Theologie im Fachbereich Sozialwesen (Sozialarbeit/ Sozialpädagogik)

Die Theologie gilt an allen vier Abteilungen der KFH Nordrhein-Westfalen im Verbund mit der Philosophie als ein verpflichtendes Fach in der Ausbildung Sozialwesen. Sie ist vor allem im sogenannten Fächerstudium vertreten, aber sie taucht auch vereinzelt als integrierte Disziplin im Rahmen des Lernbereichsstudiums auf. Nach der zur Zeit der Evaluierung geltenden Studienordnung mußte jeder Studierende im Verlauf des Studiums insgesamt 8 Pflichtstunden aus der Fächerkombination Theologie/Philosophie belegen und darin Prüfungen absolvieren. Die Theologie ist also - und das gilt auch für die neue Studienordnung - ein Wahlpflichtfach. Man kann sie als Grundlagendisziplin innerhalb der Ausbildung wählen, aber auch durch Philosophie ersetzen. Dieser fakultative Status der Theologie vermeidet jeden religiösen Zwang, er bietet aber die Chance, durch ein gut ausgewähltes und engagiertes Lehrangebot auch weltanschaulich indifferente Studierende zu interessieren und zur Auseinandersetzung mit christlich-kirchlichen Überzeugungen im Kontext ihres Studiums anzuregen.

---

[183] Im Wintersemester 1996/97 wurde die halbe Theologenstelle an der Abteilung Paderborn mit einer Frau besetzt! Auch an der Abteilung Münster lehrt mittlerweile eine hauptamtliche Theologin.

Abteilung Aachen

Bei der Analyse der Lehrveranstaltungen an der Abteilung Aachen in der Zeit zwischen 1990 und 1997 erhält man den Eindruck, daß die Theologie ihren Status als Bezugswissenschaft für die Soziale Arbeit in durchaus kreativer Weise ausübt. Wenn man eine Synthese der theologischen Angebote im Fächerstudium vornimmt, dann entsteht ein differenziertes Bild:

- Es wurden und werden erstens Lehrveranstaltungen durchgeführt, die der *Systematik der Theologie* nachgebildet und zugleich auf den Fragehorizont der Sozialberufe zugeschnitten sind. Durch alle Semester hindurch zieht sich z. B. das sogenannte ‚Theologische Kolloquium', offensichtlich ein Ort, an dem Studierende zum theologischen Fragen und zum gemeinsamen Suchen nach religiösen Antworten ermutigt werden. Im Rahmen der Fundamentaltheologie finden sich Lehrveranstaltungen zum religiösen Pluralismus, zum interreligiösen Dialog und zum christlichen Menschenbild. Eine große Kontinuität besitzen die beiden Lehrveranstaltungen „Grundzüge christlicher Ethik" und „Der soziale Auftrag im Selbstverständnis der Kirche".

- Zweitens finden sich in den Vorlesungsverzeichnissen Lehrveranstaltungen, die auf den aktuellen gesellschaftlichen und kirchlichen Kontext eingehen, sich sozusagen den ‚Zeichen der Zeit' widmen. Dazu gehören verschiedene Themen aus der feministischen Theologie (z. B „Ethische Kompetenzen der Frauen"; „Feministische Spiritualität"), die Auseinandersetzung mit ‚Okkultismus und Aberglaube' bzw. mit ‚New Age', die Beschäftigung mit den Folgen der Säkularisierung für die ethische Orientierung der Menschen in unserer Gesellschaft oder mit dem Problem der Migration. Nicht zuletzt findet sich unter dieser Kategorie auch die Einführung in den tiefenpsychologischen Ansatz von E. Drewermann in Bibelexegese und Moraltheologie.

- Die theologischen Lehrveranstaltungen an der Abteilung Aachen zeugen drittens von einem Interesse des kirchlichen Trägers an einer *praktisch-theologischen Befähigung* der Studierenden. Dem Anliegen einer biblischen Verkündigung sind die Angebote „Bibliodrama" und „Bibel teilen" verpflichtet. Relevant für künftige Mitarbeiter/-innen in kirchlichen Einrichtungen der Kinder- und Jugendhilfe sind sicherlich religionspädagogische Lehrangebote wie „Kein Glaube ohne Erfahrung. Zur Problematik religiöser Erziehung im Kindesalter"; „Religiöse Erziehung im Heim"; „Sexualpädagogik mit Kindern und Jugendlichen" u. a. m.! Eine singuläre Veranstaltung behandelte im WS 1993/94 die Frage „Kirche als Arbeitgeberin", meines Erachtens ein wichtiges Thema angesichts der Tatsache, daß viele Absolventen/-innen eine Beschäftigung im kirchlichen Dienst aufnehmen.

- Seit dem WS 1995/96 finden sich - bedingt durch eine personelle Neubesetzung der Stelle des hauptberuflichen Theologen mit einem Pastoraltheologen - Lehrveranstaltungen, die sich dem Ansatz einer Theologie in der Sozialen Arbeit verpflichtet sehen. Dies gilt für das Thema „Soziale Arbeit und christlicher Glaube. Hinführung zu einer Theologie sozialer Berufe" ebenso wie für die Lehrveranstaltungen „Lebenszeugnisse christlich engagierter Frauen in den Sozialbewegungen des 19. und 20. Jahrhunderts", „Theologische Grundlagentexte der Sozialen Arbeit", „Migration und Obdachlosigkeit" oder „Hospiz aus pastoraler Sicht". Dieser Neuansatz der Theologie an der Abteilung Aachen zieht das Bestreben nach sich, die theologischen Lehrangebote über das Fächerstudium hinaus auch vermehrt im Lernbereichsstudium der Sozialarbeit und Sozialpädagogik zu verankern, und zwar mittels eigener lernbereichsbezogener Lehrveranstaltungen sowie durch Mitarbeit in den Orientierungsveranstaltungen und Lernbereichsseminaren.

- Eine Sonderrolle nahm in Aachen bis 1995 das Begleitseminar zur „Theologie im Fernkurs" ein. An dieser Blockveranstaltung konnten Studierende der Abteilung Aachen nach persönlicher Anmeldung teilnehmen. Da in der Studienordnung und in den Vorlesungsverzeichnissen darüber keine weiteren schriftlichen Ausführungen zu finden waren, konnte telefonisch erkundet werden, daß es sich hier um die von der Domschule Würzburg angebotene Weiterbildung handelte. Durch diese Kooperation war die Möglichkeit geboten, studienbegleitend eine religionspädagogische Zusatzkompetenz zu erwerben. Die Verleihung der „vorläufigen Missio canonica" schloß diesen Kurs ab, der in der offenkundigen Tradition der früheren Seelsorgshilfe steht. Im Studienjahr 97/98 wurde nach einigen Jahren Unterbrechung eine Lehrveranstaltung zur religionspädagogischen Praxis in Feldern der Sozialen Arbeit wieder aufgenommen und stieß auf reges Interesse bei den Studierenden.

Abteilung Köln

Der Überblick über die Theologie an der Abteilung Köln ergibt ebenfalls ein mehrdimensionales Bild.

- Zunächst fällt auf, daß die Lehrveranstaltungen von einer *großen Themenvielfalt* geprägt sind und auch mit den jeweiligen Lehrbeauftragten wechseln. Allerdings sind sie deutlich nach der herkömmlichen theologischen Systematik geordnet. So finden sich Vorlesungen aus der

Fundamentaltheologie/Dogmatik:
- Schöpfungslehre, Eschatologie
- Sakramentenlehre
- Gotteslehre und Theodizee, Christologie

Biblischen Theologie:
- Jesus der Christus

Kirchengeschichte:
- Luther und die Reformation
- Sozialcaritative Bewegungen im 19. Jhdt.
- Die christlichen Gemeinschaften und das Dritte Reich

Ethik und Moraltheologie:
- Grundlagen christlicher Ethik
- Gewissen, christliche Tugendlehre
- Dekalog, Freiheit und Begrenzung

Ekklesiologie, Sozialethik, Praktischen Theologie bzw. Religionspädagogik
- Stufentheorien religiösen Lernens u.a.

Trotz dieser traditionellen Gliederung wird an den Themenformulierungen doch erkennbar, daß ein Unterschied zwischen einer Theologie an einer Fachhochschule für Sozialwesen und einer herkömmlichen Theologie an einer Theologischen Fakultät besteht, nämlich in der selektiven Auswahl, in der sozialen Bezogenheit der Themen und in der kommunikativen Vermittlung derselben. So z. B. „'Che sara'?- Gedanken zur Zukunft: Futurologie und Eschatologie"; „'Der Urknall' und der ‚liebe Gott' - Mensch in der Schöpfung, Evolution, Umwelt"; „So fing es mit Adam und Eva an? „Der eine Gott und die vielen Religionen"; „Der gute Gott und das Unheil in der Schöpfung - Fragen nach dem Bösen in der Welt"; „Jesus ja - Kirche nein! Kirche: Anspruch und Wirklichkeit".

- Hier knüpft eine zweite Erkenntis an, die man aus der Durchsicht der Vorlesungsverzeichnisse erhält: nämlich das explizite Bemühen, die Theologie auf den *Fragehorizont der Studierenden* auszurichten. In den vergangenen Jahren gab es dafür durchgehend eine zentrale Lehrveranstaltung mit dem Titel „Allgemeines theologisches Kolloquium", aber auch Angebote wie „Der Beitrag der Theologie zur Ausbildung von SA/SP/HP - ihre Quellen, ihr Menschenbild"; „Das Ethos der Liebe als Motivation sozialen Verhaltens" oder auch: „Ich will nicht sterben. Theologische Aspekte angesichts von Sterben und Tod". Von einem Lehrbeauftragten, der mehrere Jahre tätig war, wurden Lehrveranstaltungen angeboten, die explizit eine kontextuelle Theologie erahnen lassen oder die eine Verbindung von Sozialarbeit und kirchlicher Praxis herzustellen versuchen: „Theologie für soziale Berufe", „Theologie des sozialen Dienstes", „Sozialarbeit und Diakonie", „Solidarität als theologische Kategorie". Leider sind diese letztgenannten Lehrveranstaltungen mit dem Ausscheiden des Lehrbeauftragten nicht weitergeführt worden.

- Die theologischen Lehrveranstaltungen an der Abteilung Köln widmen sich aber auch - ähnlich denen der Abteilung Aachen - *aktuellen Themenstellungen*. So taucht durchgehend das Frauenthema in verschiedenen Facetten auf: z.B. „Verliert die Kirche die Frauen" oder „Frauen voll Macht - Spiritualität in der Lebenswirklichkeit von Frauen". Diese Themen werden von einer lehrbeauftragten Theologin angeboten, was angesichts der zahlreichen weiblichen Studenten im Fachbereich mehr als angemessen erscheint.

- Schließlich ist festzustellen, daß im Unterschied zu anderen Fachhochschulen und zur Abteilung Aachen die religionspädagogische Qualifizierung der Studierenden so gut wie nicht geleistet wird. Außer einer theoretischen Vorlesung über Stufentheorien des religiösen Lernens im WS 1992/93 findet sich einzig im SS 95 eine Blockveranstaltung zur religionspädagogischen Didaktik und Methodik, die auf die Bedürfnisse in Kindergarten, Heim und Jugendarbeit ausgerichtet war.

- Lehrveranstaltungen zur spirituellen Formation der Studierenden, z. B. gemeinsame spirituelle Wochenenden oder Formen geistlicher Besinnung in Gemeinschaft, konnten aus dem Vorlesungsverzeichnis nicht eruiert werden.

Abteilung Münster

Die Durchsicht des theologischen Lehrangebotes an der Abteilung Münster erweckt zunächst ein bewunderndes Staunen über die Vielzahl der Themen, die in den vergangenen Jahren Gegenstand von Lehrveranstaltungen des hauptamtlichen Dozenten und der beiden Lehrbeauftragten waren. Bei der

Suche nach einer inneren Struktur des Lehrangebots stößt man schließlich auf folgende durchgehende Systematik:

- Entsprechend des wissenschaftlichen Schwerpunktes des Dozenten für Theologie dominieren Lehrangebote, die sich aus *philosophisch-theologischer Perspektive* der Frage nach dem Menschen widmen. Hier findet eine Auseinandersetzung sowohl mit ausgewählten Philosophen der Klassik bis zur Moderne statt, aber auch mit christlichen Denkern und Theologen. Dem ‚Lernziel Mensch' entsprechend geht es um die Vermittlung und Aneignung eines Menschenbildes, das als ethische Grundlage für helfende Berufe dienen soll. Dabei kreisen die Themen auch um Einzelfragen wie Herkunft, Sinn, Ziel des Menschen, Schuld und Vergebung, Alter, Sterben, Tod, Hoffnung etc.

- Ein zweiter Strang der Lehrangebote umfaßt *religionswissenschaftliche und fundamentaltheologische Themen*. Dazu gehören die Frage nach der grundlegenden religiösen Begabung des Menschen, die Klärung des Verhältnisses von Religion und Institution, die Auseinandersetzung mit dem religiösen Pluralismus und dem Dialog der Religionen, die Entdeckung von religiösen Symbolen, die Frage nach Heil und Heilung sowie die Beschäftigung mit dem Auferstehungsglauben.

- Ein wesentlicher, die vergangenen Jahre durchziehender Schwerpunkt der Lehrangebote an der Abteilung Münster ist *ekklesiologischer* Natur. Die Befassung mit unterschiedlichen Kirchenbildern, mit der Zukunft der Kirche, mit ihrer prophetischen Dimension am Beispiel glaubwürdiger Christen, mit der Ökumene oder mit der Situation der Kirche in der Diaspora (verbunden mit Studienfahrten in die nordischen Länder) bieten Studierenden die Chance, sich mit zentralen Fragen des Christseins in der Kirche auseinanderzusetzen.

- Einen weiteren Baustein des theologischen Lehrangebotes stellen *biblische Themen* dar. Neben einführenden und exegetischen Lehrveranstaltungen, die der Annäherung an die Person Jesu in den synoptischen Evangelien dienen (z. B. „Befreiung in Christus. Wer war Jesus Christus?"), sind andere Angebote stark auf das praktische Leben und den Umgang mit der Bibel bezogen, so die Veranstaltungen „Praktische Methoden der Bibelarbeit"; „Wege zur Bibel. Vermittlung notwendiger Grundkenntnisse zum Umgang mit der Bibel"; „Mit der Bibel in den Beruf. Erarbeitung von biblischen Texten, die Studien- und Berufsperspektiven eröffnen".

- Eine Theologie als Bezugswissenschaft in der Ausbildung von Sozialberufen kann auf die Auseinandersetzung mit der *christlichen Soziallehre* nicht verzichten. Dieser Einsicht folgend gibt es an der Abteilung Münster kontinuierlich Angebote, die entweder grundlegend in die Sozialverkündigung der Kirche einführen oder sich wichtigen Einzelfragen widmen, die mit der beruflichen Praxis von Sozialarbeitern/-innen und Sozialpädagogen/-innen verknüpft sind, z. B. Ehe und Familie in christlicher Deutung.

- Schließlich legt man an der Abteilung Münster großen Wert auf eine religionspädagogische Qualifikation künftiger Sozialberufe für den außerschulischen Bereich. Dazu dient ein dreisemestriger Aufbaukurs „Wege zum Glauben - Didaktik und Methodik religionspädagogischen Arbeitens mit Kindern, Jugendlichen und Erwachsenen. Grundlagen der Religionspädagogik". Dieser Aufbaukurs ist fakultativ.

- Einzelne theologische Lehrveranstaltungen entstammen dem aktuellen Geschehen in Kirche und Gesellschaft. Entsprechend wurden sie nur ad hoc und nicht auf Dauer in das Vorlesungsverzeichnis aufgenommen. Dazu gehört beispielsweise die Auseinandersetzung mit Eugen Drewermann oder mit der Moral-Enzyklika „Splendor veritatis" Papst Johannes Pauls II., aber auch das seit langem existierende Lehrangebot „Einführung in die *feministische Theologie*". Es wurde in jüngerer Zeit durch ein Angebot über „Frauen, die die Welt bewegten" ergänzt.

- Im Lehrverzeichnis der Abteilung fanden sich auch zwei singuläre Angebote, deren Verschwinden aus der Perspektive einer Theologie in der Sozialen Arbeit bedauerlich ist: Die „Spiritualität für den Dienst am Menschen. Einführung in theologische Fragen des sozialen Tuns" im WS 1991/92 sowie „Soziale und pastorale Dienste in der Gemeinde. Schwerpunkte und Möglichkeiten der Zusammenarbeit" im SS 91.

Abteilung Paderborn

Das theologische Lehrangebot der Abteilung Paderborn fällt hinter das der anderen drei Abteilungen der Katholischen Fachhochschule Nordrhein-Westfalen in erheblicher Weise zurück. Die Analyse der Vorlesungsverzeichnisse seit 1990 belegt dies schnell allein schon durch die quantitativ viel geringere Zahl der theologischen Lehrangebote, aber auch durch ihre inhaltliche Ausgestaltung. Zunächst fällt auf, daß das Vorlesungsangebot sehr spärlich ist und sich turnusmäßig wiederholt. Insgesamt konnten drei Varianten von Lehrveranstaltungen ausfindig gemacht werden.

- Im Sinne einer theologischen Einführung wird eine wissenschaftstheoretische Lehrveranstaltung mit dem Titel „Ort und Stellenwert der Grundlagenfächer Theologie und Philosophie in den Studiengängen der Sozialarbeit/Sozialpädagogik" angeboten. Sie könnte als erster Schritt zu einer Theologie in der Sozialen Arbeit verstanden werden.

- Eine zweite Form von Theologie sind theologische Grundlagenvorlesungen. Sie gliedern sich in den dreisemestrigen Zyklus Gotteslehre („Alte und neue Formen der Frage nach Gott"), Theodizee („Die Rechtfertigung Gottes angesichts des Bösen und des Übels in der Welt") und Christologie („Jesus von Nazareth. Grundlagen der Christologie").

- Unter einem dritten Typus können einzelne Vorlesungen zu Fragen von Sinn und Religion/Glaube subsumiert werden. Allerdings konnten im untersuchten Zeitraum nur zwei Lehrveranstaltungen aufgespürt werden. Die eine trug den Titel „Antwortversuche auf die Sinnfrage in den Religionen und der Literatur", und die andere befaßte sich mit dem Thema „Glauben wir, was wir wissen - Wissen wir, was wir glauben?".

- Ferner ist festzustellen, daß die Lehrveranstaltungen fast immer die Form von Vorlesungen mit zusätzlichen Übungen haben. Dadurch erhärtet sich der Eindruck, daß in der Abteilung Paderborn keine auf die Ausbildung von Sozialberufen bezogene Theologie, sondern eher eine, auf das Niveau von Nichttheologen verkleinerte systematische Theologie existiert.

- Schließlich ist zu konstatieren, daß aus dem Vorlesungsverzeichnis Hinweise weder auf eine spirituelle Formation der Studierenden noch auf eine religionspädagogische Qualifikation für die Tätigkeitsfelder der SA/SP erkennbar sind. So ist anzunehmen, daß unter allen Abteilungen der KFH Nordrhein-Westfalen die Paderborner Abteilung am weitesten von einer Theologie entfernt ist, die den Anforderungen als Bezugswissenschaft in der Ausbildung von Sozialberufen gerecht wird.

Bilanz

Versucht man, eine Bilanz des theologisches Lehrangebotes an der Katholischen Fachhochschule Nordrhein-Westfalen zu ziehen, so kann man vier zentrale Ergebnisse festhalten.

Erstens ist positiv zu würdigen, daß an jeder Abteilung ein hauptamtlicher Dozent für Theologie wirkt, der für die konzeptionelle Planung und inhaltliche Durchführung des theologischen Lehrangebotes zuständig ist und auch das Anliegen der Theologie als Bezugswissenschaft Sozialer Arbeit im

Lehrkörper vertreten kann. Allerdings legt die sehr unterschiedliche Aufgabenbeschreibung für die Theologen an den einzelnen Abteilungen die Vermutung nahe, daß es an der KFH Nordrhein-Westfalen an einer ausreichenden Meinungsbildung hinsichtlich der wünschenswerten Rolle des Theologen im Fachbereich Sozialwesen fehlt.

Zweitens ist festzuhalten, daß keine klare und einheitliche Konzeption für die Theologie als Bezugswissenschaft Sozialer Arbeit existiert. Die Lehrangebote an den vier Abteilungen sind nicht nur in rein quantitativer Hinsicht sehr unterschiedlich, sondern auch bezüglich der Themenschwerpunkte. Unübersehbar ist, daß das Lehrangebot an allen Abteilungen von der traditionellen theologischen Systematik geprägt ist, aber ebenso von den persönlichen Schwerpunkten der Dozenten/-innen und von aktuellen Herausforderungen.

Eine *dritte* Feststellung signalisiert ein konzeptionelles Problem der Theologie als Bezugswissenschaft Sozialer Arbeit. Sie kommt an der KFH Nordrhein-Westfalen fast ausschließlich im Rahmen des Fächerstudiums vor, also als ein Fach *neben* anderen. Sie hat es bislang, mit jüngster Ausnahme in Aachen, nicht oder kaum geschafft, sich in das Lernbereichsstudium zu integrieren und sich dort - ausgehend von Praxisproblemen - auf eine multiperspektivische Fallarbeit im Dialog mit den anderen Bezugsdisziplinen Sozialer Arbeit einzulassen. Die neue Studienordnung eröffnet jedoch dafür den Raum.

Die Bilanz ergibt *viertens,* daß die religionspädagogische Qualifikation für die Studierenden, die dem Interesse des kirchlichen Trägers entspringt, in den einzelnen Abteilungen sehr unterschiedlich gehandhabt wird. Von der Begleitung des Würzburger Fernkurses (Aachen) über einen religionspädagogischen Aufbaukurs (Münster) reicht das Spektrum bis hin zum fast völligen bzw. gänzlichen Fehlen der religionspädagogischen Qualifikation in den Abteilungen Köln und Paderborn. Hier wirkt sich das Fehlen eines einheitlichen Konzeptes für die Theologie an der KFH Nordrhein-Westfalen eindeutig negativ aus. Gleiches gilt hinsichtlich der spirituellen Begleitung der Studierenden, die ohne Zweifel auch eine Aufgabe der Theologie sein könnte. Entsprechend geeignete Lehrveranstaltungen finden sich in den Lehrangeboten nur in geringem Maße.

2.2.8 Katholische Hochschule für Soziale Arbeit Saarbrücken

Träger und Zielsetzung

Die Katholische Hochschule für Soziale Arbeit Saarbrücken ist eine staatlich anerkannte Fachhochschule in freier Trägerschaft. Träger ist das Bistum Trier. Laut Präambel weiß sich die Hochschule „einer christlichen Zielsetzung verpflichtet, die sich an der Person und der Botschaft Jesu Christi orientiert." Sie führt „im Rahmen der jeweils geltenden gesetzlichen Regelungen eine Aus- und Fortbildung für den Beruf der Sozialarbeiterin/des Sozialarbeiters, der Sozialpädagogin/des Sozialpädagogen durch."[184] Während in der Beschreibung der Aufgaben der Hochschule keine Hinweise auf das Proprium einer katholischen Hochschule zu finden sind, wird ganz allgemein in § 5 der Grundordnung zu den Zielen und zur Gestaltung des Studiums folgendes ausgeführt: „Lehre und Studium sollen den Studenten im Sinne der christlichen Zielsetzung der Fachhochschule durch eine wissenschafts- und praxisbezogene Bildung im Rahmen der Sozialarbeitswissenschaft auf die berufliche Tätigkeit ... vorbereiten und ihm/ihr die dafür erforderlichen fachlichen Kenntnisse, Fähigkeiten und Methoden so vermitteln, daß sie/er zur selbständigen Anwendung wissenschaftlicher Erkenntnisse und Methoden in der Lage ist und zu verantwortlichem Handeln in einem freiheitlichen, demokratischen und sozialen Rechtsstaat befähigt wird."[185]

Studienkonzeption

Das Studium an der Katholischen Hochschule für Soziale Arbeit in Saarbrücken wurde zum Wintersemester 1991/92 durch einen neuen Studienplan und eine neue Prüfungsordnung geregelt. Man legte hierbei darauf Wert, zum einen die steigende Verschulung der Ausbildung zugunsten der Erweiterung von vertiefendem Selbststudium abzubauen und zum anderen das wissenschaftliche Eigenrecht der Sozialen Arbeit im Sinne einer Sozialarbeitswissenschaft zu stärken. Dazu war es nötig, die Dominanz bestimmter Fachdisziplinen sowie die Überfrachtung des Studiums durch eine Vielzahl von therapeutischen Konzepten zu vermeiden. Auch die Persönlichkeitsbildung der Studierenden wurde insgesamt in den Blick genommen, was be-

---

[184] *Der Rektor der Katholischen Hochschule für Soziale Arbeit Saarbrücken (Hrsg.),* Grundordnung, Praxisordnung, Diplomprüfungsordnung, Studienordnung, Oberhausen o. J., 7.
[185] Ebd., 8f.

deutet, daß die „Förderung von Subjektkompetenz" in der inhaltlichen Organisation des Studiums eine stärkere Gewichtung erfahren soll.[186]

Das Studium gliedert sich in ein viersemestriges Grundstudium (1.-4. Sem.) und ein viersemestriges Hauptstudium, das aus zwei Semestern Praktikum (5./6. Semester) und zwei weiteren Studiensemestern (7./8. Semester) besteht.

Das *Grundstudium* kennt fünf Studienbereiche:

Studienbereich 1:	Theorien der Sozialen Arbeit
Studienbereich 2:	Sozialarbeitsforschung
Studienbereich 3:	Interventionslehre Sozialer Arbeit
Studienbereich 4:	Organisationslehre Sozialer Arbeit
Studienbereich 5:	Philosophie und Ethik der Sozialen Arbeit

Zu den einzelnen Lehrveranstaltungen, die unter diesen Bereichen angeboten werden, kommt noch eine verpflichtende Lehrveranstaltung mit dem Titel „Lernfeld" hinzu. Sie dient im ersten Studienjahr der Exploration von „Lebenswelt und Lebenslage sozialarbeiterischer Zielgruppen" und im zweiten Studienjahr der Aneignung von „Interventions- und Organisationsformen Sozialer Arbeit".

Das *Hauptstudium* gliedert sich wie das Grundstudium in die fünf Studienbereiche. Darüber hinaus ermöglicht es den Studierenden, sich in Lernfeldern (berufliche Praxis Sozialer Arbeit; zielgruppenspezifische Soziale Arbeit) und in Studienschwerpunkten (Familienarbeit, Arbeit mit Frauen, Jugend im sozialen Wandel, Migrantinnen/Migranten) zu spezialisieren. Auch spielt an der Katholischen Hochschule für Soziale Arbeit Saarbrücken die Medienerziehung und -didaktik eine große Rolle. Der erste Teil des Hauptstudiums besteht aus einem Praktikumsjahr, das in einem Arbeitsfeld des gewählten Schwerpunktes abzuleisten ist. Vorgesehen ist ein zusammenhängendes 20wöchiges Praktikum im Bereich der Verwaltung einer staatlich anerkannten Einrichtung. Die Praktika werden von „Begleitseminaren" flankiert, deren Ziel es ist, die praktischen Erfahrungen in den jeweiligen Studienbereichen in rechtlicher, psychologischer, soziologischer, pädagogischer und methodischer Perspektive zu reflektieren. Im 7. und 8. Studiensemester wird diese Reflexion in vertiefender Form durch sogenannte „integrative Seminare" weitergeführt.

---

[186] Vgl. dazu *Feth* (1991), Studienreform an der kath. Fachhochschule Saarbrücken, 236.

Lehrpersonal

Das Vorlesungsverzeichnis der Katholischen Hochschule für Soziale Arbeit Saarbrücken vom WS 1996/97 weist 12 Hochschullehrer, darunter 3 Frauen und einen Emeritus, zwei Honorarprofessoren und 41 Lehrbeauftragte aus. Letztere Gruppe besteht zur Hälfte aus Frauen. An Theologen gibt es im Lehrkörper insgesamt vier Männer: einen Honorarprofessor, zwei theologisch vorgebildete Referenten für Medienpädagogik sowie einen lehrbeauftragten Pfarrer. Als Lic. theol. verantwortet dieser nach Auskunft der Vorlesungsverzeichnisse alle Lehrveranstaltungen im *Studienbereich 5: Philosophie und Ethik der Sozialen Arbeit*. Die anderen Theologen sind im Bereich der Medienpädagogik und Mediendidaktik tätig, z. B. für „Kreatives Gestalten mit dem Computer" oder für die „Analyse von Kinderprogrammen", jedenfalls nicht in theologisch relevanten Lehrveranstaltungen. Somit ist festzustellen: An der Katholischen Hochschule für Soziale Arbeit Saarbrücken gibt es keine Professur für ‚Theologie in der Sozialen Arbeit'. Alle theologischen Lehrveranstaltungen werden von lehrbeauftragten Theologen wahrgenommen.

Theologie im Kontext des Studiums ‚Soziale Arbeit'

Bei der Analyse der Rolle der Theologie in der Ausbildung an der Katholischen Hochschule für Soziale Arbeit erhärtet sich der erste Eindruck, daß die Theologie dort nur eine sehr marginale und bescheidene Position innehat. Dies zeigt sich zum einen am Fehlen von explizit theologischen Lehrveranstaltungen und zum anderen an der Prüfungsordnung.

- Im *Grundstudium* erscheint die Theologie nicht als bezugswissenschaftliches Fach der Sozialen Arbeit. Innerhalb des „Studienbereiches 5: Philosophie und Ethik der Sozialen Arbeit" werden drei zweistündige Lehrveranstaltungen angeboten, die für alle obligatorisch sind. Über eine dieser Veranstaltungen ist im Grundstudium ein Leistungsnachweis in Form einer Hausarbeit zu erbringen.

    Sozialanthropologie (1. Sem.)
    Sozialethik und christliche Gesellschaftslehre (2. Sem.)
    Sozialethik und Berufsethik (4. Sem.)

Diese drei Lehrveranstaltungen werden von einem lehrbeauftragten Theologen durchgeführt. Daher ist anzunehmen, daß in den Lehrinhalten durchaus eine theologisch-ethische Dimension implizit vorhanden ist.

- Im *Hauptstudium* hat die Theologie einen etwas expliziteren Platz, insofern unter dem „Studienbereich 5: Philosophie und Ethik der Sozialen Arbeit" eine zweistündige Lehrveranstaltung mit dem Titel „Aktuelle Fragestellungen zu philosophischen und theologischen Problemen in der Sozialen Arbeit" plaziert ist. Darüber ist im Rahmen der Diplomprüfung eine Klausur zu schreiben.

- In den *interdisziplinären Lehrveranstaltungen*, z. B. in den regelmäßig angebotenen Ringvorlesungen, in den Lernfeldern, in den theoretischen ‚Begleitveranstaltungen' zum Praktikum, in den Studienschwerpunkten und in den ‚integrativen Seminaren' - scheint die Theologie nicht als bezugswissenschaftliches Fach von Bedeutung zu sein. Aus den Vorlesungsverzeichnissen jedenfalls läßt sich eine solche Rolle nicht entnehmen.

- Im Rahmen der *fakultativen Angebote* böte sich ein breiter Raum für Lehrangebote aus der Theologie. Hier findet man viele interessante Themen (z. B. feministische Stadtplanung, Multimedia, „konsequente Kundenorientierung", Erlebnispädagogik etc.). Nur zwei theologische Lehrangebote konnten eruiert werden, und zwar eine im Rahmen des Kontaktstudiums durchgeführte Veranstaltung über „Trennung - Trauer -Tod", die im WS 1993/94 von einem Theologen aus der Telefonseelsorge durchgeführt wurde, sowie ein „Workshop Gottesdienstgestaltung" im WS 1996/97.

- Bis zum SS 1994 gab es an der KFH im Hauptstudium noch *Fächergruppen*. Die „Fächergruppe 3: geistes- und verhaltenswissenschaftliche Grundlagen der SA/SP" enthielt einen Fächerverbund „Anthropologie/ Ethik/Theologie". Die darunter angebotene vierstündige, obligatorische Vorlesung hatte aber offenkundig einen philosophischen Akzent, wie aus ihrem Titel „Grundlagen der Sozialethik" (7. Sem.) bzw. dem Seminar „Sozialethik" (8. Sem.) unzweifelhaft hervorgeht. Aufgrund einer Änderung des Studienplanes existiert diese Rubrik heute nicht mehr und ist durch die o. g. Lehrveranstaltung „Aktuelle Fragestellungen zu philosophischen und theologischen Problemen in der sozialen Arbeit" ersetzt worden.

Über diesen Befund hinaus findet man in den vergangenen sechs Jahren keine theologischen Lehrangebote für Studierende der Sozialen Arbeit. Dabei wären von der Anlage des Studiums an der Katholischen Hochschule für Soziale Arbeit Saarbrücken die besten Voraussetzungen gegeben, um die Theologie als bezugswissenschaftliches Fach in die Ausbildung der Sozialen Arbeit zu integrieren. Beispielsweise könnte der Studienbereich 1 „Theorien der Sozialen Arbeit" die multiperspektivische Darlegung der menschlichen Entwicklung (aus soziologischer, psychologischer, pädagogischer Sicht) durchaus auch durch eine theologisch-anthropologische Perpektive ergänzt werden. Oder: In den Begleitseminaren zum Praktikum, das ja vielfach in kirchlichen Einrichtungen abgeleistet wird, wäre es angebracht, auch Fragestellungen wie ‚Kirche als Arbeitgeber' oder ‚Positionen der Kirche zu aktuellen sozialen Fragen (Abtreibung, Euthanasie, Aids, Behinderung etc.)' zu berücksichtigen.

Bilanz

Im Konzept der Katholischen Hochschule für Soziale Arbeit Saarbrücken lassen sich keine expliziten Hinweise auf eine bezugswissenschaftliche Rolle der Theologie in der Ausbildung finden. Ebenso liegt kein systematischer Entwurf zur Ausgestaltung der theologischen Lehre vor. Dennoch ist die Ausbildung an der Hochschule keineswegs ohne jeglichen theologischen Einfluß, da ein lehrbeauftragter Theologe obligatorische Lehrveranstaltungen im Studienbereich „Philosophie und Ethik Sozialer Arbeit" des Grundstudiums und des Hauptstudiums durchführt. Dafür spricht auch der Kommentar zum genannten Studienbereich, wo es heißt: „Hier werden Fragen der Wertorientiertheit Sozialer Arbeit mit besonderer Gewichtung ihrer christlichen Grundlagen und Zielsetzungen behandelt."[187]. Die im Vorlesungsverzeichnis des Hauptstudiums vorhandene Fächerkombination „Anthropologie/ Sozialethik/Theologie" weist ebenfalls in diese Richtung einer bescheidenen Mitwirkung der Theologie bei der Ausbildung in Sozialer Arbeit. Umso bedauerlicher ist es aber, daß im Rahmen der integrativen und interdisziplinären Fallarbeit die Theologie offensichtlich ebenso außen vor bleibt wie bei dem Bemühen der Hochschule um eine „Förderung der Subjektkompetenz" ihrer Studierenden. Ebenso vermißt man Angebote zu ekklesiologischen Fragestellungen oder auch Ansätze zu einer religionspädagogischen oder spirituellen Qualifizierung jener Studierenden, die später bei kirchlichen Trägern Sozialer Arbeit arbeiten möchten. Die Tatsache, daß sich unter den hauptamtlichen Professoren kein Theologe befindet, erschwert auch an der Katholischen Hochschule für Soziale Arbeit in Saarbrücken die konzeptionelle Entwicklung einer speziellen ‚Theologie in der Sozialen Arbeit' und verhindert zugleich, daß die Theologie den Status einer anerkannten und für die Ausbildung unverzichtbaren Bezugswissenschaft erlangen kann.

---

[187] Ebd., 241.

2.3 Bilanzierende Bewertung

Versucht man auf der Basis der hier gezeichneten Porträts der katholischen Fachhochschulen in Deutschland eine bewertende Zusammenschau zur Rolle der dort gelehrten Theologie, dann ergibt sich folgendes Bild:

2.3.1 *Zwischen staatlichem Auftrag und kirchlichem Proprium - Zum Selbstverständnis katholischer Fachhochschulen für Soziale Arbeit*

Alle katholischen Fachhochschulen stimmen in dem Ziel überein, den Studierenden eine praxisorientierte Ausbildung auf wissenschaftlicher Grundlage zu vermitteln, die im Vergleich zu staatlichen Fachhochschulen qualitativ gleichwertig, jedoch nicht gleichartig ist. Diese Option impliziert jedoch einen spezifischen Anspruch, der inhaltlich zu füllen ist. Vergleicht man die Satzungen und Ordnungen der katholischen Fachhochschulen, so stellt man durchaus unterschiedliche Akzentuierungen dieses Propriums fest. Durchweg wird betont, daß die katholischen Fachhochschulen für Soziale Arbeit allen Interessierten offenstehen, wenn diese bereit sind, die kirchliche Eigenart der Hochschule zu bejahen. Ein weitgehender Konsens besteht auch hinsichtlich der weltanschaulichen Ausrichtung, die als „Orientierung an der christlichen Botschaft" definiert und teils explizit formuliert, teils implizit als Hintergrund präsent ist. Dennoch entsteht insgesamt der Eindruck, daß mit diesem christlichen Spezifikum durchaus sehr unterschiedliche Konnotationen verbunden werden. Während beispielsweise die Katholische Fachhochschule Nordrhein-Westfalen den besonderen Auftrag darin sieht, „auf theologisch-philosophischer Grundlage" eine „kritisch-klärende Funktion" für die Soziale Arbeit wahrzunehmen, hält die Ordnung der Katholischen Hochschule Saarbrücken das Spezifikum darin für ausgedrückt, daß den Studenten/-innen „im Sinne der christlichen Zielsetzung ... eine wissenschafts- und praxisbezogene Bildung im Rahmen der Sozialarbeitswissenschaft" vermittelt wird. Viel deutlicher hingegen artikulieren andere katholische Fachhochschulen ihr Spezifikum: Die einen betonen die Orientierung an Person und Botschaft Jesu Christi, am christlichen Menschenbild und an der katholischen Kirche, die sie explizit auch von den Lehrenden erwarten (z. B. KSFH München). Die KFH Norddeutschland stellt sich deutlich dem Anspruch einer „Beachtung der kirchlichen Lehre". Einige Fachhochschulen betonen, daß es im Sinne ihres Profils nicht ausreichend sei, nur Fachwissen zu vermitteln, sondern daß der Lehrplan auch theologische Fragen einschließen müsse. Von den Studierenden erwarten sie daher die Bereitschaft zur Auseinandersetzung mit philosophischen und theologischen Themen (z. B. KFH Mainz, KSFH München, KFH Nordrhein-Westfalen, KFH Vechta). An einigen Orten besteht die Eigenart auch in gezielten Angeboten für die persönliche Glaubensbildung der Studierenden. Die KFH Berlin sieht es als Herausforderung an, gezielte Möglichkeiten zu bieten, um „den Glauben kennenzulernen oder ihn zu vertiefen und sich mit der Botschaft der Kirche auseinanderzusetzen". Ähnliches versuchen die KFH Mainz („personale Kompetenz, die im Glauben wurzelt") oder die KSFH München/Benediktbeuern mit der dort bestehenden Theologischen Zusatzausbildung. Die KFH Freiburg schließlich sieht ihr christliches Proprium in der Diakonie, in der Befähigung der Studierenden, „dem Leben aus christlicher Verantwortung Gestalt zu geben und einen engagierten Dienst am Menschen und an der Gesellschaft zu leisten".[188]

2.3.2 Zwischen Kür und Pflicht - Zur strukturellen und konzeptionellen Einbindung der Theologie

Ein zweites Ergebnis der Analyse zur Theologie an den katholischen Fachhochschulen für Soziale Arbeit bezieht sich auf die strukturelle und konzeptionelle Einbindung der Theologie in den Lehrbetrieb. Deutlich sind *erstens* Unterschiede hinsichtlich der Erwähnung der Theologie in den Studien- und Prüfungsordnungen. Es überrascht, daß beispielsweise im Fachbereich Soziale Arbeit der Katholischen Universität Eichstätt die Theologie weder in der Studien- noch in der Prüfungsordnung als Fach Erwähnung findet. An den allermeisten katholischen Fachhochschulen jedoch steht die Theologie im Range eines allgemeinwissenschaftlichen oder fachbezogenen Wahlpflichtfaches und besitzt somit auch Prüfungsrelevanz. Nur selten findet man sie als Partner bei interdisziplinären Veranstaltungen vor. Diesbezüglich fällt die Theologie an der KFH Osnabrück/Vechta positiv auf. Angesichts der Veränderungen der Rolle der Theologie durch die Einführung von neuen, nicht mehr fächer-, sondern themenorientierten Studienordnungen ist insgesamt damit zu rechnen, daß die Theologie an katholischen Fachhochschulen auf dem Weg zu einer ‚integrierten Theologie' vorankommen wird. An der KFH Norddeutschland, an der KFH Berlin, und neuerdings an der KSFH München sowie an der KFH Nordrhein-Westfalen ist diese Option bereits ansatzweise realisiert.

---

[188] Zu den Zitaten vgl. die Originalzitate in den obigen Porträts der einzelnen Hochschulen!

Des weiteren ist als Bilanz der durchgehende *Wahlpflicht- oder Wahlcharakter* der Theologie festzuhalten. Gemäß der im Grundgesetz verankerten Religionsfreiheit haben die Studierenden an allen katholischen Fachhochschulen die Möglichkeit, sich mit theologischen Fragen auseinanderzusetzen oder eben fakultativ philosophische oder ethische Fächer zu belegen. Gleichwohl bestehen deutliche Unterschiede hinsichtlich der Plazierung der Theologie im Fächerangebot, hinsichtlich einer werbenden Präsentation der theologischen Lehrangebote, hinsichtlich ihres quantitativen Umfangs sowie hinsichtlich der Zahl von ‚theologieverwandten' und ‚theologieoffenen' Lehrveranstaltungen. Die Regelung, daß an katholischen Fachhochschulen niemand zur Belegung von theologischen Lehrveranstaltungen gezwungen werden soll, hat auch in die neuen Studienordnungen Eingang gefunden. Dies gilt auch dort, wo die Theologie in die Studienbereiche integriert und in den Rang einer gleichberechtigten Bezugswissenschaft gehoben wurde (z. B. KSFH München). Die einzige Ausnahme bildet die KFH Berlin, an der es einen eigenen Studienbereich ‚Philosophisch-theologische Grundlagen der Sozialen Arbeit' gibt, aus dem alle Studierenden ein Fach belegen müssen. Zwar werden unter diesem Studienbereich auch fakultative philosophisch-ethische Lehrangebote gemacht, doch die verantwortlichen theologischen Dozenten bringen in sie bewußt christlich-kirchliche Fragestellungen ein. Hier zeichnet sich eine Spur für die künftige Konzeption einer Theologie an katholischen Fachhochschulen ab, die davon ausgeht, daß christliche Theologie nicht nur für Christen und theologisch Interessierte, sondern für alle Studierenden eine Relevanz besitzen.

Die vorgenommene Analyse fördert schließlich zutage, daß es nur ansatzweise so etwas wie eine elementarisierte Theologie gibt. Am deutlichsten wird diese Art von Theologie, die sich auf persönliche und berufliche Erfahrungen der Studierenden sowie auf exemplarische Fragestellung der Sozialen Arbeit bezieht, an der KSFH München, Abteilung München sowie an der KFH Norddeutschland. Hier wurde Pionierarbeit geleistet, die für die weitere Entwicklung der Theologie in der Ausbildung von Sozialberufen maßgeblich sein sollte. Einige Fachhochschulen sind von einer solchen Theologie allerdings noch weit entfernt.

Eine letzte Beobachtung bezieht sich auf die kirchliche Verortung der Theologie an katholischen Fachhochschulen. Es ist auffallend, daß an den meisten Fachhochschulen Lehrveranstaltungen mit kirchlicher Thematik weitgehend fehlen. Dieses ekklesiologische Defizit erweist sich insofern als Nachteil, weil dadurch ein elementarer Baustein beruflicher Qualifikation, nämlich die institutionelle Kompetenz, brach liegen bleibt. Da ein überwiegender Teil der Absolventen/-innen von katholischen Fachhochschulen später in den kirchlichen Dienst eintritt, ist es unerläßlich, Angebote zur kirchlichen Identitätsfindung in das Lehrprogramm aufzunehmen bzw. diese auszuweiten, um die Absolventen auf die künftige Berufsrolle vorzubereiten. Denn in den Augen der Klienten sind die Mitarbeiter/-innen in caritativen Einrichtungen ‚Vertreter/-innen der Kirche'. Und es gehört zur beruflichen Kompetenz, adäquat mit diesen Rollenerwartungen umgehen zu können.

2.3.3 Zwischen philosophisch-theologischer Wertorientierung Sozialer Arbeit und religionspädagogischer Zusatzqualifikation - Zur Zielsetzung der Theologie

Die vorliegende Analyse offenbart eine große Bandbreite der Erwartungen an die Theologie an katholischen Fachhochschulen. Als erste und verbreitetste Aufgabe der Theologie, die sie gemeinsam mit der Philosophie an allen katholischen Fachhochschulen zu übernehmen hat, gilt die Grundlegung und die Wertorientierung der Sozialen Arbeit. Darüber hinaus übernimmt sie an einigen katholischen Fachhochschulen einen Part bei der geistlichen Begleitung und kirchlichen Formation der Studierenden. An der KFH Berlin, der KFH Freiburg und an der Abteilung Benediktbeuern der KSFH München besteht dafür eine eigene Ausbildungsform, die sogenannte Theologische Zusatzausbildung bzw. der theologische Ergänzungskurs. An einigen Fachhochschulen verfolgt die Theologie noch ein weiteres Ziel, und zwar die religionspädagogische Zusatzqualifikation von Sozialberufen. Diese aus der alten Traditon der Seelsorgshilfe herkommende Aufgabe entfaltet sich in zwei Richtungen: Die einen (Berlin, Benediktbeuern) bieten eine religionspädagogische Ausbildung primär für die Grund- und Hauptschule an, die mit der Verleihung der vorläufigen Missio canonica endet; die anderen (Osnabrück/Vechta, Münster) betonen die Qualifikation für die außerschulischen Berufsfelder, in denen Sozialpädagogen/-innen und Sozialarbeiter/-innen tätig sind. Auch diese Aufgabe stellt eine wichtige Spur dar, die in der weiteren Konzeptualisierung einer Theologie an katholischen Fachhochschulen zu verfolgen ist.

2.3.4 Zwischen theologischer und kairologischer Systematik - Zu den bestimmenden Kriterien für die Konzeption von Lehrangeboten

Der Vergleich der Lehrangebote der Theologie an den einzelnen katholischen Fachhochschulen wirft die Frage nach den Auswahlkriterien für die theologischen Lehrinhalte auf. Denn nicht nur zwischen den katholischen Fachhochschulen in den unterschiedlichen Bundesländern, sondern selbst zwischen einzelnen Abteilungen von Fachhochschulen (etwa innerhalb der vier Abteilungen der KFH Nordrhein-Westfalen oder der beiden Abteilungen der KSFH München) sind erhebliche Unterschiede festzustellen. So liegt es nahe, jene Kriterien zu erhellen, die bei der Zusammenstellung der theologischen Lehrangebote maßgeblich sind. Bestimmend scheint vielerorts explizit oder implizit die traditionelle *theologische Systematik* zu sein, wie man dies etwa insbesondere an den Abteilungen Köln und Paderborn, aber auch an der Abteilung Benediktbeuern beobachten kann. Zweitens bestimmen offensichtlich die *wissenschaftlichen Schwerpunkte* der jeweiligen Professoren und Lehrbeauftragten in hohem Maße, welche theologischen Themen den Studierenden angeboten werden. Ein drittes Kriterium, das in der Analyse immer wieder zum Vorschein kommt, sind aktuelle gesellschaftliche und kirchliche Ereignisse, die eine *thematische Großwetterlage* bilden und somit auch innerhalb der Studierenden der Sozialen Arbeit Widerhall finden, so etwa die Themen ‚Drewermann', ‚Friedensbewegung', ‚feministische Theologie' oder ‚Profildebatte'. So ist augenscheinlich, daß auch das *Studenteninteresse* bei der Konzeption des theologischen Lehrangebotes Berücksichtigung findet. Darüber hinaus muß auch der Einfluß des Trägers von katholischen Fachhochschulen in seiner Wirkung auf die Plazierung bestimmter Inhalte bedacht werden. Insbesondere jene Lehrveranstaltungen, die auf die *spirituelle und religionspädagogische Qualifikation* von Sozialberufen zielen, entstammen diesem Trägerinteresse. Schließlich kommen, bedingt durch die neue Studienordnung, noch die objektiven *Erfordernisse des Studiums* als konzeptionsbestimmende Kriterien hinzu. Neben der Aufgabe der philosophisch-theologischen Grundlegung und Wertorientierung der Sozialen Arbeit ist es das neu konzipierte themenorientierte Studium, das auch die Theologie in die Pflicht nimmt, ihre Beiträge von den Themen der drei Studienbereiche sowie von den interdisziplinären Angeboten her zu entwickeln. Am deutlichsten spiegelt sich dieses Auswahlkriterium im neuen Lehrangebot an der Abteilung München wider. Zugleich zeigt es den Weg an, der auch an anderen Fachhochschulen bei der Konzeptualisierung des künftigen Lehrangebotes zu beschreiten sein wird.

2.3.5 Zwischen Professur und Lehrauftrag - Zur personellen Repräsentanz der Theologie

Unsere Erhebung zur Rolle der Theologie an katholischen Fachhochschulen umfaßt auch die Frage nach dem Status und dem theologischen Schwerpunkt der Lehrenden. Zieht man eine Bilanz, dann werden drei Aspekte bedeutsam. *Erstens* ist es nicht - wie man annehmen würde - selbstverständlich, daß in jeder katholischen Fachhochschule die Theologie auch von einem hauptberuflichen Dozenten oder Dozentin, der bzw. die ordentliches Mitglied des Lehrkörpers ist, vertreten wird. An allen vier Abteilungen der KFH Nordrhein-Westfalen ist dies der Fall, ebenso an den beiden Abteilungen der KFH Norddeutschland, an der KFH Berlin sowie an der KSFH München, Abteilung München. An den anderen Fachhochschulen werden die theologischen Lehrangebote ausschließlich von lehrbeauftragten Professoren/-innen aus anderen Fachbereichen, entweder der Religionspädagogik oder der Diplomtheologie sowie von auswärtigen Dozenten/-innen durchgeführt. Insgesamt ist deutlich, daß die Zahl der nebenamtlichen Dozenten/-innen für Theologie die Zahl der hauptberuflich Lehrenden weit übersteigt. Dies ist an sich nicht negativ zu beurteilen. Dennoch muß festgehalten werden, daß es ohne eine dauerhafte personelle Repräsentanz der Theologie durch eine eigene Professur an der Fachhochschule nicht möglich sein wird, ihren Stellenwert als Bezugswissenschaft sowohl in konzeptioneller wie struktureller Hinsicht zu heben.

Die Untersuchung zeigt ferner mit aller Deutlichkeit, daß das wissenschaftliche Profil der Theologen/-innen an den einzelnen Fachhochschulen sehr unterschiedlich ausfällt. Es reicht von Religionswissenschaftlern und Fundamentaltheologen über Dogmatiker, Bibelwissenschaftler, Moraltheologen bis hin zu praktischen Theologen. Allgemein gewinnt man den Eindruck, daß bei den Berufungsverfahren außer der notwendigen Promotion und dem wünschenswerten Bezug zur Sozialen Arbeit nur wenig konkrete Vorgaben hinsichtlich der theologischen Qualifikation bestehen. Nur so ist die etwas zufällig anmutende Berufungspraxis zu verstehen. Dies wirft die Frage nach der adäquaten theologischen Hauptqualifikation eines Dozenten bzw. einer Dozentin für Theologie an katholischen Fachhochschulen für Soziale Arbeit auf. Naheliegend ist jedenfalls - so die hier vertretene These - die Qualifikation eines praktischen Theologen, da dessen Fachlichkeit und wissenschaftstheoretisches Selbstverständnis vermutlich am engsten mit dem Auftrag der Fachhochschule zu einer praxisorientierten Ausbildung konvergieren. Diese These gilt es im weiteren zu erhärten.

Abschließend sei noch eine weitere Beobachtung angefügt. Die Exploration zeigt, daß die Zahl der männlichen Professoren und Dozenten diejenige der weiblichen weit übersteigt. Von den 12 hauptamtlichen Professoren waren im Untersuchungszeitraum nur zwei weiblichen Geschlechts, und unter den etwa 40 nebenamtlichen Dozenten befinden sich nur 10 Frauen. Hier spiegelt sich die allgemeine Situation im akademischen Bereich wider. Allerdings gerät dieses prozentuale Verhältnis auf dem Hintergrund des weit höheren Anteils an Frauen innerhalb der Hörerschaft in eine besondere Schieflage. Bei der Entfaltung einer Theologie in der Sozialen Arbeit sollte man diesem Aspekt künftig verstärkt Rechung tragen und bei der Besetzung neuer Stellen ein besonderes Augenmerk auf die Einstellung von Frauen legen.

2.3.6 Zwischen akademischer Vorlesung und multiperspektivischer Fallarbeit - Zur methodischen Form theologischer Lehre

Eine weitere Beobachtung bezieht sich auf Formen der Lehrveranstaltungen und ihre methodische Gestaltung. Festzustellen sind unterschiedliche Varianten an Stilen des theologischen Lehrens und Lernens, die sich von den an theologischen Fakultäten üblichen Veranstaltungsformen, in der Regel die der Vorlesung und des Seminars, merklich unterscheiden. Es besteht offenkundig ein Bedürfnis, den objektiven Erfordernissen der Lehre an Fachhochschulen und den subjektiven Bedürfnissen der sozialpädagogischen Hörerschaft gerecht zu werden. Neben dem Vorlesungsstil, der bei bestimmten Inhalten durchaus adäquat erscheint oder auch bestimmten Professoren auf den Leib geschnitten ist, zeichnen sich neue Formen der Vermittlung von Theologie ab, etwa in der multiperspektivischen Arbeit des ‚Fallseminars' oder der sozialpädagogischen Übung, zu denen die Theologie mancherorts eingeladen ist. Vom persönlichen Interesse der Studierenden her wurde die Form eines ‚allgemeinen theologischen Kolloquiums' an der KFH Köln entwickelt, eine Art Gesprächskreis zu aktuellen theologischen Themen und Fragen der Studierenden. Darüber hinaus beteiligt sich die Theologie an interdisziplinären Ringvorlesungen, an Projekten der Sozialen Arbeit, sporadisch in den Studienschwerpunkten und neuerdings bei bezugswissenschaftlichen Studientagen. Neben diesen Formen der fachlichen Bildung existieren an katholischen Fachhochschulen aber insbesondere auch Formen außerschulischer Bildungsarbeit mit Studierenden, die der Theologie einen vorzüglichen Ort zur Persönlichkeitsbildung und spirituellen Begleitung der Studierenden bieten. An einzelnen Abteilungen nutzt man die Möglichkeit von Studienfahrten, an anderen die Form von biblischen Wochenenden und Exerzitien, oder man lädt Studierende ein, gemeinsam Feste des Kirchenjahres zu begehen, etwa die Kar- und Osterliturgie, die Advents- oder Fastenzeit. Diese außerschulischen Formen, in denen prägende Gemeinschaftserfahrungen gemacht werden können, stellen einen wichtigen Baustein einer ganzheitlichen Ausbildung an katholischen Fachhochschulen dar. Es gilt, dieses Ineinander von vielfältigen schulischen und außerschulischen Formen des Lehrens und Lernens bei der Konzeptualisierung einer künftigen Theologie an katholischen Fachhochschulen für Soziale Arbeit zu berücksichtigen.

2.3.7 Zwischen Praxislehre und Grundlagenforschung - Das Forschungsdefizit bezüglich einer Theologie in der Sozialen Arbeit

Die Fachhochschulen stehen heute nicht zuletzt deshalb im Aufwind, weil sie neben einer anwendungsbezogenen Lehre auch zunehmend Grundlagenforschung im Bereich der Sozialen Arbeit betreiben. Dies geschieht sicherlich zum einen im Bestreben nach mehr akademischer Dignität, andererseits aber auch aus einer gewissen Selbsthilfe heraus. Denn die universitäre Pädagogik und Sozialpädagogik sind keineswegs in der Lage, das nahezu unübersehbare Feld sozialarbeiterischer Praxis auszuleuchten und die Arbeit von Sozialberufen mit einer hinreichenden Theorie zu untermauern. Gleichwohl die Fachhochschulen für Soziale Arbeit und die an ihr Lehrenden in den vergangenen Jahren verstärkte Anstrengungen zu einer eigenen handlungsorientierten Forschung unternommen haben und mit einem gewissen Stolz auf ein beachtliches Spektrum von Forschungsprojekten und -ergebnissen verweisen können, findet man darunter keine einzige theologische Forschungsarbeit.[189] Auch die hier angestellte Analyse zur Theologie an katholischen Fachhochschulen konnte im Untersuchungszeitraum keine Projekte dieser Art eruieren. Allein auf weiter Flur steht daher das neuerdings an der KFH Nordrhein-Westfalen, Abteilung Aachen begonnene Forschungsprojekt zur Theologie an dieser Fachhochschule.[190] Es darf für sich bean-

---

[189] Vgl. *D. Fuchs,* Versuch einer Systematisierung der Sozialarbeitsforschung, in: *Puhl* (1996), Sozialarbeitswissenschaft, 205-225.

[190] Vgl. das Forschungsprojekt „Theologie an Fachhochschulen für Soziale Arbeit", das im Zeitraum von 1997-1999 in Kooperation zwischen der KFH NW, Abt. Aachen (R. Krockauer) und dem Jugendpastoralinstitut Don Bosco Benediktbeuern (M. Lechner) durchgeführt wird.

spruchen, ein Pionierprojekt zu sein, dem hoffentlich künftig andere Fachhochschulen folgen werden. Dies wäre ein wichtiger Schritt hin auf das Ziel einer Theologie in der Sozialen Arbeit, der auch diese Arbeit den Weg bahnen möchte.

3. Begründung einer bezugswissenschaftlichen Theologie an Fachhochschulen für Soziale Arbeit

In diesem dritten Kapitel steht es nun an, die wissenschaftstheoretische Basis für eine Theologie an Fachhochschulen für Soziale Arbeit zu legen. Vier Fragen, die zugleich vier Schritte der Reflexion darstellen, sollen dieses Vorhaben leiten:

- *Erstens:* Welche Anliegen transportiert die gegenwärtige Diskussion um eine Sozialarbeitswissenschaft und was resultiert daraus für eine Theologie in der Sozialen Arbeit?

- *Zweitens:* Wo finden sich in der bisherigen pastoraltheologischen Literatur bereits Überlegungen, die sich mit ähnlichen Fragestellungen wie die vorliegende Arbeit beschäftigen?

- *Drittens:* Wie kann aus den Theorien der Sozialen Arbeit heraus die Möglichkeit und Notwendigkeit einer Theologie als Bezugswissenschaft der Sozialen Arbeit aufgewiesen werden? Welche Anschlußstellen für eine Theologie tun sich in diesen Theorien auf?

- *Viertens:* Welche wissenschaftstheoretischen Klammern bestehen zwischen der Sozialen Arbeit und der Praktischen Theologie? Kann belegt werden, daß die Theologie an Fachhochschulen für Soziale Arbeit eine ‚praktische' sein muß?

Mit der Beantwortung dieser Fragen soll ein solider Grundstein für das Konzept einer Theologie in der Sozialen Arbeit gelegt werden, das im abschließenden vierten Kapitel entworfen wird.

3.1 Sozialarbeitswissenschaft im Werden

Gegenwärtig vollzieht sich innerhalb der Erziehungswissenschaft, der Pädagogik und Sozialpädagogik/Sozialarbeit ein heftiger Streit über die Frage der Etablierung einer eigenen Sozialarbeitswissenschaft.[191] Sie erhitzt offensichtlich mehr die Gemüter als dies gewöhnlich eine wissenschaftstheoretische Fragestellung zu tun vermag. Der Grund dafür ist vor allem darin zu

---

[191] Vgl. dazu *Engelke* (1992), Soziale Arbeit als Wissenschaft; *Wendt* (1994), Sozial und wissenschaftlich arbeiten; ebenso die Themenhefte der Zeitschriften Soziale Arbeit 44 (1995) 9/10 und Blätter der Wohlfahrtspflege 142 (1995) 1/2.

suchen, daß mit der inhaltlichen auch eine wissenschaftspolitische Problematik vermengt ist, die auf eine Neujustierung der akademischen Forschungs- und Ausbildungslandschaft zielt. So entsteht bisweilen der Eindruck einer Frontlinie: auf der einen Seite die Repräsentanten der akademischen (Sozial-)Pädagogik, die mit Verweis auf den eigenen Wissenschaftsbereich gegen eine Sozialarbeitswissenschaft oder Wissenschaft der Sozialen Arbeit votieren;[192] auf der anderen Seite die Vertreter von Fachhochschulen für Soziale Arbeit, die insbesondere im Interesse einer wissenschaftlichen Orientierung von Ausbildung und Praxis der Sozialen Arbeit die Etablierung einer entsprechenden Wissenschaftsdisziplin für unabdingbar halten.[193]

3.1.1 Anliegen der aktuellen Debatte um eine Sozialarbeitswissenschaft

Gleichwohl der Begriff ‚Sozialarbeitswissenschaft' nicht neu ist[194] und in der Tradition einer ‚Fürsorgewissenschaft' steht,[195] so wird doch in der seit Ende der achtziger Jahre neu und heftig entflammten Debatte keineswegs nur „Altbekanntes" verhandelt.[196] Die einschlägigen Publikationen in Zeitschriften und Monographien zeigen, daß der Aufruf von *Dionys Zink* aus dem Jahre 1988 zur „Konstitution von Sozialarbeitswissenschaft an Fach-

---

[192] Vgl. insb. den Sammelband *Thiersch/Grunwald* (1995), Zeitdiagnose Soziale Arbeit; auch *F. G. Vahsen (Hrsg.)*, Paradigmenwechsel in der Sozialpädagogik, Bielefeld 1992; *R. Merten*, Zum systematischen Gehalt der aktuellen Debatte um eine autonome „Sozialarbeitswissenschaft", in: *Puhl* (1996), Sozialarbeitswissenschaft, 83-99, hier 95; *H. Thiersch*, Sozialarbeitswissenschaft: Neue Herausforderung oder Altbekanntes?, in: *Merten u. a.* (1996), Sozialarbeitswissenschaft, 1-20, bes. 5-16; *W. Thole*, Das Unbehagen bleibt. „Sozialarbeitswissenschaft" - Modell zur Lösung der Identität sozialpädagogischer Theorie und Praxis?, in: *Puhl* (1996), Sozialarbeitswissenschaft, 149-166.

[193] Daß derzeit allerdings die Front längst nicht so eindeutig ist, darauf verweist *Thole* (1996), Das Unbehagen bleibt, 161f.

[194] Vgl. *L. Rössner*, Erziehungs- und Sozialarbeitswissenschaft. Eine einführende Systemskizze, Freiburg 1977.

[195] Vgl. etwa *Chr. J. Klumker*, Fürsorgewesen. Einführung in das Verständnis der Armut und Armenpflege, Leipzig 1918; *I. Arlt*, Die Grundlagen der Fürsorge, Wien 1921; *dies.*, Wege zu einer Fürsorgewissenschaft, Wien 1958; *H. Scherpner (Hrsg.)*, Theorie der Fürsorge, Göttingen 1962. Einen knappen Überblick dazu gibt *H. Maier*, Sozialarbeitswissenschaft und ihre Traditionen. Anmerkungen zu Entwicklungen und Spuren, in: *Puhl* (1996), Sozialarbeitswissenschaft, 127-135.

[196] So *Thiersch* (1996), Sozialarbeitswissenschaft: Neue Herausforderung oder Altbekanntes?, 1.

hochschulen"[197] zunehmend Gehör findet und sich darüber „ein durchaus fruchtbarer und bisweilen auch spannender Diskurs" vollzieht, „an dessen noch nicht absehbarem Ende ... eine fundierte Sozialarbeitswissenschaft stehen wird, die, wie andere Disziplinen auch, nach einer geradezu gesetzmäßigen Weiterentwicklung drängt."[198] Diese Vision einer ‚Wissenschaft im Werden' erzeugt bei den einen Ängste und Besorgnisse, bei den anderen Hoffnung und Optimismus. Dennoch sind folgende ernst zu nehmende Anliegen bereits erkennbar:

Ein erstes ist *ausbildungspolitischer* Natur und gründet in der derzeitigen Ausbildungssituation an Fachhochschulen für Soziale Arbeit. Die Befürworter verweisen darauf, daß es an Fachhochschulen für Soziale Arbeit keine Leitdisziplin gibt, die in der Lage wäre, die in der Ausbildung beteiligten Einzeldisziplinen zu koordinieren.[199] Statt dessen werde das Studium immer noch von einzelnen Fächern (Soziologie, Psychologie, Pädagogik, Recht u. a.) dominiert. Dies manifestiere sich insbesondere darin, daß das Fach ‚Sozialpädagogik/Sozialarbeit' nur im Grundstudium und nicht im Hauptstudium verpflichtend vorgeschrieben ist und auch im Zeugnis nicht bemerkt wird. Auch gereiche es der Ausbildung zum Nachteil, daß die Professoren/-innen an Fachhochschulen in der Regel zwar spezifische Fachkenntnisse in Einzeldisziplinen durch eine Promotion erworben haben, aber kaum über Theorie und Praxis Sozialer Arbeit Bescheid wüßten. Die Lehrinhalte werden daher oft als Spezialwissen und unverbunden mit den praktischen Erfordernissen präsentiert, während es dann den Studierenden selbst überlassen bleibt, die Ausbildungsinhalte zu integrieren und auf die Praxis der Sozialen Arbeit zu applizieren.[200] Diesem Dilemma sei nur durch die Etablierung einer Sozialarbeitswissenschaft als Grund- und Leitwissenschaft der Lehre an Fachhochschulen abzuhelfen.

Ein zweites *hochschulpolitisches* Anliegen verbindet sich mit dieser Zielsetzung. Es wird im Kern die Frage nach dem Verhältnis von Fachhochschulen und Universitäten thematisiert und in Zweifel gezogen, ob die Uni-

---

[197] *D. Zink,* Aufforderung zur Konstitution von Sozialarbeitswissenschaft an Fachhochschulen, in: *K.-D. Ulke (Hrsg.),* Ist Sozialarbeit lehrbar? Zum wechselseitigen Nutzen von Wissenschaft und Praxis, Freiburg 1988, 40-54.

[198] *Maier* (1996), Sozialarbeitswissenschaft und ihre Traditionen, 127.

[199] Vgl. *P. Sommerfeld,* Soziale Arbeit - Grundlagen und Perspektiven einer eigenständigen wissenschaftlichen Disziplin, in: *Merten u. a.* (1996), Sozialarbeitswissenschaft, 21-54, hier 26-35.

[200] Vgl. zur Ausbildungssituation *E. Engelke,* Soziale Arbeit und ihre Bezugswissenschaften in der Ausbildung - Ressourcen und Schwierigkeiten einer spannungsvollen Partnerschaft, in: *Merten u.a.* (1996), Sozialarbeitswissenschaft, 161-183, hier 162-165.

versitäten in der Lage sind, geeigneten wissenschaftlichen Nachwuchs für die Lehre an Fachhochschulen heranzubilden. Als Voraussetzung dafür aber wird ein eigener universitärer Studiengang ‚Soziale Arbeit' betrachtet. Es müsse endlich damit Schluß gemacht werden, daß ausschließlich Professoren/-innen mit Fremdqualifikationen in den Fachbereichen Sozialarbeit/Sozialpädagogik bzw. Soziale Arbeit unterrichten. Dies sei „ein obsoletes Unikum in der deutschen Hochschullandschaft"[201].

Ein drittes Anliegen birgt ein Begehren *wissenschaftstheoretischer* Art in sich. Die Befürworter einer Sozialarbeitswissenschaft verweisen auf die historische Differenz von Sozialpädagogik und Sozialarbeit. Erstere habe sich aus der Tradition der Armenerziehung entwickelt und leiste heute einen Ersatz für schwindende familiale Erziehungsleistungen. Sozialarbeit hingegen habe ihre Wurzeln in der Armenpflege und ergänze heute fehlende familiale Sicherungsleistungen.[202] Das Problem besteht nun darin, daß die Sozialpädagogik seit 1970 in den Rang eines universitären Studienganges unter dem Dach der Pädagogik aufstieg, gleiches jedoch der Sozialarbeit bis dato versagt blieb.[203] Da die universitären Lehrstuhlinhaber der Sozialpädagogik ihren Reflexionsgegenstand vor allem auf Fragen der Erziehung, insbesondere auf die Jugendhilfe zentrierten, sei es nur konsequent, diese einseitige „Dominanz des sozialpädagogischen Paradigmas"[204] innerhalb der Sozialen Arbeit zu beenden. Eine künftige Sozialarbeitswissenschaft sei „in Umrissen bereits erkennbar"[205]. Es komme nur darauf an, die schon vorhandenen Theorien der Sozialen Arbeit zu vernetzen und in einen theoretischen Gesamtrahmen einzubauen. „Wichtiger als eine einheitliche Bezeichnung" sei dabei „die Herstellung eines Kommunikationszusammenhanges"[206].

---

[201] *E. Engelke,* Soziale Arbeit als wissenschaftliche Disziplin. Anmerkungen zum Streit über eine Sozialarbeitswissenschaft, in: *Puhl* (1996), Sozialarbeitswissenschaft, 63-82, hier 80.

[202] *A. Mühlum,* Sozialarbeitswissenschaft. Notwendig, möglich und in Umrissen schon vorhanden, in: *Puhl* (1996), Sozialarbeitswissenschaft, 25-40, hier 30. Vgl. dazu auch *Engelke* (1996), Soziale Arbeit als wissenschaftliche Disziplin, 66-69.

[203] Dies muß um so nachdenklicher machen, als es quasi über Nacht möglich war, einen pflegewissenschaftlichen Studiengang an den Universitäten zu installieren. Man darf vermuten, daß hier auch politische Gründe eine Rolle spielen. Denn eine kritische Wissenschaft, die sich mit Armutsfragen beschäftigt, ist durchaus politisch gefährlich!

[204] Vgl. *P. Erath/H.-J. Göppner,* Einige Thesen zur Begründung und Anlage einer Sozialarbeitswissenschaft, in: *Puhl* (1996), Sozialarbeitswissenschaft, 187-204, hier 188.

[205] *Mühlum* (1996), Sozialarbeitswissenschaft, 38; auch *Engelke* (1996), Soziale Arbeit als wissenschaftliche Disziplin, 73f.

[206] So die Forderung von *K. Maier,* Überlegungen zur Etablierung einer Sozialarbeitswissenschaft auf dem Hintergrund der Entwicklung der Politikwissenschaft, in: *Puhl*

Die Debatte um eine Sozialarbeitswissenschaft zielt viertens darauf, das Defizit an einer überzeugenden *Praxistheorie* Sozialer Arbeit zu beheben. Die meisten Problemstellungen heutiger Sozialarbeit lassen sich nicht mehr einfach pädagogisch lösen, sie erfordern eine breit angelegte Handlungstheorie. Da eine solche derzeit noch nicht vorhanden ist, wird dieses Defizit in der Praxis durch die Übernahme „von verhaltenstheoretischen Versatzstücken bis zu Theoriefragmenten des New Age und anderen esoterischen und pseudotherapeutischen Ansätzen" aufgefüllt.[207] Auch die sich vollziehende „vollständige Subsumierung (der sozialen Arbeit, M. L.) unter die vagen Interessen der Marktes" sei dafür ein Indikator.[208] Diesen pseudowissenschaftlichen Tendenzen gelte es durch eine Sozialarbeitswissenschaft, die eine solide Praxistheorie zur Verfügung stellt, gegenzusteuern.

Ein fünftes Anliegen der sozialarbeitswissenschaftlichen Debatte besteht in ihrer *Ausrichtung auf die Praxis*. Sie will sich nicht im Sinne jener Humanwissenschaften verstanden wissen, die bestimmte begrenzte Aspekte der Wirklichkeit markieren, diese auf der Basis fundamentaler Grundannahmen, formaler wissenschaftlicher Operationen, Methodologien und Forschungsstrategien analysieren und zu Ergebnissen gelangen, die zunächst keine Praxisrelevanz besitzen.[209] Gegenüber einem Primat der Forschung über die

---

(1996), Sozialarbeitswissenschaft, 137-148, hier 140; der geforderte Kommunikationszusammenhang sollte in der Lage sein, die noch vorhandene Kluft zwischen Fachhochschule und Universität ebenso aufzusprengen wie die Frontstellung zwischen den Mitgliedern der Deutschen Gesellschaft für Sozialarbeit (zumeist Dozenten an Fachhochschulen) einerseits und den Mitgliedern des Bundeskongresses für Soziale Arbeit (meist Universitätsdozenten) andererseits.

[207] „Dabei werden diese jedoch im ‚Supermarkt der Beliebigkeiten' ausgewählt, nach Gutdünken verteilt und nach Belieben - jenseits ihres paradigmatisch oft unvereinbaren Ursprungs - verändert und kombiniert. Der oftmals theoretischen Beliebigkeit und professionellen Unübersichtlichkeit der Praxis der Sozialarbeit wird damit Vorschub geleistet und der Deprofessionalisierungs- und Dequalifizierungsprozeß beschleunigt." - *Haupert* (1996), Kritische Anmerkungen zum Stellenwert und Gegenstand der Sozialarbeitswissenschaft, 42.

[208] Ebd., 45. Haupert meint weiter, daß dieser Vorgang nicht nur die caritative Wertorientierung der sozialen Arbeit gefährdet, sondern auch die Sozialarbeiter/-innen zu ‚Agenten des Kapitals' degradiert und sie ihrer traditionellen Anwaltsfunktion für Reintegration, Resozialisierung und Mitmenschlichkeit beraubt. - Vgl. ebd.; Haupert plädiert daher entschieden für eine Sozialarbeitswissenschaft als „Resozialisierungswissenschaft in dem Sinne, daß Bedingungen der Konstitution von Sozialität und dem Leiden daran in kritischer Perspektive untersucht werden."- Ebd., 50.

[209] „In den Humanwissenschaften ist immer wieder zu beobachten, daß lebensweltliche und zwischenmenschliche Themen theoretisch bearbeitet werden, um sie sich *buchstäblich vom Leibe zu halten*. Es wird das besprochen, was man existentiell-emotional vermeiden will. Dadurch entsteht die Unfähigkeit, lebensweltlich zu forschen." - *J. Tillmann*,

Lehre reklamiert die entstehende Sozialarbeitswissenschaft für sich ein wissenschaftliches Selbstverständnis, *„das sich der analysierenden Distanz ebenso verpflichtet fühlt wie der synthetisierenden Nähe zur Lebenswelt."*[210] Ihre Aufgabe sieht sie nicht nur darin, „die Praxis der sozialen Arbeit zu ‚verwissenschaftlichen', sondern dieser Praxis einen Reflexions- und Interpretationsrahmen für ihr Handeln anzubieten."[211] Man könnte sie als ‚Praxistheorie' bezeichnen, auch wenn dieser Ausdruck innerhalb der wissenschaftstheoretischen Diskussion kritisch konnotiert wird.[212] Jedenfalls gehört es „zur Konstitution der Sozialarbeitswissenschaft, daß sie der Praxis nahe bleibt."[213]

Fast alle Autoren, die sich mit der Frage einer Sozialarbeitswissenschaft auseinandersetzen, ringen um eine *eigene Gegenstandsbestimmung* dieser Disziplin. Angesichts der vielen Aufgabenfelder ist jedoch dieses Unterfangen mehr als schwierig. Die in der Literatur dazu gemachten Vorschläge listet *E. Engelke* auf:[214] „Steuerung von Sozialisationsprozessen" (*L. Rössner*), „Das Verhalten von Menschen in der Umwelt" (*L. Lowy*), „Der Mensch, der Solidarität bedarf" (*D. Zink*), „soziale Probleme einschließlich ihrer strukturellen und lebensweltlichen Ursachen" (*S. Staub-Bernasconi*),[215] „die systematische Untersuchung der Lebensführung in problematischen Lebenslagen und Situationen von Menschen" (*W. R. Wendt*)[216] u. v. a. Trotz vielfacher Anstrengungen ist es bisher nicht gelungen, der Sozialarbeitswissenschaft einen eigenen disziplinären Gegenstand zuzuordnen. „Vielmehr stellen die der Sozialarbeit zugeteilten Objektbereiche gleichzeitig auch das Explanandum anderer sozial- und humanwissenschaftlicher Disziplinen dar und eig-

---

Sozialarbeitswissenschaft im Werden, in: *U. Schatteburg (Hrsg.)*, Aushandeln, Entscheiden, Gestalten - Soziale Arbeit, die Wissen schafft, Hannover 1994, 17-50, hier 20.

[210] Ebd., 20f.

[211] *W. R. Wendt,* Wissen ordnen für die soziale Arbeit, in: Blätter der Wohlfahrtspflege 142 (1995) 1/2, 5-7, hier 7; auch Heitkamp, der davon spricht, daß die Sozialarbeitswissenschaft „ein System wissenschaftlichen Regelwissens bereitstellen (muß, M. L.), mit dem auf theoretisch-fachwissenschaftlicher Grundlage individuelle und kollektive Problemlagen erkannt und gelöst werden können." - *Heitkamp* (1996), Der Fundus, 14.

[212] Dieser Begriff sage soviel aus wie der Begriff „Fischfleisch" - Vgl. *Engelke* (1992), Soziale Arbeit als Wissenschaft, 91.

[213] *W. R. Wendt,* Der Praxisbezug der Sozialarbeitswissenschaft, in: Soziale Arbeit 44 (1995) 9/10, 307-316, hier 308.

[214] Vgl. *Engelke* (1992), Soziale Arbeit als Wissenschaft, 115ff.

[215] Vgl. *S. Staub-Bernasconi,* Systemtheorie, soziale Probleme und Soziale Arbeit: lokal, international, Bern 1995, 134.

[216] *Wendt* (1995), Wissen ordnen, 7.

nen sich deshalb nicht zur Begründung einer eigenständigen Disziplin ‚Soziale Arbeit'".[217]

Die Debatte um die Etablierung einer Sozialarbeitswissenschaft erinnert siebtens wieder neu daran, daß die Soziale Arbeit sowohl einer „*Wissensbasis*" wie auch einer „*Wertebasis*" bedarf.[218] Sie setzt Werturteile voraus, derer sich andere selbständige Wissenschaften in der Regel gerade um ihrer Wissenschaftlichkeit willen zu enthalten suchen. Von einem solchen Selbstverständnis deutlich abgehoben behauptet die Sozialarbeitswissenschaft, daß sowohl in Bezug auf das berufliche Handeln als auch in Bezug auf die Methodologie Wissenschaft und Ethik in einem komplementären Verhältnis stehen. „Es gehört zu ihrer Praxisnähe, zum Tunkönnen beizutragen, statt von ihm abzusehen und theoretisch nachzuweisen, daß das berufliche Handeln strukturell-funktional fremdbestimmt bleibt. Die Fähigkeit, Gutes zu tun, und die Kritik, wie es getan wird, widerlegen einander nicht. ... Was für eine Person richtig ist, darüber entscheidet nicht die Wissenschaft. Aber sie studiert in der Sache, was für recht und billig gehalten wird. Mithin ist die ethische Legitimation des Handlungsrahmens der Sozialen Arbeit (mit ihrer Orientierung an Menschenrechten und auf Menschenwürde) auf dem Umweg über die Praxis, in der verantwortlich gehandelt wird, durchaus relevant für die Wissenschaft."[219]

Die sozialarbeitswissenschaftliche Debatte greift schließlich auch die Frage der *Forschung* auf, die für eine Anerkennung als wissenschaftliche Disziplin unverzichtbar ist. Die diesbezüglichen Wortmeldungen pochen darauf, daß Sozialarbeitsforschung anwendungsbezogen sein muß. Sie hat sich der Erforschung „aktuelle(r) Lebenssituationen von Menschen in Not einschließlich ihrer gesellschaftlichen Lage, ihrer Handlungsspielräume und Deutungsmuster für die Lebenswirklichkeit" zu widmen. Sie soll der „Erhellung der Bedingungen" von Not, „der Be- und Verurteilung problematischer Sachverhalte" und der Bestimmung von Handlungszielen dienen. Sie soll schließlich die Wirkung von Organisations- und Interventionsformen erforschen, Handlungspläne und Handlungsanweisungen überprüfen sowie die Entwicklung von Verfahren zur systematischen empirischen Auswertung der

---

[217] So die Bilanz von *A. Wagner*, Zur Debatte um eine eigenständige Sozialarbeitswissenschaft. Wissenschaftstheoretische Anmerkungen, in: Soziale Arbeit 44 (1995) 9/10, 290-197, hier 294.
[218] *Wendt* (1995), Der Praxisbezug der Sozialarbeitswissenschaft, 314.
[219] Ebd., 314f.

Praxis Sozialer Arbeit fördern.[220] Für eine Sozialarbeitsforschung mit dieser Zielsetzung werden die Fachhochschulen als geeigneter Ort betrachtet, zumal dies ihr wissenschaftliches Ansehen und die Ausbildungsqualität fördern könnte.[221]

Dieser Ertrag der Diskussion um eine Sozialarbeitswissenschaft, die als Basis von Ausbildung und Praxis Sozialer Arbeit fungieren könnte, läßt bereits in Ansätzen deutlich werden, in welcher Weise die Theologie herausgefordert ist, will sie einen bezugswissenschaftlichen Part in der Ausbildung an Fachhochschulen für Soziale Arbeit spielen. Der wissenschaftstheoretische Diskurs jedenfalls läßt keinen Zweifel daran, daß die Bezugswissenschaften der Sozialen Arbeit künftig eine „große Bedeutung"[222] haben werden. Will also die Theologie künftig an den Fachhochschulen prägend mitwirken, darf sie diese Entwicklungen nicht ‚verschlafen', sondern muß sich ‚einklinken' und rechtzeitig eine entsprechende Konzeption ihres eigenen Beitrags an Fachhochschulen für Soziale Arbeit vorlegen.

3.1.2 Theologie in der Sozialen Arbeit? - Möglichkeit und Notwendigkeit

Aus dem Überblick über die sozialarbeitswissenschaftliche Diskussion ergeben sich für unsere Fragestellung folgende Aspekte, die es bei der Konzeption einer Theologie in der Sozialen Arbeit zu berücksichtigen gilt.

- Die überzeugenden Plädoyers von Vertretern der Fachhochschule für eine Sozialarbeitswissenschaft sowie die vielfältige Kritik von Studierenden am ‚Fächersalat' der Fachhochschulausbildung legen es nahe, die Option einer ‚Wissenschaft der Sozialen Arbeit' als Leitwissenschaft in der Ausbildung an Fachhochschulen zu unterstützen. So soll hier die Überzeugung von *A. Mühlum* geteilt werden, das Projekt einer Sozialarbeitswissenschaft werde sich durchsetzen, wenn die Fachhochschulen und ihre Professoren/-innen dieses Projekt auch konsequent verfolgen. Dies beginne „mit der Verwendung des Begriffs und mit der Bereitschaft, die Grenzen der eigenen Disziplin mittels einer Sozialarbeitsperspektive zu

---

[220] Alle vorausgehenden Zitate vgl. *E. Engelke,* Nach-Denken in der Sozialen Arbeit? Über die Notwendigkeit und die Aufgabe der Sozialen Arbeit als Wissenschaft, in: Sozial 44 (1993) 1, 11-16, hier 14f.

[221] Vgl. dazu *P. Salustowicz,* Ohne Forschung keine Wissenschaft, in: Blätter der Wohlfahrtspflege 142 (1995) 1/2, 10-13.

[222] *Tillmann* (1995), Sozialarbeitswissenschaft als Basis der Curriculumentwicklung, 323.

überschreiten."²²³ Ähnliches postuliert *K. Maier*, der es für die Etablierung dieser neuen Disziplin ‚Sozialarbeitswissenschaft' für entscheidend hält, „daß die an den Fachhochschulen lehrenden und forschenden Soziologen, Psychologen, Pädagogen, Politologen, Theologen u. ä. sich aus der Fachkultur ihrer Herkunftsdisziplin zumindest teilweise lösen und sich in den wissenschaftlichen Diskurs und die Kultur einer Sozialarbeitswissenschaft hineinbegeben."²²⁴ Diesem Aufruf leistet die vorliegende Arbeit gerne Folge, indem sie die Möglichkeit einer interdisziplinären Zusammenarbeit erkundet und ihre inhaltliche Konzeption aus den Theorien der Sozialen Arbeit zu entwickeln sucht. So möchte sie zum Entstehen einer „eigenständigen"²²⁵, zugleich aber auch sich trans- bzw. multidisziplinär verstehenden²²⁶ Sozialarbeitswissenschaft und Sozialarbeitslehre ihren originären Anteil beisteuern.

- Die Fachhochschulen für Soziale Arbeit haben den vorzüglichen Auftrag einer praxisorientierten Ausbildung auf wissenschaftlicher Grundlage. Gemäß der in Bayern geltenden neuen Rahmenstudienordnung zielt das Studium auf die „Befähigung zu selbständigem, beruflichem Handeln in den verschiedenen Arbeitsfeldern der Sozialen Arbeit auf der Basis wissenschaftlicher Erkenntnisse und wissenschaftlicher Methoden. ... Leitlinie der gesamten Ausbildung ist die Orientierung an den Menschen, um die es in der Sozialen Arbeit geht."²²⁷ Voraussetzung für eine derart konzipierte Ausbildung ist aber ein wirksames Zusammenspiel der an der Ausbildung beteiligten Fachwissenschaften. Sie müssen ihren jeweiligen Beitrag zum Ausbildungsziel der Sozialen Arbeit vernetzen, wobei der Sozialarbeitswissenschaft eine ausbildungsleitende und integrierende

---

[223] *Mühlum* (1996), Sozialarbeitswissenschaft, 38.

[224] *Maier* (1996), Überlegungen zur Etablierung einer Sozialarbeitswissenschaft, 143.

[225] „Eigenständigkeit" bedeutet dabei ein Doppeltes: zum einen die Entwicklung eigener Fragestellungen, Theorien, Konzepte und Methoden in enger Verbindung zur Praxis Sozialer Arbeit, zum anderen die gleichberechtigte Kommunikation mit den Nachbar- und Bezugsdisziplinen. - Vgl. *Müller/Gehrmann* (1994), Wider die „Kolonialisierung" durch Fremddisziplinen, 107f.

[226] Pfaffenberger ist der Ansicht, die Subsumierung der Sozialpädagogik/Sozialarbeit unter die Erziehungswissenschaft müsse überwunden werden. Dabei liege die Aufgabe nicht in der Schaffung einer neuen Einzelwissenschaft, sondern in der Entwicklung der Sozialarbeitswissenschaft als „einer ‚multidisziplinären' Disziplin, einer ‚interdisziplinären' Disziplin vom Typ Handlungswissenschaft". - *H. Pfaffenberger,* Entwicklung der Sozialarbeit/Sozialpädagogik zur Profession und zur wissenschaftlichen und hochschulischen Disziplin, in: Archiv für Wissenschaft und Praxis der sozialen Arbeit 24 (1993) 3, 196-208, hier 203.

[227] Vgl. *Eikelmann/Hutter* (1996), Vom „Sozialwesen" zur „Sozialen Arbeit", 157.

Funktion zukommt.²²⁸ Es gilt noch zu lernen, daß sich alle Einzelwissenschaften, darunter auch die Theologie, als Bezugswissenschaften der Ausbildung in Sozialer Arbeit begreifen und in je spezifischer Art an der Realisierung dieser Studienkonzeption mitwirken müssen. Ihre Pflicht ist es, „aus ihren Fachwissenschaften für die Soziale Arbeit relevante Inhalte in das Curriculum einzubringen. Allerdings fordert die neue Rahmenstudienordnung definitiv auf, ernstzumachen mit der immer wieder vorgetragenen These, daß man keine ‚Minifachwissenschaftler' aus dem Kanon der Bezugswissenschaften ausbilden wolle, sondern Diplom-SozialarbeiterInnen bzw. Diplom-SozialpädagogenInnen, ernstzumachen damit bis zu dem Punkt, daß diese Bezugswissenschaften auf der Ebene der Rahmenstudienordnung nicht auftauchen, sondern sich der Struktur von Studienbereichen bzw. Themenbereichen unterordnen, die der Logik und den Anforderungen Sozialer Arbeit entspricht."²²⁹

Diese deutlichen Worte sind auch an die Adresse der Theologie gerichtet. Wo immer sie in der Ausbildung an Fachhochschulen für Soziale Arbeit mitwirkt, ob an konfessionellen oder staatlichen, hat sie sich in das Ausbildungskonzept dieser Institution einzupassen und auf die Verfolgung hegemonialer Interessen zu verzichten. Das Fach Theologie und die dieses Fach Lehrenden sind vielmehr aufgefordert, die Chance eines ‚Gaststatus' zu nützen und die eigene Aufgabe so zu konzipieren, daß sie dem Ausbildungsziel der Fachhochschule für Soziale Arbeit dient.

- Im Zusammenhang mit der sozialarbeitswissenschaftlichen Debatte klärt sich auch die Begrifflichkeit. In Anlehnung an *E. Engelke*²³⁰ könnte man von einer ‚Sozialarbeitstheologie' (auch Sozialarbeits-Theologie), von einer ‚Theologie in der Sozialen Arbeit' oder einer ‚theologischen Sozialarbeitswissenschaft' sprechen. *Jan Tillmann* schlägt die adjektivische Begriffsvariante ‚sozialarbeitswissenschaftliche' Soziologie, Psychologie

---

[228] „Daher muß Soziale Arbeit mit anderen Wissenschaftsdisziplinen eng kooperieren und hat wissenschaftliches Wissen und Arbeitsformen anderer Wissenschaftsdisziplinen systematisch heranzuziehen, aufzubereiten und einzubeziehen. Soziale Arbeit als relativ selbständige Wissenschaftsdisziplin arbeitet mit den anderen relativ selbständigen Wissenschaftsdisziplinen als gleichwertige Partnerin zusammen, um der Entstehung sozialer Probleme vorzubeugen und bestehende soziale Probleme zu lösen. Die Gestaltung und Bestimmung der Beziehungen zu den Wissenschaftsdisziplinen, die sich ebenfalls mit Fragen und Problemen der sozialen Wirklichkeit befassen, ist für den weiteren Weg der Sozialen Arbeit entscheidend. (...) Hierin besteht eine der grundlegenden Herausforderungen für Forschung und Ausbildung in der Sozialen Arbeit." - *Engelke* (1996), Soziale Arbeit und ihre Bezugswissenschaften, 176.

[229] *Engelke* (1996), Soziale Arbeit als Ausbildung, 169.

[230] Ebd., 177f.

etc. vor, um zu verdeutlichen, daß sie keinesfalls als selbständige Fächer angeboten werden, sondern sich in das gesamte Studienkonzept eingliedern.[231] Hier soll, die Anregungen teilweise aufnehmend, dem Begriff ‚Theologie in der Sozialen Arbeit' der Vorzug gegeben werden. Der Grund dafür liegt erstens darin, daß hier die Theologie auf die ‚Soziale Arbeit' bezogen wird, auf einen feststehenden Begriff, der heute zunehmend für die bisherige Bezeichnung Sozialarbeit/Sozialpädagogik steht. Zweitens bezeichnet der Begriff den Studiengang ‚Soziale Arbeit', den die meisten Fachhochschulen bereits im Titel führen. Und schließlich drittens vermag der Begriff zum Ausdruck zu bringen, daß es sich um eine Theologie sowohl im Sinne eines genetivus objektivus (Theologie *für* Soziale Arbeit) als auch im Sinne eines genitivus subjektivus (eine Theologie *von* Sozialberufen, die aus der Sozialen Arbeit heraus entsteht) handelt.

3.2 Spuren einer Theologie in der Sozialen Arbeit

Wo finden sich in der (pastoral)theologischen Literatur, so lautet nun die Frage, bereits Spuren einer Reflexion über das Verhältnis von Theologie und sozialer Arbeit, und welche Impulse lassen sich daraus für das Vorhaben einer Theologie in der Sozialen Arbeit gewinnen? Diese Recherche führte zu durchaus interessanten, positiven Befunden.

3.2.1 (Kontextuelle) Sozialtheologie

Dem hier gewählten Begriff ‚Theologie in der Sozialen Arbeit' kommt zunächst einmal rein formal das Stichwort ‚Sozialtheologie' sehr nahe. Nach Auskunft des Katholischen Soziallexikons[232] gehört die Sozialtheologie in den Bereich der Soziallehre. Dort entstand sie nach dem Zweiten Weltkrieg zum einen als Reaktion auf die von Vertretern der katholischen Soziallehre selbst geäußerte Kritik an einer zu starken naturrechtlichen Argumentation. Das Bemühen um eine Sozialtheologie war somit hierzulande zum einen der Versuch, die Gesellschafts- und Sozialehre der Kirche auf eine stärkere theologische, d. h. biblische und lehramtliche Legitimationsbasis zu stel-

---

[231] *Tillmann* (1995), Sozialarbeitswissenschaft als Basis der Curriculumentwicklung, 324.
[232] *W. Weber*, Art. Sozialtheologie, in: *A. Klose/W. Mantl/V. Zsifkovits (Hrsg.)*, Katholisches Soziallexikon, Innsbruck u.a. ²1980, Sp. 2797-2802.

len.²³³ Auf der anderen Seite ist die Entstehung der Sozialtheologie das Resultat einer grundlegenden Kritik an einem sozialen und politischen Reflexionsdefizit der akademischen Theologie. Diese, von Seiten der politischen Theologie vorgebrachte Kritik sieht in der katholischen Soziallehre nur eine isolierte theologische Provinz, die Alibicharakter für eine insgesamt unpolitische Theologie besitzt.²³⁴ Sozialtheologie in diesem zweiten Sinn ist dann nicht als eine Sparte innerhalb der Theologie bzw. als eine besondere Variante der Sozialtheologie zu begreifen, sondern als eine grundlegende, sich durch alle theologischen Disziplinen hindurchziehende Dimension, die darauf abzielt, durch die Einbeziehung einer sozio-historischen Perspektive in die theologische Reflexion eine gefährliche Privatisierung und Spiritualisierung des Glaubens zu überwinden. Sozialtheologie in dieser Variante ist als fundamentale Theologie zu begreifen.²³⁵

Der neuere Entwurf einer kontextuellen Sozialtheologie²³⁶ führt diesen Ansatz weiter. Mit äußerster Klarheit stellen die Verfasser heraus, daß eine Sozialtheologie nur in enger Verbindung mit einer Gemeinde oder Glaubensgemeinschaft entwickelt werden kann. Der Ort christlicher Theologie ist daher „die christliche Gemeinde, die das Evangelium Jesu Christi in der konkreten gesellschaftlichen Situation leben und bezeugen will."²³⁷ In Berufung auf die Pastoralkonstitution ‚Gaudium et spes' des Zweiten Vatikanischen Konzils äußern sie die grundlegende Überzeugung, daß „Welt und Gesellschaft, in der die Menschen leben, ... auch ein Anliegen und eine Sorge

---

²³³ Wenn nämlich in der Theologie alles unter dem Gesichtspunkt seiner Beziehung zu Gott behandelt wird, dann müsse auch die Sozialtheologie „vom menschlichen Gesellschaftsleben im Lichte der christlichen Offenbarung und der von ihr erleuchteten Vernunft" handeln. „Ihre Erkenntnisquellen sind die allgemein theologischen. Wichtigste unmittelbare Quelle ist die Verkündigung des kirchlichen Lehramtes, namentlich in Gestalt der vom Lehramt vorgetragenen kirchlichen Soziallehre. Letzte Quelle ist die Offenbarung selbst, soweit sie das Gesellschaftsleben der Menschen zum Gegenstand hat." - Ebd., Sp. 2801.

²³⁴ Vgl. ebd., Sp. 2798f.

²³⁵ Der Verfasser des Artikels ‚Sozialtheologie' im Soziallexikon sieht allerdings diese Art von Sozialtheologie eher auf kirchlichen Abwegen, insofern sie sich mit emanzipatorischen, gesellschaftskritischen Interpretamenten der sog. Frankfurter Schule (H. Marcuse, Th. W. Adorno, M. Horkheimer u.a.) einerseits und mit neomarxistischen Gesellschaftsanalysen andererseits verbündet habe. So seien unakzeptable „politisierende" und „Partei ergreifende" Ableger dieser Sozialtheologie in Form von Theologien der Befreiung, Theologien der Revolution u.a.m. entstanden, die die katholische Soziallehre wegen ihres Bemühens um eine positive Mitgestaltung der vorherrschenden gesellschaftlichen Verhältnisse zum Teil heftig befehden. - Vgl. ebd., Sp. 2799.

²³⁶ *J. B. Banawiratma/J. Müller*, Kontextuelle Sozialtheologie. Ein indonesisches Modell, Freiburg u.a. 1995.

²³⁷ Ebd., 23.

der Kirche" sein müssen. Will die Kirche als „Sakrament des Heiles" für die Welt (LG 1; 48; GS 45) jedoch diese soziale Dimension ihrer Pastoral realisieren, muß sie in Wort und Tat am Leid der Menschen und an ihrem Ringen um Befreiung Anteil nehmen. Dies aber verlangt von ihr, „vom Verstehens- und Erfahrungshorizont der Adressaten auszugehen, auch und gerade dann, wenn dieser nicht den eigenen Vorstellungen entspricht. Diese methodisch wie inhaltlich höchst schwierige Aufgabe ist im Grunde genommen nichts anderes als das Bemühen um *Inkulturation oder Kontextualisierung*, die gegenwärtig vermutlich größte Herausforderung für die Kirche."[238] Das indonesische Modell einer kontextuellen Sozialtheologie, von der im besagten Buch berichtet wird, ist ein Ergebnis dieses Versuches der Inkulturation und Kontextualisierung von Kirche und Theologie.[239] Die Verfasser sind überzeugt, daß dieses Modell auch auf die europäische Situation übertragen werden kann.

Banawiratma/Müller unterscheiden einen doppelten Begriff von Sozialtheologie. Erstens verstehen sie Sozialtheologie im weiteren Sinne als *„kontextuelle Theologie bzw. eine Art Fundamentaltheologie"*, also eine Grundausrichtung der gesamten Theologie, die sich „sozial bzw. kontextuell" ausrichtet, „um besser verstanden zu werden und die Aufgabe der Theologie in der Kirche besser erfüllen zu können."[240] Sozialtheologie meint somit „eine Dimension, Ausrichtung, Grundorientierung oder auch einen Horizont aller theologischen Reflexion"[241], eben eine Theologie, die aus der Perspektive der sozialen Realität heraus entsteht. In einem engeren Sinn bezeichnet Sozialtheologie dann aber auch *„eine spezielle Theologie, die den gesellschaftlichen Einsatz der Gemeinde reflektiert*, z.B. angesichts der Herausforderung durch Armut und Ungerechtigkeit."[242] Diese Form einer Sozialtheologie als praktische Theologie bildet das Hauptinteresse und den zentralen Gegenstand des Buches ‚Kontextuelle Sozialtheologie'. In ihm werden die Methodik und Dynamik theologischer Reflexion gemäß dem Viererschritt teilnehmende Beobachtung - Sozialanalyse - theologische Reflexion - Verwirklichung des Glaubens dargelegt.[243] Interessant ist auch die Tatsache, daß diese kontextuelle Sozialtheologie nicht nur an Theologiestu-

---

[238] Ebd., 23f.
[239] Vgl. ebd., 39.
[240] Ebd., 25.
[241] Ebd.
[242] Ebd., 239.
[243] Vgl. ebd., 26f.

denten, sondern an katholische Studierende verschiedener Hochschulen und an ihre Studentengemeinden adressiert ist.

Das Projekt einer Theologie in der Sozialen Arbeit kann von den Überlegungen zur Sozialtheologie in mehrfacher Hinsicht profitieren.

- Zunächst einmal wird sie das Anliegen einer ‚Sozialtheologie im weiteren Sinn' teilen können, zur Genese einer Theologie beizutragen, die stärker als bisher durchgängig soziale Fragen als elementaren, methodisch unverzichtbaren Bestandteil ihrer Reflexion betrachtet. Denn „nur wenn der behinderte Mensch gleichberechtigt in unserer Theologie vorkommt, (und nicht mit der kümmerlichen Rolle eines Vielleicht-End-Verbrauchers vorliebnehmen muß), nur dann kann sie insgesamt zu richtigen Sätzen kommen."[244]

- Eine Theologie in der Sozialen Arbeit wird sich aber auch in der Nähe einer speziellen Sozialtheologie sehen können, insofern sie für sich in Anspruch nimmt, die Praxis von Sozialarbeitern/-innen wie von sozialcaritativen Organisationen unter praktisch-theologischer Perspektive zu reflektieren.

- Sodann ist es der methodische Ansatz der kontextuellen Sozialtheologie, der auch einer Theologie in der Sozialen Arbeit auf den Leib geschnitten ist. Besonders die Verfeinerung des Dreischritts ‚Sehen - Urteilen - Handeln' durch das Instrumentarium der teilnehmenden Beobachtung zieht das Interesse auf sich, haben doch die Studierenden der Sozialen Arbeit vielfach Gelegenheit, durch Präsenz in den Milieus der Klienten deren Lebenssituation von innen her kennenzulernen und so Not hautnah, authentisch - und nicht nur von außen und verobjektivierend - wahrzunehmen.

- Der stringente Kontextbezug einer Sozialtheologie ermutigt des weiteren die Theologie in der Sozialen Arbeit, der sozio-historischen Situation der Bundesrepublik Deutschland ein großes Augenmerk zu schenken.

- Schließlich verweist die kontextuelle Sozialtheologie auf den unaufgebbaren Bezug von Theologie zur kirchlichen Gemeinde bzw. Glaubensgemeinschaft vor Ort. Eine Theologie an Fachhochschulen für Soziale Arbeit wird durch diesen Grundsatz herausgefordert, ihre ekklesiale Verortung zu bedenken und zu kultivieren.

---

[244] *U. Bach*, Diakonie zwischen Fußwaschung und Sozialmanagement, in: *H. Bachmann/R. van Spankeren (Hrsg.)*, Diakonie: Geschichte von unten. Christliche Nächstenliebe und kirchliche Sozialarbeit in Westfalen, Bielefeld 1995, 15-55, hier 17.

3.2.2 Sozialpastoral

Dem Anliegen einer Theologie in der Sozialen Arbeit sehr nahe stehen die wissenschaftlichen Bemühungen um eine Sozialpastoral, wie sie in den vergangenen zehn Jahren insbesondere von *N. Mette und H. Steinkamp* geleistet wurden.[245] Weichenstellend dafür war - so *Steinkamp* in der biographischen Annäherung an das Thema[246] - die für ihn „merkwürdige ‚Verschränkung'" von lehramtlichen Texten des Konzils und der Synode der deutschen Bistümer[247] einerseits, mit Erfahrungen aus der beruflichen Praxis als Trainer von „Intensivgruppen" und Erlebnissen bei Studienaufenthalten in brasilianischen Basisgemeinden andererseits. Die dadurch entstandenen Paradoxien lösten eine Krise seiner Existenz als europäischer Volkskirchen-Christ aus und führten zur Entwicklung eines neuen pastoralen Ansatzes.

Dieses Konzept der Sozialpastoral versteht sich als ein neues Paradigma pastoralen Handelns. Es soll jenes der „Mitgliedschafts-Pastoral"[248] ablösen und läßt sich mit den Stichworten „Solidarität und Parteilichkeit" auf den Begriff bringen. Sozialpastoral ringt nämlich um „eine neue Grundorientierung für die Praxis von Kirchen und Gemeinden", eine Praxis, die sich „ihre Prioritäten nicht länger vom Selbsterhaltungsinteresse der Institutionen und von den Zwängen einer Volkskirche (Erhaltung des Mitgliederbestandes) vorgeben läßt, sondern die die - durchaus parteiliche - Grundintention der christlichen Botschaft im jeweiligen sozialen Kontext bewähren will."[249] *Steinkamp* selbst nennt fünf Operationalisierungen, die diesen Weg von einer

---

[245] Vgl. *N. Mette*, Sozialpastoral, in: *P. Eicher/N. Mette (Hrsg.)*, Auf der Seite der Unterdrückten? Theologie der Befreiung im Kontext Europas, Düsseldorf 1989, 234-265; *Steinkamp* (1991), Sozialpastoral; *ders.*, Solidarität und Parteilichkeit. Für eine neue Praxis in Kirche und Gemeinde, Mainz 1994; *N. Mette/H. Steinkamp*, Die Grundprinzipien der Sozialpastoral. Am Beispiel des ‚Plano de Pastoral de Conjunto' der Diözese Crateús (Brasilien), in: PThI 14 (1994) 1/2, 79-92; *dies.*, Prinzipien und Elemente einer Sozialpastoral für die Kirche in der Bundesrepublik Deutschland. Am Beispiel ‚Christliche Gemeinden als Asyle', in: PThI 14 (1994) 1/2, 93-102.

[246] Vgl. *Steinkamp* (1994), Solidarität und Parteilichkeit, 13-19.

[247] Steinkamp bezieht sich auf die Pastoralkonstitution des Konzils ‚Gaudium et spes' und auf das Dokument ‚Unsere Hoffnung' der Gemeinsamen Synode der Bistümer in der Bundesrepublik Deutschland.

[248] Steinkamp subsumiert darunter eine große Zahl von pastoralen Konzepten, die keinesfalls als paradigmatisch gelten dürfen, auch wenn sie dies beanspruchen: etwa die Konzepte einer Fernstehenden-Pastoral, einer Pastoral der konzentrischen Kreise, einer missionarischen Gemeinde und wohl auch einer ‚mystagogischen Pastoral'. Sie alle sind gemäß Steinkamp dem Paradigma einer „‚Mitgliedschafts'-Pastoral" oder synonym einer „Individual-Pastoral" bzw. „Betreuungspastoral" zuzuordnen. - Vgl. *Steinkamp* (1994), Solidarität und Parteilichkeit, 23f.

[249] Ebd.

defizitären zu einer wünschenswerten, innovativen Praxisform kirchlichgemeindlichen Handelns beschreiben.[250]

Von der Wortbedeutung selbst her haben die beiden Aspekte des Begriffs großes Gewicht für das Verständnis des Anliegens: *Sozial*pastoral besagt zum einen „die radikale Bezogenheit christlichen und kirchlichen Handelns auf die konkreten gesellschaftlichen Bedingungen und Probleme, insbesondere auf die Überwindung von Not, Elend und Unterdrückung. In diesem Sinne meint Sozialpastoral die Praxis einer ‚Kirche für die Welt', wie sie durch die Pastoralkonstitution ‚Gaudium et spes' des II. Vaticanums grundgelegt und durch die Dokumente der II. und III. Generalversammlungen des lateinamerikanischen Bischofsrates (Celam) von Medellín und Puebla auf die Situation des Subkontinentes hin konkretisiert worden ist."[251] *Sozialpastoral* beinhaltet zum anderen den Abschied von einer kleruszentrierten, von dem Subjekt-Objekt-Schema bestimmten und funktionszentrierten Pastoral hin zu einer Pastoral des Volkes Gottes. Alle Christen, das ganze Volk Gottes ist aufgerufen, Subjekte (Agenten) des pastoralen Handelns zu werden.[252] ‚Pastoral' im Begriff Sozialpastoral meint also die befreiende, auf die soziale Realität bezogene Praxis von Christen und ihrer Gemeinden, eine Praxis der Solidarität und Parteilichkeit.

Das Konzept der Sozialpastoral ist keineswegs identisch mit dem Projekt einer Theologie in der Sozialen Arbeit,[253] doch lassen sich wiederum einige wichtige Orientierungen für das vorliegende Projekt gewinnen.

- Das Konzept der Sozialpastoral stellt die Praxis der Kirche und ihrer Gemeinden in den Vordergrund. Diese darf nicht beliebig, sondern muß parteilich-entschieden (Optionen) und solidarisch sein bzw. werden. Praxisorientierung in diesem Sinne wird auch ein Kennzeichen einer Theologie in der Sozialen Arbeit sein müssen.

- Das Konzept der Sozialpastoral beansprucht eine paradigmatische Qualität. Es provoziert somit die Theologie in der Sozialen Arbeit zu einer Standortbestimmung. Sie muß sich entscheiden, aus welcher Perspektive - der einer Mitgliedschaftspastoral oder der einer Sozialpastoral - sie ihre Theologie mit Sozialberufen treibt und welches Konzept pastoralen Han-

---

[250] Vgl. *Steinkamp* (1991), Sozialpastoral, 77-84.
[251] Ebd., 12.
[252] Vgl. ebd., 14f.
[253] Der größte Unterschied besteht darin, daß sich Steinkamp mit seinem Ansatz fast ausschließlich an Studierende der Theologie, also Diplomtheologen/-innen richtet, nicht aber Studierende der Sozialen Arbeit in den Blick nimmt.

delns für die Orientierung der beruflichen Praxis von Sozialarbeitern/ -innen leitend ist. Die hier zu entwerfende Theologie sieht sich dem Paradigma der Sozialpastoral verpflichtet.

- Zu den unaufgebbaren Prinzipien einer Sozialpastoral gehört, daß alle Glieder des Gottesvolkes als „pastorale Agenten" eine spezifische Rolle innerhalb der Sendung der Kirche wahrnehmen. Wer also, wie die Theologie in der Sozialen Arbeit, kirchliche Sozialberufe ausbildet und theologisch begleitet, der wird diesen Impuls der Sozialpastoral gerne aufgreifen. Sozialarbeiter/-innen und Sozialpädagogen/-innen sind also nicht kirchliche Hilfskräfte zweiter Klasse oder soziale Fachkräfte im Vorfeld der Pastoral, sondern sie müssen als pastorale Agenten ersten Ranges begriffen werden. Mehr noch: Sie sind diejenigen Personen in der Kirche, die aufgrund ihrer Fachkompetenz und aufgrund ihrer - in entsprechenden Ausbildungsformen auszuprägenden - spirituellen und kirchlichen Kompetenz zu einer entscheidenden pastoralen Kraft hierzulande werden können.

3.2.3 ‚Theologie an der Grenze'

Vor über zehn Jahren veröffentlichte *H.-G. Heimbrock,* damals Professor für evangelische Theologie und ihre Didaktik (unter besonderer Berücksichtigung der Sondererziehung) an der Universität Köln, ein Buch mit dem Titel „Pädagogische Diakonie. Beiträge zu einem vergessenen Grenzfall"[254]. In der seinerzeit in Gang gekommenen intensiven Auseinandersetzung um eine diakonische Orientierung der gesamten Theologie, die er in der Formel zusammenfaßt: „Die Theologie lernt von der Diakonie - und: Kirchliche Diakonie ist erneut theologisch in die Schule gegangen"[255], will er dennoch einen blinden Fleck bemerkt haben. Es ist seiner Beobachtung nach die Ausblendung der pädagogischen Perspektive aus der Diakonie-Debatte. Dieser Mangel an theologischer Reflexion über den Zusammenhang von Diakonie einerseits und Erziehung andererseits belaste das Verhältnis beider und habe dazu geführt, daß die Erziehung aus ihrem kirchlich-diakonischen Ursprung ausgewandert sei. *Heimbrocks* Anliegen besteht nun darin, eine Brücke zwischen Theologie und Pädagogik - bei ihm sind es speziell Heilpädagogik, Sondererziehung und Rehabilitation - zu schlagen. Durch diesen angestreb-

---

[254] *H.-G. Heimbrock,* Pädagogische Diakonie - Beiträge zu einem vergessenen Grenzfall, Neunkirchen-Vluyn 1986.
[255] Ebd., 7.

ten Dialog mit den humanwissenschaftlichen Disziplinen, die an der heilpädagogischen Ausbildung beteiligt sind, will er einerseits für die theologisch-diakonische Perspektive dazulernen.[256] Andererseits will er diesen ‚außertheologischen Gesprächspartnern', die heute „eher in kritischer Frontstellung zu Theologie und Kirche arbeiten - wenn sie überhaupt noch von diesen Notiz nehmen"[257], ein Gesprächsangebot unterbreiten.

Wie er im Vorwort schreibt, ist er in seiner Eigenschaft als Professor für Theologie und Didaktik mit der Notwendigkeit und Möglichkeit solcher Dialoge und Auseinandersetzungen persönlich vertraut geworden. Zu den ihm „wichtigen Gesprächspartnern gehörten und gehören nicht nur die theologischen Fachkollegen und Studenten der Religionspädagogik, sondern auch und gerade Kollegen der ‚Erziehungswissenschaftlichen-Heilpädagogischen Fakultät', schließlich junge Menschen, die oft ohne berufliche, dafür aber um so stärker mit persönlichen Interessen zugehört und zurückgefragt haben."[258] Als Bedingung der Möglichkeit für seinen Dialog auf der Grenze zwischen Theologie und den auf verschiedene Praxisfelder bezogenen Wissenschaften sieht er die Bereitschaft des Theologen an, beim Blick über die Grenzen der Theologie hinweg „andere nicht vereinnahmen"[259] zu wollen und zu dürfen.

Heimbrocks Überlegungen zu einer pädagogischen Diakonie gehen einerseits von der Frage nach der Bedeutung christlich begründeter bzw. christlich gefüllter Erziehung für kirchliche Diakonie und ihre theologische Theorie aus, andererseits sind sie von der Suche nach sinnvollen diakonischen Perspektiven für die Erziehung, speziell für die Heil- und Sonderpädagogik, motiviert. Zunächst stellt er mit Bedauern einen nahezu vollständigen Abbruch des Gesprächs zwischen Theologie und Erziehung fest. Denn einerseits komme die - Repräsentativität beanspruchende - historische Darstellung christlicher Diakonie in der theologischen Realenzyklopädie[260] völlig ohne Bezugnahme auf erzieherisches Handeln aus; andererseits würden in der Einführung in die Forschungsgeschichte der Heilpädagogik zwar die Biologie (bzw. Medizin), die Psychologie und Soziologie zu den relevanten Grundwissenschaften gezählt, jedoch nicht die Theologie. Der Grund für diese Wahrnehmungs- und Gesprächsblockade liegt nach *Heimbrock* auf beiden Seiten.

---

[256] Vgl. ebd., 8.
[257] Ebd., 10.
[258] Ebd., 8.
[259] Ebd., 7.
[260] Vgl. *P. Philippi*, Art. Diakonie I. Geschichte der Diakonie, in: TRE 8, 621-644.

In der Auseinandersetzung mit den beiden heilpädagogischen Entwürfen des Freiburger katholischen Pastoraltheologen *Linus Bopp*,[261] in der dieser den Versuch der Verchristlichung von Heilpädagogik zur „Heils-Pädagogik" unternimmt, weist *Heimbrock* auf, wie sehr die Theologie immer wieder Gefahr lief, ihren Geltungsanspruch gegenüber der Pädagogik massiv zu überziehen, so daß sie bis heute im Verdacht steht, die seitens der Pädagogik bzw. Heilpädagogik beanspruchte wissenschaftliche Autonomie zu zerstören und sie theologisch zu überfremden.[262] Auch wenn *Heimbrock* eine derart verkirchlichte Heilpädagogik ablehnt, so hält er doch das ihr immanente Anliegen, den christlichen Glauben als Heilserfahrung für behinderte Menschen zum Tragen zu bringen, nicht für erledigt. Auf Seiten der Erziehungswissenschaft beobachtet *Heimbrock* allerdings ebenfalls Tendenzen zu einer Karikatur theologisch motivierter Ansätze der Erziehung. Dies sei etwa der Fall in den Ausführungen von *E. E. Kobi* zur Geschichte der Heilpädagogik,[263] in der dieser eine ausgrenzende Polarisierung von caritativer, religiös motivierter ‚Hilfe' einerseits und moderner ‚Erziehung' andererseits vornimmt. Damit werde aber „von vornherein der Blick dafür verstellt, nach erzieherischer Praxis oder nach pädagogischer Theoriebildung im Kontext von Theologie zu suchen."[264]

In der Forderung *Kobis* nach einem Interaktionsmodell einer wissenschaftlich begründeten Heilpädagogik erkennt *Heimbrock* nun allerdings die Chance, sich als Theologe in das interdisziplinäre Gespräch mit der Heilpädagogik einzuklinken und den Blick über den Zaun innertheologischer Theorie zu werfen. „Denn mit dem Interesse am Subjekt" sei zum einen „ein fundamentaltheologischer Problemkreis erster Ordnung angesprochen", und zum anderen verbinde sich das interaktionistische Modell *Kobis* sachlich „mit Gedankengängen zur Wahrnehmung behinderter und leidender Menschen aus christlicher Perspektive."[265] Für den anstehenden Diskurs empfiehlt er der Theologie Zurückhaltung und Behutsamkeit. Mit vier Postulaten formuliert er den Selbstanspruch des Theologen für ein solches Gespräch an

---

[261] *L. Bopp*, Allgemeine Heilpädagogik in systematischer Grundlegung und mit erziehungspraktischer Einstellung, Freiburg 1930; *ders.*, Heilerziehung aus dem Glauben. Zugleich eine theologische Einführung in die Pädagogik überhaupt, Freiburg 1958.

[262] Vgl. *Heimbrock* (1986), Pädagogische Diakonie, 11ff.

[263] Vgl. *E. E. Kobi*, Heilpädagogik als Dialog, in: *A. Leber (Hrsg.)*, Heilpädagogik (= Wege der Forschung, Bd. 506), Darmstadt 1980, 61-94, hier 70ff. - Kobi unterscheidet vier sich geschichtlich ablösende Modelle: a) das caritative Modell, b) das exorzistische Modell, c) das Rehabilitations-Modell; d) das medizinische Modell.

[264] *Heimbrock* (1986), Pädagogische Diakonie, 15.

[265] Ebd., 17.

der Grenze, die nach *P. Tillich* „der eigentlich fruchtbare Ort der Erkenntnis"[266] ist:

- Erstens: Theologie hat im Blick auf ihren Beitrag zur Heilpädagogik, Rehabilitation und Diakonie Omnipotenzansprüche tunlichst zu bremsen. „Der Blick über die Grenze darf nicht gleich alle anderen vereinnahmen"[267]; eine „bescheidene Selbst-Begrenzung" mache vielmehr „freier für die Wahrnehmung der möglichen Erklärungskraft außertheologischer Theorien und Denkmodelle gerade auch für die eigene diakonische und pädagogische Praxis."[268]

- Zweitens: Im Gespräch mit den anderen Disziplinen ist die Theologie aufgefordert, nicht nur an die Ideen und Programme des pädagogisch-diakonischen Handelns zu erinnern, sondern auch deren Wirkungen einer ideologiekritischen Überprüfung zu unterziehen. Denn geschichtlich gesehen haben die christliche Religion und ihre Kirchen den behinderten Menschen nicht nur Erfahrungen des Heils vermittelt![269]

- Drittens: Die Theologie ist gerade im Gespräch mit kritischen Gesprächspartnern angehalten, das eigene diakonische Grundlagenstudium zu forcieren, um auf verkürzte, verzerrte oder falsche Sichtweisen der Geschichte und Praxis der kirchlichen Diakonie hinzuweisen, wie sie durchaus innerhalb der Humanwissenschaften vorkommen. Es gilt, in guter wissenschaftlicher Streitkultur zu einer Korrektur und zu einer objektiveren Darstellung beizutragen.[270]

- Viertens: Im Dialog mit Partnern jenseits der eigenen Grenze wird es für den Theologen darauf ankommen, Berührungsängste abzubauen, insbesondere bezüglich der kritischen und konstruktiven Diskussion von Wertvorstellungen und Menschenbildern. Wo eine gemeinsame Sorge um Menschen am Rande der Gesellschaft ernsthaft angezielt wird, dort sei ein ängstliches Insistieren auf dem ‚Proprium' christlicher Diakonie und christlicher Erziehung wenig hilfreich. Es empfehle sich vielmehr „Offenheit und Neugier für die mögliche Entdeckung gemeinsamer Intentio-

---

[266] Zitiert nach ebd., 9.
[267] Ebd., 18.
[268] Ebd., 19.
[269] Vgl. ebd.
[270] Vgl. ebd., 19f.

nen", die durchaus eine kritische Auseinandersetzung um das „gültige Kriterium des Menschseins" beinhalten kann und soll.²⁷¹

Diese grundsätzlichen Überlegungen von *H.-J. Heimbrock* sind für eine Theologie in der Sozialen Arbeit von sehr konkreter Bedeutung, berühren sie doch im Kern die Problematik, vor der die Theologie an Fachhochschulen für Soziale Arbeit steht. Sie wird nur dann eine Akzeptanz als Bezugswissenschaft finden, wenn sie sich einer ‚mutigen Bescheidenheit' befleißigt und ohne hegemoniales Interesse, aber mit Selbstbewußtsein eine ‚Theologie an der Grenze' betreibt.

3.2.4 ‚Theologie der sozialen Aufgabe'

Es überrascht sehr, daß man bei *K. Rahner* auf einen Aufsatz stößt, der das Wort ‚Sozialarbeit' im Titel führt. In einem Vortrag bei der Generalversammlung des Schweizerischen Caritasverbandes am 13.06.1967 ging er tatsächlich dem Zusammenspiel von Praktischer Theologie und kirchlicher Sozialarbeit nach.²⁷² Auch wenn er einleitend feststellte, er käme sich bei diesem Thema „im günstigsten Fall" vor „wie der Esel Bileams, der prophetisch sprach und doch ein Esel blieb",²⁷³ so sind seine Gedanken gerade in der heutigen Leitbilddiskussion hoch aktuell. Im Kern seines Aufsatzes bestimmt *Rahner* nämlich das Verhältnis von kirchlicher und weltlicher Sozialarbeit. Auf dem Hintergrund seiner Gnadentheologie kommt er zu dem Schluß, daß auch die weltliche Sozialarbeit und deren Institutionen „vom Christen und der Kirche nicht als etwas betrachtet werden (dürfen, M. L.), was eigentlich und besser bloß von der Kirche und dem Christen als solchem in eigener Regie und explizit kirchlicher Steuerung getan werden sollte."²⁷⁴ Entsprechend sei es „unmöglich und auch nicht nötig"²⁷⁵, eine feste, statische oder eine prinzipielle Grenze zwischen dem Feld weltlicher und kirchlicher sozialer Arbeit zu ziehen. Vielmehr gilt, daß „überall, wo die profane soziale Tat der Gesellschaft der ewigen Würde der Person, ihrer Freiheit und

---

²⁷¹ Vgl. ebd., 20f. Heimbrock beruft sich hier auf *D.-J. Löwisch*, Pädagogisches Heilen. Versuch einer erziehungsphilosophischen Grundlegung der Heilpädagogik, München 1969, 153.
²⁷² *K. Rahner*, Praktische Theologie und kirchliche Sozialarbeit, in: *ders.*, Schriften zur Theologie, Bd. VIII, Einsiedeln u.a. 1967, 667-688.
²⁷³ Ebd., 667.
²⁷⁴ Ebd., 674.
²⁷⁵ Ebd., 678.

Befreiung von Selbstentfremdung dient ... gesellschaftliche Wirklichkeiten gegeben (sind, M. L.), die auch Leib der Liebe sein könnten, es oft auch sind und so, obzwar anonym, zum Erscheinungsbild der Kirche gehören könnten ... Ob dies, was so weltlich ist, es bleibt und nur anonyme ‚caritas' im theologischen Sinn sein muß, wirklich die Erscheinung der Liebe aus dem vom Geist Gottes erfüllten Herzen *ist,* das weiß nur Gott, der allein die Herzen richtet."[276] Diese theologische Wertschätzung der weltlichen Sozialarbeit schließt für Rahner nicht eine soziale Hilfe aus, die ausschließlich von der Kirche und vom kirchlichen Christen legitim geleistet werden kann. Er betont sogar, daß diese inbesondere dort unverzichtbar ist, wo eine „Behebung oder Minderungen von Störungen in der Dimension des Religiösen, des Glaubens, der Hoffnung und der Liebe"[277] ansteht.

Wenn nun aber beide, die weltliche und die kirchliche soziale Arbeit, gnadenverdächtig sind, dann genügt es für eine Caritaswissenschaft nicht mehr, ihr Nachdenken nur auf die kirchliche - d.h. vom Amt, von caritativen Laienberufen, von Territorial- und Personalgemeinden sowie von christlichen Wohlfahrtsverbänden geleistete[278] - soziale Arbeit zu zentrieren und diese mittels einer ekklesiologischen Deduktion zu bestimmen. Caritaswissenschaft kann nicht mehr nur das beschreiben, „was *immer* Caritas der Kirche aus dem Wesen der Kirche heraus ist", sie muß vielmehr aussagen, „was die Caritas der Kirche gerade heute sein muß ... Caritaswissenschaft hat eine kritische, fast prophetische Funktion gegenüber der faktisch getanen Caritas der Kirche und muß gewissermaßen in schöpferischer Phantasie aus Hoffnung heraus die immer neuen Gestalten der Caritas und des Verhältnisses der Kirche zur Welt entwerfen."[279] Diese Grundüberzeugung *Rahners* bedeutet nicht nur eine Ausweitung des Reflexionsgegenstandes der Caritaswissenschaft auf die anonym christlichen Objektivationen der Sozialarbeit, sondern auch eine neue Zielsetzung. Als Teil und inneres Moment der Praktischen Theologie bzw. der Pastoraltheologie hat die Caritaswissenschaft „die theologische Reflexion auf den *ganzen* Selbstvollzug der Kirche überhaupt" zu leisten, „so wie dieser von ihrem Wesen her *und* von einer theologisch durchdachten Gegenwartssituation der Welt und Kirche her heute sein soll."[280]

---

[276] Ebd., 679.
[277] Ebd., 682f.
[278] Vgl. ebd., 677.
[279] Ebd., 669.
[280] Ebd., 667.

In diesen ganzen Selbstvollzug gehören für *Rahner* nicht nur alle Grade der kirchlichen Hierarchie und die Laien, also auch die Sozialberufe, sondern auch alle Wirkformen kirchlichen Handelns: der Kult, die Lehre, die Seelsorge im engeren Sinn, „ebenso wesentlich die Caritas der Kirche und ihr ganzes Wirken in das hinein, was man ‚Welt' nennt."[281] Für diesen umfassenden theologischen Reflexionsbereich, der die expliziten wie impliziten kirchlichen Formen der Caritas einschließt, findet *Rahner* noch gar keinen Namen. Er selbst experimentiert mit der Bezeichnung „ekklesiologische Kosmologie"[282] und hofft dadurch, eine Annäherung von Caritaswissenschaft einerseits und einer künftigen „Theologie der sozialen Aufgabe und Arbeit der Kirche"[283] andererseits zu bewirken.

An dieser Stelle muß man unweigerlich innehalten und die Frage stellen, ob *Rahner* nicht genau das im Blick hatte, was hier mit einer Theologie in der Sozialen Arbeit zu entwerfen versucht wird. Denn er adressiert seine Überlegungen an die Adresse der Praktischen Theologie, als deren Gegenstand er unzweideutig auch die soziale Arbeit betrachtet, und zwar die explizit christlich-kirchlichen wie die sogenannten ‚weltlichen' sozialen Aufgaben. Damit wird die dieser Arbeit zugrunde liegende Auffassung gestützt, daß die Pastoraltheologie nicht nur die caritativen Vollzüge *der Kirche* wissenschaftlich zu begleiten, sondern ebenso die Praxis aller in der sozialen Arbeit Tätigen zu reflektieren hat. Trotz dieser Übereinstimmung ist ein Unterschied festzuhalten: Die hier vorgelegte ‚Theologie in der Sozialen Arbeit' bezieht sich nur auf den Bereich der Ausbildung an Fachhochschulen, die Idee *Rahners* aber greift weiter aus und wäre in unserem Sinne als ‚Theologie in der sozialen Arbeit'[284] zu verstehen, die wünschenswert erscheint, aber an dieser Stelle nicht geleistet werden kann.

3.2.5 Pastoraltheologie ‚mit Anstand'

Franz-Josef Hungs, Pastoraltheologe und langjähriger Professor für Theologie an der Katholischen Stiftungsfachhochschule für Soziale Arbeit München, hat sich seit Jahrzehnten um die Entwicklung einer kontextuellen Theologie für Sozialberufe verdient gemacht. Aus seinen Erfahrungen in der

---

[281] Ebd.
[282] Ebd., 671.
[283] Ebd.
[284] Gemeint ist also die über die Bereiche Sozialpädagogik/Sozialarbeit hinausgehende soziale Arbeit.

Aus- und Fortbildung sozialer Berufe heraus plädiert er für eine „Pastoraltheologie ‚mit Anstand', das heißt mit Respekt vor Praxis und Erfahrung"[285] von Sozialarbeiterinnen und Sozialarbeitern. Für ihn verbieten sich zwei Wege, die Theologie mit der Sozialen Arbeit zu verbinden. Es ist zum einen der Versuch, anhand der drei Methoden der Sozialen Arbeit - Einzelfallhilfe, soziale Gruppenarbeit, Gemeinwesenarbeit - einen Zugang zur sozialen und persönlichen Wirklichkeit von Menschen zu finden. Nach Erfahrung des Verfassers kann die Pastoraltheologie sich auf diesem ‚Holzweg' nur in Allgemeinplätzen äußern und wird so weder ihren eigenen Ansprüchen noch denen der Sozialarbeit gerecht.[286] Auch ein zweiter Weg der gegenseitigen Beziehung ist zu vermeiden. Insofern nämlich die Sozialarbeit in ihrer Praxis ohne ethische Grundentscheidungen nicht agieren kann, konfrontiert sie allzu schnell die Pastoraltheologie mit der Erwartung, sie möge ihr doch brauchbare Maximen und konkrete Handlungsanweisungen vorlegen. Die Gefahr ist groß, daß dann die „Sozialarbeit ‚in christlicher Verantwortung'" von einer Theologie in ihrer ureigensten Kompetenz entmündigt wird, in der Botschaft Jesu ihren eigenen Weg zu entdecken und in eigener Kompetenz ihre Grundentscheidungen zu treffen. „Die Pastoraltheologie wird ihr dabei wohl subsidiär und solidarisch zur Seite stehen (wollen)."[287]

Eine solche, beide Seiten bereichernde Beziehung von Pastoraltheologie und Sozialarbeit läßt sich nach *Hungs* an vier Schnittstellen kultivieren. Eine erste ist das Selbstverständnis als Handlungswissenschaft, das in der Pastoraltheologie die Vorstellung einer Anwendungswissenschaft abgelöst hat. In diesem Punkt könnte die Pastoraltheologie „aus ihren eigenen Erfahrungen als Handlungswissenschaft plaudern und vielleicht auf diese Weise (der Sozialarbeit, M.L.) den einen oder anderen Rat geben."[288] Eine zweite Schnittstelle besteht in der „Fallarbeit", denn „beide, Sozialarbeit und Pastoraltheologie, kennen die Fallarbeit; sie haben, wenn sie vom Glauben bestimmt sind, ihr gegenüber allerdings eine eigentümliche Sensibilität. Denn schließlich wurde Jesus selbst für seine Umgebung zum ‚Fall'."[289] Der dritte Verbindungspunkt liegt in der sogenannten „Feldarbeit", das ist die gemeinsame Sorge von Pastoraltheologie und Sozialarbeit um die Verbesserung des Umfeldes, um die Veränderung des Lebenskreises und um die Einbeziehung des

---

[285] *Hungs* (1989), Zur Beziehung von Sozialarbeit und Pastoraltheologie, 553.
[286] Vgl. ebd.
[287] Ebd.
[288] Ebd.
[289] Ebd., 554.

Kontextes, der für das Fehlverhalten von Menschen mitverantwortlich ist.[290] Und schließlich findet sich als eine vierte Gemeinsamkeit das „Grundverständnis des eigenen Urteilens und Handelns", das die Theologie aus der Praxis Jesu bezieht und ohne Brüche in die Sozialarbeit einbringen kann. Es besteht in der Grundhaltung, die Klienten in ihrer Kompetenz für das Richtige und Notwendige ganz ernstzunehmen und ihnen nicht Lösungen ‚von draußen', aus der Logik einer Theorie oder - pharisäisch gesprochen - aus den Vorschriften des Gesetzes, aufzudrängen.

Wenn die Beziehung zwischen Pastoraltheologie und Sozialarbeit auf diese Weise gepflegt wird, dann gewinnt, so ist *Hungs* überzeugt, die Sozialarbeit in christlicher Verantwortung ihr eigenes Profil. Das Christliche ist dann „keine Eigenschaft ‚an' der Sozialarbeit, sondern ein charakteristischer Aspekt, eine besondere Art der Wahrnehmung und Sensibilität, ein eigener Stil ihres Umgangs und ihrer urteilenden Einschätzung."[291]

3.2.6 ‚Theologie für Nichttheologen'

Sehr eng auf das Thema einer Theologie an Fachhochschulen für Soziale Arbeit bezogen ist der Reflexionsversuch des praktischen Theologen *C. Bäumler* „Zur Funktion der Theologie in der Ausbildung von Sozialarbeitern im kirchlichen Dienst"[292]. Er möchte in seinem Beitrag aus dem Jahre 1968 eine Variation des Themas ‚Theologie für Nichttheologen' zur Diskussion stellen. Grundsätzlich besteht für ihn kein Zweifel an der Notwendigkeit einer theologischen Reflexion sozialarbeiterischer Praxis und an einer theologischen Ausbildung jener Sozialarbeiter, die im kirchlichen Dienst, insbesondere im Gemeindedienst tätig sind. Allerdings steht für ihn auch außer Zweifel, daß es einen deutlichen Unterschied zwischen einer Theologie für Theologen/-innen und einer solchen für Nichttheologen/-innen geben muß. Erstere sei eine ‚textgeleitete', letztere eine ‚situationsgeleitete' Theologie: „Der Denkweg der Theologie für Theologen führt in der Regel vom Text zur Situation, der Nichttheologe fragt in der Situation nach dem Text. Zwar ist diese Un-

---

[290] „Ohne eine Korrektur des bestehenden Umfeldes oder ohne das Angebot eines neuen Lebenskreises sind die Vergebungsworte Jesu zwar - theologisch gesehen - wirksam, aber doch gleichzeitig auch erfahrungsfern und darum gleichzeitig in ihrer Glaubwürdigkeit bedroht." - Ebd.

[291] Ebd., 555.

[292] *C. Bäumler*, Zur Funktion der Theologie in der Ausbildung von Sozialarbeitern im kirchlichen Dienst, in: Pastoraltheologie 57 (1968), 120-127.

terscheidung sogleich wieder zu relativieren, weil der theologische Verstehenszirkel von Text und Situation nicht im Sinne einer Arbeitsteilung aufgelöst werden kann. Mindestens aber das Problembewußtsein der anderen Weise der Theologie muß bekannt sein, wenn es zu dem notwendigen Dialog zwischen textgeleiteter und situationsgeleiteter Theologie kommen soll. Die situationsgeleitete Theologie für Nichttheologen muß aber anders stukturiert sein und eigenständig betrieben werden können."[293]

Bäumler formuliert drei Themenbereiche, die für die Ausbildung von Sozialarbeitern besonders relevant sind. Der erste ist die *Dialektik von Wohl und Heil*. So sehr nämlich einerseits ewiges Heil und zeitliches Wohl nicht voneinander zu trennen sind, so sehr müsse man sie andererseits auch unterscheiden. Das in biblischen Texten verheißene Heil - nämlich „die Erneuerung des Menschen und der Welt im Horizont der Zukunft Gottes" - sei nicht identisch mit jenem „Grad vom sozialen, geistigen und leiblichen Wohlbefinden", das die Sozialarbeit als ihr Ziel anstrebt. Das dialektische Verhältnis Heil und Wohl „zu präzisieren und auf seine Konsequenzen für die Praxis hin zu befragen" sei „die Grundfunktion der Theologie in der Ausbildung der Sozialarbeiter im kirchlichen Dienst."[294]

Ein zweiter Themenbereich einer ‚Theologie für Nichttheologen' bestehe in der *theologischen Interpretation der Methoden* der Sozialarbeit, das sind die Einzelfallhilfe, die soziale Gruppenarbeit und die Gemeinwesenarbeit. Eine theologische Anthropologie der Hoffnung könne in die Einzelfallhilfe „die Kategorie der Befreiung einbringen, einer Befreiung allerdings, die nicht in eine ziellose Freiheit führt, sondern Liebe gibt und Liebe ermöglicht."[295] Umgekehrt könnte die beratende Seelsorge eine Menge von den allgemeinen Prinzipien der casework wie Akzeptieren, Kommunkation, Individualisierung, Aktivierung, Selbst- und Gruppenkontrolle lernen. Ähnliches gilt auch hinsichtlich der sozialen Gruppenarbeit. Das hier bekannte Wissen um Vorgänge in der Gruppe und um adäquate Interventionsmöglichkeiten der Gruppenleiter könnte auch die Seelsorge in der Gemeinde wie die Gemeindeleitung bereichern.[296] Die Gemeinwesenarbeit, damals noch eine relativ neue Methodik, begrüßt *Bäumler* unter dem Aspekt, daß die Kirche mit ihrer Hilfe ihre ‚kritisch-konstruktive Funktion' in der Gesellschaft konkretisieren könne.[297] Umso wichtiger sei es, in die Ausbildung der Sozialar-

---

[293] Ebd., 120.
[294] Ebd., 121.
[295] Ebd., 123.
[296] Vgl. ebd., 123f.
[297] Vgl. ebd., 126.

beiter im kirchlichen Dienst „eine ‚Theologie des sozialen Wandels', wenn nicht eine ‚Theologie der Revolution'"[298] einzubringen.

Als dritte Aufgabe der Theologie sieht *Bäumler* die *„biblische Hermeneutik für Nichttheologen"*[299] an, und zwar in einer besonderen Zuspitzung auf die Situation von Sozialberufen. Dabei müßten „diese Mitarbeiter so weit in das Verstehen biblischer Texte eingeführt werden, daß sie in der Lage sind, ihre eigene Praxis im Kontext des kirchlichen Handelns theologisch zu überprüfen und zu verantworten. Da Predigt und Katechese aber nicht zu ihren Aufgaben gehören, entfallen Homiletik und Katechetik in dieser Ausbildung."[300] Wichtig hingegen sei es, erstens die biblischen Texte als Einladung zur Nachfolge zu erschließen, zweitens den „unumkehrbaren Zusammenhang von Christologie und Ekklesiologie" aufzuzeigen, drittens „die biblischen Perspektiven der Anthropologie" zu erschließen und viertens den Gott vor Augen zu stellen, der sich im Exodus wie in der Auferweckung des gekreuzigten Jesus von Nazareth als Gott der Zukunft erweist, der Heil für alle Menschen will.[301]

Mit diesen sechs Spuren einer Theologie in der Sozialen Arbeit sind bereits wesentliche Merkmale deutlich geworden, die in einer Konzeption dieser Art kontextueller Theologie Eingang finden müssen. Wesentlich für die weitere Arbeit wird es jedoch sein, zunächst zu begründen, warum eine Theologie in der Ausbildung an Fachhochschulen für Soziale Arbeit unverzichtbar ist. Die bisherigen Versuche setzen dies einfach voraus. Eine solche Begründung der Theologie als Bezugswissenschaft in der Ausbildung von Sozialberufen darf jedoch nicht zuerst und ausschließlich theologisch geführt werden, sondern sie muß - dies in formaler wie inhaltlicher Hinsicht - aus der Sozialarbeit selbst heraus erfolgen.[302] Im folgenden, zentralen Kapitel soll dieser Versuch unternommen werden.

---

[298] Ebd.
[299] Ebd. (Kursivsetzung, M. L.)
[300] Ebd.
[301] Vgl. ebd., 126f.
[302] Vgl. *Krockauer* (1998), Soziale Arbeit als theologiegenerativer Ort; auch *A. Heller*, „Wir wollen leisten lernen, denn im Dienen sind wir schon ganz gut!" Chancen und Risiken von Leitbild-Entwicklungen in kirchlichen Organisationen, in: Caritas 98 (1997) 1, 9-16, hier bes. 15.

3.3 Braucht Soziale Arbeit die Theologie?

Als Ergebnis der in den vergangenen Jahren intensiv geführten sozialarbeitswissenschaftlichen Debatten konnte vorstehend festgehalten werden, daß die Sozialarbeitswissenschaft zwar noch keine allseits anerkannte (universitäre) Wissenschaftsdisziplin darstellt, daß sie sich jedoch sowohl auf eine historische Tradition berufen als auch auf eine Vielzahl von wissenschaftsfähigen Bausteinen verweisen kann. Dazu gehören erstens das Ringen um eine Gegenstandsbestimmung der Sozialarbeitswissenschaft, zweitens das Bemühen um eine handhabbare Methodologie, d. h. um Wege der Erkenntnisgewinnung, drittens die durchaus beachtliche Forschungstätigkeit und viertens die Entwicklung von spezifischen Begriffen und Handlungstheorien.[303] Soziale Arbeit verfüge, so argumentiert *A. Mühlum*, „über einen Fundus an Wissen, der unterschiedlichen Reflexionsgraden und Theorienanforderungen entspricht: Alltagserfahrungen und Expertenwissen, geprüfte Hypothesen und ganze Satzsysteme, die im sozialprofessionellen Kontext erarbeitet wurden. Soweit ein Mindestmaß an Systematik gewährleistet und die Regeln wissenschaftlichen Arbeitens eingehalten wurden, kann von Theorien für die Praxis oder kurz: von ‚Praxistheorien' gesprochen werden, die inzwischen in beachtlicher Zahl und Variationsbreite vorliegen."[304] Im Rückgriff auf die unterschiedlichen Versuche einer wissenschaftstheoretischen Systematisierung der Theorieansätze der Sozialen Arbeit[305] entspre-

---

[303] Nach gängiger Übereinkunft kann von Wissenschaft gesprochen werden, wenn vier Bedingungen erfüllt sind: Vorhandensein von 1. Begriffen und Theorien, 2. Wegen der Erkenntnisgewinnung, 3. eigenem Erkenntnisgegenstand und 4. Forschung. - Vgl. dazu grundsätzlich *H. Tschamler*, Wissenschaftstheorie. Eine Einführung für Pädagogen, Bad Heilbrunn (3. überarb. Aufl.) 1996; speziell für die Sozialarbeitswissenschaft vgl. *Engelke* (1992), Soziale Arbeit als Wissenschaft, 30ff.

[304] *A. Mühlum*, Zur Notwendigkeit und Programmatik einer Sozialarbeitswissenschaft, in: *Wendt* (1994), Sozial und wissenschaftlich arbeiten, 41-74, hier 65.

[305] Einen soliden und systematisierten Überblick über die Theorien der Sozialpädagogik bis ca. 1980 gibt *H. Marburger*, Entwicklung und Konzepte der Sozialpädagogik, München 1979; *H.-L. Schmidt*, Theorien der Sozialpädagogik. Kritische Bestandsaufnahme vorliegender Entwürfe und Konturen eines handlungstheoretischen Neuansatzes, Rheinstetten 1981, insb. 214f; weitere Systematisierungen finden sich bei *H. Wollenweber (Hrsg.)*, Modelle sozialpädagogischer Theoriebildung, Paderborn u.a. 1983; *ders.*, Sozialpädagogische Theoriebildung. Quellenband, Paderborn u.a. 1983; *Engelke* (1992), Soziale Arbeit als Wissenschaft, 159-304; *A. Mühlum*, Die ökosoziale Perspektive: Folgerungen für eine Handlungstheorie der sozialen Arbeit, in: *ders. u.a.*, Umwelt - Lebenswelt. Beiträge zu Theorie und Praxis ökosozialer Arbeit, Frankfurt 1986, 208-240; auch *G. J. Friesenhahn*, Trends, Moden, Perspektiven? Diskussionsbeitrag zur Entwicklung Sozialer Arbeit, in: Unsere Jugend 43 (1991) 11, 457-466; *M. Erler*, Soziale Arbeit. Ein Lehr- und Arbeitsbuch zu Geschichte, Aufgaben und Theorie, München u.a. 1993, 117-

chend ihrer metatheoretischen Grundlagen ergibt sich folgender Überblick:[306]

- Neben den traditionellen Fürsorgetheorien[307] gibt es geisteswissenschaftlich-hermeneutische[308] und kritisch-rationale[309] Theorieansätze, die auf das Verstehen der Lebenswirklichkeit der Klienten ausgerichtet sind und die Praxis Sozialer Arbeit anzuleiten beanspruchen.

- Zweitens findet sich eine Reihe von empirisch-analytischen sowie systemisch-funktionalistischen Theorieentwürfen, die im Anschluß an *N. Luhmann* und andere Systemtheoretiker die Soziale Arbeit auf der Basis von Konzepten der ‚sozialen Funktion', des ‚sozialen Funktionierens', der ‚sozialen Fitneß', der sozialen Mitgliedschaft und des Problemmanagements entwickeln und ihr die Aufgabe einer gesellschaftlichen Integrations- und Normalisierungsagentur zuweisen.[310] Diesen Ansätzen geht es primär um Effektivität, weshalb sie auch auf ökonomische Theorien zurückgreifen.

- Eine große Bedeutung erlangten in den siebziger Jahren dieses Jahrhunderts die dialektisch-kritischen[311] sowie neomarxistischen[312] Konzepte einer Sozialarbeits- und Fürsorgetheorie. Sie gehen auf die kritische Gesellschaftstheorie der Frankfurter Schule *(J. Habermas, H. Marcuse, Th. Adorno, M. Horkheimer)* zurück und weisen der Sozialen Arbeit eine emanzipatorische Aufgabe zu.[313]

129; neuerdings *E. Engelke,* Theorien der Sozialen Arbeit. Eine Einführung, Freiburg 1999.

[306] Zu den folgenden Ausführungen vgl. *Staub-Bernasconi* (1995), Systemtheorie, 112-115.

[307] *Scherpner* (1962), Theorie der Fürsorge.

[308] So etwa *H. Nohl,* Aufgaben und Wege der Sozialpädagogik, Weinheim 1965.

[309] Bedeutend aus sozialarbeitswissenschaftlicher Sicht ist insbesondere der Ansatz von *Rössner* (1977), Erziehungs- und Sozialarbeitswissenschaft; *ders.,* Theorie der Sozialarbeit. Ein Entwurf, München ²1975.

[310] Etwa *P. Lüssi,* Systemische Sozialarbeit. Praktisches Lehrbuch der Sozialberatung, Bern u.a. 1991.

[311] Etwa *K. Mollenhauer,* Einführung in die Sozialpädagogik, Weinheim u.a. 1964.

[312] Vgl. etwa *W. Hollstein/M. Meinhold (Hrsg.),* Sozialarbeit unter kapitalistischen Produktionsbedingungen, Frankfurt 1973; *K. Khella,* Theorie und Praxis der Sozialarbeit und Sozialpädagogik, Hamburg 1980; *dies.,* Einführung in die Sozialarbeit und Sozialpädagogik, 2 Bde., Hamburg 1983.

[313] Vgl. *H. Thiersch,* Die Erfahrung der Wirklichkeit. Perspektiven einer alltagsorientierten Sozialpädagogik, Weinheim u.a. 1986; *ders.,* Lebensweltorientierte Soziale Arbeit. Aufgaben der Praxis im sozialen Wandel, Weinheim u.a. 1992.

- Viertens liegen Ansätze Sozialer Arbeit vor, die sich auf physikalische, mathematische, kybernetisch wie kommunikationstheoretisch oder teils biologistisch begründete Systemtheorien beziehen und sich erkenntnistheoretisch als „radikaler Konstruktivismus"[314] verstehen. Sie finden sich insbesondere in der Familientherapie, aber auch in Theorien der sozialen Gruppenarbeit.[315] Allerdings muß eine Rezeption der Systemtheorie innerhalb der Sozialen Arbeit nicht notwendigerweise mit der Übernahme einer radikal-konstruktivistischen Erkenntnistheorie einhergehen.[316]

- In deren Gefolge sind heute auch postmoderne Ansätze Sozialer Arbeit entstanden, für welche typisch ist, daß sie sich der Begriffe Wirklichkeit, Wahrheit, Klasse, Schicht, Macht, ja selbst des Begriffes des Sozialen entledigen und eine Pluralisierung und Entnormierung von Lebensstilen und Wahrheitskriterien feststellen wie fordern.[317]

- Schließlich ist auch auf neuere handlungstheoretische Konzepte Sozialer Arbeit zu verweisen, die vernetzungstheoretisch und sozialökologisch orientiert sind, so etwa das Netzwerk-, das Membership-, das Soziotop- oder das Life-Model-Konzept.[318] Ihr Ansatz basiert auf „einem Verständnis menschlichen Handelns ..., das soziale Interaktion als ein Wechselspiel zwischen verschiedenen handlungsfähigen Subjekten vor dem Hintergrund ihrer jeweiligen Lebenswelt zu verstehen sucht."[319]

Zieht man eine Bilanz der Theorieentwicklung innerhalb der Sozialen Arbeit der 80er und 90er Jahre, so kann man mit *Staub-Bernasconi* urteilen, daß diese Theorieentwicklung „noch viel bruchstückhafter als die vorherige"[320]

---

[314] *Staub-Bernasconi* (1995), Systemtheorie, 114.

[315] Vgl. *G. Nebel/B. Woltmann-Zingsheim (Hrsg.)*, Werkbuch für das Arbeiten mit Gruppen. Texte und Übungen zur Sozialen Gruppenarbeit (= Schriften des Instituts für Beratung und Supervision, Bd. 13), Aachen 1997.

[316] Vgl. *M. Heiner*, Nutzen und Grenzen systemtheoretischer Modelle für eine Theorie professionellen Handelns (Teil I), in: Neue Praxis 25 (1995) 5, 427-441, hier 431.

[317] So das Urteil von *Staub-Bernasconi* (1995), Systemtheorie, 114.

[318] Vgl. *H. Falk*, The Membership - Model of Social Work, in: Social Work H. 2/1984, 155-166; *C. B. Germain/A. Gitterman*, Praktische Sozialarbeit: das „life model" der sozialen Arbeit, Stuttgart 1983; *M. Rothe*, Das Soziotop und seine Bedeutung für die Jugend- und Familienhilfe, in: Zentralblatt für Jugendrecht H. 9/1984, 387-392.

[319] *Heiner* (1995), Nutzen und Grenzen systemtheoretischer Modelle, 440. Zu diesen Ansätzen zählen vor allem *A. Mühlum/G. Olschowy/H. Oppl/W. R. Wendt*, Umwelt - Lebenswelt. Beiträge zu Theorie und Praxis ökosozialer Arbeit, Frankfurt 1986; *Staub-Bernasconi* (1995), Systemtheorie; *H. Johach*, Soziale Therapie und Alltagspraxis. Ethische und methodische Aspekte einer Theorie der sozialen Berufe, Weinheim u.a. 1993.

[320] *Staub-Bernasconi* (1995), Systemtheorie, 115.

ist. Auch *Friesenhahn* bestätigt dies, indem er davon spricht, daß sich der „wohlgeordnete Theoriekosmos" (Garz) aufgelöst und einer Vielzahl von mehr oder weniger kleinformatigen Ansätzen das Feld überlassen hat.[321]

Wenn nun im folgenden in den unterschiedlichen Theorien der Sozialen Arbeit[322] nach Anschlußstellen für die Theologie gesucht wird, dann geschieht dies in der Überzeugung, daß die Soziale Arbeit als Wissenschaft, als Lehre und als Praxis nicht nur der Philosophie,[323] sondern auch der Theologie als Bezugswissenschaft bedarf, und daß die Theologie als Fach innerhalb des Studiengangs Soziale Arbeit an Fachhochschulen keineswegs schädlich, sondern „vermutlich notwendig, sicherlich aber überaus nützlich"[324] ist. Im Unterschied zur Philosophie hat aber die Theologie aus unterschiedlichen Gründen[325] mit einer größeren Skepsis seitens der Partner aus der Sozialen Arbeit zu rechnen. Daher muß die Nützlichkeit der Theologie sorgfältig begründet und entfaltet werden.

Es ist daran zu erinnern, daß das Verhältnis zwischen beiden Disziplinen keineswegs schon immer von einer Distanz, sondern von einer inspirierenden Nähe geprägt war.[326] Die ursprüngliche Rolle der Theologie in einer als

---

[321] *Friesenhahn* (1991), Trends, 458.

[322] Die Analyse konzentriert sich insbesondere auf folgende Theorieentwürfe: *Staub-Bernasconi* (1995), Systemtheorie; ferner *M. Heiner/M. Meinhold/H. von Spiegel/S. Staub-Bernasconi,* Methodisches Handeln in der Sozialen Arbeit, Freiburg ²1995 (¹1994); *Lüssi* (1991), Systemische Sozialarbeit; *Thiersch* (1986), Die Erfahrung der Wirklichkeit; *ders.* (1992), Lebensweltorientierte Soziale Arbeit; *ders.,* Lebenswelt und Moral. Beiträge zur moralischen Orientierung Sozialer Arbeit, Weinheim u.a. 1993; *W. R. Wendt,* Ökologie und soziale Arbeit, Stuttgart 1982; *ders.,* Ökosozial denken und handeln. Grundlagen und Anwendungen in der Sozialarbeit, Freiburg 1990; *Mühlum u. a.* (1986), Umwelt - Lebenswelt.

[323] *U. Papenkort/M. Rath,* Braucht Sozialarbeit(swissenschaft) Philosophie? Bemerkungen zur Philosophie als „Grundwissenschaft", in: Archiv für Wissenschaft und Praxis der sozialen Arbeit 25 (1994) 1, 22-32.

[324] Ebd., 23.

[325] Das mag zum einen an einer verbreiteten weltanschaulichen Indifferenz von Forschenden, Lehrenden und Studierenden der Sozialen Arbeit und an einer prinzipiellen Reserviertheit gegenüber der Theologie und gegenüber kirchlichem Glauben liegen. Dies mag aber auch im Image der Theologie begründet sein, die dem Verdacht ausgesetzt ist, sie würde die disziplinäre Autonomie einer Sozialen Arbeit mehr bedrohen als unterstützen. Schließlich dürften auch wissenschaftstheoretische Positionen eine Rolle spielen, die jeglichen normativen Anspruch a priori ausschließen, wie etwa Vertreter eines empirisch-analytischen, kritisch-rationalistischen oder radikal-konstruktivistischen Wissenschaftsverständnisses.

[326] „Die ersten konzeptuellen Bezüge Sozialer Arbeit waren theologisch oder philosophisch begründete Almosenlehren, Ethiken des Gebens und Nehmens zwischen Kasten, Ständen und/oder Tugendlehren für die Individual- und Sozialerziehung. ... Die ihnen ge-

"Normenlehre" (*Biestek*) verstandenen Erziehungs- und Hilfstätigkeit ist zwar heute nicht mehr ohne weiteres plausibel, die Erinnerung aber sollte wenigstens den Gedanken zulassen, ob und wie denn eine neue Partnerschaft zwischen Sozialer Arbeit einerseits und der Theologie andererseits begründbar wäre. Gemäß der These, daß eine richtig verstandene christliche Theologie die Soziale Arbeit nicht destruiert, sondern komplementiert, profiliert und vitalisiert, sollen nun im folgenden Abschnitt aktuelle Sozialarbeitstheorien auf explizite und implizite Anschlußstellen für die Theologie untersucht werden.

3.3.1 Anschlußstelle: ‚Interdisziplinäre Theorie'

Wie vorstehend dargestellt wurde, herrscht in der einschlägigen Literatur darüber Einvernehmen, daß heute die Soziale Arbeit ohne ein wissenschaftliches Fundament nicht mehr bestehen kann. Denn erstens benötigt die Berufspraxis „eine verläßliche Selbstkontrolle und theoretisch fundierte Anleitung, die der Komplexität des sozialberuflichen Handlungsfeldes gerecht wird". Zweitens braucht die Ausbildung „eine adäquate wissenschaftliche Grundlegung und eine integrierende Perspektive für die Beiträge der Nachbardisziplinen". Und drittens ist eine unverwechselbare Theoriebasis von Nöten, um die Soziale Arbeit wissenschaftlich zu profilieren und einen qualifizierten beruflichen Nachwuchs auszubilden.[327] Entsprechend der Einteilung in Sozialarbeitspraxis, Sozialarbeitslehre und Sozialarbeitswissenschaft[328] halten die Theoretiker für die Soziale Arbeit unterschiedliche Aufgabenstellungen bereit.[329] Durchgängige Überzeugung jedoch ist der generelle Anspruch einer ‚besonderen Nähe' der an Fachhochschulen geleisteten wissenschaftlichen Forschung und Lehre zur professionellen Praxis.[330] Ob

---

meinsame Grundfrage war diejenige nach der Verknüpfung des Individuums als dem Besonderen/Subjekt mit den Ansprüchen, die eine reale oder zukünftige Gesellschaft an ihre Mitglieder stellt." - *Staub-Bernasconi* (1995), Systemtheorie, 112.

[327] Die vorstehenden Zitate vgl. *Mühlum* (1994), Zur Notwendigkeit und Programmatik einer Sozialarbeitswissenschaft, 43.

[328] Vgl. ebd., 70-73.

[329] Sozialarbeitswissenschaft hat sich mit den Theorien der Sozialen Arbeit, mit ihren metatheoretischen, d. h. erkenntnistheoretischen Grundannahmen und mit ihrer Methodologie, d. h. den Praxismodellen, Arbeitsformen, Konzeptionen und Techniken zu befassen, während die Sozialarbeitslehre vor allem für die Weitergabe der Praxistheorien, Praxismodelle und Praxismethoden an den beruflichen Nachwuchs zuständig ist. - Vgl. ebd., 70f.

[330] Vgl. ebd., 45.

deren Komplexität allerdings ist es unabdingbar, daß sowohl die Sozialarbeitswissenschaft als auch die Sozialarbeitslehre prinzipiell interdisziplinären Charakter haben.

Mit diesem Charakter einer prinzipiellen Interdisziplinarität liegt eine erste, wissenschaftstheoretische Anschlußstelle vor, die auch die Theologie tangiert. *H. Pfaffenberger* etwa betont den ‚multidisziplinären' bzw. ‚interdisziplinären' Charakter einer Sozialarbeitswissenschaft, die er als Disziplin vom Typ einer Handlungswissenschaft entwickeln möchte.[331] In derselben Absicht, Soziale Arbeit als „Gegenstand von Handlungstheorien"[332] zu bestimmen, fordert auch *S. Staub-Bernasconi* einen interdisziplinären Charakter Sozialer Arbeit ein und erhofft sich davon, endlich die leidige Frage nach einer Grundlagen- oder Leitdisziplin in der Ausbildung ad acta legen zu können. Zugleich möchte sie sicherstellen, daß die Disziplin ‚Soziale Arbeit' die vorfindbaren Praxisprobleme adäquat beschreiben, erklären, bewerten und bedarfsgerecht bearbeiten kann. „Wie andere praxisbezogene Disziplinen auch ist die Disziplin ‚Soziale Arbeit' zentral auf den Dialog und Austausch mit Grundlagenwissenschaften wie Biologie, Psychologie, Soziologie und Kulturtheorie und mit der Philosophie und Ethik als Metatheorien angewiesen. Mit anderen Worten: Sie hat die Frage nach Gegenstands-, Erklärungs-, Wert-, Adressaten-, Ressourcen- und Verfahrenswissen bzw. wertbezogenen, theoretisch-wissenschaftlich begründeten Handlungsregeln zu beantworten."[333]

An dieser Stelle läßt sich die Theologie als hermeneutische und normative Disziplin durchaus anschließen. Denn sie könnte wichtige Hinweise zur Erklärung von Problemlagen, etwa bei religiösen Problemen geben, sie könnte Information über soziale Ressourcen, etwa über kirchliche Gruppierungen oder Organisationen beisteuern, und sie könnte Einsichten in religiös

---

[331] Vgl. *Pfaffenberger* (1993), Entwicklung der Sozialarbeit/Sozialpädagogik zur Profession, 203.

[332] Sie unterscheidet drei Formen von Handlungstheorien, die allesamt für die Soziale Arbeit relevant sind: a) eine „allgemeine Handlungstheorie", das ist eine Theorie des Verhältnisses zwischen Fühlen, Bewerten, Denken und Handeln; b) eine besondere oder nomopragmatische Handlungstheorie. Diese stellt Gesetzmäßigkeiten über Veränderungen eines psychischen, sozialen oder kulturellen Systems durch konkrete menschliche Einwirkungen auf, wobei die den Handelnden leitenden Absichten, Werte und bewußten Ziele untersucht werden; c) eine „normative Handlungstheorie (Agogik)", die von einem Set von Anweisungen, Regeln, konsensualen Normen für das Denken und Verhalten im Alltag ausgeht. - Vgl. *S. Staub-Bernasconi,* Soziale Arbeit als Gegenstand von Theorie und Wissenschaft, in: *Wendt* (1994), Sozial und wissenschaftlich arbeiten, 75-104, hier 83f.

[333] Ebd., 84.

begründete Werte und Motive von Klienten liefern. Jedenfalls betont *Staub-Bernasconi*, daß Soziale Arbeit im Interesse an „angemessenen, nichtreduktionistischen Erklärungen für einen problematischen Sachverhalt ... Theorien aus (fast) allen Grundlagenwissenschaften beiziehen"[334] muß. Warum sollte man hier die Theologie ausklammern?

Eine zweite Anschlußstelle für die Theologie tut sich im Zusammenhang mit der Forderung nach einer generalistischen Ausbildung[335] von Sozialberufen auf. Es herrscht heute die Überzeugung vor, daß Sozialarbeiter/-innen nicht nur mehr isolierte Spezialisten sind, sondern ‚spezialisierte Generalisten',[336] die mit angrenzenden Berufsgruppen eng zusammenwirken. „Dazu muss der Sozialarbeiter einschätzen können, was andere Berufe zu leisten imstande sind, und das ist ihm nur möglich, wenn er einiges Prinzipielle weiss von deren spezifischem Wissen. Das sozialarbeiterische Berufswissen muss sich allein schon wegen dieses bedeutenden Problemlösungsaspektes über das zentrale Eigene hinaus in zahlreiche Wissensgebiete erstrecken, welche je die Domäne eines anderen Fachberufes sind."[337] Eine Sozialarbeitslehre, die praxisgerecht ausbilden und Sozialarbeiter/-innen zu einer Kooperation mit anderen gesellschaftlichen Teilsystemen und Berufsgruppen befähigen will, ist dann aber notwendigerweise - und gerade aus einer systemischen Sicht der Sozialen Arbeit heraus[338] - auch auf die Beziehung zur Theologie angewiesen. Wer denn sonst sollte die im sozialen System ‚Kirche' vorhandenen Ressourcen für die Lebensbewältigung von Klienten (etwa die Religion, die Rituale oder die kommunikativen Vorräte an Gruppen und sozialen Bezügen) adäquat thematisieren? Und wer könnte die Tätigkeitsfelder der sogenannten ‚pastoralen Berufe' besser in der Ausbildung an Fachhochschulen für Soziale Arbeit repräsentieren als die Theologie?

---

[334] Ebd.
[335] Vgl. *Th. Olk,* Abschied vom Experten, Weinheim u. a. 1986; auch *R. Gildemeister,* Neuere Aspekte der Professionalisierungsdebatte, in: Neue Praxis 22 (1992) 3, 209-219; Gildemeister betont, daß man sich in der heutigen Debatte „weitgehend einig ist ... in der Ablehnung einer auf ‚Expertentum' beruhenden Professionalität". - Ebd., 213.
[336] *Staub-Bernasconi* (1995), Systemtheorie, 136.
[337] *Lüssi* (1991), Systemische Sozialarbeit, 175; Wissen begreift Lüssi als ein sozialarbeiterisches Mittel, das der Problemlösung in einer vierfachen Weise dient: es fördert erstens „das Problemverstehen (Verstehensfunktion)", es bestimmt zweitens, wie ein Problem angegangen wird (methodische Funktion), es dient drittens dazu, „die Problembeteiligten sachkundig zu informieren (Informationsfunktion); und es bildet" viertens „die notwendige Basis zur interdisziplinären Zusammenarbeit (Kooperationsfunktion)." - Ebd.
[338] Lüssi äußert die Überzeugung, daß die Zusammenarbeit mit Angehörigen anderer Berufe „kennzeichnend für die Sozialarbeit, zumal die systemische" sei. - Ebd.

Es ist erfreulich, daß diese Berücksichtigung von Theologie und Kirche im Rahmen einer interdisziplinär angelegten Wissenschaft, Lehre und Praxis der Sozialen Arbeit in dem grundlegenden Buch von E. *Engelke* zur Sozialarbeitswissenschaft bereits erfolgt ist. In seiner „Übersicht der an der Sozialen Arbeit interessierten wissenschaftlichen Disziplinen und gesellschaftlichen Gruppen", die folgendes Schaubild zeigt, nennt er auch die Theologie und die Kirchen:[339]

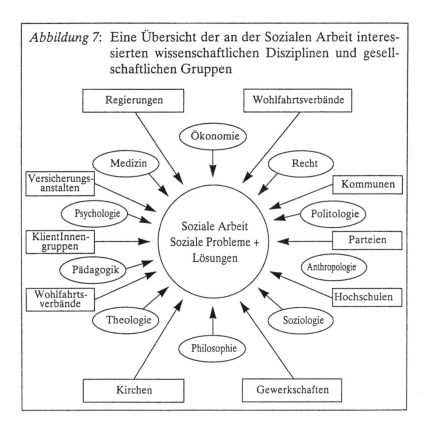

Abbildung 7: Eine Übersicht der an der Sozialen Arbeit interessierten wissenschaftlichen Disziplinen und gesellschaftlichen Gruppen

Eine dritte Anschlußstelle für die Theologie eröffnet der wissenschaftstheoretische Diskurs innerhalb der Sozialen Arbeit. Im Interesse ihrer Wissen-

---

[339] *Engelke* (1992), Soziale Arbeit als Wissenschaft, 92.

schaftsfähigkeit wird vor allem von *W. Obrecht* und *S. Staub-Bernasconi*[340] die Notwendigkeit einer Metatheorie postuliert. Im Rückgriff auf die naturalistische und systemische Kosmologie (Ontologie) des emergentistischen Systemismus von *M. Bunge* sucht *Obrecht* nach „einem integrierten Modell des Menschen" als Erklärungstheorie von individuellen, sozialen und institutionellen Phänomenen, von Motivationen professionell Handelnder sowie als Grundlage von Handlungstheorien und Interventionsprozessen.[341] Und *Staub-Bernasconi* erhofft sich von einer solchen Metatheorie entscheidende Orientierungen für das Menschen- und Gesellschaftsbild sowie für eine Gegenstandsbestimmung Sozialer Arbeit.[342] Ihr Bemühen richtet sich daher auf eine „interdisziplinäre, prozessual-systemische Theorie und Wissenschaft Sozialer Probleme und Sozialer Arbeit"[343], deren Gegenstand „individuelles Leiden innerhalb und soziales Leiden an der Struktur und Kultur einer Gesellschaft"[344] sind. Nur durch interdisziplinäres Arbeiten könne man heute, so ihre Auffassung, den vielfältigen Ausstattungs-, Austausch-, Einfluß- und Machtproblemen sowie den Wert- und Kriterienproblemen[345] gerecht werden. Soziale Arbeit muß also „anschluß- und diskursfähig" gemacht werden, und zwar sowohl zu den wissenschaftlichen Disziplinen wie Ökologie, Psychobiologie, Psychologie, Soziologie und Kulturtheorie als auch zu „normativen oder traditionell geisteswissenschaftlichen Disziplinen" wie z.B. (Sozial-)Philosophie, (Sozial-)Ethik und (Sozial-)Anthropologie. „Letztere sind unerlässlich für eine das Faktische überschreitende, verantwortungsvolle Bestimmung der Differenz zwischen unentfalteten oder unerwünschten vs. entfalteten wie erwünschten Sachverhalten."[346]

---

[340] Vgl. *W. Obrecht*, Sozialarbeitswissenschaft als integrierte Handlungswissenschaft, in: *Merten/Sommerfeld/Koditek* (1996), Sozialarbeitswissenschaft, 121-160; *ders.*, Sozialarbeit und Wissenschaft, in: Sozialarbeit 25 (1993) 9, 23-38; *Staub-Bernasconi* (1995), Systemtheorie, 117-140.

[341] Vgl. *Obrecht* (1996), Sozialarbeitswissenschaft, 130.

[342] Vgl. *S. Staub-Bernasconi*, Ist Soziale Arbeit zu einfach oder zu komplex, um theorie- und wissenschaftswürdig zu sein? Ein Beitrag der Frauenbewegung zur Professionalisierung der Sozialarbeit/Sozialpädagogik, in: *H. Pfaffenberger/M. Schenk (Hrsg.)*, Sozialarbeit zwischen Berufung und Beruf. Professionalisierungs- und Verwissenschaftlichungsprobleme der Sozialarbeit/Sozialpädagogik, München 1989, 131-171, hier 149.

[343] *S. Staub-Bernasconi*, Stellen Sie sich vor: Markt, Ökologie und Management wären Konzepte einer Theorie und Wissenschaft Sozialer Arbeit, in: *Lewkowicz* (1991), Neues Denken in der sozialen Arbeit, 12-45, hier 13.

[344] *Staub-Bernasconi* (1989), Ist Soziale Arbeit zu einfach oder zu komplex, 149.

[345] Vgl. ebd., 150f.

[346] Ebd., 151.

Die Suche nach einem integrierten Modell des Menschen (*Obrecht*) wie nach einer interdisziplinären Theorie für die Lösung komplexer sozialer Probleme (*Staub-Bernasconi*) läßt Spielraum für die Mitwirkung der Theologie als Bezugswissenschaft Sozialer Arbeit. Die Theologie wäre erstens in der Lage, bei der kritischen Hinterfragung der Menschen- und Gesellschaftsbilder mitzuwirken, die in Systemtheorien sowie in Markt-, Management- und Ökologietheorien implizit mittransportiert werden.[347] Zweitens könnte sie dazu beitragen, die sozialarbeitstheoretische Reduktion des ökologischen Problems auf systemische Austauschprozesse zu hinterfragen und deutlich zu machen, daß es „keine Lösung des Ökologieproblems ohne Lösung des globalen Verteilungsproblems"[348] gibt. Sie könnte drittens die Skepsis gegenüber allzu marktwirtschaftlichen Managementtheorien in der Sozialen Arbeit bestärken, indem sie Theorien des Sozialmanagements auf ihr implizites Menschen- und Gesellschaftsbild hinterfragt und sie herausfordert, ihre bedürfnis-, umwelt- und problemspezifischen Konzepte offenzulegen.[349] Die Theologie könnte daher viertens an jene Professionstheorien kritische Rückfragen stellen, die das Helfen rein funktional gestalten und eine persönliche, empathische, kommunikative, ja spirituelle Dimension weitgehend eliminieren.[350] Fünftens könnte die Theologie „in gemeinsamer Denkarbeit und konzertierter Aktion" dem normativen Prinzip mit zum Durchbruch verhelfen, „daß *alle* Menschen das *Recht* haben, ihre Grundbedürfnisse zu befriedigen und ihre legitimen Wünsche zu erfüllen, aber zugleich auch die *Pflicht* haben, anderen das gleiche zu ermöglichen."[351] Sechstens wäre die Theologie ein kompetenter Partner, um „Wert- und Zielfragen"[352] in der Sozialarbeitswissenschaft, -lehre und -praxis bearbeiten zu helfen. Sie könnte dazu beitragen, „Erkenntnis-Kompetenzen mit Wert- bzw. Kriterienvorstellungen zu verbinden, welche angeben, wann z. B. von emotionaler Echtheit, moralischer Richtigkeit oder von Wahrheit gesprochen werden darf."[353] Ebenso könnte sie „Handlungs-Kompetenzen ... im Hinblick auf ihre Wert- und Zweckrationalität, ihre soziale Funktionalität als auch ihre technische Effizi-

---

[347] Vgl. *Staub-Bernasconi* (1991), Stellen sie sich vor, 42.

[348] Ebd., 35.

[349] Für Staub-Bernasconi geht es dabei darum, eine „der größten intellektuellen Trugschlüsse unserer Zeit" zu entlarven, nämlich die Gleichsetzung von menschlicher Vernunft mit ökonomischer Rationalität. Sie führt dazu, „jedes Verhalten, das von anderen Motiven als von eigennütziger Gewinnmaximierung gesteuert wird", für irrational zu erklären - „so auch soziale Empathie, Fürsorglichkeit und Hilfe." - Ebd., 20.

[350] Vgl. ebd., 39f.

[351] Ebd., 42.

[352] Ebd.

[353] *Staub-Bernasconi* (1989), Ist Soziale Arbeit zu einfach oder zu komplex, 151.

enz hin" kritisch befragen helfen.[354] Dabei steht heute insbesondere die Frage an, „wozu und für wen mehr Markt, Ökologie und manageriale Effizienz"[355] notwendig sein soll. Nicht zuletzt könnte die Theologie zu einer kritischen Erinnerung an die emanzipatorischen Wurzeln Sozialer Arbeit als Frauenarbeit beitragen.[356]

3.3.2 Anschlußstelle: Menschen- und Gesellschaftsbild

Schon vor fünfzehn Jahren merkte der auch hierzulande bekannte Bostoner Sozialarbeitsprofessor *L. Lowy* in seiner Expertise zur Standortbestimmung einer sich entwickelnden Wissenschaft der Sozialarbeit/Sozialpädagogik im anglo-amerikanischen und im deutschsprachigen Raum an, daß „im Gegensatz zu Erörterungen des Gesellschaftsbildes, die ein Fragen nach dem Menschenbild implizieren, ... die Antworten auf solche anthropologischen Fragestellungen in der sozialpädagogischen Literatur recht dürftig"[357] seien. Und auch das, was geschrieben wird, sei mehr eine Begründung der Notwendigkeit der Beschäftigung mit philosophisch-anthropologischen und ethischen Fragestellungen als deren materiale Füllung. An diesem Defizit hat sich bis heute nur wenig geändert. Nur selten findet man in den Sozialarbeitstheorien explizite Reflexionsabschnitte über das die Darstellungen leitende Men-

---

[354] Ebd.

[355] *Staub-Bernasconi* (1991), Stellen Sie sich vor, 42.

[356] Wie Staub-Bernasconi andeutet, war Soziale Arbeit im weitesten, gesellschaftlichen Sinn, d. h. als fürsorglich-tröstliche, ökonomische, bildende, politische und kulturelle Arbeit in und an der Gesellschaft bereits Ende des 19. und Anfang des 20. Jahrhunderts „einmal Teil einer sich auf universitärem Niveau etablierenden Disziplin des Sozialen, in welcher Frauen und Männer gleichermaßen beteiligt waren. ... Die allmähliche Trennung zwischen wertfreier Grundlagen- und wertbezogener Handlungstheorie" sei „ein universitätspolitisch gesteuerter Reinigungs- und Verdrängungsprozeß" gewesen, der eine „geschlechtliche Arbeitsteilung und Hierarchisierung im akademischen Milieu" nach dem Motto zur Folge hatte: „Den Männern die Theorie und Wissenschaft - den Frauen ihre Anwendung und Praxis". Es gelte, die weibliche Theoriegeschichte und den ein halbes Jahrhundert andauernden Import männlicher Theorie in die - von Frauen geübte - Praxis Sozialer Arbeit kritisch aufzuarbeiten. - Ebd., 12f.

[357] Vgl. *L. Lowy*, Sozialarbeit/Sozialpädagogik als Wissenschaft im angloamerikanischen und deutschsprachigen Raum, hrsg. von der Bundeskonferenz der Rektoren und Präsidenten kirchlicher Fachhochschulen in der Bundesrepublik Deutschland, Freiburg 1983, 93.

schenbild. Man muß es sich eher aus dem Kontext oder aus wissenschaftstheoretischen Ansätzen erschließen.[358]

Dieses Defizit liegt vornehmlich in einer systemtheoretischen Perspektive begründet, die sich seit den fünfziger Jahren innerhalb der Sozialen Arbeit durchgesetzt hat.[359] Sie führte dazu, daß die soziologische Reflexion überwog, während personalen und ontologischen Kategorien des Menschlichen, wie sie üblicherweise in der Philosophie und Theologie vorhanden sind, weniger Aufmerksamkeit zuteil wurde. Die systemischen Sozialarbeitstheorien aber basieren nicht auf einheitlichen, sondern auf durchaus unterschiedlichen meta- und erkenntnistheoretischen Voraussetzungen. *S. Staub-Bernasconi* unterscheidet mit Blick auf die darin enthaltenen Menschen- und Gesellschaftsbilder zwischen drei Typen der Theorien Sozialer Arbeit:[360]

- Einen ersten Typus, den sie als den „Menschen-ohne-Gesellschaft" bezeichnet, sieht Staub-Bernasconi in den *atomistischen bzw. individualistischen Theorien* der Sozialen Arbeit gegeben. Diesen zufolge besteht die Wirklichkeit aus isolierten Einheiten, „die aus sich selbst heraus existieren, sich von innen heraus entwickeln, und deren Umwelt für ihr Bestehen und ihre Entwicklung irrelevant oder störend ist."[361] Der Mensch wird in der Folge als „autonom, selbstgenügsam und selbstbestimmt" entworfen, während die Gesellschaft keinen eigenen Realitätsbereich darstellt, sondern „höchstens ein willkommenes Ressourcenreservoir". Rechte und Ansprüche, Selbstverwirklichung und Freiheit herrschen daher in den konzeptionellen Entfaltungen dieser Theorien der Sozialen Arbeit vor, während der Ausübung von sozialen Verpflichtungen ein eher geringer Stellenwert beigemessen wird.[362]

- Einen zweiten Tpyus bilden die *holistischen Theorien* der Sozialen Arbeit. Bei ihnen dominiert die gesellschaftliche Perspektive derart, daß darin die Frage nach dem Menschen fast gänzlich untergeht: „Gesellschaft-ohne-Menschen"![363] Die Wirklichkeit wird aufgefaßt als „beste-

---

[358] Einen aufschlußreichen Überblick über Menschenbilder in der modernen Pädagogik gibt *A. Wolf*, Die Frage nach Menschenbildern und Erziehungszielen in der heutigen Pädagogik, in: Lebendige Katechese 11 (1989) 1, 1-8.

[359] Vgl. *Lüssi* (1991), Systemische Sozialarbeit, 64; er beruft sich auf die grundlegende Untersuchung von *A. Mühlum*, Sozialpädagogik und Sozialarbeit. Eine vergleichende Darstellung zur Bestimmung ihres Verhältnisses in historischer, berufspraktischer und theoretischer Perspektive, Frankfurt 1982.

[360] Vgl. zum folgenden *Staub-Bernasconi* (1995), Systemtheorie, 120-133.

[361] Ebd., 121.

[362] Vgl. ebd., 121f.

[363] Ebd., 120f.

hend aus undifferenzierten, sogenannten unteilbaren *Ganzheiten*. Alles, was in solchen Gebilden existiert, hat dem übergeordneten Zweck eines grösseren Ganzen - *der Totalität* - zu dienen."[364] Falls er in dieser Perspektive überhaupt in den Blick genommen wird, ist der Mensch „ein Rollen- und Funktionsträger, der vornehmlich Pflichten zu erfüllen hat"[365]. Soziale Arbeit zielt dementsprechend auf übergeordnete Zweckerfüllung, auf Anpassung, auf soziale ‚Fitneß' oder auf Tugendhaftigkeit, Tapferkeit und Opferbereitschaft. Individuelle Ansprüche der Klientel versucht sie ebenso zu minimieren wie sie ‚Bedarfswucherungen' im System zu beseitigen trachtet. Sie übernimmt somit Aufgaben gesellschaftlicher Integration, Disziplinierung und Stabilisierung, sie leistet „technokratische Normalisierungsarbeit"[366].

- Einen dritten Typus machen die *prozessualen bzw. systemischen Theorien* Sozialer Arbeit aus. In ihrem Denken herrscht ein ausgewogenes Verhältnis zwischen Individuum und Gesellschaft vor: „Menschen-in-der-Gesellschaft". Der Mensch wird innerhalb dieser Theorien Sozialer Arbeit als ein „selbstwissensfähiges Biosystem" verstanden, das sich insbesondere durch sein Gehirn auszeichnet, „das einzige Organ im Organismus, das (...) gleichzeitig darauf festgelegt ist, innerhalb bestimmter Grenzen nicht festgelegt, also plastisch und lernfähig zu sein."[367] Damit aber kommen in der Sozialen Arbeit auch jene Aspekte und Prozesse in den Blick, die in holistischen Systemtheorien völlig untergehen. Es sind vor allem Gefühlsregungen, moralische Empfindungen, Motive, Intentionen und Selbstbewußtsein,[368] aber auch Bedürfnisse, die alle Menschen haben, wie physische, sensorische, sexuelle, emotionale Bedürfnisse, Zugehörigkeits- und Sinnbedürfnisse, Orientierungs- und Wertbedürfnisse.[369] Thematisiert werden aber auch die Individuen selbst als Mitglieder und Akteure in sozialen Systemen sowie die dabei auftretenden sozialen Probleme.[370] Der Sozialen Arbeit wird demzufolge die Aufgabe zugewie-

---

[364] Ebd., 123.
[365] Ebd., 125.
[366] Vgl. ebd., 125f.
[367] Alle Zitate ebd., 127f.
[368] Vgl. ebd., 128.
[369] Vgl. ebd., 130f.
[370] Vgl. ebd., 133.

sen, den individuellen Bedürfnissen gerecht zu werden und zugleich den sozialen Erfordernissen zu entsprechen.[371]

Angesichts der unterschiedlichen Auffassungen von Mensch und Gesellschaft, die in den systemischen Theorien der Sozialen Arbeit stecken, erscheinen Kriterien nötig, die eine Beurteilung der einzelnen Theorieentwürfe und eine persönliche Orientierung der Studierenden ermöglichen. Die Theologie könnte mit ihrer theologischen Anthropologie und der katholischen Soziallehre einen wertvollen Beitrag dazu leisten, ist doch gerade das Verhältnis von Individuum und Gesellschaft ein zentraler Gegenstand der wissenschaftlichen Reflexion in diesen Disziplinen. Während die atomistisch und die holistisch basierte Sozialarbeitstheorie sicherlich eine kritische Auseinandersetzung erforderlich machen, erscheint die system-prozessuale Theorie Sozialer Arbeit weithin mit der sozial ethischen Denktradition kongruent zu sein. Allerdings ist eine generelle Vorsicht gegenüber der Systemtheorie durchaus angebracht. *A. Wolf* beispielsweise urteilt, daß dort ganz allgemein die Gefahr bestehe, den Menschen als Individuum nicht substantiell, sondern nur als System zu betrachten. ‚Personalität' meine in systemtheoretischer Perspektive „im wesentlichen einen Bezugspunkt für Selbst- und Fremderwartungen. Sein Daseinssinn - und damit ein oberstes Erziehungsziel - liegt in der Steigerung von ‚Reduktion' und psychischer Komplexität, also letztlich im besseren Funktionieren seines ‚Systems'. Es scheint fraglich, ob dieses Menschenbild mit seiner Wertneutralität und entsubjektivierenden Individualität personale Verantwortung überhaupt noch möglich macht und somit als Grundlage für eine Pädagogik (sc. Soziale Arbeit, M.L.) genügend Tragfähigkeit besitzt."[372]

Diese ernste Gefahr, die der systemischen Auffassung vom Menschen innewohnt, bestätigt auch *Peter Lüssi,* der von Staub-Bernasconi einer holistisch begründeten Sozialarbeitstheorie zugeordnet wird. *Lüssi* spricht etwa davon, daß der Sozialarbeiter das soziale Problem und die soziale Problemlösung primär unter systemischen Gesichtspunkten verstehen muß, und zwar „in den Kategorien der Systemzugehörigkeit, Systemfunktionalität und Systembeziehung. Sein Denken ist systemorientiert, nicht klientzentriert. Er

---

[371] Dies heißt einerseits, den individuellen Bedürfnissen durch Erweiterung des Wissens- und Handlungsspektrums wie auch den verfügbaren physischen, soziomateriellen und kulturellen Ressourcen Rechnung zu tragen, und andererseits einen fairen Ausgleich von Pflichten und Rechten zwischen Menschen und sozialen Gruppen zu fördern, und zwar durch Regeln der Machtbegrenzung und der gerechten Machtverteilung. - Vgl. ebd., 135f.

[372] *Wolf* (1989), Die Frage nach Menschenbildern, 5.

sieht den einzelnen Menschen als systembestimmten und systembedürftigen sozialen Rollenträger in der Beziehung zu anderen Menschen, die ebenso wie er eine Rolle innerhalb sozialsystemischer Zusammenhänge spielen. Das soziale Problem erkennt er entweder als Mangel an Systemzugehörigkeit, als dysfunktionelles System (...) oder als negative Systembeziehung (...). Er fasst die soziale Problemlösung als eine Neu- bzw. Umorganisation sozialer Zusammenhänge auf, als soziale Systemfunktionalisierung"[373]

Lüssi betont ausdrücklich, sein systemischer Ansatz der Sozialberatung dürfe nicht verabsolutiert werden. Er konzidiert sogar, daß die systemische Denkart „etwas Mechanistisches, rational Konstruktionelles an sich" habe und daher es „völlig falsch" wäre, den Sozialarbeiter damit von anderen, nicht-systemischen Denkformen abzuhalten. „Wer eine intuitive Abneigung verspürt, sie auf Menschliches anzuwenden, beweist damit ein gutes Gespür für eben das, was ein Grossteil der menschlichen Phänomene ausmacht: das Untergründige, Gefühlshafte, Unwägbare, Unerfassliche, Widersprüchliche - irrationale Seinssphären, die sich mit dem System-Modell kaum begreifen lassen. Hier sind es viel eher kognitive und affektive Erfahrungen in Bereichen wie Liebe, menschliche Gemeinschaft, Religion, Philosophie, Tiefenpsychologie, Kunst, Natur, die dem Sozialarbeiter Verstehenshorizonte eröffnen. Das System-Modell gibt hiefür eine Art Verstehensrahmen, aber nicht das Verstehen selbst. ... Die sozialen Phänomene sind, wie alles Menschliche überhaupt, stark mitbestimmt vom *Individuell-Persönlichen*, von der psychischen Eigenart der betreffenden Menschen. Diesem Moment muss jeder Sozialarbeiter, natürlich auch der systemisch arbeitende, Beachtung schenken - sowohl im problemverstehenden Denken wie im problemlösenden Handeln."[374]

Man braucht nicht weit auszuholen, um in dieser Position *Lüssis* eine Anschlußstelle für ein personales Menschenbild zu sehen, wie es insbesondere in der christlichen Tradition theologisch entfaltet wird und wie es auch zahlreichen pädagogischen, psychologischen und psychotherapeutischen Schulen, etwa der von *V. Frankl*, zugrunde liegt. Dieses personzentrierte Menschenbild betont „das subjekthafte, allen Beziehungen zugrundeliegende reale Selbst des Menschen, das sich in Freiheit und Verantwortung gegeben und zur Vervollkommnung aufgegeben ist."[375] Es vermag, jene der Systemtheorie immanenten Menschenbilder, wie sie oben skizziert wurden, zu kritisieren, zu ergänzen oder auch - im günstigen Fall - zu untermauern. Je-

---

[373] *Lüssi* (1991), Systemische Sozialarbeit, 219f.
[374] Ebd., 75.
[375] Vgl. *Wolf* (1989), Die Frage nach Menschenbildern, 6.

denfalls macht der interdisziplinäre Diskurs zwischen den an der Sozialarbeitsausbildung beteiligten Disziplinen einschließlich der Theologie Sinn. Denn im Interesse einer klient- und problemorientierten Sozialen Arbeit muß auch der Bereich der religiösen Daseinsdimension des Menschen einbezogen werden. Alles andere kommt „einer Verkürzung auf ein rein weltimmanentes Menschenbild gleich" und birgt die Gefahr, „ein für viele Menschen unserer Zeit relevantes Beziehungsfeld menschlichen Daseins außer acht zu lassen und zu übergehen. (...), an diesen Menschen vorbeizuplanen und ganze Problembereiche ihres Lebens zu übersehen. (...) Für die Behandlung der Anthropologie im Ausbildungsbereich der Sozialarbeit kann also die religiöse Dimension des Menschen nicht ausgeklammert werden."[376] Entsprechend legt sich ein Beitrag der Theologie zur Klärung der Frage nach dem Wesen des Menschen in der Ausbildung von Sozialberufen zwingend nahe.

3.3.3 Anschlußstelle: ‚Wertewissen' und ‚moralisch inspirierte Kasuistik'

In der Ausbildung für Soziale Arbeit in der Bundesrepublik Deutschland, so urteilt *F.-R. Volz,* spielt das Fach Ethik „lediglich eine untergeordnete Rolle", trotz einer gewissen Renaissance der Ethik in einigen Theorieentwürfen und Theoriebeiträgen zur Sozialen Arbeit seit Mitte der achtziger Jahre.[377] Dies deutet darauf hin, daß „es Soziale Arbeit als Wissenschaft in jedem Fall - dies gilt auch, wenn sie eine ‚wertfreie Wissenschaft' sein will - mit Werten und Normen zu tun" hat. „Sie kann dem gar nicht ausweichen, weil Werte und Normen integraler Bestandteil ihres Forschungsgegenstandes sind, was wiederum nicht ohne Einfluß auf die Wissenschaft selbst bleiben kann."[378]

---

[376] *A. Weyand,* Anthropologie, in: *W. Knapp (Hrsg.),* Die wissenschaftlichen Grundlagen der Sozialarbeit und Sozialpädagogik, Stuttgart u.a., 1980, 13-29, hier 29.

[377] So die Feststellung von *F.-R. Volz,* ‚Lebensführungshermeneutik'. Zu einigen Aspekten des Verhältnisses von Sozialpädagogik und Ethik, in: Neue Praxis 23 (1993) 1/2, 25-31, hier 26; als wichtigste Theoriebeiträge zur Ethik in der Sozialen Arbeit sind zu nennen: *T. Rauschenbach/H. Thiersch (Hrsg.),* Die herausgeforderte Moral, Bielefeld 1987; *M. Brumlik,* Advokatorische Ethik. Zur Legitimation pädagogischer Eingriffe, Bielefeld 1992; *H. Krämer,* Integrative Ethik, Frankfurt 1992; *B. Müller/H. Thiersch (Hrsg.),* Gerechtigkeit und Selbstverwirklichung. Moralprobleme im sozialpädagogischen Handeln, Freiburg 1990; *Thiersch* (1993), Lebenswelt und Moral.

[378] *Engelke* (1992), Soziale Arbeit als Wissenschaft, 94; vgl. auch den folgenden Überblick über „wertvolle" und „wertfreie" Theorien Sozialer Arbeit. - Ebd., 94-97.

Insofern es Aufgabe von Wissenschaft und Lehre der Sozialen Arbeit ist, die Studierenden „mit berufsethischen Grundsätzen vertraut zu machen und sie zu befähigen, diese umzusetzen"[379], ist an die Mitwirkung jener Disziplinen zu denken, die für sich eine spezifische ethische Kompetenz reklamieren, sei es aus einem philosophischen oder einem theologischen Blickwinkel heraus. Das Studium der Theorien der Sozialen Arbeit auf Anschlußstellen für theologische Beiträge zur ethischen Qualifikation der Studierenden an Fachhochschulen lenkt den Blick auf drei Aspekte, die eine Mitwirkung der Theologie sinnvoll, ja zwingend erscheinen lassen.

Ein *erstes* Argument resultiert aus den ethischen Defiziten und Aporien, in die sich manche Theorieansätze der Sozialen Arbeit verstricken. Dies gilt zunächst einmal für jene Theoretiker, die sich dem radikalen Konstruktivismus[380] verpflichtet wissen und darauf ihre systemische Soziale Arbeit aufbauen. Sie alle betonen die „Autonomie individueller Selbstbestimmung", und deswegen verhalten sie sich gegenüber moralischen Forderungen von außen äußerst reserviert.[381] *Th. M. Bardmann,* ein Vertreter der systemischen sozialen Gruppenarbeit, verstummt schlichtweg bei dem Vorhaben, auch über Ethik in diesem Kontext zu reflektieren, und er merkt in einer Fußnote an: „Der Autor ist der Meinung, daß Ethik nicht kommunizierbar, sondern allein praktizierbar ist."[382] Seine Kollegen stimmen in diesem Punkt mit ihm „grundsätzlich" überein, konzidieren jedoch entschuldigend(!) eine ‚implizite Ethik'. Denn soziale Gruppenarbeit habe es permanent mit moralischer Kommunikation zu tun und es sei „in dem Tätigkeitsgebiet Sozialer Arbeit ... praktisch unmöglich ..., nicht immer wieder (wenn nicht gar andauernd) mit der *Frage nach der Verantwortbarkeit unseres professionellen Tuns* kon-

---

[379] *Eikelmann/Hutter* (1996), Vom „Sozialwesen" zur „Sozialen Arbeit", 157.

[380] Für das dort verhandelte biologische Autopoiesis-Konzept der Chilenen Francisco J. Varela und Humberto R. Maturana gilt, „daß jeder Mensch ein kognitiv geschlossenes System darstellt, das seine jeweilige Wirklichkeit erzeugt, eben konstruiert. (...) Sobald wir und solange wir leben, erzeugen wir nun mal unsere Wirklichkeit, die uns scheinbar als Äußeres umgibt. ... Das faszinierendste Konstrukt unserer Wirklichkeit sind wir selbst bzw. unsere Fähigkeit, uns selbst als Selbst in die Welt zu setzen. Von da ab geschieht das, was geschieht, nicht ohne unser *Mit-Tun*. Wir setzen uns in *Beziehung*". - Vgl. dazu den knappen, aber informativen Überblick in *G. Nebel/B. Woltmann-Zingsheim (Hrsg.),* Der T(r)ick mit der Ethik: Von Liebe und Gruppen, in: *dies.,* Werkbuch für das Arbeiten mit Gruppen. Texte und Übungen zur Sozialen Gruppenarbeit (= Schriften des Instituts für Beratung und Supervision, Bd. 13), Aachen 1997, 77.

[381] „Was sich mit normativ-moralischen Obertönen als besonders human(istisch) vorstellte, lebte von der Rücksichtslosigkeit gegenüber der Autonomie individueller Selbstbestimmung." - *Th. M. Bardmann,* Paradigmenwechsel in der Sozialen Gruppenarbeit?, in: *Nebel/Woltmann-Zingsheim* (1997), Werkbuch für das Arbeiten mit Gruppen, 65-74.

[382] Ebd., 74.

frontiert zu werden."[383] So gesehen habe soziale Gruppenarbeit einen „*Tick mit der Ethik*", der aber durch einen „*Trick mit der Ethik*" gelöst werden müsse.[384] Man muß demzufolge „das Problem der Ethik - und wer möchte bestreiten, daß es ein *Problem* ist - so thematisieren, daß es für die Praxis eine brauchbare Orientierung liefert, ohne (in theoretisch durchaus angebrachte) Sprachlosigkeit zu verfallen oder in die Falle der moralischen (Voraus)Setzung zu tappen."[385] Gerade letzteres stelle ein großes Risiko dar, denn mit *Luhmann* sind die Verfasser der Meinung, daß empirisch gesehen „moralische Kommunikation nahe am Streit und damit in der Nähe von Gewalt angesiedelt"[386] sei. Auch wenn die gegenseitige Akzeptanz der Gruppenmitglieder in ihrer Autonomie als Kern der Ethik systemischer Gruppenarbeit angesehen und diese Autonomie als „Liebe", d.h. als „die Form der *Selbstverantwortlichkeit schlechthin*"[387], bezeichnet wird, so bleibt doch offen, wie diese Ethik inhaltlich gefüllt wird.

Auch die ökosoziale Variante einer systemischen Theorie Sozialer Arbeit macht diese ethische Aporie offenkundig. Immerhin widmet einer der Hauptvertreter dieses Ansatzes, *W. R. Wendt,* der „moralischen Ökonomie der Sozialarbeit" ein eigenes Kapitel und vertritt grundsätzlich die Auffassung, daß eine rein zweckrationale Funktionsbestimmung Sozialer Arbeit nicht ausreicht, sondern sie sowohl einer persönlichen und privaten Motivation als auch einer ethisch vertretbaren und öffentlichen Begründung bedürfe.[388] Im Sinne einer solchen ethischen Fundierung Sozialer Arbeit setzt Wendt auf die Kategorie der „sachwaltenden Fürsorge"[389], die seiner Ansicht nach die christliche Moral mit ihrer ‚tätigen Nächstenliebe' und auch das kantianische Motiv der Pflichterfüllung abzulösen imstande ist.[390] Denn die professionelle Verantwortung des Sozialarbeiters bestehe heute darin, sich von der individuellen Lage des Klienten moralisch fordern zu lassen. „Aber eben als der Lage, nicht als Schicksal (der Sozialarbeiter ist dessen Subjekt nicht und sollte sich auch nicht anmaßen, es zu tragen). Die Verantwortung

---

[383] Ebd., 75.
[384] Vgl. ebd.
[385] Ebd.
[386] Ebd., 76.
[387] Ebd., 79.
[388] *Wendt* (1990), Ökosozial denken und handeln, 207f.
[389] Ebd., 210.
[390] Dieser Begriff der ‚sachwaltenden Fürsorge' sei geeignet, die Professionellen gegen eine persönliche und objektive Überforderung durch ausufernde Beziehungen, durch Verantwortlichkeit für alle möglichen Aspekte des Wohlergehens seines Gegenübers und durch einen zu hohen ideellen Anspruch zu schützen. - Vgl. ebd., 211.

des Sozialarbeiters bezieht sich auf die sozialen Seiten der individuellen Lage."[391] Das Proprium ökosozialer Arbeit liege somit nicht in einem „persönlich hingebungsvollen Dienst"[392], sondern darin, mit den Ressourcen hauszuhalten und Bedürfnisse unterschiedlicher Gruppen abzuwägen.

Die ethische Problematik beginnt jedoch dann, wenn konkurrierende Güter auf dem Spiel stehen, etwa die Versorgung Pflegebedürftiger einerseits und die Bedürfnisse der Solidargemeinschaft andererseits. Hier aber stößt die ökosoziale Moral an ihre Grenzen, weil sie nur Entscheidungen „nach Maßgabe der ökologischen Vernunft" treffen will und keine Objektivität in dem Sinne für möglich hält, daß „Maßstäbe von außerhalb angelegt werden."[393] Ein bloß „naturwüchsiges Haushalten"[394] aber läßt moralisches Verhalten willkürlich erscheinen[395] und bietet keine Basis für Entscheidungen, in denen menschliches Leben auf dem Spiel steht, etwa beim Schwangerschaftskonflikt. Ist es wirklich, so muß gefragt werden, für die Soziale Arbeit ethisch ausreichend, wenn sich nur die „tatsächlich Beteiligten ... in ihrem Aufeinander-angewiesen-Sein" auf der Basis einer ‚ökologischen Orientierung' verständigen, und es „lediglich den Dialog, ‚mithin nur uns'"[396] gibt? Der Ausweg aus dieser ethischen Sackgasse erscheint nur über eine materiale Ethik möglich, für die sich auch die Theologie zuständig und kompetent sieht. *Wendt* selbst erkennt diese Forderung offensichtlich an, wenn er äußert, daß die Ökologie der Lebensführung „nicht ohne *Bindung an Werte*" auskomme[397] und eine „Ignoranz in der Richtung auf ein ethisches Einverständnis" ebenso schädlich sei wie eine Ignoranz hinsichtlich einer rationalen Durchführung von sozialer Arbeit als „einer Produktion von Lösungen". Denn die „ethische Reflexion (...) begleitet im sozialen Kontext die Reflexion der Handhabung einer Situation bzw. der Bewerkstelligung einer besseren."[398]

Mit dieser Forderung nach Bindung an Werte tut sich eine zweite Anschlußstelle für die Theologie auf. Wie *S. Staub-Bernasconi* in ihrer Bilanz

---

[391] Ebd., 215.
[392] Ebd., 216.
[393] Ebd., 217.
[394] *W. R. Wendt*, Sozialarbeit zwischen Moral und Management. Wie können wir fit sein für beides?, in: *Lewkowicz* (1991), Neues Denken in der sozialen Arbeit, 47-60, hier 50.
[395] Wendt schreibt, daß der „Eigensinn der Leute und die Wechselfälle des Lebens ... jedes Programm" durchkreuzen und „somit auch eine Grundlegung von Sozialarbeit in ihm." - *Wendt* (1990), Ökosozial denken und handeln, 211.
[396] Ebd.
[397] *Ders.* (1991), Sozialarbeit zwischen Moral und Management, 57.
[398] Ebd., 58f.

zum Stand einer Handlungstheorie ausführt,[399] bestünde in der Sozialen Arbeit eine „Lücke" bezüglich der ‚Wertedimension'. Sie beklagt, daß die Werte der ‚Emanzipation' und ‚Autonomie' heute immer noch allzu unbefragt Verwendung fänden. Angesichts der wirtschaftlichen Globalisierung, die neue Formen von Sklaventum produziere, etwa die Schattenarbeit von Frauen, den internationalen Menschenhandel, die Kinderarbeit etc. müßten diese Werte aus den siebziger Jahren befragt werden, inwieweit sie „zum Ausgangspunkt dogmatischer Bevormundung und unbeabsichtigter Kolonialisierung und Ausbeutung von Menschen werden."[400] Es genüge heute keinesfalls mehr, die Wertfrage nur im Kontext einer ideologiekritischen Debatte um die gesellschaftliche Funktion Sozialer Arbeit zu stellen und zu beantworten, wie sie dies in jenen Ansätzen ausmacht, die sich an die kritischen Theorien der Frankfurter Schule anlehnen. Vielmehr fordert *Staub-Bernasconi* „eine eigene philosophisch-ethische, aber auch wissenschaftliche Reflexion" ein, die sich sowohl auf die körperlichen, psychischen, sozialen und kulturellen Werte als auch auf die unerfüllten menschlichen Bedürfnisse - etwa Gesundheit, Leistung und soziale Anerkennung, emotionale und soziale Zugehörigkeit, Sozialverträglichkeit der Wirtschaft - bezieht.[401] In ihren handlungstheoretischen Entwurf der Sozialen Arbeit bindet sie daher das Werte- und Kriterienwissen als zentralen Bestandteil ein.[402] Hauptthemen einer Wertelehre und Ethik innerhalb der Ausbildung in Sozialer Arbeit wären ihrzufolge die „Beschreibung, Begründung und Erklärung der Entstehung (sub)kultureller wie universeller Werte, ferner die Diskussion von Ethiken und Normensystemen (Moralen) zum Schutze von Werten. Dies soll unter besonderer Berücksichtigung von ego-, soziozentrischen und systemischen Ethiken, ferner von Wertkonflikten (zum Beispiel zwischen Freiheit und Obhut, Effizienz und Demokratie oder Gerechtigkeit) erfolgen. Desgleichen sollen die diskutierten Werte und Ethiken der kritischen Beurteilung

---

[399] Vgl. *Staub-Bernasconi* (1994), Soziale Arbeit als Gegenstand von Theorie und Wissenschaft, 85f.

[400] Ebd., 86.

[401] Vgl. ebd.

[402] Vgl. *S. Staub-Bernasconi*, Soziale Arbeit als eine besondere Art des Umgangs mit Menschen, Dingen und Ideen. Zur Entwicklung einer handlungstheoretischen Wissensbasis Sozialer Arbeit, In: Sozialarbeit 18 (1986) 10, 2-71; Staub-Bernasconi nennt fünf Wissensaspekte: das Gegenstandswissen („Was ist los?"), das Erklärungswissen („Warum ist das so?"), das Wert- oder Kriterienwissen („Woraufhin soll verändert werden?"), das Verfahrenswissen („Wie kann verändert werden?"); das Funktionswissen („Was ist bewirkt worden?"). - Vgl. dazu die Zusammenfassung in *Engelke* (1992), Soziale Arbeit als Wissenschaft, 295.

von Funktions-, Problem-, Zielbestimmungen und Handlungsfolgen Sozialer Arbeit dienen."[403]

Dieses ethische Ausbildungsanliegen *Staub-Bernasconis*, das auf ein ‚Wertewissen' der Studierenden zielt, findet Bestätigung durch das Manual der Vereinten Nationen für die Ausbildungsstätten für Soziale Arbeit und für die Profession Soziale Arbeit.[404] Dort wird festgestellt, daß viele der Probleme, denen Sozialarbeiter/-innen „in den verschiedenen Bereichen der Mikro-, Meso- und Makroebene begegnen, ... auch von einer grundlegenden Krise des Wertebewußtseins"[405] herrühren. Das Manual hält es daher für dringend geboten, die psychologischen oder ökonomischen Erklärungen für individuelle und soziale Probleme durch die Einbeziehung der „fast noch zentraleren" ethischen Dimension zu vertiefen. Es werden dann Werte aufgezählt, die auch innerhalb der theologischen Ethik und Moral von grundlegendem Interesse sind: Leben – Unabhängigkeit und Freiheit – Gleichheit und Gleichbehandlung – Gerechtigkeit – Solidarität – soziales Verantwortungsbewußtsein – Evolution, Friede und Gewaltlosigkeit – Beziehungen zwischen Menschheit und Natur. In den Erläuterungen zu diesen acht Werten ist immer wieder von den theologischen und sozialethischen Aspekten die Rede, etwa von den politischen, bürgerlichen, sozialen, ökonomischen und spirituellen Bedürfnissen und Rechten,[406] vom Streben nach Glaubensfreiheit und Freiheit des Geistes,[407] vom Schutz gegen Diskriminierung aufgrund von Rasse, Farbe, Geschlecht oder Religion,[408] von dem in den meisten religiösen und philosophischen Lehren vertretenen Grundsatz, daß die Privilegierten gegenüber den Benachteiligten in der Gesellschaft eine Verpflichtung haben,[409] von der Notwendigkeit der Identifikation des Sozialarbeiters mit Opfern von Gewalt, Folter, Vertreibung und Freiheitsberaubung[410] oder gar davon, daß „der Dienst an den Armen und Bedürftigen und das Engagement für sie den Existenzgrund dieses Berufes bilden."[411] Angesichts solcher Konvergenzen zwischen notwendiger Ethik in der Sozialen

---

[403] Vgl. *Staub-Bernasconi* (1995), Systemtheorie, 138.
[404] Menschenrechte und Soziale Arbeit. Ein Manual für die Ausbildungsstätten für Soziale Arbeit und für die Profession Soziale Arbeit, in: *Wendt* (1995), Soziale Arbeit im Wandel ihres Selbstverständnisses, 81-99.
[405] Ebd., 94.
[406] Vgl. ebd., 95; 97.
[407] Vgl. ebd., 95.
[408] Vgl. ebd., 96.
[409] Vgl. ebd., 98.
[410] Vgl. ebd., 97.
[411] Vgl. ebd., 98.

Arbeit und theologischen Berührungspunkten tun sich zahlreiche Anschlußstellen auf, an denen die sozialtheologische und moraltheologische Denktradition als bereichernde Horizonterweiterung und Vertiefung in die Ausbildung Sozialer Arbeit eingebracht werden kann.

Eine dritte Anschlußstelle für die Theologie findet sich in dem Konzept einer ‚moralisch inspirierten Kasuistik',[412] das mit der Methode einer diskursiven Ethik eng verknüpft ist. Innerhalb der sozialarbeitswissenschaftlichen Debatte wird dieser Weg heute favorisiert.[413] Angesichts des Mißbrauchs von Moral, in den Pädagogik und Sozialpädagogik als „Agenten der Moral" oftmals verwickelt waren,[414] sei - so die Überzeugung von *H. Thiersch* - die Entlarvung von Moral in ihrer herrschaftsstabilisierenden, interessenverschleiernden und subjektzerstörenden Funktion nötig gewesen, und ein anhaltendes gesundes Mißtrauen der Sozialpädagogik gegenüber der Moral sei durchaus wünschenswert. Moralische Fragen aber könnten deswegen noch lange nicht ad acta gelegt werden. Vielmehr sei heute aufgrund der Individualisierung und Pluralisierung in der Gesellschaft, aber auch aufgrund einer Skepsis gegenüber einer wertfreien Rationalität eine kräftige Nachfrage nach moralischer Orientierung festzustellen.[415] Eine alltagsorientierte, lebensweltliche Soziale Arbeit kommt daher um eine Thematisierung moralischer Fragen nicht herum. Selbst wenn der Alltag der Menschen mit seinem Pragmatismus, seinen Typisierungen und Routinen die moralischen Fragen zu reduzieren vermag, so begegnen sie „uns im Alltag ebenso wie in der Sozialarbeit täglich, Fragen nach der Begründung von Normen ebenso wie nach un-

---

[412] Vgl. *Thiersch* (1993), Lebenswelt und Moral; *ders.* (1992), Lebensweltorientierte Soziale Arbeit, 217-234.

[413] *H.-U. Pfeifer-Schaupp/W. Schwendemann,* Sozialarbeit und Diskursethik. Kommunikation als Quelle ethischer Normen, in: Archiv für Wissenschaft und Praxis der sozialen Arbeit 25 (1994), 124-149; die Verfasser verstehen Diskursethik nicht als ein „inhaltlich bestimmtes Ethikkonzept", sondern als „eine Verfahrensethik". Sie dient „nicht der Erzeugung von gerechtfertigten Normen", sondern „der Prüfung der Gültigkeit vorgefundener, aber problematisch gewordener und hypothetisch gewordener Normen. - Ebd., 143f.

[414] *Thiersch* (1992), Lebensweltorientierte Soziale Arbeit, 218; den Ausdruck „Agenten der Moral" übernimmt Thiersch von Howard S. Becker.

[415] Thiersch nennt drei Ursachen: 1. Die Schwächung der überkommenen Selbstverständlichkeiten der Lebensordnungen, wodurch die einzelnen in ihrer moralischen Zuständigkeit für sich selbst herausgefordert werden; 2. die radikalisierte Frage nach moralischem Handeln innerhalb von Institutionen und politischen Strukturen; 3. die Wissenschaft der Sozialen Arbeit selbst, die entgegen mancher erkenntnistheoretischen Auffassungen keineswegs wertfrei zu gestalten ist, da das Bemühen um Erklärung von Problemen abhängig sei, „von Wertentscheidungen, die in die wissenschaftlichen Konzepte und die ihnen entsprechenden Methoden gleichsam eingegangen sind." - Vgl. ebd., 225ff.

serem Leben mit ihnen, unseren Möglichkeiten, unseren Handlungsspielräumen, unserem Versagen."[416]

Es kommt aber entscheidend auf das ‚Wie' des Umgangs mit den moralischen Fragen an.[417] *Thiersch* ist der Auffassung, daß angesichts der Lebensverhältnisse, die von Individualisierung und Pluralisierung gekennzeichnet sind, moralische Fragen nur noch im Diskurs erörtert und vermittelt werden können, und daß ein Konsens nur dann erzielt werden kann, wenn der Diskurs nicht „nur aus dem Stand geführt" wird, sondern wenn er durch den „Rekurs auf philosophische und literarische Traditionen" bereichert wird.[418] Die offenkundige Krise und gegenwärtige Kritik der „Vernunft" einerseits und die „geheime Moral" der weltumspannenden Technik-, Markt- und Medienordnung andererseits erforderten heute mehr denn je „eine allgemeine Moral, die auf Gerechtigkeit und Partizipation, auf ein menschenwürdiges Leben und auf die ökologischen Voraussetzungen auch eines zukünftigen menschenwürdigen Lebens hinzielt"[419].

Eine derartige Allgemeinheit der moralischen Forderungen sei jedoch nur „eine notwendige, keine hinreichende Voraussetzung für die Entscheidung im Konkreten. Das Allgemeine könne nur im Konkreten eingelöst werden; es muß verstanden werden als Perspektive, in die hinein Konkretes gesehen, als Frage, auf die hin Konkretes gerechtfertigt werden muß."[420] Eine moralisch inspirierte Kasuistik sei der Weg zu diesem Ziel. Der Sozialarbeiter und die Sozialarbeiterin stünden immer wieder vor Einzelfällen, bei denen nicht einfach zu sagen ist, was richtig und falsch, was gut oder schlecht ist. Um der Entscheidungsnotwendigkeit allerdings gerecht zu werden, bedarf es der „Verhandlung des Einzelfalls unter allgemeinen Regeln".[421] Genau dies sei Kasuistik. Sie gestaltet sich sicherlich „strapaziös - allgemein und in der Sozialarbeit".[422] Angesichts der modernen Lebensverhältnisse allerdings sei eine moralisch inspirierte Kasuistik der einzige Weg, einem bloßen moralischen Indifferentismus des „anything goes" einerseits und einer Resignation vor moralischen Fragen andererseits zu entkommen. Moralisch inspirierte Kasuistik erweise sich als „eine Option gegen das Diktat der sogenannten

---

[416] Ebd., 220.
[417] Vgl. ebd., 230-234.
[418] Ebd., 230.
[419] Ebd., 229.
[420] Ebd., 230.
[421] Ebd., 231.
[422] Ebd., 233.

Sachzwänge"⁴²³, denen die ökonomischen, politischen und sozialen Lebensaufgaben geopfert werden und letztlich Leben zerstört wird.

Wenn Soziale Arbeit „eine durch Wissenschaft, Ethik und Erfahrung gesättigte Kunst"⁴²⁴ darstellt und wenn es in ihr darum geht, nicht nur fachliche Fertigkeiten anzuwenden, sondern Einzelfälle unter allgemeinen Regeln ‚zu verhandeln', dann dürfte die Mitwirkung der Theologie in der Ausbildung zu einem solchen künstlerischen Beruf plausibel sein. Denn sie kann auf eine große Tradition in der Frage grundsätzlichen moralischen Urteilens und auf eine Fülle von Orientierungen zu Einzelfragen menschlicher Existenz zurückgreifen. Wie sozialarbeitstheoretisch begründet wurde, bestünde die Aufgabe einer Theologie in der Sozialen Arbeit erstens darin, ethischen Aporien aufzudecken und ihnen begründet zu widersprechen, zweitens zum ‚Wertewissen' der Studierenden durch Information beizutragen und drittens sich in den ethischen Diskurs⁴²⁵ einzuschalten, dessen Ziel es ist, angesichts komplizierter Einzelfälle eine moralisch verantwortbare, dem Menschen dienliche Handlungsoption zu gewinnen.

3.3.4 Anschlußstelle: Soziale Gerechtigkeit

„Die allgemeine gesellschaftliche Funktion der Sozialarbeit besteht darin, unter der Leitidee der ‚sozialen Gerechtigkeit' an der Erhaltung und Verbesserung der Gesellschaft mitzuwirken."⁴²⁶ Diese Grundüberzeugung von *P. Lüssi* ist in der Sozialarbeitsliteratur weder singulär noch ist sie - historisch betrachtet - neuartig. Bereits in der Pioniergeneration der Sozialen Arbeit findet sie sich, etwa bei *Jane Addams* oder bei *Alice Salomon*; sie taucht aber auch neuerdings mit aller Deutlichkeit in systemtheoretischen Ansätzen der Sozialen Arbeit auf. Auch *Brunkhorst/Otto* bezeichnen die *Soziale Arbeit* „als gerechte Praxis", die sich „wesentlich mit der Herstellung von Be-

---

[423] Vgl. ebd., 234.
[424] *Staub-Bernasconi* (1991), Stellen Sie sich vor, 13.
[425] Als Ziele der Befähigung zum ethischen Diskurs in der Ausbildung von Sozialberufen nennen Pfeifer-Schaupp/Schwendemann: 1. die Vermittlung der Fähigkeit zur eigenen Reflexion ethischer Fragen; 2. die Fähigkeit zur Formulierung und Kommunikation ethischer Überzeugungen; 3. die Selbsterfahrung und -erforschung der eigenen ethischen Prägung und der eigenen Wertpräferenzen; 4. die Fähigkeit zur kommunikativen Verständigung mit den Klienten über ethisch verantwortliches Handeln. - Vgl. *Pfeifer-Schaupp/Schwendemann* (1994), Sozialarbeit und Diskursethik, 143.
[426] *Lüssi* (1991), Systemische Sozialarbeit, 127.

dingungen einer gerechten Gesellschaft befaßt."[427] Mit dieser Funktionszuweisung wenden sie sich gegen eine Reduktion von Sozialarbeit und Sozialpädagogik auf Kompensations- und Theoriegeschäfte und möchten, ohne den Eigensinn des therapeutischen Helfens zu leugnen, „entschieden den *Vorrang der Gerechtigkeit* behaupten."[428] In dasselbe Horn stoßen auch *Pfeifer-Schaupp/Schwendemann*, für die es einem Ruin der Sache der Sozialarbeit gleichkäme, würde man das Nachdenken über Gerechtigkeit, über deren normative und rationale Begründung und über die Bedingungen ihrer Realisierung aufgeben. Denn „soziale Arbeit ist ‚gerechte Praxis' (...) - oder sie fällt zurück ‚auf das Niveau individualpsychologischer Rezepte'".[429] Auch *W. R. Wendt* schließt sich hier an, wenn er das „Sachwalten für ein ausgemacht besseres Leben und für mehr Gerechtigkeit"[430] als zentrales Anliegen seines ökosozialen Ansatzes betrachtet. Nicht zuletzt ist es *Staub-Bernasconi*, deren systemisch-prozessualer Theorieansatz Sozialer Arbeit im Kern um die Frage nach einem gerechten Austausch zwischen den Mitgliedern sozialer Systeme kreist.[431]

All diese Hinweise machen deutlich, daß das Thema der sozialen Gerechtigkeit ein elementarer Bestandteil der Wissenschaft, der Lehre und der Praxis von Sozialer Arbeit sein muß. Bei der Suche nach theologischen Anschlußstellen stößt man auf drei Problemkreise, bei denen sich die Theologie mit ihrer sozialethischen Tradition zum Vorteil der Sozialen Arbeit einbringen könnte. Eine erste Anschlußstelle findet sich in individualethischer Perspektive. In dieser wird der Sozialen Arbeit die Aufgabe einer individuellen Zuteilung sozialer Ressourcen, die Mithilfe bei der Lösung sozialer Konflikte unter Gesellschaftsangehörigen sowie die Mitarbeit bei der Integration devianter Personen zugedacht.[432] Diese gesellschaftlich legitimierte Funktion der Sozialen Arbeit, soziale Gerechtigkeit im speziellen Bereich des sozialen Problemfalls zu verwirklichen, setzt die Fähigkeit des Sozialarbeiters bzw. der Sozialarbeiterin voraus, soziale Sachverhalte unter der Leitidee der sozialen Gerechtigkeit zu beurteilen und Problemlösungen anzustreben, „die

---

[427] *H. Brunkhorst/H.-U. Otto,* Soziale Arbeit als gerechte Praxis, in: Neue Praxis 19 (1989) 5, 372-374, hier 372.
[428] Ebd.
[429] So *Pfeifer-Schaupp/Schwendemann* (1994), Sozialarbeit und Diskursethik, 124 unter Berufung auf Brunkhorst/Otto sowie auf Brumlik.
[430] Vgl. *Wendt* (1990), Ökosozial denken und handeln, 211.
[431] Vgl. *Staub-Bernasconi* (1995), Systemtheorie, bes. 204-208.
[432] Vgl. *Lüssi* (1991), Systemische Sozialarbeit, 130f.

sozialen Werten entsprechen."[433] Damit aber gerechte Lösungen zustande kommen, gilt es im Einzelfall zu realisieren, was allgemeine soziale Werte unter den gegebenen Verhältnissen bedeuten. Es müssen konkurrierende Werte miteinander ins Spiel gebracht und Werteabwägungen wie Wertepräferenzen vorgenommen werden. Überdies sind sozialethisch negative Zustände gegenüber den problemrelevanten Personen transparent zu machen und die sozialethisch zu bevorzugenden Werte zu verteidigen. Am problematischsten aber gestalten sich jene Situationen, in denen ein Konflikt zwischen gesellschaftlich anerkannten Individualwerten (z. B. Selbstbestimmungsrechte, Personensorgerechte) und sozialen Werten auftritt.[434] Wenn nun aber die sozialarbeiterische Tätigkeit mit derart komplexen und komplizierten Werteabwägungen zu tun hat, ja wenn sie, wie der Sozialphilosoph *Schlüter* formuliert, eine „wertende Arbeit mit Menschen"[435] darstellt, dann braucht es auch innerhalb der Ausbildung eine grundlegende Orientierung in Sozialethik. Im Rückgriff auf ihre Kompetenz in Sachen sozialer Gerechtigkeit und auf ihre Erfahrung in Sachen Wertebegründung und Werteabwägung könnte die Theologie sicherlich wertvolle Bausteine zur ‚wertenden Arbeit mit Menschen' beisteuern.

Eine zweite theologische Anschlußstelle ergibt sich aus dem Anspruch der Sozialen Arbeit, eine anwaltschaftliche Funktion für individuelle, soziale und ökologische Rechte einzunehmen. Im Gegensatz zu *Lüssi*, der in seinem systemischen Konzept der Sozialberatung eine sozialpolitische Tätigkeit des Sozialarbeiters nicht behandelt und sie in „perifere Bereiche der Sozialen Arbeit"[436] verweist, stellt *Staub-Bernasconi* mit aller Entschiedenheit gerade diese Aufgabe in den Mittelpunkt ihrer Überlegungen. Da sie die ‚neue soziale Frage' als das größte heutige Umweltproblem ansieht,[437] plädiert sie für eine Soziale Arbeit, die sich unbeirrt der Verteilungs- und Gerechtigkeitsthematik annimmt und es als ihr Hauptanliegen betrachtet, die grundlegenden Menschen- und Sozialrechte für alle auf nationaler wie internationaler Ebene einzulösen.[438] In Absetzung zu den fremdbestimmten Inpflichtnahmen

---

[433] „Die umfassende sozialethische Leitidee seines Denkens und Handelns ist die ‚soziale Gerechtigkeit'. Sie enthält die verschiedenen einzelnen Werte, welche die soziale Problemlösung zu verwirklichen trachtet - zum Beispiel gleiches Recht, sozialer Interessenausgleich, gerechte Güterverteilung, Menschenwürde, persönliche Selbstbestimmung, soziale Solidarität". - Ebd., 227.

[434] Vgl. ebd., 229.

[435] Zitiert nach ebd., 227.

[436] Ebd., 130.

[437] *Staub-Bernasconi* (1995), Systemtheorie, 78-82.

[438] Vgl. ebd., 81.

der Sozialen Arbeit für alle möglichen Aufgaben sei die Identität einer ‚gerechten Praxis' eine „eigensinnige Funktionsbestimmung"[439] schlechthin. Sie sei unausweichlich mit der politischen Parteinahme für die Schwächeren verbunden. Es gelte nicht nur, den benachteiligten Menschen das Recht und die Möglichkeiten zur Befriedigung ihrer elementaren Grundbedürfnisse zurückzugeben und ihnen eine „eigenbestimmte Lebensführung wie aktive Teilnahme an möglichst fairen Austausch- und Machtbeziehungen"[440] zu ermöglichen. Wissenschaft und Praxis der Sozialen Arbeit stünden auch in der „Pflicht, auf sachkundige Weise individuelle Nöte zu öffentlichen Themen zu machen"[441], also eine anwaltschaftliche Rolle für die Schwachen innerhalb der Gesellschaft zu übernehmen. *Staub-Bernasconi* selbst behandelt an verschiedenen Stellen ihres Werkes mit einer angemessen gesellschaftskritischen Brille eine Reihe von Themen, mit denen sich Soziale Arbeit auseinanderzusetzen hat, wenn sie ihr sozialpolitisches Mandat ernst nimmt: das ökologische Thema,[442] die Frage der Solidarität,[443] das Verhältnis der Geschlechter,[444] ethnospezifische, interkulturelle und transkulturelle Fragen einschließlich der Migrationsthematik[445] und nicht zuletzt auch die Fragen des Wirtschaftssystems, des Marktes[446] und der „Sozialverträglichkeit"[447]. Eine Mitwirkung der Theologie in Ausbildung an Fachhochschulen hätte den Vorteil, daß die umfangreiche Denktradition der katholischen Sozialethik zu diesen einzelnen Fragen sowie die entsprechenden Positionen, die in der lehramtlichen Verkündigung oder in teilkirchlichen und verbandlichen Verlautbarungen vorliegen, den Studierenden zugänglich gemacht würden.

Eine dritte theologische Anschlußstelle tut sich in dem Konzept einer Sozialen Arbeit als „Menschenrechtsprofession"[448] auf. In Erinnerung ihres Ursprungs aus sozialen Bewegungen (z. B. der Frauenbewegung) müsse sich, so *Staub-Bernasconi,* die Soziale Arbeit wieder aus den Handlangerdiensten

---

[439] Ebd., 193.
[440] Ebd., 192.
[441] Ebd., 192f.
[442] Vgl. ebd., 78ff.
[443] Vgl. ebd., 77.
[444] Vgl. ebd., 255-287.
[445] Vgl. ebd., 289-336.
[446] Hier insb. der Aufsatz von *Staub-Bernasconi* (1991), Stellen Sie sich vor.
[447] *Staub-Bernasconi* (1995), Systemtheorie, 374-380.
[448] S. *Staub-Bernasconi,* Das fachliche Selbstverständnis Sozialer Arbeit - Wege aus der Bescheidenheit. Soziale Arbeit als „Human Rights Profession", in: *Wendt* (1995), Soziale Arbeit im Wandel ihres Selbstverständnisses, 57-80; erste Ansätze dazu vgl. auch *dies.* (1989), Zur Zukunft sozialer Arbeit, bes. 128.

für staatliche und wirtschaftliche Interessengruppen befreien und sich im Paradigma einer ‚Human Rights Profession' zu einer ideologiekritischen Disziplin entwickeln, die sich selbstdefinierte und eigenbestimmte Aufträge gibt.[449] In einer im Entstehen begriffenen Weltgesellschaft und angesichts des weltweiten Massenelends müsse zusätzlich zum weltweiten Bewußtseinsbildungsprozeß über ökologische Probleme auch ein solcher über soziale Probleme in Gang gesetzt werden. Soziale Arbeit könne als „*Human Rights Profession*"[450] einen wesentlichen Beitrag dazu leisten. Dazu aber müsse sie nicht nur die inhaltliche Grundlagenarbeit zur Frage der Menschenrechte forcieren,[451] sondern auch ganz praktisch ihre eigenen Ausbildungseinrichtungen daraufhin überprüfen, ob sie auf der Beziehungsebene wie in inhaltlicher Hinsicht dem Anspruch der Ausbildung einer Menschenrechtsprofession entsprechen.[452]

Staub-Bernasconi ist der tiefsten Überzeugung, daß gerade die Menschen- und Sozialrechte „ein höchst interessantes und herausforderndes Thema für interdisziplinäre Teamarbeit sein"[453] können. Einerseits gelte es, diese Rechte „bedürfnistheoretisch zu begründen und kontextbezogen zu interpretieren"[454]. Dafür brauche es die Erfahrungswissenschaften Biologie/Psychobiologie, Psychologie, Sozialpsychologie, Soziologie, Ökonomie, Politologie und Kulturtheorie. Andererseits müsse aber auch der Wertgehalt und der normative Gehalt der individuellen und sozialen Grundrechte reflektiert werden. Dies sei eine Aufgabe für „die Philosophie, interkulturelle Religion, Theologie und Ethik."[455] So fordert das Selbstverständnis Sozialer Arbeit als notwendigerweise interdisziplinär angelegte Menschenrechtsprofession die christliche Theologie geradezu heraus, ihren Fundus als normative Disziplin bereitzustellen, um die ‚fremdverordnete Bescheidenheit' Sozialer Arbeit

---

[449] Vgl. *Staub-Bernasconi* (1995), Das fachliche Selbstverständnis Sozialer Arbeit, 59.

[450] Ebd., 68.

[451] Staub-Bernasconi zählt dazu die intensive Arbeit an einer wissenschaftsgestützten, bedürfnistheoretischen Basis der Menschenrechte und die ideologiekritische Auseinandersetzung mit jenen, die Menschen- und Sozialrechte als westlichen Kolonialismus im Gewande des Humanismus verachten. Schließlich auch Methoden der Aneignung von Definitionsmacht, der Ermächtigung und Einmischung, des Einsatzes von juristischem Wissen und der Anwaltschaft für soziale Gerechtigkeit. - Vgl. ebd., 72-74.

[452] Auch in den Beziehungen zwischen Lehrkörper und Studentenschaft müsse eine Atmosphäre der Offenheit und Gleichberechtigung gegeben sein. Denn „wer über Menschenrechte lehren will, muß die Rechte der StudentInnen achten und schützen". - Menschenrechte und Soziale Arbeit (1995), 85.

[453] *Staub-Bernasconi* (1995), Das fachliche Selbstverständnis Sozialer Arbeit, 74.

[454] Ebd., 75.

[455] Ebd.

aufzubrechen[456] und sie als ‚Menschenrechtsprofession' zu profilieren. Daß die Theologie zur Begründung und Erhellung von sozialer Gerechtigkeit, von Menschenwürde und Menschenrechten Elementares beitragen kann, steht außer Zweifel. Denn ohne die „Blutspur in der Kirchengeschichte" zu verharmlosen, gäbe es doch ohne Jesus von Nazareth wohl „kein universalisierbares Bewußtsein von Freiheit, Gleichheit und Geschwisterlichkeit, von Menschenrecht und Menschenpflicht, von Individualität und Sozialität jedes Menschen, unabhängig von Gesundheit und Behinderung, Taten und Untaten, Leistungen und Fehlleistungen ... Wenn die Menschenwürde nur auf Absprachen beruhte oder auf einer Art Gesellschaftsvertrag, dann wäre es schlecht um sie bestellt."[457]

3.3.5 Anschlußstelle: Professionalität als ‚Lebenswelthermeneutik'

Obwohl sich die Aufgaben der helfenden Berufe zum gegenwärtigen Zeitpunkt keineswegs verringern, sondern eher vermehren, steckt diese Berufsgruppe in einer anhaltenden Identitätskrise. Weder nach außen noch nach innen hin gelingt es, ihren Status und ihre Fachlichkeit so auszuweisen, daß daraus gesellschaftliche Anerkennung erwächst.[458] Die Ursachen dafür liegen unter anderem auch im Wandel des Berufsverständnisses, der bis dato andauert und notwendigerweise zu Verunsicherung im professionellen Selbstverständnis beiträgt.

Um eine brauchbare analytische Folie zur Beurteilung der sich vollziehenden, sich häufig widersprechenden Professionalisierungsbemühungen zu entwickeln, haben *Dewe u. a.* die Entwicklung des sozialarbeiterischen bzw. sozialpädagogischen Berufsverständnisses chronologisch nachgezeichnet. Sie formulieren rückblickend drei professionelle Leitvorstellungen:

- Eine erste ist der Typus des ‚professionellen Altruisten', für den der Vorrang des „sozialsittlichen Engagements" (*Alice Salomon*) bzw. der persönlichen Integrität vor der systematisch-wissenschaftlichen Wissenskompetenz kennzeichnend ist.[459] Eine charismatische Disposition, eine

---

[456] Vgl. *Staub-Bernasconi* (1995), Systemtheorie, 413-425.
[457] *F. Kamphaus*, Einspruch gegen die „Religion des Marktes". Ernstfall Gentechnik: Wer Leben in wertvoll und weniger wertvoll einteilt, gefährdet die Grundlagen der Gesellschaft, in: Süddeutsche Zeitung Nr. 82, 8. April 1998, 12.
[458] Vgl. *B. Dewe/W. Ferchhoff/A. Scherr/G. Stüwe*, Professionelles soziales Handeln. Soziale Arbeit im Spannungsfeld zwischen Theorie und Praxis, Weinheim u.a. 1993, 10 f.
[459] Vgl. ebd.

tiefgründende Motivation und eine hohe ethisch-moralische Haltung, die man mit Begriffen wie ‚pädagogisches Eros', ‚gutes Herz', Berufung, innige Beziehung und Liebe zum Klienten, ja mit Barmherzigkeit umschreiben kann, zeichnen diese sozialberufliche Leitvorstellung aus. Ihre Nachteile liegen in einer Individualisierung der sozialen Probleme und einer unreflektierten Übertragung moralischer Maßstäbe auf die Klienten.[460]

- Ein zweiter Typus professioneller Leitvorstellungen ist der „Sozialingenieur".[461] Er steht für die Dominanz von Rationalität, Vernunft, Verwissenschaftlichung und Fortschritt der Sozialen Arbeit. An die Stelle des gesunden Menschenverstandes in der helfenden Beziehung tritt das Expertenwissen, das der „wissenschaftlich ausgebildete Praktiker"[462] vorzuweisen und linear anzuwenden hat. Diese expertokratische Berufsauffassung, die für sich die Aufgabe einer „stellvertretende(n) Problemlösung"[463] reklamiert, führt jedoch leicht zu einer Mißachtung der Bedürfnisse und der Eigenkompetenz der Klienten.[464] Auch läßt sie sich leicht in die Erfordernisse einer Sozialbürokratie einpassen.[465] Interessant ist, daß zeitgleich mit der Entwicklung dieser beruflichen Leitvorstellung des ‚Sozialingenieurs' auch das Stichwort ‚Barmherzigkeit' in den Lexika der Sozialen Arbeit verschwindet.[466]

---

[460] Vgl. dazu ebd., 30f.

[461] Ebd., 31.

[462] Vgl. *Ch. Lüders,* Der ‚wissenschaftlich ausgebildete Praktiker' in der Sozialpädagogik - zur Notwendigkeit der Revision eines Programms, in: Zeitschrift für Pädagogik 33 (1987) 5, 635-653; *ders.,* Der wissenschaftlich ausgebildete Praktiker. Entstehung und Auswirkung des Theorie-Praxis-Konzepts des Diplomstudiengangs Sozialpädagogik, Weinheim u.a. 1989.

[463] *Volz* (1993), ‚Lebensführungshermeneutik', 26.

[464] Die bruchlose „Kongruenzerwartung zwischen der wissenschaftlichen Produktion von Theorien und ihrer technologischen Verwendung" führt leicht zu einer „technokratischen Bevormundung sozialpädagogischer Handlungspraxis". - Vgl. ebd., 34f.

[465] Für eine expertokratische Berufsauffassung ist typisch, daß sie dazu tendiert, zum einen das genuin Soziale, das Fürsorgliche und Menschliche aus dem institutionalisierten ‚Sozialwesenbereich' herauszudefinieren, und zum anderen dem Vordringen von ökonomischen Prinzipien, dem Diktat der Wirtschaft und der etablierten Natur- und Wirtschaftswissenschaften, die Tür zu öffnen. In einem solchen Verständnis der Expertenrolle aber werde „jede ganzheitliche Sicht des Menschen und seiner Bedürfnisse, jede soziale Verantwortung abgespalten und dem objektivierend-atomisierenden Erkenntnisinteresse geopfert." - *Staub-Bernasconi* (1989), Zur Zukunft sozialer Arbeit, 132.

[466] Im Gegensatz zu den Lexika der Sozialen Arbeit, in denen das Stichwort Barmherzigkeit fehlt, erscheint es explizit unter dem Thema Mitleid bei *Thiersch* (1993), Lebenswelt und Moral, 46-59.

- In jüngster Zeit setzt sich ein neues professionelles Leitbild durch: der Sozialarbeiter und Sozialpädagoge als ‚stellvertretend Deutender'.[467] Dieses Verständnis von Professionalität nimmt Abschied von dem Anspruch, stellvertretend für Klienten Probleme lösen zu wollen, es versteht sich - viel bescheidener![468] - nur als „stellvertretende Problem*deutung*".[469] Es geht nicht mehr um die bloße und lineare Anwendung von Wissen, sondern lediglich um „seine fall- und kontextbezogene Verwendung."[470] Wissenschaftlich begründete Regeln sollen nicht einfach befolgt werden, sondern sie sind auszunutzen,[471] um den Einzelfall und dessen Kontext adäquat zu verstehen und so das entsprechende lebensweltliche Unterstützungsangebot zu entwerfen. Damit wird eine hermeneutisch-sinnverstehende, dialogische, ja mäeutische Kompetenz zum zentralen Merkmal professioneller Kompetenz in der Sozialen Arbeit. Sie ist Voraussetzung dafür, „die Adressaten ... bei der Bearbeitung ihrer sie bedrängenden lebenspraktischen Schwierigkeiten und Probleme so zu unterstützen, daß neue Problemdeutungshorizonte eröffnet und alternative Entscheidungswege zwecks Behandlung und Lösung angeboten und auch im Einverständnis mit ihnen gefunden werden".[472]

Diese neue Sicht des Professionellen in der Doppelstruktur von Theorieverstehen (wissenschaftliche Kompetenz) und Fall- bzw. Situationsverstehen (hermeneutische Kompetenz)[473] verlangt nach einer Überprüfung und Ergänzung der Ausbildungsziele und -inhalte an Fachhochschulen für Soziale Arbeit. Der Erwerb von wissenschaftlichem Regelwissen einerseits und von partikularistischem, fallbezogenem, alltagspragmatischem Verstehens- und Handlungswissen muß durch die Befähigung zum sinngerechten Verstehen, zum Dialog und zur lebensweltlichen Empathie[474] ergänzt werden. Insbesondere gilt es die Studierenden zu befähigen, den lebensgeschichtlichen Hintergrund der Klienten zu verstehen, zu ihrer Bilderwelt und zu den Selbstbil-

---

[467] Vgl. dazu *Dewe u.a.* (1993), Professionelles soziales Handeln, 35ff. Die Autoren berufen sich hier auf die grundlegenden Vorarbeiten von U. Oevermann (1978; 1981).

[468] Vgl. *F. Schütze*, Sozialarbeit als ‚bescheidene' Profession, in: *B. Dewe/W. Ferchhoff/ F.-O. Radtke (Hrsg.)*, Erziehen als Profession. Zur Logik professionellen Handelns in pädagogischen Feldern, Opladen 1992, 132-170.

[469] *Dewe u.a.* (1993), Professionelles soziales Handeln, 13.

[470] Ebd., 12.

[471] Vgl. ebd., 14.

[472] Ebd., 38.

[473] Vgl. dazu *Gildemeister* (1992), Neuere Aspekte der Professionalisierungsdebatte, bes. 213.

[474] Vgl. *Dewe u.a.* (1993), Professionelles soziales Handeln, 14; 38.

dern Zugang zu finden, da vor allem diese es sind, die „darüber entscheiden, wie der Klient handelnd Situationen bewältigt und sein Leben führt."[475] Das Verständnis von Sozialarbeit als „Lebensführungshermeneutik"[476] und der professionellen Kompetenz als „stellvertretende Deutung"[477] nötigen dazu, entsprechende Fähigkeiten zu erwerben, um „mit Angehörigen anderer ethnischer, kultureller und religiöser Traditionen so umzugehen, daß auch wir ‚von innen' diese Traditionen verstehen können und behutsame Vorschläge entwickeln können, wie im Falle des Konfliktes konkurrierender kultureller Deutungen zu verfahren sei, ohne dabei schon aus Unkenntnis bloß die Durchsetzung unserer hegemonialen Kultur zu befördern."[478]

An dieser Stelle tut sich eine Anschlußstelle für die Theologie als Bezugswissenschaft in der Ausbildung Sozialer Arbeit auf. Denn sie könnte nicht nur Informationen über die „Leutereligion"[479] und die alltäglich gelebte Praxis christlich-kirchlichen Glaubens vermitteln, sondern auch ein umfassendes Wissen über andere Religionen und weltanschaulichen Gemeinschaften im Interesse der Anreicherung der hermeneutischen Kompetenz künftiger Sozialarbeiter/-pädagogen anbieten. Dieses Angebot trifft sich durchaus mit Forderungen aus der Sozialarbeitstheorie, etwa der von *H. Lukas* nach einer kulturellen Kompetenz als Bestandteil der Ausbildung in Sozialer Arbeit,[480] oder der von *P. Lüssi*, der in seiner „Inhaltsliste des sozialarbeiterischen Berufswissen(s)" in der Sozialberatung unter zwölf Wissensbereichen ganz explizit auch das Stichwort „Weltanschauungen" aufzählt und es in zwei Aspekte differenziert: „Wissen über religiöses Denken, religiöse Praxis und religiöse Institutionen" und „Kenntnis der für die Gesellschaft generell oder für bestimmte gesellschaftliche Gruppen bedeutsamen Denkströmungen, Geisteshaltungen, praktischen ‚Lebensphilosophien', Meinungen"[481]. Es ist naheliegend, anzunehmen, daß die Theologie ein geeigneter Partner wäre, um eine solche professionelle Kompetenz zu qualifizieren. *Fritz Haag* und Kollegen bringen diese Überzeugung auf den Punkt, wenn sie bezüglich ihrer Sozialtherapie feststellen: „Der Sozialarbeiter, der

---

[475] *Volz* (1993), ‚Lebensführungshermeneutik', 27.
[476] Ebd., 30.
[477] Ebd., 27.
[478] Ebd., 30.
[479] Vgl. *P. M. Zulehner*, „Leutereligion". Eine neue Gestalt des Christentums auf dem Weg durch die 80er Jahre?, Wien 1982.
[480] Vgl. *H. Lukas*, Verwissenschaftlichung des sozialpädagogischen Berufes. Sozialpädagogische Hochschulausbildung zwischen Berufsbild und Berufswirklichkeit, in: *Pfaffenberger/Schenk* (1993), Sozialarbeit zwischen Berufung und Beruf, 53-64, hier 63.
[481] *Lüssi* (1995), Systemische Sozialarbeit, 176f.

auf Distanz, affektive Neutralität und - bei einer starken psychoanalytischen oder auch non-direktiven Orientierung - eine bewußte Zurücknahme der eigenen Person achtet, kann sich z.B. in eine politische oder religiöse Diskussion nicht verwickeln lassen, geschweige denn, sie bewußt stimulieren und damit in die therapeutischen Zielsetzungen aufnehmen."[482]

All diese Aspekte lassen die Einbeziehung der Theologie als bezugswissenschaftliches Fach in die Ausbildung der Sozialen Arbeit wünschenswert erscheinen. Diese Überzeugung erhärtet sich nochmals im Hinblick auf die neue Professionsdebatte. Der hermeneutische Akzent im Professionsverständnis korreliert nämlich eng mit Anforderungen an die Persönlichkeit des Sozialarbeiters bzw. der Sozialarbeiterin.[483] Denn wenn Soziale Arbeit im Kern ein Interaktionsgeschehen ist, bedarf es über das Fachliche hinaus auch personaler Qualitäten. Unter den sieben Persönlichkeitsqualitäten, die *Lüssi* aufzählt, befinden sich auch zwei, mit denen die Theologie durchaus zu tun hat: die „humane Tendenz" und die „moralische Integrität"[484]. Erstere besagt soviel wie Hilfsbereitschaft, „Interesse an den Menschen" oder auch *„helfendes Hinneigen"*[485]. Moralische Integrität hingegen bedeutet, daß Sozialarbeiter/-innen mit ihrer Persönlichkeit gegenüber den Klienten deutlich machen müßten, daß es ihr Auftrag sei, „uneigennützig zu helfen, unparteiisch zu vermitteln, gerechten Ausgleich zu schaffen, frei von Machtbedürfnissen Schutz zu gewähren und echten Anteil am Leiden problembelasteter Men-

---

[482] *F. Haag/E. Parow/L. Pongratz/G. Rehn*, Überlegungen zu einer Metatheorie der Sozialarbeit, in: *H.-U. Otto/S. Schneider (Hrsg.)*, Gesellschaftliche Perspektiven der Sozialarbeit. 1. Halbband, Neuwied u.a. ²1973, 167-192, hier 188.

[483] In nahezu allen Publikationen zur sozialberuflichen Kompetenz wird daher heute neben dem Erwerb von fachlichen Qualifikationen ein besonderes Augenmerk auf die Ausformung von personalen Qualitäten gelegt. So schreibt beispielsweise H. Thiersch: „Neuverstandenes sozialpädagogisches professionelles Handeln verlangt zweierlei: Der Sozialpädagoge darf sich als Person, also in seinen Erfahrungen, seinen Interessen, seinen eigenen Ängsten und Möglichkeiten nicht verstecken; er muß an sich, als Person, arbeiten, um sich verläßlich, attraktiv und interessant zu machen. ... Diese Offenheit der Person aber ist nur *ein* Moment ... Sozialpädagogisches Handeln aber muß - vor allem auch - ausgewiesen sein in sachlicher und methodischer Kompetenz ..." - *Thiersch* (1986), Die Erfahrung der Wirklichkeit, 187f.

[484] Er nennt als Persönlichkeitsqualitäten: humane Tendenz, Kommunikations- und Kooperationsfähigkeit, Fähigkeit zur Selbstinstrumentalisierung, Initiative und Dynamik, Standfestigkeit, soziale Intelligenz, moralische Integrität. - Vgl. *Lüssi* (1991), Systemische Sozialarbeit, 190.

[485] Ebd., 192. Soziale Arbeit müsse „in einem *humanen* Geist getan werden, der die gesamte Persönlichkeit des Sozialarbeiters, sein Denken, Fühlen, Wollen und seine Intuition durchdringt und bestimmt. ... Aus humanem Geist fliesst unweigerlich Verständnis für das tragische Moment in der menschlichen Existenz, Leiden am Ungerechten und der innere Impuls, sich für die Benachteiligten einzusetzen." - Ebd., 193f.

schen zu nehmen."⁴⁸⁶ Ohne eine persönliche Wahrhaftigkeit, ohne Vertrauenswürdigkeit, ohne Aufrichtigkeit und Geradlinigkeit sowie ohne eine ethische Wertungssicherheit könne Sozialberatung nicht wirklich geleistet werden.⁴⁸⁷

Auch wenn *Lüssi* sich bei der Beantwortung der Frage, worin denn letztlich die von ihm eingeforderten professionellen Qualitäten einer ‚humanen Tendenz' bzw. einer ‚persönlichen Wahrhaftigkeit' gründen, auf die Aneinanderreihung möglicher Motivationsgründe beschränkt, so zählt er doch auch den „religiöse(n) Glauben oder sonst eine Weltanschauung" zu den „bedeutendsten Quellen für den moralischen Charakter einer Person."⁴⁸⁸ Dies bestärkt die hier vertretene Überzeugung, daß die Theologie und die von ihr vertretene christliche Weltanschauung in der Ausbildung an Fachhochschulen Sozialer Arbeit eine originäre Rolle bei der Persönlichkeitsbildung künftiger Sozialberufe spielen könnten.

3.3.6 Anschlußstelle: Spiritualität - Sinn - Kontingenzbewältigung

Angesichts der Tatsache, daß ethische und vor allem religiöse Überzeugungen als Einflußgrößen auf die wissenschaftliche Arbeit weitgehend tabuisiert werden,⁴⁸⁹ ist es erstaunlich, daß das „Manual für die Ausbildungsstätten für Soziale Arbeit und für die Profession Soziale Arbeit"⁴⁹⁰ der UNO an mehreren Stellen die grundlegende spirituelle Dimension jeglicher Sozialer Arbeit anmahnt. Der Text bemerkt, daß Soziale Arbeit in fünf Kontexten stattfindet: a) in einem *geographischen* Kontext, was besagt, daß Soziale Arbeit sich innerhalb bestimmter Grenzen, also in einer Organisation, einer Nation, einem Staat, einer Region vollzieht; b) in einem *politischen* Kontext, d. h. daß politische Systeme den Rahmen sozialarbeiterischer Praxis vorgeben und prägen; c) in einem *sozioökonomischen* Kontext, das sind jene Voraussetzungen, die grundlegende Ansprüche der Menschen auf Lebensunterhalt, Arbeit, soziale Absicherung und soziale Dienste befriedigen lassen oder nicht; d) in einem *kulturellen* Kontext, das sind die Praktiken, Überzeugungen, Bestre-

---

[486] Ebd., 205f.
[487] Vgl. ebd., 206f.
[488] Ebd., 207; als weitere Quellen zählt Lüssi auf: „das Sozialisationsmilieu, die Erziehung, die persönlichen Beziehungen, psychotherapeutisches Arbeiten an sich selbst, lebensphilosophische Einsicht" oder auch die Lebenserfahrung. - Ebd.
[489] Vgl. *Engelke* (1992), Soziale Arbeit als Wissenschaft, 67.
[490] Vgl. Menschenrechte und Soziale Arbeit (1995).

bungen und Kulturformen von einzelnen, Familien, Gruppen, Gemeinwesen und Nationen, die es im Sinne der Menschenrechte zu respektieren gilt; und schließlich e) in einem *spirituellen* Kontext. Hierzu heißt es wörtlich: „Keine Gesellschaft, in der Soziale Arbeit praktiziert wird, ist wertfrei. Für die soziale Arbeit und eine humanere Praxis ist es entscheidend, daß man dem Geist, den Werten, Einstellungen, Moralvorstellungen und auch den Hoffnungen und Idealen der KlientInnen Beachtung schenkt und daß (sich) die SozialarbeiterInnen zugleich ihrer eigenen Wertvorstellungen bewußt sind."[491]

Im Zusammenhang mit dem Grundrecht auf Gleichheit und Gleichbehandlung, das sich aus Artikel 1 der „Allgemeinen Erklärung der Menschenrechte" ergibt, wird ferner gefordert, daß diese Gleichheitsvorstellung für „die persönliche und professionelle Einstellung der SozialarbeiterInnen ... zentral" sein muß, weil sie „den Eckstein für das äußerst wichtige Prinzip der Gerechtigkeit" bildet. Ein „ernsthaftes Nachdenken darüber, was im Blick auf biologische Faktoren, auf psychische, soziale, kulturelle und spirituelle Bedürfnisse sowie auf Leistungen des einzelnen im Dienste seiner Mitmenschen als gerechtfertigte oder ungerechtfertigte Gleichheit oder Ungleichheit gelten kann"[492], müsse daher unverzichtbarer Bestandteil ihrer Ausbildung sein. Von Sozialarbeitern/-innen könne nämlich zu Recht erwartet werden, „daß sie auch in Wort und Tat ihre Solidarität beweisen, wenn in irgendeiner Form den Menschen politische, bürgerliche, soziale, ökonomische, kulturelle oder spirituelle Rechte vorenthalten werden."[493]

Eine Qualifikation von Sozialarbeitern/-innen, die auch die Dimension der Spiritualität integriert, ist ein besonderes Spezifikum von Fachhochschulen in konfessioneller Trägerschaft und muß es bleiben. Da allerdings die Achtung der religiösen Kultur und das einfühlsame Verständnis spiritueller Traditionen von einzelnen Personen, von Gruppen und Gemeinschaften eine wesentliche Voraussetzung jeglicher sozialarbeiterischer Praxis sind, können sich auch staatliche Fachhochschulen für Soziale Arbeit der Notwendigkeit einer Sensibilisierung ihrer Studierenden für die religiöse und spirituelle Dimension sozialer Wirklichkeit nicht verschließen, wollen sie nicht hinter dem Standard Sozialer Arbeit bleiben, den das UN-Manual aufstellt. Weil Spiritualität und Religion jedoch nicht nur ‚gelehrt' werden können, sondern auch in der Erfahrung gründen und sich „im gemeinsamen

---

[491] Ebd., 88.
[492] Alle Zitate ebd., 95.
[493] Ebd., 97.

Unterwegssein" ausprägen,[494] kommt es in der Ausbildung darauf an, neben der Vermittlung von Wissen über Religion, Glaube und Spiritualität auch Lehrveranstaltungen anzubieten, die Kontakte mit gläubigen Menschen und religiösen Gemeinschaften herstellen. Eine solche wissens- und erfahrungsbezogene Sensibilisierung für religiöse und spirituelle Kulturen (z. B. Besuche bei christlichen Gemeinschaften, Kontakte zu jüdischen, muslimischen Gemeinden) muß heute, in einer multikulturellen Gesellschaft, ein unverzichtbarer Bestandteil der Ausbildung von Sozialberufen sein. Für diese Arbeit bietet sich die Theologie als kompetenter Partner an.

Das Thema der Spiritualität in die Ausbildung zu integrieren, legt sich aber auch noch unter einer zweiten Perspektive nahe, der einer Kontingenzbewältigung. So sieht beispielsweise das Konzept einer ‚präventiven Sozialen Arbeit'[495] eine „antizipatorische(n) Krisenhilfe und sinnsetzende(n) Arbeit"[496] vor, mit deren Hilfe die Adressaten „bei der Suche nach einem lebenswerten Lebensstil und einer autonomen Lebenspraxis"[497] unterstützt werden sollen. Eine antizipatorische Krisenhilfe möchte im Vorfeld möglicher biographischer Krisen Wissen vermitteln und Fähigkeiten einüben, „die dem einzelnen dann, wenn ein kritisches Ereignis eintreten sollte, eine angemessene Verarbeitung dieses Ereignisses möglich machen."[498] Neben den Partner- und Beziehungsproblemen, der Vorbereitung von werdenden Müttern und werdenden Vätern, dem Durchspielen von Konfliktsituationen am Arbeitsplatz, der Versetzung in den Ruhestand und der Einweisung von Menschen in Klinik oder Pflegeheim sind es vor allem auch „Themen wie Tod, Krankheit, Trennung", die regelhaft und universell auf Menschen zukommen und die somit auch Probleme darstellen, mit denen die Sozialarbeiter/-innen und Sozialpädagogen/-innen im Rahmen von einer akuten wie antizipatorischen Krisenhilfe unausweichlich befaßt werden.[499] Für den Umgang mit solchen Fragen aber reicht ein „ereignisbezogen-instrumentelle(s)

---

[494] *M. Bracht*, Spiritualität von Sozialarbeiter(-innen)/Sozialpädagogen(-innen) - Gedanken und Anregungen, in: Diakonie - Gemeinde - Sozialarbeit, hrsg. von der *Katholischen Fachhochschule Norddeutschland Osnabrück und Vechta durch K. Gabriel* und *P. L. Sauer*, Hildesheim 1990, 65-87, hier 66.

[495] Diese baut auf dem Konzept einer „antizipatorischen Sozialisation" von G. Caplan auf, das dieser für den Bereich der Psychiatrie entwickelte. - Vgl. *G. Caplan*, Principles of preventive psychiatry, New York 1964.

[496] *N. Herriger*, Der mächtige Klient. Anmerkungen zum Verhältnis von Alltagskompetenz und Berufskompetenz, in: Soziale Arbeit 38 (1989) 5, 165-174, hier 171.

[497] Ebd., 166.

[498] Ebd., 171.

[499] Vgl. ebd.; Herriger beruft sich auf *R. Boschert*, Krise und Existenz. Von den Aufgaben des Sozialpädagogen in der Krisenbegleitung, in: Neue Praxis 17 (1987) 4, 326-335.

Unterstützungshandeln" nicht aus, es sind vielmehr „sinnsetzende Interpretationen und Alltagsdeutungen" von Nöten, die den Betroffenen „neuen Lebenssinn stiften" und ihnen „beim Umbau von Lebensplänen helfen".[500]

Thiersch bringt in Zusammenhang mit der Bewältigung solcher Kontingenzen explizit auch Religion und die christliche Theologie ins Spiel. Mit Blick auf den Religionsunterricht beklagt er, daß in den Schulen „ein eigenes, qualifiziert unterrichtetes Angebot in unterschiedlichen religiösen Deutungsmustern, in Anthropologie und Ethik" fehle. Brauche es, so fragt er, angesichts der vielen existentiellen Fragen, die das Leben aufwirft, „nicht eine besonders intensive Kenntnis und Einübung in Lebens- und Trostvorstellungen, um zu lernen, die Wirklichkeit von Schmerz, Versagen, Unzulänglichkeit und Tod auszuhalten?"[501] Mit *Luhmann* sieht *Thiersch* die Aufgabe der Religion darin, Kontingenzen, also Rätsel und unlösbare Fragen, so in Sprache zu bannen, daß man mit ihnen leben kann. Er setzt daher auf ein „offenes und freies Miteinander verschiedener Deutungsangebote"[502], in dem auch die spezifisch christlichen unbefangener wahrgenommen werden können. Zu dem besonderen, für Lebensbewältigungsfragen spezifisch relevanten Erbe der christlichen Tradition zählt *Thiersch* „das aushaltende und solidarisch-protestative Mitleid" mit Armen, Verlassenen, Verzweifelten; das Wissen von der Unaufhebbarkeit des Subjektes; den Mythos der Schöpfung, der Ehrfurcht vor dem Leben und der Verantwortung für die Zukunft; die „unaufhebbare Dialektik von Verantwortung und geborgener Gelassenheit"; die Menschlichkeit in den großen Geschichten des Alten und Neuen Testaments sowie bei großen Gestalten der Kirchen- und Spiritualitätsgeschichte (Franz von Assisi, Philippo Neri, Franz von Sales).[503]

Diese Hinweise mögen als Beleg dafür genügen, daß die Theologie ein natürlicher Partner in der Ausbildung von Sozialberufen wäre. Wie aufgewiesen wurde, läßt sich diese These sowohl von der prinzipiellen spirituellen Dimension der Sozialen Arbeit her als auch von der Unausweichlichkeit von Kontingenzfragen (Sinn von Leben, Leiden, Scheitern, Schuld, Unrecht, Böses, Tod u a) im sozialberuflichen Alltag begründen. Sinn aber entsteht nicht, wie es der radikale Konstruktivismus nahelegt, allein aus dem Bestreben nach Selbsterhaltung, sondern aus dem Sinn rekonstruierenden Zusammenwirkens von Betroffenen und Helfern.[504] Es liegt nahe und es dürfte be-

---

[500] *Herriger* (1989), Der mächtige Klient, 172.
[501] *Thiersch* (1993), Lebenswelt und Moral, 71f.
[502] Vgl. ebd.
[503] Vgl. ebd., 73.
[504] Vgl. *Heiner* (1995), Nutzen und Grenzen systemtheoretischer Modelle, 440.

reichernd sein, bei dieser Rekonstruktion von Lebenssinn auch den großen Vorrat an theologischen Quellen heranzuziehen.

3.3.7 Anschlußstelle: Institution

Im Gefolge der kritischen Theorie der sechziger Jahre herrschte innerhalb der Theorie und Praxis der Sozialen Arbeit eine große Skepsis gegenüber Institutionen vor. Dies mag erklären, daß bis heute in der einschlägigen Literatur das Nachdenken über die institutionellen Rahmenbedingungen Sozialer Arbeit immer noch nur einen geringen Stellenwert einnimmt. Diese Tatsache erstaunt jedoch deswegen, weil derzeit in der Praxis eifrig an trägerspezifischen Leitbildern gearbeitet wird, in denen es zentral um das Profil von Institutionen Sozialer Arbeit geht. Damit aber erweist es sich als offenkundig, daß professionelle Soziale Arbeit immer unter institutionellen Gegebenheiten stattfindet und von diesen geprägt wird. Diese These stützen vor allem *H. Thiersch* und *P. Lüssi* und eröffnen damit eine wichtige Anschlußstelle für die Theologie.

Hans Thiersch schreibt aus der Perspektive einer alltagsorientierten Sozialarbeit, daß diese nur dann gelinge, „wenn die institutionellen Möglichkeiten vom Alltag aus ebenso kritisiert werden wie dann die institutionellen Möglichkeiten wiederum den Alltag kritisieren."[505] Damit drückt er eine zweifache Überzeugung aus: zum einen, daß institutionell getragenes, professionelles Handeln immer in Gefahr steht, den Alltag und die Lebenswelt der Menschen zu kolonialisieren. Von daher muß sie sich vom Alltag her kritisieren lassen. Zum anderen, daß institutionell gestützte Professionalität eine „unabdingbare Voraussetzung"[506] ist, um die Ressourcen, die im Alltag angelegt sind, zu ermutigen, zu provozieren und zu organisieren. Entgegen einer einengenden Individualisierung, wie sie für den gegenwärtigen Methoden- und Therapieboom typisch ist, erweise sich - so *Thiersch* - die institutionelle Anbindung Sozialer Arbeit in mehrfacher Hinsicht als vorteilhaft:[507] Institutionell-professionelle Sozialarbeit verfüge über verwaltungstechnische und methodische Instrumentarien und dränge mit ihrer theoretisch-wissenschaftlichen Orientierung auf Überschaubarkeit und Konsistenz; institutionell gestütztes professionelles Selbstbewußtsein sei Voraussetzung für Souveränität in der Kooperation mit Betroffenen, mit Ehrenamtlichen und mit

---

[505] *Thiersch* (1986), Die Erfahrung der Wirklichkeit, 49.
[506] Ebd., 47.
[507] Vgl. ebd., 46-49.

Laien; institutionell gesicherte, wissenschaftlich fundierte Professionalität ermögliche erst das Aushalten von Belastungen in der täglichen Praxis; schließlich schaffe institutionelle Professionalität den Adressaten den notwendigen Raum der Freiheit gegenüber der Sozialarbeit.

Noch pointierter als *Thiersch*, aber ebenso ihre Ambivalenz reflektierend, nimmt P. *Lüssi* zum Thema der Institution Stellung. Er bezeichnet sie als „Mittel der Sozialarbeit" und führt sie unter acht Mitteln als erstes an.[508] Der Sozialarbeiter übe nämlich seinen Beruf nicht privat, sondern als Angestellter einer gesellschaftlich getragenen Institution aus. Sozialarbeit sei ein „institutioneller Beruf"[509]. Vom Sozialarbeiter werde „die ‚Identifikation mit der Funktion der Institution'" verlangt; „seine Tätigkeit ‚verkörpert und verwirklicht die Aufgabe der ihn beschäftigenden Stelle', ja ‚er ist diese Institution gewissermaßen in Aktion'".[510] So sehr *Lüssi* von der Interdependenz von Institution und Persönlichkeit überzeugt ist - der Sozialarbeiter ist Mittel (Funktionär) der Institution und umgekehrt die Institution Mittel des Sozialarbeiters -, so sehr stellt er doch die Bedeutung der Institution selbst heraus: Sie sei „das *Basismittel*"[511], ohne das der Sozialarbeiter gar nicht arbeiten könne. Die Institution verfüge nämlich über materielle und immaterielle Ressourcen, sie biete ein bestimmtes „Potential an gesellschaftlichem Einfluss, und das alles sind Mittel für die soziale Problemlösung, und zwar die naheliegendsten überhaupt."[512] Der Sozialarbeiter habe „umso besseren Zugang zu den Ressourcen einer solchen Institution, je enger er in sie integriert ist."[513]

Lüssi nennt in diesem Kontext explizit die Kirchen und die großen Wohlfahrtsverbände, die zwar wie alle ‚unspezifischen' Trägerorganisationen[514] auch eine gefährliche Neigung zur Beschränkung der Handlungsautonomie der Sozialarbeiter - z. B. durch bürokratische Handlungszwänge, moralische Vorentscheidungen etc. - zeigen, doch gleichzeitig dem dort beschäftigten Sozialarbeiter zahlreiche „besonders leicht zugängliche bzw. einsetzbare Mittel"[515] der sozialen Problemlösung zur Verfügung stellen: organisierte

---

[508] Vgl. *Lüssi* (1991), Systemische Sozialarbeit, 142.
[509] Ebd., 143.
[510] Ebd., 143 unter Berufung auf Ruth E. Smalley 1967 und 1970.
[511] Ebd., 144.
[512] Ebd., 152.
[513] Ebd.
[514] 'Unspezifisch' meint hier, daß die bezeichnete Trägerinstitution neben der Sozialarbeit auch noch andere Tätigkeitszwecke verfolgt.
[515] Ebd., 153.

soziale Dienstleistungen wie Kurse, Gruppen, Freizeitaktivitäten, Ehrenamtliche, Seelsorge; differenzierte Formen sozialer Arbeit unter einem Dach; Angehörige unterschiedlichster Berufe mit speziellem fachlichen Wissen und Können, die innerhalb der Gesamtinstitution oder in den Trägergremien tätig sind; Persönlichkeiten mit hohem gesellschaftlichen Ansehen oder mit vielfältigen Kontakten im kirchlichen, gesellschaftlichen und politischen Bereich.[516] Als wichtigen institutionellen Faktor bezeichnet *Lüssi* das Image einer Institution oder Trägerorganisation, das sich förderlich oder hemmend auf das Ansehen der dort geleisteten Sozialen Arbeit auswirkt. So sehr die Tätigkeit eines Sozialarbeiters unter einem negativen Trägerimage leiden kann[517] und er sich daher gezwungen sehen kann, Distanz zur Trägerorganisation zu schaffen und nach außen hin zu dokumentieren, so sehr kann er umgekehrt von einem positiven Trägerimage profitieren: „Der Sozialarbeiter soll das positive Image seiner Institution ausnützen, indem er sich betont mit der Institution *identifiziert*, sich sozusagen mit ihrem gesellschaftlichen Prestige bekleidet. Indem er solches imagemässiges Einflusspotential der Institution zugunsten der sozialen Problemlösung ausschöpft, erntet er die Vorteile des institutionellen Berufes."[518]

Diese Argumente sowohl von *Thiersch* als auch besonders von *Lüssi* machen es unverzichtbar, in der Ausbildung künftiger Sozialberufe die Rolle von Institutionen zu beleuchten, und zwar unter negativem wie positivem Vorzeichen. Zu diesen bedeutendsten Institutionen, die als Träger Sozialer Arbeit fungieren,[519] zählen hierzulande aber die beiden großen christlichen Kirchen. Weil aus diesem Grund zu erwarten ist, daß ein großer Teil der Absolventen von Fachhochschulen für Soziale Arbeit eine Tätigkeit bei einem kirchlichen Träger aufnimmt, ist es um so naheliegender, daß im Rahmen des Lehrplans auch auf die christlichen Kirchen eingegangen und die Voraussetzungen für eine angemessene Identifikation mit ihnen geschaffen wird. Wie schon angedeutet, steht dabei kein missionarisches Anliegen im Vordergrund, sondern es geht lediglich um die Klärung der je individuellen Frage, ob eine Anstellung bei der Kirche auf der Basis einer, aus professionellen Gründen unabdingbaren, Grundidentifikation mit diesem Träger Sozialer Arbeit möglich ist oder nicht. Diese Klärung liegt im Interesse beider Seiten,

---

[516] Vgl. ebd.

[517] Unter den, von einem negativen Image-Transfer belasteten Organisationen nennt er auch die Kirchen und Orden!

[518] Ebd., 155.

[519] So organisiert beispielsweise der Deutsche Caritasverband (DCV) unter seinem Dach 31.000 soziale Einrichtungen mit 463.000 Beschäftigten und mehr als 400.000 ehrenamtlichen HelferInnen.

der Sozialarbeiter/-innen und Sozialpädagogen/-innen wie der Kirchen. Sie umfaßt Wissens- wie Erfahrungsanteile, für deren Integration in die Ausbildung an Fachhochschulen für Soziale Arbeit die Theologie ein kompetenter Partner wäre.

Eine zweite Argumentationslinie für die Einbindung kirchlich-institutioneller Fragen, die eine Mitwirkung der Theologie in der Ausbildung sinnvoll erscheinen läßt, findet sich in der ökosozialen Theorie der Sozialen Arbeit und insbesondere im Konzept des Empowerments.[520] Diese Ansätze bauen wesentlich auf das Stiften von Zusammenhängen, die einen schöpferischen Umgang mit problematischen Situationen ermöglichen sollen. Ganz im Unterschied zu präventiven Ansätzen, die auf vorbereitende, problemantizipierende, individuelle Trainingsprogramme setzen, erhält im Konzept des Empowerments die Inszenierung von hilfreichen Unterstützungsnetzwerken oberste Priorität. Soziale Arbeit wird Netzwerkarbeit, die sich in eine fallorientierte und feldorientierte Variante aufgliedert.[521] In der ersteren Form geht es darum, Beziehungen zu Menschen herzustellen, die in gleicher Weise kritische Lebensabschnitte durchstanden haben sowie um das Vermitteln zu Gruppen, die auf der Grundlage von Betroffenheit ich-stützende Hilfen anbieten. Die letztere Form zielt darauf, das Entstehen von neuen Gruppen zu initiieren, dafür adäquate Anschubhilfen zu leisten und den Zusammenschluß vorhandener Selbsthilfegruppen zu koordinieren. Da gerade auch im Raum der christlichen Gemeinden zahlreiche Initiativ- und Selbsthilfegruppen existieren und in vielfältiger Weise Selbsthilfe organisieren, ist es naheliegend, bereits in der Ausbildung von künftigen Sozialarbeitern/-innen über jene Ressourcen zu informieren, die eine derartige Netzwerkarbeit in den Kirchen und christlichen Gemeinden vorfindet. Aufgrund ihrer gemeindepastoralen Kenntnisse könnte die Theologie einen nützlichen Anteil zu einer solchen feldorientierten Ausbildung in Sozialer Arbeit, die aus systemtheoretischen Gründen kirchliche und christliche Gemeinschaften nicht ausblendet, beisteuern.

3.3.8 Anschlußstelle: Geschichts- und Erinnerungsarbeit

„Wir müssen uns der Erkenntnis stellen, daß unsere Berufsausbildung ebenso wie die Berufsausbildung von Ärzten, Juristen und Verwaltungsbeamten

---

[520] N. Herriger, Empowerment - Annäherung an ein neues Fortschrittsprogramm der sozialen Arbeit, in: Neue Praxis 21 (1991) 3, 221-229.
[521] Vgl. ebd., 228.

uns nicht hinreichend widerständig gegen die Zumutung gemacht hat, Beihilfe zur Vernichtung menschlichen Lebens zu leisten, sofern der Staat diese Vernichtung menschlichen Lebens durch Gesetze und Verordnungen nicht nur legalisiert, sondern zur beruflichen Pflicht gemacht hat."[522] Dieses Eingeständnis der schuldhaften Beteilung der Sozialarbeit an der langfristig und breit angelegten Ausgrenzung, Aussonderung und Ausmerzung von ‚lebensunwertem Leben' während der nationalsozialistischen Diktatur, stellt *C. W. Müller* an den Schluß seiner Methodengeschichte der Sozialarbeit. Und er fügt hinzu: „Keine Geschichte sozialer Berufe in Deutschland kann diese Tatsache übersehen oder übergehen, keine Ausbildung von Studierenden der Sozialarbeit kann vermeiden, diesen unmenschlichen Teil unserer Berufsgeschichte zur Sprache zu bringen."[523]

Die Erinnerung an die Nachtseiten in der Geschichte der Sozialen Arbeit, die es in der Zeit des Nationalsozialismus, aber auch zu anderer Zeit gegeben hat, vermag zu verhindern, daß die Soziale Arbeit nur ihre Erfolgsgeschichte kultiviert. Geschichtsarbeit steht auch im Dienste der Vergegenwärtigung von Schuldverstrickung, gleich ob sie aus naiver Unkenntnis, aus ideologischer Verbrämung oder aus strebsamer Tüchtigkeit resultiert. Sie macht uns aufmerksam auf die Leidensgeschichten von Menschen und verbietet uns das Vergessen der Opfer. Sie ist damit zugleich die Vorbedingung für die Zukunft einer Sozialen Arbeit, die wachsam die Augen für mögliche Irrwege und ideologische Indienstnahmen offen hält.

In diesem Interesse der Zukunftsfähigkeit ist an die Anfänge der Sozialen Arbeit zu erinnern. Wie *C. W. Müller* in provokativer Weise aufzeigt, sind es nicht die christlichen Ideale barmherzigen Helfens und praktischer Nächstenliebe, sondern kapitalistische Interessen, die an der Wiege der Sozialarbeit stehen.[524] Die moderne Sozialarbeit entstand eindeutig im Kontext der Proletarisierung großer Bevölkerungsschichten in der Mitte des 19. Jahrhunderts, und sie hatte das Ziel zu verfolgen, die Angehörigen der ‚industriellen Reservearmee' (*K. Marx*) durch materielle Zuwendungen so zu unterstützen, daß sie auf einem Existenzminimum überleben konnten, arbeitswillig blieben sowie zur Zeugung und Erziehung eines ausreichenden Nachwuchses bereit waren.[525] Daß die Sozialarbeit somit in ihren Ursprüngen Erfüllungsgehilfe des kapitalistischen Systems war, daran muß in der Berufsgeschichte

---

[522] *C. W. Müller,* Wie Helfen zum Beruf wurde. Band 1: Eine Methodengeschichte der Sozialarbeit 1883-1945, Weinheim 1988, 221.
[523] Ebd., 220.
[524] Vgl. ebd., 9-15.
[525] Vgl. ebd., 14.

immer wieder erinnert werden, um mit einer kritischen Sensibilität ähnlichen Indienstnahmen in der Gegenwart begegnen zu können.

Kritisch zu vergegenwärtigen wäre ferner auch die Zeit der Weimarer Republik, in der die Armenpfleger für die richtige Zuweisung der Unterstützungsleistungen in die Pflicht genommen und angehalten wurden, das Heer der Notleidenden in ‚gute' und ‚schlechte' Hilfsbedürftige zu unterteilen. Armenpfleger wurden so zu „Administratoren, die durch Ausbildung und Berufstätigkeit darauf vorbereitet wurden, *individuell* Hilfe zu verweigern, um ein *gesellschaftliches* Ziel zu erreichen: Menschen dazu zu bringen, arbeiten zu wollen, auch wenn es keine Arbeit gab, Kinder zu zeugen und zu erziehen, auch wenn diese Kinder keine Perspektive hatten, der gesellschaftlichen Ordnung zu dienen, auch wenn diese gesellschaftliche Ordnung ihren Interessen nicht dienlich war."[526] Ist die Soziale Arbeit im Zeichen knapper Finanzmittel nicht auch heute wieder gefährdet, in ähnliche Indienstnahmen verstrickt zu werden?

Im Interesse einer zukunftsfähigen Sozialen Arbeit sind aber ebenso ihre hellen Seiten von identitätsstiftender, motivierender Kraft. Wichtig erscheint es, an Persönlichkeiten aus der Gründerzeit und deren innovative Ideen zu erinnern. Ganz am Anfang steht *Samuel Barnett* aus Whitechapel, einem Elendsquartier im Osten Londons. Zusammen mit seiner Frau gründete der Gemeindepfarrer die Toynbee Hall, eine Außenstelle der Oxfort Universität, um es den Studierenden aus privilegierten Schichten zu ermöglichen, das Leid mit den Armen zu teilen.[527] Seine Überzeugung war es bereits damals, daß den Armen nicht durch Geld und Mitleid zu helfen ist, sondern nur durch einen nicht-paternalistischen Umgang mit ihnen, der die Bereitschaft voraussetzt, den Armen als Person zu begegnen und mit ihnen zu leben. Mit dieser Auffassung geriet Barnett in Gegensatz nicht nur zum staatlichen System der Armenfürsorge, sondern auch zu seiner Kirche, die der moralischen Predigt an die Armen den Vorzug vor der als ‚weltlich' gebrandmarkten Sozialarbeit *Barnett's* gab.[528] Sein Konzept einer ‚wechselseitigen Durchdringung'[529] der armen und privilegierten Bevölkerung auf der Ebene gleichwer-

---

[526] Ebd., 19.
[527] Vgl. ebd., 21.
[528] Die Kirche unterhielt dafür sog. „Stadtmissionen". - Vgl. ebd., 24.
[529] Vgl. ebd., 39f. Dieses Konzept der ‚wechselseitigen Durchdringung' ist von höchster theologischer Qualität, erkennt man doch darin unzweideutig das Axiom der ‚Perichorese' auf die Soziale Arbeit angewendet! Dieser im sechsten Jahrhundert formulierte Begriff bezeichnet die Art und Weise, in der sich die drei Personen der göttlichen Dreifaltigkeit aufeinander beziehen. Er erlaubt es, an der Individualität der einzelnen Personen und zugleich deren Teilhabe an der jeweils anderen („Seinsgemeinschaft") festzuhalten.

tiger Begegnung gab das Vorbild für eine Armenfürsorge ab, die danach trachtet, die Armen und Erwerbslosen nicht mit Wohltaten zu entwürdigen, sondern ihre Selbsthilfekräfte zu fördert. Im Kern ist es „*die Konzeption einer Gesellschaft, in der Kooperation die Rolle von Mildtätigkeit übernimmt - und Gerechtigkeit die Rolle von Nächstenliebe*".[530]

Für eine heutige Soziale Arbeit ermutigend wäre ebenfalls die von *Mary Richmond* aus Falldokumenten empirisch gewonnene Einsicht, daß Armut und Hilfebedürftigkeit keine angeborene Charakterschwäche oder das Resultat schwacher Willenskräfte sind, sondern aus individuellen Lebensgeschichten und hemmenden sozialen Einbindungen stammen. Armut könne daher auch nicht durch punktuelle materielle Gaben, sondern nur durch Prozesse sozialen Lernens dauerhaft beseitigt werden.[531] Zu erinnern ist auch an das bewußte politische Engagement von Vertreterinnen der Pioniergeneration Sozialer Arbeit, etwa von *Alice Salomon*[532], von *Ellen Ammann*[533] oder von *Maria von Graimberg*[534]. Sie, die eng der sozial-caritativen Frauenbewegung des frühen 19. Jahrhunderts verbunden waren, teilten die Überzeugung, daß sich die Soziale Arbeit neben individuellen und sozialen Hilfen auch für geeignete politische Rahmenbedingungen verwenden muß. Denn alle Fürsorge, so schrieb *A. Salomon*, bestehe darin, „daß man entweder einem Menschen hilft, sich in der gegebenen Umwelt einzuordnen, zu behaupten, zurechtzufinden - oder daß man seine Umwelt so umgestaltet, verändert, beeinflußt, daß er sich darin bewähren, seine Kräfte entfalten kann."[535]

In ihrem Überblick über die Antworten auf die Frage nach dem Gegenstand einer Theorie Sozialer Arbeit nennt *Staub-Bernasconi* als ersten Theorieansatz den der Institutionalisierung[536]: Soziale Arbeit wird zum „*Gegen-*

- Vgl. *A. E. McGrath*, Der Weg der christlichen Theologie. Eine Einführung, München 1994, 306.
[530] So *S. Barnett*, zitiert nach ebd., 41.
[531] Vgl. ebd., 119; 121.
[532] Vgl. ebd., 123-147.
[533] *M. Neboisa*, Ellen Ammann. 1870 - 1932. Diakonien der katholischen Aktion. Ein Lebensbild (hrsg. vom *Pressereferat der Erzdiözese München und Freising*), München o. J., 32 S.
[534] Vgl. *S. Zeller*, Maria von Graimberg. Vierzig Jahre Sozialarbeiterinnenausbildung in Heidelberg, Freiburg 1989.
[535] *A. Salomon*, Soziale Diagnose, Berlin 1926, 7.
[536] *Staub-Bernasconi* (1994), Soziale Arbeit als Gegenstand von Theorie und Wissenschaft, 81f. Die anderen beiden Ansätze sind: a) Soziale Arbeit als Gegenstand von Handlungstheorien; b) Soziale Arbeit als Gegenstand eines Denkstils oder Verfahrens zur Wissensverwendung!

stand einer Geschichts-, genauer: einer Institutionalisierungstheorie von gesellschaftlichen Aufgaben, und zwar als Berufs- bzw. Professionsrollen."[537]
In der Sozialarbeitstheorie reflektiere man nicht zuerst die sozialen Probleme, sondern die darauf gegebenen Antworten. Soziale Arbeit könne somit verstanden werden als „Gesamtheit der Einrichtungen und Maßnahmen zur Hilfe an Arme und Verwahrloste. Die Theorie Sozialer Arbeit ist die Geschichte der Entstehung und Institutionalisierung sozialer Dienste."[538] Eine solche historisch zentrierte Form von Theorie Sozialer Arbeit findet sich, so *Staub-Bernasconi*, bei namhaften Vertretern[539] dieser Disziplin, die es als wissenschaftlich adäquat betrachten, die Genese Sozialer Arbeit in den Bedingungen der Industriegesellschaft und den Gesetzen des Kapitalismus aufzuspüren. Handlungstheoretisch implizieren diese Ansätze die Vorstellung, „daß Bewußtheit über historische Prozesse und über die eigene gesellschaftliche Lage unmittelbar handlungsbegründend und handlungsmotivierend ist."[540] Denn die Erkenntnis von allgemeinen Gesetzmäßigkeiten könne helfen, Resignation und Ausbrennen im Alltag zu verhindern.

Die Geschichte der professionellen Sozialen Arbeit läßt sich - und da ist *C. W. Müller* Recht zu geben - nicht biblisch begründen. Wohl aber zählen zu ihren Pionieren zahlreiche Christinnen und Christen, die aus ihrem Glauben und aus der Verbindung mit der Kirche ihre Antriebskraft schöpften. Dem Anliegen einer kritisch-aufklärenden und darin motivierenden Geschichtsarbeit könnte die Theologie daher mit zahlreichen Dokumenten, Schriften und Porträts zur christlich verantworteten Fürsorgearbeit und Wohlfahrtspflege, zur Jugendfürsorge und Jugendarbeit sowie zum Entstehen von caritativen Organisationen und sozialen Frauenschulen dienen, und zwar als Bereicherung. Sie könnte damit gleichzeitig einen wertvollen Baustein zu einer Institutionalisierungstheorie Sozialer Arbeit leisten.

---

[537] Ebd., 81.
[538] Ebd., 82.
[539] Staub-Bernasconi nennt Christian J. Klumker (1918), dessen Schüler Hans Scherpner (1962) sowie C. W. Müller (1988). - Vgl. ebd., 82.
[540] Ebd.

3.4 Konvergenzen zwischen Sozialer Arbeit und Praktischer Theologie

In ihren Überlegungen zur Frage des Verhältnisses von Praktischer Theologie und Sozialwissenschaften bieten *N. Mette* und *H. Steinkamp*[541] eine Orientierung, die auch für das hier verhandelte Thema von erheblicher Relevanz ist. Von den vier Paradigmen, in denen man ihrer Auffassung nach das Zueinander beider Wissenschaftstypen konstruieren kann,[542] erscheint hier insbesondere das Paradigma der konvergierenden Optionen als hilfreich. Denn es verweist auf jene gemeinsamen Interessen, die jedem Erkenntnis- und Forschungsprozeß zugrunde liegen und bei der Konstruktion bzw. Kombination interdisziplinärer Wissensbestände mit zu reflektieren sind. Das Modell der konvergierenden Optionen ermöglicht somit erstens eine Auswahl „aus der potentiellen Komplexität sinnvollen Wissens". Es leitet zweitens „zu gemeinsamen, das heißt interdisziplinären Suchbewegungen" an. Und drittens gibt es vor allem „problembezogenes und Problemlösungs-Wissen" zur Hand.[543]

Das Erkenntnisinteresse bei der Suche nach konvergierenden Optionen zwischen Sozialer Arbeit und Praktischer Theologie liegt nun zum einen in dem Aufweis, daß die Theologie in der Sozialen Arbeit wesentlich als Praktische Theologie zu entwerfen ist; zum anderen soll deutlich werden, daß sich beide Disziplinen im interdisziplinären Diskurs bereichern können. Dabei könnte die Fachhochschule für Soziale Arbeit gerade für die (Praktische) Theologie jenen Ort darstellen, an dem es möglich erscheint, den bislang immer noch vorhandenen „einseitigen Charakter der Beziehung zwischen Praktischer Theologie und Sozialwissenschaften"[544] zum Vorteil der letzte-

---

[541] *N. Mette/H. Steinkamp*, Sozialwissenschaften und Praktische Theologie, Düsseldorf 1983, hier 164-176; ein ähnlicher Versuch liegt vor bei *J. A. van der Ven*, Unterwegs zu einer empirischen Theologie, in: *O. Fuchs (Hrsg.)*, Theologie und Handeln. Beiträge zur Fundierung der Praktischen Theologie als Handlungstheorie, Düsseldorf 1984, 102-128.

[542] Mette/Steinkamp beschreiben vier Paradigmen, die im Verhältnis von Praktischer Theologie und Sozialwissenschaften leitend sein können: 1. Das ‚ancilla'-Paradigma, in dem die Sozialwissenschaften nur als Magd der Theologie fungieren; 2. Das „Fremdprophetie"-Paradigma, welches besagt, daß sich die Theologie in der Zusammenarbeit mit Sozialwissenschaften einer Fremdkritik unterzieht; 3. Das Paradigma der konvergierenden Optionen; 4. Die „Praktische Theologie als Sozialwissenschaft". - Vgl. *Mette/Steinkamp* (1983), Sozialwissenschaften und Praktische Theologie, 164-176.

[543] Vgl. zum ganzen ebd., 171.

[544] *F. Schweitzer*, Praktische Theologie, Kultur der Gegenwart und die Sozialwissenschaften - Interdisziplinäre Beziehungen und die Einheit der Disziplin, in: *K. E. Nipkow/D. Rössler/F. Schweitzer (Hrsg.)*, Praktische Theologie und Kultur der Gegenwart. Ein internationaler Dialog, Gütersloh 1991, 170-184, hier 178.

ren aufzubrechen. Denn die Soziale Arbeit wäre der Nutznießer dieser Zusammenarbeit, und nicht umgekehrt die Theologie, wie dies im interdisziplinären Gespräch an theologischen Fakultäten gewöhnlich der Fall ist.

Diese Behauptung einer inneren Nähe zwischen Sozialer Arbeit und Praktischer Theologie liegt zunächst einmal aus der Erfahrung nahe, daß sich die Tätigkeitsbereiche von Seelsorgern/-innen und Sozialarbeitern/-innen tangieren oder überschneiden. Es lassen sich aber auch, wie sich in einigen Reflexionsversuchen[545] andeutet, wissenschaftstheoretische Argumente für diese Nähe beider Disziplinen bzw. Professionen[546] anführen. Im folgenden sollen sechs konvergierende Optionen herausgearbeitet werden.

3.4.1 Konvergenzpunkt: Handlungswissenschaft

Eine erste Konvergenz zwischen Sozialer Arbeit und Praktischer Theologie besteht in wissenschaftstheoretischer Hinsicht, und zwar im Selbstverständnis als Handlungswissenschaft bzw. normativ aufgeladen als Handlungstheorie. Als (Sozial-)Wissenschaft verfolgt Soziale Arbeit nämlich das Ziel, ein von außerwissenschaftlichen Zwecken unabhängiges Wissen zu produzieren und soziale Tatbestände theoretisch zu erklären. Als selbständige Disziplin ist dann eine allgemeine Sozialarbeitswissenschaft „im Zuge der wissenschaftlichen Arbeitsteilung als neue Sozialwissenschaft, genauer als Verhaltenswissenschaft (oder als Handlungswissenschaft, M. L.) zu begreifen, da

---

[545] Vgl. z. B. *K.-A. Adams*, Sozialarbeit im Spannungsfeld von Psychologie, Theologie und kirchlichen Institutionen, in: *W. Klüsche (Hrsg.)*, Professionelle Identitäten in der Sozialarbeit/Sozialpädagogik. Anstöße, Herausforderungen und Rahmenbedingungen im Prozeß der Entwicklung eines beruflichen Selbstverständnisses, Mönchengladbach 1994, 141-151; *K. Jasbinschek*, Der Mensch - das gemeinsame Anliegen von Seelsorge und Social Groupwork, in: *Nebel/Woltmann-Zingsheim* (1997), Werkbuch für das Arbeiten mit Gruppen, 147-158.

[546] Zur Begriffsklärung: Disziplin bezeichnet nach Stichweh (1994) einerseits das „in lehrbare Form gebrachte Wissen" und andererseits ein „Sozialsystem", d. h. die „Kommunikationsgemeinschaft von Spezialisten, die auf die gemeinsame disziplin-konstituierende Problemstellung verpflichtet sind." Hingegen meint der Begriff Profession kein Wissens-, sondern ein Handlungssystem. Ihr Verhältnis zum Wissen definiert sich als „eine Anwendung von Wissen unter Handlungszwang." Bezugspunkt von Disziplinen ist Wahrheit und Richtigkeit, Bezugspunkt von Professionen ist Wirksamkeit. - Zitiert nach *R. Merten*, Wissenschaftstheoretische Dimensionen der Diskussion um ‚Sozialarbeitswissenschaft', in: *Merten u.a.* (1997), Sozialarbeitswissenschaft, 55-92, hier 76.

sie menschliches Verhalten, Problembewältigung und soziale Integration zum Gegenstand hat und da dies Teil der gesellschaftlichen Praxis ist."[547]

Über dieses formale Verständnis als Handlungswissenschaft hinausgehend bestimmen *Dewe u. a.* die sozialpädagogische Praxis normativ, und zwar im Gegensatz zu expertokratischen Konzepten des beruflichen Handelns als eine „dialogische Praxis", die darauf gerichtet ist, „die Fähigkeit des Klienten zu einer selbstbewußteren und selbstbestimmteren Gestaltung seiner Lebenspraxis zu erweitern."[548] Ein solcher Praxisbegriff sei allein in der Lage, professionelle Soziale Arbeit sowohl „gegen ihre sozialpolitische Instrumentalisierung" als auch „gegen ihr Verständnis als Anpassungsagentur" und „gegen eine Betrachtung ihrer Klientel als bloßes Objekt ‚helfender' Intervention"[549] abzugrenzen.

Auch *Staub-Bernasconi* sucht nach einer Theorie und Wissenschaft der Sozialen Arbeit, die sich menschlichem Leiden und sozialen Problemen so nähern, daß sie nicht in Gefahr geraten, „als positivistisch, naiv, verobjektivierend, technokratisch" oder gar „als universelles, kolonialisierendes Expertenwissen" beschimpft zu werden.[550] Oder anders gefragt: Wie muß Soziale Arbeit beschaffen sein, damit ihr Wissen „auch Voraussetzung für Bewußtseinsbildungs- und Befreiungsprozesse sein kann"[551]? Aus diesem Bestreben wendet sie sich gegen ein „Herrschaftswissen" in bestimmten Theorien der Sozialen Arbeit, das sich in der Vernachlässigung menschlicher Bedürfnisse, in der Ausblendung des sozialen und kulturellen Kontextes, in der Ignorierung sozialer Verpflichtungen, in der Reduktion des Menschen auf

---

[547] *Mühlum* (1994), Zur Notwendigkeit und Programmatik einer Sozialarbeitswissenschaft, 53. Angesichts der vielfältigen theoretischen und sozialberuflichen Ansprüche muß eine solche sozialwissenschaftlich konzipierte Sozialarbeitswissenschaft unterschiedliche Wissenschaftsansprüche verknüpfen: sie soll erstens Erkenntnisprozesse organisieren und Realität analysieren helfen *(empirische Wissenschaft)*; sie muß zweitens handlungsleitende Erkenntnisse für die Praxis bereitstellen *(angewandte Wissenschaft)*; sie hat drittens Problemstrukturen und Bewältigungsprozesse zu analysieren, deutend zu verstehen und kritisch zu würdigen *(kritische Wissenschaft)*; viertens soll sie in wertbezogener und zielbewußter Absicht individuell und sozial befriedigende Lebensweisen unterstützen *(normative Wissenschaft);* und fünftens hat sie zur Intervention bei Gefährdungen und prekären Lebenssituationen zu befähigen *(Interventionswissenschaft).* - Vgl. ebd., 54.

[548] *B. Dewe/W. Ferchhoff/A. Scherr/G. Stüwe*, Sozialpädagogik, Sozialarbeitswissenschaft, Soziale Arbeit? Die Frage nach der disziplinären und professionellen Identität, in: *Puhl* (1996), Sozialarbeitswissenschaft, 111-125, hier 120.

[549] Ebd.

[550] Vgl. *Staub-Bernasconi* (1994), Soziale Arbeit als Gegenstand von Theorie und Wissenschaft, 101.

[551] Ebd.

seine Nützlichkeit und in einer holistischen Begründungsbasis manifestiert.[552]

Diese Identität der Wissenschaft der Sozialen Arbeit als „Gesellschafts- und Handlungstheorie"[553] findet eine Entsprechung innerhalb der Theologie[554] und insbesondere innerhalb der Praktischen Theologie.[555] Auch wenn aufgrund der unterschiedlichen Ansätze und Vertreter, die dieses Selbstverständnis für sich reklamieren, leicht der Eindruck eines ‚Scheinkonsenses' entstehen könnte,[556] so sind es doch gewichtige Argumente, die für eine handlungswissenschaftlich konzipierte Praktische Theologie sprechen: Erstens untermauert ein solches Selbstverständnis - ganz in Analogie zur Sozialen Arbeit - den Anspruch einer Theoriefähigkeit und gibt der Praktischen Theologie die Dignität einer selbständigen wissenschaftlichen Disziplin. So kann sie jene Auffassungen abwehren, die sie nur als Sub- oder Anwendungsdisziplin der Dogmatik begreifen möchten. Als Handlungstheorie[557] reflektiert eine sich handlungswissenschaftlich verstehende Praktische Theologie zweitens die Praxis unter der normativen Kategorie des kommunikativen Handelns. Dieses bezeichnet ein intersubjektives Handeln im Sinne der Interaktion selbständig handelnder Subjekte, die ihre gegenseitige Eigenständigkeit respektieren. Als Handlungstheorie zielt die Praktische Theologie auf ein „gemeinsames, befreiendes, innovatorisches, zu gemeinsamer Selbstbestimmung befähigendes und dabei systemische Widerstände und Widersprüche überwindendes Handeln"[558], auf „eine Lebensverhältnisse transformierende, subjektkonstituierende Praxis."[559] Ein derartiger Handlungsbegriff verbietet ein mißbrauchendes und verzweckendes Handeln, das

---

[552] Vgl. dazu die ebd. aufgeführten fünf Kriterien eines Herrschaftswissens.

[553] So *H. Thiersch/Th. Rauschenbach*, Stichwort Sozialpädagogik/Sozialarbeit: Theorie und Entwicklung, in: *H. Eyferth/H.-U. Otto/H. Thiersch (Hrsg.)*, Handbuch zur Sozialarbeit/Sozialpädagogik, Neuwied 1984, 984-1016, hier 998.

[554] Vgl. *E. Arens (Hrsg.)*, Gottesrede - Glaubenspraxis. Perspektiven theologischer Handlungstheorie, Darmstadt 1994.

[555] Vgl. *N. Mette*, Praktische Theologie als Handlungswissenschaft. Begriff und Problematik, in: Diakonia 10 (1979) 3, 190-203; *Fuchs* (1984), Theologie und Handeln.

[556] So *Th. Henke*, Ein Fach zwischen den Stühlen. Wo steht heute die Pastoraltheologie?, in: HerKorr 47 (1993) 4, 197-203, hier 198.

[557] Zur Unterscheidung von Praktischer Theologie als ‚Handlungswissenschaft' und als ‚Handlungstheorie' vgl. *H. Haslinger (Hrsg.)*, Praktische Theologie. Band 1: Grundlegungen, Mainz 1999, 110 f; auch 108.

[558] Vgl. *H. Peukert* (1984), Was ist eine praktische Wissenschaft? Handlungstheorie als Basistheorie der Humanwissenschaften: Anfragen an die Praktische Theologie, in: *Fuchs* (1984), Theologie und Handeln, 64-79, hier 79.

[559] Ebd., 65.

letztlich die Zerstörung des Anderen im Interesse der eigenen Machtbehauptung intendiert.[560]

E. Arens äußert die Überzeugung, daß eine theologische Handlungstheorie des kommunikativen Handelns insgesamt zu einem neuen Verständnis von Theologie als „Reflexion auf christliches Glaubenshandeln" führt, „da sie im Blick auf seine biblischen Grundlagen, seinen systematischen Stellenwert sowie seine praktisch-theologischen Gehalte entfaltet."[561] Sie erlaubt unter dem „alle übergreifenden Gesichtspunkt des Zusammenhangs von Gottesrede und menschlicher Praxis"[562] eine doppelte interdisziplinäre Orientierung: zum einen zwischen den theologischen Disziplinen, insbesondere zwischen biblischer, systematischer und praktischer Theologie, und zum anderen zwischen der Theologie einerseits und den Sozialwissenschaften und der Philosophie andererseits.[563]

Diese handlungswissenschaftliche bzw. handlungstheoretische Konvergenz von Sozialer Arbeit und Praktischer Theologie bietet also eine gute Basis für eine Kooperation beider Disziplinen an Fachhochschulen für Soziale Arbeit.

3.4.2 Konvergenzpunkt: Sinn- und Bedeutungsverstehen

Dieser erste Hinweis auf die Möglichkeit einer Zusammenarbeit zwischen Sozialer Arbeit und (Praktischer) Theologie unter dem Vorzeichen einer handlungswissenschaftlichen bzw. handlungstheoretischen Identität läßt bereits einen zweiten Konvergenzpunkt aufscheinen: den Sinn, den Menschen in ihr Handeln legen. Diese Frage wird sowohl in der Praktischen Theologie wie in der Sozialen Arbeit als ein zentraler Aspekt ihrer Identität als Handlungswissenschaft diskutiert.

Innerhalb der Praktischen Theologie geht das Bemühen dahin, einen Handlungsbegriff abzuwehren, der das menschliche Handeln entweder auf

---

[560] Vgl. dazu z. B. *S. Knobloch,* Was ist Praktische Theologie?, Freiburg (Schweiz) 1995, 106-110; auch: Haslinger (1999), Praktische Theologie, 102-115, der sich in profunder Weise mit den Chancen und Grenzen dieses Selbstverständnisses der Praktischen Theologie auseinandersetzt.

[561] *Arens* (1994), Gottesrede - Glaubenspraxis, 2.

[562] Ebd.

[563] Vgl. ebd., 2f.

das bloß Praktikable, Planbare und Erfolgversprechende fixiert[564] oder es nur als ein reaktives Verhalten begreift. Im Anschluß an die Unterscheidung Max Webers zwischen Handeln und Verhalten wird der Blick vielmehr auf den subjektiven Sinn gelenkt, der im menschlichen Handeln transportiert wird. „Sinn besteht in subjektiven Zwecken, Werten, Mitteln, Motiven usw., die das Individuum – bewußt oder unbewußt – mit seinen Handlungen verbindet und die dieses Handeln letztlich erklären."[565] Wenn die Praktische Theologie ihren Handlungsbegriff um die Kategorie des Sinns erweitert,[566] dann begreift sie darunter nicht nur das Handeln einzelner Subjekte aus einer bewußten, von der Mitwelt aktzeptierten Intention, sondern auch das zweckfreie Tun (z. B. das Spielen von Kindern) und Vorgänge der Passivität, in die Menschen Sinn hineinlegen (etwa das Er-Leiden).[567] Von besonderer Relevanz ist in diesem Zusammenhang für die Praktische Theologie das vom Gottesglauben und von der Praxis Gottes in Jesus Christus her sinnbegründetete und motivierte menschliche Handeln.[568]

Dieser um die Kategorie ‚Sinn' erweiterte Handlungsbegriff bietet der Praktischen Theologie entscheidende Vorteile. Erstens wird erkennbar, daß sie in ihrem Selbstverständnis als Theorie der Praxis nicht das Gesamtgeschehen menschlicher Existenz in den Blick nimmt, sondern besonders jene „Vorgänge, die der Mensch mit Deutung oder Willen unterlegt, die der Mensch also als *seine* Vollzüge, d. h. als von ihm gesetzte oder ihn betreffende Vollzüge, erlebt."[569] Zweites wird die Praktische Theologie daran erinnert, daß sie ihre praxisorientierende und praxisverändernde Reflexionsarbeit „nie an den betroffenen Subjekten vorbei oder gar gegen sie"[570], sondern nur in enger Kommunikation mit ihnen betreiben darf. Durch die passive Dimension, die der Kategorie Sinn eigen ist, kann schließlich drittens einer

---

[564] So etwa die Einwände von R. Bohren, G. Harbsmeier, W. Pannenberg, W. Greve und E. Herms - Vgl. dazu *N. Mette*, Theorie der Praxis. Wissenschaftsgeschichtliche und methodologische Untersuchungen zur Theorie-Praxis-Problematik innerhalb der Praktischen Theologie, Düsseldorf 1978, hier 316-318.

[565] *Morel, Julius u.a.*, Soziologische Theorie. Abriß der Ansätze ihrer Hauptvertreter, München/Wien ⁵1997, 21.

[566] Aufgrund seiner kritischen Auseinandersetzung mit dem handlungstheoretischen Praxisbegriff H. Peukerts kommt Haslinger zu dem Ergebnis, „daß sich eine Praktische Theologie, die von den Erfahrungen der Menschen auszugehen beansprucht (...) selbst in Schwierigkeiten bringt, wenn sie allein mit einem handlungstheoretischen Praxisbegriff operiert." – *Haslinger* (1999), Praktische Theologie, 115.

[567] Vgl. ebd., 117f.

[568] Vgl. *Mette* (1979), Praktische Theologie als Handlungswissenschaft, 192f.

[569] *Haslinger* (1999), Praktische Theologie, 118.

[570] Ebd.

gefährlichen Aktivitätenfixierung und einem darin oft unbewußt eingeschlossenen manipulativen, mißbrauchenden und verzweckenden Handeln entgegengewirkt werden.[571]

Diesen Fokus auf den im menschlichen Handeln liegenden Sinn trifft man auch innerhalb der Debatte um eine Sozialarbeitswissenschaft und deren Handlungsbegriff an. *B. Haupert* etwa spricht mit Blick auf die sozialarbeitswissenschaftliche Forschungsmethodologie von „interaktiven Konstitutionsbedingungen von Sozialarbeit", die allein es ermöglichen, das Handeln, Denken und Deuten der Klienten sinngerecht zu verstehen.[572] Soziale Arbeit habe „kommunikatives Handeln als Basis, d. h., daß primär interpretatives Sinn- und Bedeutungsverstehen im Zentrum steht und inbesondere dessen interne Handlungslogik zu bestimmen ist."[573] Mit diesem intersubjektiven Forschungs- und Praxisbegriff sei die Soziale Arbeit zum einen in der Lage, die Lebens- und Leidensgeschichten von Menschen sachgerecht zu erfassen, die Bedingungen der Konstitution von Sozialität und dem Leiden daran zu untersuchen und professionelles Handeln zu orientieren. Zum anderen könne sie damit zu einer Zukunftswissenschaft, zu einem „Trendsetter künftiger Professionsentwicklung"[574], werden.

Wie alle Sozialwissenschaften analysiert Sozialarbeitswissenschaft dann „einerseits Strukturen und Funktionen sozialer Systeme, in denen sich das soziale Handeln der Menschen vergegenständlicht hat, andererseits die Wechselwirkungen zwischen institutionellen Systemen und Handlungs- und Verhaltensprozessen."[575] Dabei hat sie insbesondere die Fähigkeit der Individuen zu berücksichtigen, das alltägliche Leben handelnd zu entwerfen und Sinnzusammenhänge zu konstruieren.[576] Dies gilt gleichermaßen für individuelles wie für soziales Handeln, einerlei ob es sich dabei um ein inneres oder äußeres Tun, Unterlassen oder Dulden handelt. Im Unterschied zum bloßen Verhalten ist es immer dadurch bestimmt, daß die Handelnden mit

---

[571] Vgl. ebd., 118f.
[572] *B. Haupert,* Programmatische Überlegungen zur Gegenstandsbestimmung einer Theorie Sozialer Arbeit, in: *Akademie für Sozialarbeit der Stadt Wien, H. Wilfing (Hrsg.),* Konturen der Sozialarbeit. Ein Beitrag zu Identität und Professionalisierung der Sozialarbeit. Ergebnisse eines Symposiums 75 Jahre Akademie für Sozialarbeit der Stadt Wien, Wien 1995, 69-85, hier 76.
[573] Ebd., 72.
[574] Ebd., 73.
[575] *B. Haupert,* Vom Interventionalismus zur Professionalität. Programmatische Überlegungen zur Gegenstandsbestimmung der Sozialen Arbeit als Wissenschaft, Profession und Praxis, in: Neue Praxis 20 (1990) 1, 32-55, hier 32.
[576] Vgl. ebd., 33.

ihm einen subjektiven oder einen auf das Verhalten anderer bezogenen Sinn verbinden.[577]

Der Begriff einer sinnvollen Praxis kann somit als ein zweiter zentraler Konvergenzpunkt zwischen Praktischer Theologie und Sozialer Arbeit aufgewiesen werden. Er bietet eine gute Basis für eine Kooperation beider Disziplinen in Wissenschaft und Forschung, Lehre und Praxis. Zugleich verpflichtet er zur Wachsamkeit gegen offensichtliche oder verkappte machtförmige Varianten sozialen und pastoralen Handelns.

3.4.3 Konvergenzpunkt: Theorie-Praxis-Bezug

Spätestens seit *Max Weber* und *Alfred Schütz* gehört die Anerkennung einer ‚konstitutiven Differenz' zwischen Wissenschaft und Lebenspraxis zum Allgemeingut wissenschaftlichen Denkens.[578] Diese Einsicht hat allerdings weder die Soziale Arbeit noch die Praktische Theologie vor einer „expertokratischen Vereinseitigung der technisch-instrumentellen Problemlösungsdimensionen"[579] geschützt. Vielmehr herrschte lange Zeit die positivistische Auffassung vor, man könne sozialwissenschaftliches Regelwissen unmittelbar auf die Praxis übertragen. Die Folge war, daß die Wissenschaft den Charakter einer „Missionierungsinstanz"[580] gegenüber der vermeintlich theorielosen Praxis und den in ihr Handelnden annahm. Die bis heute verbreitete Theoriemüdigkeit und Theoriefeindlichkeit von Praktikern/-innen könnte eine Reaktion auf dieses Wissenschaftsverständnis sein.[581]

Innerhalb der Sozialarbeitstheorie setzte um die Mitte der siebziger Jahre eine Theorie-Praxis-Debatte ein, die diesen wissenschaftlichen Positivismus kritisierte und der heute gängigen Auffassung Vorschub leistete, daß - provokativ gesprochen - der Wert einer wissenschaftlichen Theorie keineswegs ausschließlich und zuerst in ihrem Nutzen für die Praxis liegt. Das Ziel der Theoriebildung in der Sozialen Arbeit besteht vielmehr darin, grundlegende Forschung zu betreiben und Theorien zu erzeugen, die es dann erlauben, unter einem Theoriehorizont professionelle Praxis zu reflektieren und die

---

[577] Vgl. ebd., 34. „Soziales Handeln reflektiert die menschliche Fähigkeit der Interpretation von Wirklichkeit, der Internalisierung von Werten und folgt als sinngeleitetes Handeln stärker bewußten Motiven als rein reaktives oder affektives Verhalten." - Ebd.
[578] Vgl. *Haupert* (1990), Vom Interventionalismus zur Professionalität, 37.
[579] *Dewe u.a.* (1993), Professionelles soziales Handeln, 13.
[580] Vgl. dazu *Lüders* (1997), Der ‚wissenschaftlich ausgebildete Praktiker', 640.
[581] Vgl. *Dewe u.a.* (1993), Professionelles soziales Handeln, 69.

spezifischen Lebensbedingungen der Adressaten bzw. Klienten adäquat zu verstehen.[582] Für eine solche Theoriebildung aber braucht es einen Ort, an dem man „aus einer handlungsentlasteten, distanzierten Perspektive gegenüber der Berufspraxis"[583] reflexiv tätig sein kann. Es braucht einen „'unpraktischen' Standpunkt", der allein einen unvoreingenommenen „Blick auf die Welt des Tuns, des Handelns, des Lebens der tätigen Menschen, der (Lebens-)Praxis eben" ermöglicht.[584]

So sehr einerseits die Soziale Arbeit als Wissenschaft um ihrer Wissenschaftlichkeit willen eine anwendungsunabhängige Rolle beanspruchen muß, so sehr zeigt sie sich aber andererseits essentiell mit der Praxis verbunden. Auch für die Soziale Arbeit gilt, was *Dewe u. a.* vom Standpunkt einer geisteswissenschaftlichen Pädagogik her feststellen, daß nämlich „die Praxis der Erziehung der pädagogischen Reflexion immer schon vorausgesetzt ist. Pädagogische Theorie ist dort die nachträgliche Deutung dessen, was sich in der erzieherischen Praxis vollzieht, deren ‚Dignität' zu achten ist. Aufgabe der Theorie ist es dabei, die Rationalität des erzieherischen Handelns zu verstehen und bewußt zu machen. Pädagogisches Alltags- und Erfahrungswissen stehen so nicht im Gegensatz zur wissenschaftlichen Rationalität, sondern sind ihr vorausgesetzt"[585]. Eine solche Auffassung hebt die konstitutive Differenz von Theorie und Praxis, von Disziplin und Profession nicht auf,[586] sie sieht auch die Wissenschaft nicht bloß als überflüssige Theoretisierung der Praxis an,[587] sondern sie behauptet vielmehr die für eine Soziale Arbeit als ‚Kunstlehre des Fallverstehens' notwendige hermeneutische Identität.[588]

---

[582] Vgl. *B. Haupert,* Wege und Ziele der Forschung im Rahmen professioneller Sozialer Arbeit, in: *Wendt* (1994), Sozial und wissenschaftliche arbeiten, 116-133, hier 118.

[583] *B. Dewe/H.-U. Otto,* Sozialpädagogik - Über ihren Status als Disziplin und Profession, in: Neue Praxis 25 (1995) 1, 3-16, hier 6.

[584] *Haupert* (1990), Vom Interventionalismus zur Professionalität, 36.

[585] *Dewe u. a.* (1993), Professionelles soziales Handeln, 53 unter Berufung auf Blankertz, Schmied-Kowarzik, Koring.

[586] Vgl. dazu ausführlich *Merten* (1997), Wissenschaftstheoretische Dimensionen der Diskussion um ‚Sozialarbeitswissenschaft', 76.

[587] Vgl. ebd., 77.

[588] „Zentrales Theorem der neueren Professionalisierungsdebatte (...) ist die Annahme, soziale Arbeit sei ein Typus pädagogischen Handelns, für den gilt, daß spezialisiertes und abstraktes wissenschaftliches Wissen fallbezogen zur stellvertretenden Deutung und handlungsrelevanten Bearbeitung von Problemlagen verwendet wird. ... Allgemeines Regelwissen und individuelles Fallverstehen sollen so prozessual vermittelt werden (...). In Rede steht damit der Versuch, der falsch gestellten Alternative ‚scientifisch mißverstandene Wissenschaftlichkeit' versus ‚unkritisches Alltagsbewußtsein' ein revidiertes Verständnis wissenschaftsbezogenen pädagogischen Handelns entgegenzusetzen, das an den Potentialen wissenschaftlicher Analyse und Kritik festhält, ohne diese zur exklusi-

Als solche kommt der Sozialen Arbeit als Wissenschaft eine dreifache Aufgabe gegenüber der Praxis Sozialer Arbeit zu: „Sie kann erstens Leitlinien für Reflexion und Beurteilung von Praxis liefern. Sie kann zweitens gedankenexperimentell einen Beitrag zur Entdeckung und Erprobung neuer Formen der Praxis leisten, und sie kann drittens professionelles Handlungswissen zur Ausübung der ‚Kunstlehre' bereitstellen."[589]

Dieses hier formulierte Zusammenspiel von Theorie und Praxis[590] findet durchaus eine Parallele in der Theorie-Praxis-Debatte, die sich innerhalb der Praktischen Theologie etwa zur gleichen Zeit vollzog.[591] Angestoßen von der pastoralen Grundintention des Konzils, das die Praxis als integralen Bestandteil des Dogmas betrachtete,[592] wurde die Überzeugung formuliert, daß alle theologischen Disziplinen ein praktisch-theologisches Moment zu realisieren hätten.[593] Heute besteht trotz Divergenzen in Einzelfragen - etwa welche Praxis zu reflektieren ist[594] - darüber Konsens, „daß Pastoraltheologie bzw. Praktische Theologie (kritisch) auf die *vorfindliche Praxis* bezogen ist und Handlungsorientierungen für zukünftige Praxis leisten soll."[595] Praktisch-theologische Reflexion nimmt ihren Ausgang von der Praxis, erhellt und prüft diese im Licht der geltenden theologischen Überlieferung und vor dem Anspruch humanwissenschaftlicher Einsichten und entwickelt daraus eine neue Handlungstheorie. Diese kann die reale Praxis entweder bestätigen oder aber korrigieren, falls diese im Widerspruch zu den als notwendig erkannten pastoralen Orientierungen steht. Ihre vorzügliche Aufgabe nimmt

---

ven Wissensbasis pädagogischen Handelns zu erklären, aus der regulative Regeln der Praxis deduziert werden können." - *Dewe u. a.* (1993), Professionelles soziales Handeln, 41f.

[589] Vgl. *Haupert* (1990), Vom Interventionalismus zur Professionalität, 37; vgl. auch *ders.*, (1994), Wege und Ziele der Forschung, 120.

[590] Vgl. dazu im Überblick *Engelke* (1992), Soziale Arbeit als Wissenschaft, 70-75.

[591] Vgl. *Mette* (1978), Theorie der Praxis; *W. Fürst*, Praktisch-theologische Urteilskraft, Zürich u. a. 1986; *N. Greinacher*, Das Theorie-Praxis-Problem in der Praktischen Theologie, in: *F. Klostermann/R. Zerfaß (Hrsg.)*, Praktische Theologie heute, München u. a. 1974, 103-118.

[592] Vgl. dazu *E. Klinger*, Der Glaube des Konzils. Ein dogmatischer Fortschritt, in: *ders./K. Wittstadt*, Glaube im Prozeß. Christsein nach dem II. Vatikanum. Für Karl Rahner, Freiburg 1984, 615-626; auch *Fuchs* (1990), Heilen und befreien, 82ff.

[593] Zu dieser von Karl Rahner angestoßenen Vorstellung vgl. *Knobloch* (1995), Praktische Theologie, 83-87.

[594] Die vielschichtige Debatte um die Frage, welche Praxis zum Gegenstand der praktisch-theologischen Reflexion zu nehmen ist, kann hier nicht nachgezeichnet werden. Vgl. dazu insb. *Mette* (1978), Theorie der Praxis; auch *Knobloch* (1995), Praktische Theologie, 90ff.

[595] *Henke* (1993), Ein Fach zwischen den Stühlen, 197f.

sie dort wahr, wo sie innovative Prozesse in der Praxis anregt. Nicht zuletzt kommt der Theorie eine wichtige Funktion für die Aus- und Fortbildung von künftigen Mitarbeitern/-innen zu.[596] Kurzum: „Praktische Theologie ist jene theologische Disziplin, die ihre Arbeit als wechselseitig kritischen Dialog zwischen der christlichen Botschaft und der gegenwärtigen Situation versteht."[597]

Die grundsätzliche Identität als ‚Theorie der Praxis' schließt einen zweiten Aspekt ein, der die Praktische Theologie wie die Soziale Arbeit zutiefst prägt. Es ist der Abschied von der Vorstellung einer Anwendungswissenschaft, „die sich auf die Weitergabe von Methoden und Techniken beschränkte und von der theologischen (wie pädagogischen, M.L.) Hermeneutik der Dignität des menschlichen Handelns sozusagen keine Ahnung hatte."[598] Daß pädagogisches und pastorales Handeln nicht mehr nach dem Modell der technischen Wissensverwertung gedacht werden können, gilt heute in beiden Disziplinen als Gemeingut. Vielmehr kann man von einem hermeneutischen Selbstverständnis sowohl in der Praktischen Theologie wie in der Sozialen Arbeit ausgehen. Die Wissenschaft der Sozialen Arbeit will „spezialisiertes und abstraktes wissenschaftliches Wissen fallbezogen zur stellvertretenden Deutung und handlungsrelevanten Bearbeitung von Problemlagen"[599] bereitstellen. Ähnliches gilt auch für die Praktische Theologie. Im Interesse einer Hermeneutik der „vielfältigen Lebenswelten und Lebensgeschichten von Menschen"[600] nimmt sie jene Orte in den Blick, „an denen Menschen ihr Leben und ihren Glauben leben. Sie muß, wenn sie für die Gestaltung der Lebenswelt wieder Relevanz gewinnen will, ihre Abschottung in Expertenkulturen, ihre ‚Lebensweltvergessenheit' überwinden."[601] Aus diesem Grunde will sich die Praktische Theologie auch als diejenige theologische Disziplin verstanden wissen, „die im Interesse der Lehre von der Berufung des Menschen mit den hermeneutisch orientierten Human- und Sozial-

---

[596] *R. Zerfaß*, Praktische Theologie als Handlungswissenschaft, in: *Klostermann/Zerfaß* (1974), Praktische Theologie heute, 164-177, hier 167; ähnlich formuliert auch Zulehner, demzufolge die Praktische Theologie als Wissenschaft eine zweifache Aufgabe gegenüber der pastoralen Praxis der Kirche(n) hat: erstens Bestärkung und Ermutigung, und zwar dort, wo die Praxis weitgehend zielsicher und situationsgerecht ist, und zweitens Kritik und Prophetie gegenüber einer unzulänglichen Praxis. - Vgl. *P. M. Zulehner*, Pastoraltheologie, Bd. 1: Fundamentalpastoral, Düsseldorf 1989, 36.

[597] *Knobloch* (1995), Praktische Theologie, 245 (im Original kursiv).

[598] Ebd., 98.

[599] *Dewe u.a.* (1993), Professionelles soziales Handeln, 41.

[600] *H. Luther*, Religion und Alltag. Bausteine zu einer Praktischen Theologie des Subjekts, Stuttgart 1992, 16.

[601] *Henke* (1993), Ein Fach zwischen den Stühlen, 201.

wissenschaften zusammenarbeitet."⁶⁰² In Rekurs auf *Robert N. Bellah* begreift *Knobloch* jene Wissenschaften als hermeneutisch, die annehmen, daß zur Struktur menschlicher Existenz grundlegend die religiöse Erfahrung und die Fähigkeit zu religiöser Symbolbildung gehört. Insofern einige Theorien der Sozialen Arbeit - wie im Kapitel 3.3 aufgewiesen wurde - durchaus eine solche Offenheit für die religiöse Dimension zeigen, trifft auch für die Soziale Arbeit die Behauptung *Knoblochs* zu, daß die Praktische Theologie „der natürliche Partner jener Sozialwissenschaften ist, die in ihrer Forschung die hermeneutische Wende vollzogen haben. Denn sie arbeiten unter denselben Perspektiven wie die Praktische Theologie oder auch wie eine hermeneutisch ausgerichtete Exegese."⁶⁰³

Die Konvergenzen im Theorie-Praxis-Verhältnis zwischen Praktischer Theologie und Sozialer Arbeit sind also zwingend und stellen die Basis für die wissenschaftliche und praktische Kooperation beider Disziplinen bzw. Professionen dar.

3.4.4 Konvergenzpunkt: Der Mensch und das Soziale

In den gegenwärtigen Bemühungen um eine Gegenstandsbestimmung Sozialer Arbeit setzt sich die Auffassung durch, daß sich Soziale Arbeit als Wissenschaft und Praxis auf menschliches Leben im Kontext des Sozialen bezieht. Soziale Arbeit beinhaltet somit „einen individuellen wie auch einen sozialen Aspekt, eine personale Anforderung und eine gesellschaftliche Herausforderung. Diese doppelte Perspektive ist konstitutiv für Soziale Arbeit."⁶⁰⁴

B. Haupert will daher „das Soziale, den Menschen in seiner je spezifischen Überforderung an und in Sozialität und den daraus resultierenden spezifischen Prozessen des Leidens und des Scheiterns in den Mittelpunkt der theoretischen wie professionellen Bemühungen"⁶⁰⁵ gestellt wissen. Er sieht die Fragen der Einschränkung der Autonomie und der Bewältigung von Lebenspraxis sowie Fragen der Beschädigung von Identität als zentral für eine Theorie der Sozialen Arbeit an. Wenn er vom individuell überforderten

---

[602] *Knobloch* (1995), Praktische Theologie, 247 (im Original kursiv).
[603] Ebd., 248f.
[604] *Mühlum* (1994), Zur Notwendigkeit und Programmatik einer Sozialarbeitswissenschaft, 60.
[605] *Haupert* (1995), Programmatische Überlegungen zur Gegenstandsbestimmung, 70.

Menschen spricht, dann betont er zugleich, „daß Menschen als einzelne wie als Gruppen durch die Bedingungen von Gesellschaft, von Bildung und Erziehung und durch die Ansprüche nach Ausformung von Individualität in modernen und besonders postmodernen Gesellschaften überfordert sind, sich zugleich aber in diesen zurechtfinden müssen. Brennpunkt wird damit das Soziale, die Bedingungen seiner Entfaltung bzw. Nichtentfaltung und das darunter ‚leidende' Individuum bzw. beeinträchtigte Formen menschlicher Gemeinschaftsbildung."[606] Das Individuum unter dem Aspekt des Sozialen zu betrachten heißt für *Haupert* zugleich, den relevanten gesellschaftlichen Raum mitzubedenken. Die Fallorientierung muß durch die Feldorientierung ergänzt werden. Und Aufgabe der Sozialen Arbeit ist dementsprechend, das Soziale wiederherzustellen, wobei es sich „im Kern um die Rekonstruktion von Identität als individueller Ausprägung des Sozialen und von Sozialität als deren objektiver Ausprägung"[607] handelt.

Eine solche Gegenstands- und Zielbestimmung findet deutliche Anklänge auch innerhalb der Praktischen Theologie. Als „die auf die Praxis der Kirche reflektierende Disziplin"[608] sieht sie sich der „Sorge um den *einen* und *ganzen* Menschen und um die *eine* und *ganze* Welt, um ihr Wohl und Heilsein und nicht zuletzt um ihren Frieden und ihre Einheit"[609] verpflichtet. Gegen die Gefahr eines latenten Ekklesiozentrismus muß sie in der Kirche die „unverzichtbare Dynamik auf alle Menschen hin"[610] immer wieder in Erinnerung rufen. „Sie hat dafür Sorge zu tragen, daß sich das Volk Gottes auf alle Menschen hin ‚entäußert'."[611] Denn der Kirche geht es, wie das Konzil sagt, „um die Rettung der menschlichen Person" und „um den rechten Aufbau der menschlichen Gesellschaft."[612] Maßstab und Ziel dabei „ist die Würde aller Menschen, die sich in der wesentlichen Gleichheit aller und in sozialer Gerechtigkeit ausdrückt."[613]

---

[606] Ebd., 71.
[607] Ebd., 72.
[608] Knobloch (1995), Praktische Theologie, 244.
[609] Vgl. *W. Kasper/K. Lehmann*, Einleitungsfaszikel: Die Heilssendung der Kirche in der Gegenwart, Mainz 1970, 31.
[610] *Knobloch* (1995), Praktische Theologie, 242.
[611] Ebd., 243.
[612] Pastoralkonstitution ‚Die Kirche in der Welt von heute', Nr. 3., in: *K. Rahner/H. Vorgrimler*, Kleines Konzilskompendium. Sämtliche Texte des Zweiten Vatikanums mit Einführungen und ausführlichem Sachregister, Freiburg u.a. ^{13}1979, 450.
[613] *S. Klein*, Theologie und empirische Biographieforschung. Methodische Zugänge zur Lebens- und Glaubensgeschichte und ihre Bedeutung für eine erfahrungsbezogene Theolo-

Die Praktische Theologie setzt sich entsprechend dieser Vorgabe das Ziel, die Praxis der Christen/-innen auf das Leben des Menschen, auf dessen Heilung, Befreiung, Erlösung und Versöhnung auszurichten. Seelsorge soll helfen, „Leben zu retten" und zu „einem umfassenden, *ganzheitlichen Heilwerden*" des Menschen beizutragen.[614] Sie soll eine „Pastoral im Lebenszusammenhang"[615] der Menschen sein und dem „Gelingen des Lebens"[616] dienen. Praktische Theologie muß auf jeden Fall lebensweltlich ausgerichtet werden.[617]

Diese offensichtliche Nähe im Gegenstand Sozialer Arbeit und Praktischer Theologie spüren jene Personen in besonderer Weise, die an dieser Schnittstelle tätig sind. So schreibt etwa der Jugendseelsorger und Gruppentrainer *K. Jasbinschek*, der Mensch sei „das gemeinsame Anliegen von Seelsorge und Social Groupwork". Beide zielten darauf, Menschen miteinander so in Beziehung zu bringen, daß sie „mit ihrem Leben sich entfalten, wachsen und reifen können."[618] Auch *K.-A. Adams* vertritt die Auffassung, daß „Sozialarbeit/Sozialpädagogik in einer kirchlichen Institution ... ihrem Selbstverständnis entsprechend im weitesten Sinne mit Seelsorge zu tun"[619] habe. Beide Formen des Umgangs mit Menschen zielten auf „das Heilwerden des Menschen"[620]. *P. Lüssi* bemerkt ebenfalls diese Gemeinsamkeit. Einerseits grenzt er ganz deutlich Soziale Arbeit von Seelsorge ab, denn für ihn sind „soziale Probleme" der Gegenstand der Sozialarbeit, und eine „Tätig-

---

gie (= Praktische Theologie heute, hrsg. von *G. Bitter u.a.*, Bd. 19), Stuttgart u.a. 1994, 37.

[614] Vgl. *W. Fürst/I. Baumgartner*, Leben retten. Was Seelsorge zukunftsfähig macht, München 1990, 123.

[615] Vgl. *J. Müller*, Pastoraltheologie. Ein Handbuch für Studium und Seelsorge, Graz u.a. 1993, bes. 24-33.

[616] So formuliert etwa N. Mette als Ziel der Religionspädagogik, jungen Menschen absichtslos bei der Aufgabe zu dienen, „selbstverantwortliche Individuen zu werden und zu bleiben, indem sie sie einlädt, die Wahrheit des Glaubens als Herausforderung zu einer solidarischen und befreienden Praxis zu entdecken und sich gemeinsam mit anderen darauf einzulassen." - Vgl. *N. Mette*, Von der Freiheit zur ‚Befreiung zur Freiheit', in: KatBl 114 (1989) 10, 702-710.

[617] Vgl. *Th. Henke*, Seelsorge und Lebenswelt. Auf dem Weg zu einer Seelsorgetheorie in Auseinandersetzung mit soziologischen und sozialphilosophischen Lebensweltkonzeptionen (= Studien zur Theologie und Praxis der Seelsorge, hrsg. von *K. Baumgartner u.a.*, Bd. 14), Würzburg 1994.

[618] *Jasbinschek* (1997), Der Mensch, 147.

[619] *Adams* (1994), Sozialarbeit im Spannungsfeld von Psychologie, Theologie und kirchlichen Institutionen, 141.

[620] Ebd., 148.

keit, die sich nicht auf ein soziales Problem bezieht, ist nicht Sozialarbeit."[621] Andererseits haben für ihn Sozialarbeiter/-innen aber auch „mit seelischen oder geistigen (insbesondere lebensphilosophischen, ethischen, religiösen) Problemen eines Menschen"[622] zu tun. Diese praktische Überschneidung von Sozialer Arbeit und Seelsorge bestätigt auch ein Profilpapier der Katholischen Stiftungsfachhochschule München, in dem es heißt: „Sozialpädagogen und Sozialarbeiter beschäftigen sich in ihrer beruflichen Tätigkeit mit dem *ganzen* Menschen in *allen* seinen sozialen, kulturellen und religiösen Bezügen. Daher gehören zu ihrer Ausbildung heute die Kenntnis sozialer, gesellschaftlicher wie kultureller Prozesse und Handlungseinstellungen, die Aufgeschlossenheit gegenüber Sinnproblemen in der heutigen Zeit, die Kompetenz zum politischen Handeln und die Befähigung zu einem verantwortlichen christlichen Zeugnis."[623]

Diese Konvergenz im Gegenstand und Ziel von Sozialer Arbeit und Praktischer Theologie gilt es festzuhalten. Sie ist eine wesentliche Voraussetzung der Kooperation beider Disziplinen in wissenschaftlicher und praktischer Hinsicht.

3.4.5 Konvergenzpunkt: Subjektorientierung

Die Anfänge der Fürsorgewissenschaft vor etwa 100 Jahren waren von dem Anliegen getragen, jene entwürdigenden und diskriminierenden Alltagstheorien zu entlarven, die mittels einer verobjektivierenden Sprache die realen Nöte und Bedürfnisse der Armen mißdeuteten und das Ziel ihres wirtschaftlichen Funktionierens verfolgten. „Immer wieder wurde hervorgehoben, daß eine Fürsorgetheorie und -wissenschaft mit der Erforschung der Situation von Menschen und nicht mit der Gesetzesbasis oder den Einrichtungen der Wohlfahrtspflege zu beginnen habe"[624]. Diese Spur einer Subjektorientierung läßt sich in den heutigen Theorien der Sozialen Arbeit ebenso wie innerhalb der Praktischen Theologie verfolgen.

---

[621] *Lüssi* (1991), Systemische Sozialarbeit, 79.
[622] Ebd., 83.
[623] *F.-J. Hungs*, Zum ‚Proprium' katholischer Fachhochschulen, in: *Katholische Stiftungsfachhochschule München - der Präsident (Hrsg.)*, Informationsdienst Nr. 14, München 30. März 1983, 2-5, hier 2.
[624] Vgl. *Staub-Bernasconi* (1994), Soziale Arbeit als Gegenstand von Theorie und Wissenschaft, 92.

So konstatiert etwa *N. Herriger,* daß die gegenwärtige Debatte über die Zukunft der Sozialen Arbeit bei aller Gegensätzlichkeit der Argumente durch einen gemeinsamen Bezugspunkt gekennzeichnet sei. Er bestehe darin, den Klienten aus einer ihm unterstellten tiefgreifenden Hilflosigkeit zu befreien und die daraus resultierende ‚Situation aufgekündigter Reziprozität' im Verhältnis von Professionellen und Klienten[625] zugunsten einer neuen Vorstellung zu überwinden. Der Klient muß heute vielmehr als der „alltagskompetente Akteur" und als das „produktiv realitätsverarbeitende Subjekt" betrachtet werden.[626] Aus diesem Perspektivenwechsel folgt zwingend, daß die Alltagskompetenzen von Klienten ernst genommen werden müssen, daß Sozialarbeiter/-innen bei ihrer Problembehandlung von „einer sensiblen Diagnose des Profils lebensgeschichtlich vermittelter Fähigkeiten und Fertigkeiten" ihrer Klienten auszugehen und ihre Arbeit als Kompetenzvermittlung für „die Suche nach einem lebenswerten Lebensstil und einer autonomen Lebenspraxis" zu begreifen haben.[627]

Ähnlich urteilen auch andere Theoretiker der Sozialen Arbeit, etwa *W. R. Wendt,* für den ein professionelles Handeln unvereinbar mit einer Haltung ist, die „Menschen als Objekt (...) der Beratung, Behandlung und Betreuung"[628] betrachtet. Auch für *H. Thiersch* ist es unabdingbar, daß Soziale Arbeit vom Entstehungsort der Probleme der Klienten, von der Komplexität des Alltags ihren Ausgang nimmt und versucht, die je „eigenen Erfahrungen, Interpretationen, Lösungsstrategien und Ressourcen der Betroffenen"[629] wahrzunehmen, zu akzeptieren und zu verstehen. Mehr noch: Soziale Arbeit „agiert in Solidarität mit den Vorhaben und Möglichkeiten, wie sie sich im Alltag der Betroffenen zeigen."[630] Nicht zuletzt sind es auch die Vertreter/-innen einer Sozialarbeitsforschung, die neue Analyseverfahren einfordern, um das Einmalige und Besondere, nämlich die „Leidenserfahrungen, Notempfindungen, Hilfeerwartungen im Rahmen der in der jeweiligen sozialen Welt geltenden Relevanzen und Plausibilitäten"[631] einzufangen. Angezeigt

---

[625] „Die Sozialarbeit nimmt Abschied von konventionellen Subjektmodellen. Eine verberuflichte Fürsorglichkeit, die die Eigenkompetenz ihrer Adressaten enteignet, expertenbestimmte Definitionen von Problemlagen und Problemlösungen durchsetzt und die Klienten auf den Objekt-Status festschreibt, stößt mehr und mehr auf Widerstand." - *Herriger* (1989), Der mächtige Klient, 166.
[626] Vgl. ebd., in Rekurs auf Dewe/Ferchhoff.
[627] Vgl. ebd.
[628] *Wendt* (1990), Ökosozial denken und handeln, 131.
[629] *Thiersch* (1986), Die Erfahrung der Wirklichkeit, 43.
[630] Ebd.
[631] R. Gildemeister, Professionelles soziales Handeln - Balancen zwischen Wissenschaft und Lebenspraxis, in: *Akademie für Sozialarbeit der Stadt Wien, H. Wilfing (Hrsg.),*

sind ihrer Ansicht nach Forschungsmethoden, mit denen zum einen die Weltsicht und die Lebensperspektive der Betroffenen erfaßt werden können und die zum anderen dabei helfen, den Betroffenen selbst ihre eigenen (Er-) Leidensgeschichten bewußt zu machen und sie aus dumpfen Unterlegenheits- und Ohnmachtsgefühlen zu befreien.[632] Es gilt den Anspruch einzulösen, „die Betroffenensicht ins Zentrum zu stellen und von diesem aus nach anderen Handlungsmöglichkeiten Ausschau zu halten. Im Kern geht es dabei um die Erfassung, wie und wodurch der alltäglich Handelnde ‚seine' Welt erfährt. Für professionelle Sozialarbeit ist dieser ‚Paradigmenwechsel' unverzichtbar."[633]

Dieser Überzeugung einer grundsätzlichen Subjektorientierung innerhalb der Sozialen Arbeit steht die Auffassung innerhalb der Praktischen Theologie in nichts nach. Seit das Zweite Vatikanische Konzil mit seiner Lehre von der Berufung der Menschen einer „praxis- und subjektbezogenen Theologie"[634] die Weichen gestellt hat, hat die Praktische Theologie von einer abstrakten Subjekt-Idee (der Mensch ‚an sich') Abschied genommen und sich dem konkreten Menschen im ‚Ensemble der Verhältnisse' zugewandt.[635] Für sie sind daher das Leben der Menschen, das Fragmentarische, Bruchstückhafte und Beschädigte des Lebens ebenso wie der Überschuß an Sehnsucht und Hoffnung zentrale Gegenstände der Reflexion. Ins Gesichtsfeld kommen der Alltag[636], die Lebensgeschichten der Menschen[637], die ‚Todes- und Lebenszeichen'[638], die ‚zeitlichen Probleme der Menschen'[639]. Die Pastoral in-

---

Konturen der Sozialarbeit. Ein Beitrag zu Identität und Professionalisierung der Sozialarbeit, Wien 1993, 25-40, hier 33.

[632] Vgl. *Haupert* (1995), Programmatische Überlegungen zur Gegenstandsbestimmung, 77; Folgende dafür geeignete Forschungsmethoden schlägt Haupert vor: a) narrative Interviews mit teilnehmender Beobachtung; b) lebensweltliche Ethnographie; c) stellvertretende Deutung und typologisches Fallverstehen; d) sequenzstrukturelle Dokumentenanalyse; e) organisationsanalytische Verfahren, die mit dem Modell der objektiven Hermeneutik arbeiten. - Vgl. ebd., 77f.

[633] Ebd., 78.

[634] *Fuchs* (1990), Heilen und befreien, 85.

[635] Vgl. *C. Büttgen*, Um welchen Menschen geht es? Notwendige Anmerkungen zur biographischen Praktischen Theologie aus der Sicht der Befreiungstheologie, in: PthI 17 (1997) 1-2, 43-65, hier 45; Büttgen rekurriert hier auf Karl Marx.

[636] Vgl. etwa *R. Sauer*, Mystik des Alltags. Jugendliche Lebenswelt und Glaube, Freiburg 1990; *E. Failing/G. Heimbrock*, Gelebte Religion wahrnehmen. Lebenswelt - Alltagskultur - Religionspraxis, Stuttgart u.a. 1998.

[637] Vgl. z. B. *S. Knobloch/H. Haslinger (Hrsg.)*, Mystagogische Seelsorge. Eine lebensgeschichtlich orientierte Pastoral, Mainz 1991.

[638] Vgl. *Mette/Steinkamp* (1994), Die Grundprinzipien der Sozialpastoral, 86f.

teressiert sich für das ganze Leben der Menschen, hinsichtlich seines ‚Textes' wie hinsichtlich seines ‚Kontextes'.[640] Ihr besonderes Interesse an den Hilfebedürftigen erweist sich gerade darin als christlich, daß diese nicht bloß Objekte des Hilfehandelns sind, sondern daß sie selbst „gerade aufgrund ihres Leidens als Subjekte wichtig genommen werden, welche (wenn auch in ihrer jeweils ‚gebrochenen' Form) Entscheidendes zu sagen haben."[641]

Wie innerhalb der Sozialen Arbeit, so wird auch innerhalb einer subjektorientierten Praktischen Theologie der Ruf nach einer adäquaten Methode der Wahrnehmung und des Erkennens laut. Auch hier wird betont, daß die praktisch-theologischen Forschungsmethoden die Menschen nicht instrumentalisieren dürfen, sondern daß sie die einzelne Person „als gleichberechtigte, autonome und urteilsfähige Partnerin"[642] in den Blick nehmen müssen. Da es in der christlichen Existenz und Praxis nicht nur um die Aktivitäten für Betroffene gehe, sondern um den Seinsmodus der parteilichen Solidarität, genüge - so betont *O. Fuchs* - eine rein empirische Wahrnehmung der vorhandenen Realität nicht. Es brauche vielmehr eine Erkenntnistheorie, in der die Erkennen-Wollenden sich von den zu Erkennenden etwas sagen lassen können.[643] Diese muß Erkenntnissubjekt und Erkenntnisobjekt in eine reziproke Beziehung zueinander stellen, sie muß die Erkenntnis an die menschlichen Leidens- und Gebrochenheitserfahrungen binden und von diesen her eine pastorale Handlungstheorie entwerfen. „Erst die Praxis ist wahre und heile Praxis, die sich an der Erkenntnis menschlicher, gesellschaftlicher und geschichtlicher Existenz im Horizont der Gebrochenheit orientiert und letztere von den Extremfällen der von den Gebrochenheitserfahrungen Betroffenen her bestimmt (sein läßt)."[644] In jüngster Zeit sind daher in der Praktischen Theologie vermehrt Publikationen erschienen, die mittels Biographieforschung einen Zugang zum Subjekt, zu dessen gesellschaftlichem Kontext

---

[639] Vgl. Apostolisches Schreiben Evangelii nuntiandi Seiner Heiligkeit Papst Pauls VI. an den Episkopat, den Klerus und alle Gläubigen der Katholischen Kirche über die Evangelisierung in der Welt von heute, 8. Dez. 1975 (= Verlautbarungen des Apostolischen Stuhls, hrsg. vom *Sekretariat der Deutschen Bischofskonferenz*, H. 2), Bonn 1975, hier Nr. 34.

[640] Vgl. *Müller* (1993), Pastoraltheologie, 26.

[641] *Fuchs* (1990), Heilen und befreien, 35.

[642] Vgl. *Klein* (1994), Theologie und empirische Biographieforschung; 75.

[643] Vgl. ebd., 232; dieses Prinzip ist sehr anschaulich ausgeführt in *ders.*, Solidarisierung bis zum äußersten!? Wenn die Entscheidung für das Leben das Leben kostet, in: *F. Weber (Hrsg.)*, Frischer Wind aus dem Süden. Impulse aus den Basisgemeinden, Innsbruck u.a. 1998, 119-135.

[644] *Fuchs* (1990), Heilen und befreien, 235 im Rekurs auf den erkenntnistheoretischen Ansatz von W. Benjamin.

und somit zu einer „Geschichte von unten" suchen, um von hier her eine praktisch-theologische Handlungstheorie zu entwickeln.[645]

Auch hinsichtlich der Subjektorientierung in Forschung und Theoriebildung kann somit eine zwingende Nähe von Praktischer Theologie und Sozialer Arbeit aufgewiesen werden.

3.4.6 Konvergenzpunkt: Option für die Benachteiligten

Ein letzter Konvergenzpunkt, der allerdings keinesfalls der geringste ist, sei an dieser Stelle angefügt. Es handelt sich um die Option für die Benachteiligten. Die Soziale Arbeit sei, so schreibt *Staub-Bernasconi*, „der einzige Beruf – ich sage ‚Beruf' und nicht Partei, soziale Bewegung, Gewerkschaft usw., der seine Verpflichtung zur Solidarität mit den sozial Leidenden wie Benachteiligten nicht aufgeben kann, ohne seinen Berufsinhalt aufzugeben."[646] Auch wenn die Soziale Arbeit oftmals seit ihren Anfängen das „bezahlte Gewissen" der Gesellschaft gewesen sei, so dürfe sie doch die Bezahlung nicht zum Schweigegeld verkommen lassen. Bewegt vom menschlichen Leiden in und an der Gesellschaft müsse sie vielmehr „um die öffentliche Artikulation und konkrete berufliche Mitwirkung bei der Lösung sozialer Probleme bemüht sein."[647]

Ähnlich argumentiert auch *H. Thiersch*, der in seinen bemerkenswerten Überlegungen zum Mitleid als Problem im modernen Wohlfahrtsstaat dazu auffordert, nicht nur die professionelle Arbeit zu tun, sondern diese als Wagnis eines solidarischen Einlassens auf den anderen zu begreifen. Nur eine solche im Mitleid begründete Solidarität sei eine Waffe „gegen die Arroganz, die im notwendigen professionellen Wissen und der im professionellen Status gegebenen Überlegenheit angelegt ist"[648], und sie sei zugleich „die Voraussetzung einer Sozialpolitik, die nicht durch die ökonomisch-technologischen Zwänge an den Rand gedrängt wird."[649] An anderer Stelle fordert *Thiersch* die Sozialarbeit dazu auf, sich des eigenen ‚konstitutiven

---

[645] Vgl. insb. die grundlegende Studie von *S. Klein*, Theologie und empirische Biographieforschung. Methodische Zugänge zur Lebens- und Glaubensgeschichte und ihre Bedeutung für eine erfahrungsbezogene Theologie (= Praktische Theologie heute, hrsg. von *G. Bitter u.a.*, Bd. 19), Stuttgart u.a. 1994.
[646] *Staub-Bernasconi* (1989), Zur Zukunft sozialer Arbeit, 128.
[647] Ebd., 129.
[648] *Thiersch* (1995), Lebenswelt und Moral, 58.
[649] Ebd., 57.

Widerspruchs' zwischen Auftragsarbeit im Dienste des Staates einerseits und „Vertretung der Lebensrechte aller, vor allem aber der Zu-kurz-Gekommenen, Hilflosen, Unterprivilegierten und Schwachen"[650] andererseits immer bewußt zu sein. Sozialarbeit solle den „strapaziösen Kampf" nicht scheuen, in dem sie „als Stachel im Fleisch bestehender Machtverhältnisse agiert; daß sie dafür mit minderem gesellschaftlichem Status und knappen Ressourcen ‚gestraft' wird, ist naheliegend."[651]

Die Parteilichkeit und die Solidarität mit den Benachteiligten ist auch ein Erkennungsmerkmal einer nachkonziliaren Praktischen Theologie. Dies gilt sowohl für die Option für die Armen, die in der Theologie des Konzils ihren theoretischen und im Kontext der lateinamerikanischen Kirche ihren praktischen Ursprungsort hat.[652] Das gilt aber auch für die Versuche, diese Schlüsselbegriffe kirchlichen Handelns an der Seite der Schwächeren innerhalb der gesellschaftlichen und kirchlichen Verhältnisse der Bundesrepublik Deutschland konzeptionell zu verankern.[653] Der Umbruch der Pastoral von einem „Säkularisierungs- zu einem Evangelisierungsparadigma"[654] hat jedoch hierzulande erst begonnen. Er fordert die Praktische Theologie heraus, die Vorstellung einer volkskirchlichen Dienstleistungskirche durch eine sozialpastorale Konzeption abzulösen,[655] deren Kerngedanke darin besteht, daß Christen nicht *für* Betroffene, sondern in Solidarität und Parteilichkeit *mit* ihnen handeln und sich so gemeinsam für mehr Gerechtigkeit zwischen den Verlierern und Gewinnern der gesellschaftlichen Modernisierung einsetzen. Diese Option für die Armen wird für die Kirche „ein geistliches Abenteuer"[656] sein. Denn auf „dem Weg zu den Armen findet die Kirche sich selber. Sie teilt mit ihnen, aber erhält von ihnen mehr als sie ihnen gibt. Sie erlebt auf diesem Wege ihre eigene Bekehrung: (...) Die Kirche entdeckt, daß viele Menschen, die ihr bislang fern gestanden haben, in Wirklichkeit zu ihr gehören, und daß

---

[650] Thiersch (1986), Die Erfahrung der Wirklichkeit, 43.
[651] Ebd., 44.
[652] Vgl. *E. Klinger*, Armut. Eine Herausforderung Gottes. Der Glaube des Konzils und die Befreiung des Menschen, Zürich 1990.
[653] *P. Eicher/N. Mette (Hrsg.)*, Auf der Seite der Unterdrückten? Theologie der Befreiung im Kontext Europas (= Theologie zur Zeit, hrsg. von *P. Eicher u.a.*, Bd. 6), Düsseldorf 1989.
[654] Vgl. *N. Mette*, Kritischer Ansatz der Praktischen Theologie, in: *J. A. van der Ven/H.-G. Ziebertz (Hrsg.)*, Paradigmenwechsel in der Praktischen Theologie, Weinheim 1993, 201-214.
[655] Dies ist vor allem das Anliegen der Sozialpastoral. - Vgl. dazu *Steinkamp* (1991), Sozialpastoral; *ders.* (1994), Solidarität und Parteilichkeit; *Mette/Steinkamp* (1994), Die Grundprinzipien der Sozialpastoral, 79-92.
[656] Vgl. *Klinger* (1990), Armut, 61.

viele andere, die ihr bislang nahe gestanden haben, ihr in Wirklichkeit sehr fern stehen."[657]

Es ist *S. Knobloch* daher zuzustimmen, wenn er die Praktische Theologie als jene theologische Disziplin betrachtet, die „die Herausforderung annimmt, eine optionale Theologie zu betreiben."[658] Praktische Theologie muß Solidarisierung zum „durchgängigen Grundimpuls kirchlich-pastoralen Handelns" erklären und eine „Praxis der Solidarisierung"[659] fördern. Dies bedeutet zum einen, die eigene Betroffenheit von Not und die spontane, barmherzige Reaktion darauf zu erspüren und zuzulassen. Dies bedeutet zum anderen, die systemischen und strukturellen Ursachen von Leiden und Not wahrzunehmen, zu analysieren, den eigenen Standpunkt zu vergewissern, Ungerechtigkeit anzuklagen und ihre Veränderung als Aufgabe pastoraler Praxis zu begreifen. Eine solche Praktische Theologie, die sich als optional und als Praxis der Solidarisierung versteht, wird dann aber die vorherrschende Pastoral dazu provozieren müssen, „die ausgetretenen Wege der bürgerlichen Mittelschichtsmentalität zu verlassen und sich vom realen ‚Sozialabbau' ... und seinen zum Teil dramatischen Folgen für die Lebensbedingungen der unteren sozialen Schichten betreffen zu lassen."[660] Sie wird die Kirche ermutigen, künftig eine noch stärkere diakonale und prophetische Rolle zu übernehmen. Der Lohn dafür seitens der Gesellschaft dürfte ähnlich sein, wie ihn vorstehend *Thiersch* der Sozialarbeit prognostiziert hat.

Mit diesen sechs Konvergenzpunkten zwischen Sozialer Arbeit und Praktischer Theologie dürfte nun zum einen der Nachweis erbracht sein, daß beide Disziplinen und Professionen durch eine große innere Nähe gekennzeichnet und daher beste Voraussetzungen für eine Kooperation in Theorie und Praxis gegeben sind. Zum anderen dürfte hinreichend begründet sein, daß eine Theologie in der Sozialen Arbeit eine Praktische Theologie sein sollte.

---

[657] Ebd.
[658] *Knobloch* (1995), Praktische Theologie, 252.
[659] Vgl. *N. Mette*, Gemeinde werden durch Diakonie, in: *L. Karrer (Hrsg.)*, Handbuch der Praktischen Gemeindearbeit, Freiburg u.a. 1990, 198-214, hier bes. 204f.
[660] Ebd.

4. Theologie in der Sozialen Arbeit - Konzeptualisierung einer Theologie als Bezugswissenschaft an (konfessionellen) Fachhochschulen für Soziale Arbeit

Die Vergegenwärtigung der aktuellen Entwicklungen in der Sozialen Arbeit, von denen die Ausbildungssituation an Fachhochschulen für Soziale Arbeit wesentlich mitgeprägt wird (Kapitel 1), die Analyse der konzeptionellen Gestalt der Theologie an katholischen Fachhochschulen für Soziale Arbeit (Kapitel 2) sowie die sozialarbeitstheoretische Begründung der Möglichkeit einer Theologie in der Sozialen Arbeit (Kapitel 3) haben die Voraussetzungen für eine konzeptionelle Entfaltung des Beitrages der Theologie geschaffen. Diese Konzeption einer Theologie in der Sozialen Arbeit soll nun in sechs Abschnitten erörtert werden, wobei dem Inhaltsaspekt (Abschnitt 4.4) die umfänglich größte Aufmerksamkeit zugemessen wird.

4.1 Theologie - eine notwendige Bezugswissenschaft

Das zentrale Ergebnis der bisherigen Überlegungen ist die Erkenntnis, daß die Theologie aus sozialarbeitstheoretischen Gründen eine notwendige Bezugswissenschaft der Ausbildung an Fachhochschulen für Soziale Arbeit sein muß. Angesichts der aufgewiesenen acht Anschlußstellen wird man sogar behaupten können, daß eine Theologie in der Sozialen Arbeit der Philosophie in nichts nachzustehen braucht. Dies soll die Rolle der Philosophie nicht schmälern, aber es wird die Frage zu beantworten sein, warum die meisten Fachhochschulen die Theologie für belanglos erachten und dementsprechend entweder ganz auf sie verzichten oder ihr nur den Status eines Wahlfaches zuweisen. Hier wird nun nicht nur in guter scholastischer Tradition,[661] sondern zuerst aus einer sozialarbeitstheoretischen Begründung heraus behauptet, daß Glaube und Theologie nicht die Anliegen und die professionellen Standards der Sozialen Arbeit lähmen oder zerstören, sondern daß sie diese unterstützen, ergänzen, motivieren und vitalisieren. Im Interesse einer ganzheitlichen Ausbildung in Sozialer Arbeit muß die Theologie somit nicht nur als wünschenswerte, sondern als unverzichtbare Disziplin anerkannt werden. Denn eine Soziale Arbeit, die sich als Lebensweltthermeneutik, als

---

[661] Gemäß dem scholastischen Axiom „gratia non destruit naturam, sed supponit et perfecit eam" gilt auch, daß Theologie und Glaube die Soziale Arbeit nicht zerstören, sondern begründen, komplementieren und vitalisieren. Wer glaubt, sieht nicht weniger, sondern mehr. Er sieht vielmehr anders und daher auch Anderes!

typologisches Fall- und Feldverstehen begreift und der es entsprechend daran gelegen ist, das Soziale erkennend zu deuten, Sinn zu verstehen, Sinn zu geben, ihn zu vermitteln und damit das Soziale (wieder) zu ermöglichen,[662] kann auf den Beitrag der Theologie zur Erweiterung des Wissenshorizontes künftiger Sozialberufe in Richtung eines Weltanschauungs-, Werte- und Institutionswissens nicht verzichten.

Über diese sozialarbeitstheoretische Begründung hinaus kann die Mitwirkung der Theologie als Bezugsfach der Sozialarbeitsausbildung auch aus einer anthropologischen wie aus einer gesellschaftlichen Perspektive heraus begründet werden. Zu verweisen ist hierbei sowohl auf den 10. Kinder- und Jugendbericht der Bundesregierung[663] als auch auf entsprechende religionspädagogische Begründungsversuche[664]. Insofern nämlich jeder Mensch nicht nur ein negatives Recht auf Freiheit von Religion, sondern auch ein positives Recht auf Ausübung einer Religion hat, kann sich eine Soziale Arbeit nicht einfach von der Aufgabe einer weltanschaulichen Begleitung - etwa von Kindern, die religiöse Fragen stellen, oder von Klienten mit einer religiösen Verwurzelung - dispensieren. Überdies erscheint es aus religionssoziologischer Sicht heraus unabdingbar, daß die verborgenen und offenkundigen religiösen Phänomene, insbesondere in einem multikulturellen und multireligiösen gesellschaftlichen Kontext, so kultiviert werden, daß ein friedliches Zusammenleben möglich wird.[665] Diese erst in jüngster Zeit neu erkannte Notwendigkeit des Umgangs mit religiösen Bedürfnissen[666] verlangt es, daß Sozialarbeiter/-innen schon während ihrer Ausbildung eine fachlich begründete weltanschauliche Kompetenz erwerben können, also eine Kompetenz, die zunächst weitgehend unabhängig davon ist, ob und wie sehr ihre eigene weltanschauliche Grundorientierung ausgeprägt ist.

Die Forderung, daß die Theologie eine notwendige und gleichrangige Bezugswissenschaft an Fachhochschulen für Soziale Arbeit sein sollte, erfolgt hier also ausdrücklich nicht unter Berufung auf ein konfessionelles Interesse, sondern aus rein fachlichen Ansprüchen an die Professionskompe-

---

[662] Vgl. *Haupert* (1994), Wege und Ziele der Forschung, 126.

[663] Vgl. Zehnter Kinder- und Jugendbericht. Bericht über die Lebenssituation von Kindern und die Leistungen der Kinderhilfen in Deutschland, *hrsg. vom Bundesministerium für Familie, Senioren, Frauen und Jugend*, Bonn 1998, S. 45.

[664] Vgl. zur Begründung von Religion im Kindergarten *F. Schweitzer*, Nachdenken, in: *Chr. Th. Scheilke/F. Schweitzer (Hrsg.)*, Kinder brauchen Hoffnung. Religion und Alltag des Kindergartens, Gütersloh 1999, 137-166.

[665] Vgl. ebd., 147f.

[666] Vgl. dazu *P. Beer*, Religiöse Erziehung. Grundinformationen, München 2000 (hrsg. vom *Bayerischen Landesverband katholischer Tageseinrichtungen für Kinder e.V.*, H. 1).

tenz des sozialarbeiterischen Berufs sowie aus der Anerkenntnis der faktischen Realität von Religion bei Individuen und in der Gesellschaft. Wenn deshalb die Theologie als fachlich notwendige Bezugswissenschaft in der Sozialarbeitsausbildung gelten kann, dann muß aber die Forderung nach Etablierung einer „Theologie in der Sozialen Arbeit" nicht nur an die konfessionellen, sondern an *alle* Fachhochschulen für Soziale Arbeit gerichtet werden. Die weithin vorherrschende Auffassung, das Vorhandensein einer Theologie sei das spezifische Profilmerkmal konfessioneller Fachhochschulen, wird damit zugleich brüchig. Sie müssen künftig ihr konfessionelles Profil auch mit anderen Qualitäten definieren.

Einer Theologie in der Sozialen Arbeit, die an allen Fachhochschulen zu lehren ist, kann es nämlich nicht um die Verfolgung konfessionell-missionarischer Ziele gehen, etwa um die Glaubensbildung der Studierenden oder deren kirchliche Einbindung, sondern primär und hinreichend um einen fachlichen Beitrag zum Ausbildungsziel der Fachhochschule. Die Theologie will dabei die Perpektive der Gottesrede ins Spiel bringen, sie will den Blick für die gesellschaftliche und soziale Realität des Religiösen öffnen, eine Sensibilität für religiöse Problematiken bei Klienten fördern, Motive sozialen Handelns bereitstellen und eine sozialarbeiterische Handlungskompetenz auch in Fragen von Religion, Glaube und kirchlicher Institution ausbilden. Unbeschadet davon bleibt ein an konfessionellen Fachhochschulen übliches Angebot der Theologie für jene, die ihren Glauben und ihren sozialen Beruf verbinden wollen.

Aus rein fachlichen Gründen ist also die Theologie als eine, an *allen* Fachhochschulen für Soziale Arbeit anzusiedelnde und als eine, für *alle* Studierenden relevante Disziplin anzusehen. Damit kann die Auffassung von E. *Engelke*[667] erhärtet werden, der von einem prinzipiellen Interesse von Theologie bzw. Kirche an der Ausbildung in Sozialer Arbeit ausgeht. Da er allerdings dieses Interesse nicht näher qualifiziert, erscheint es notwendig, die oben formulierten Präzisierungen vorzunehmen, um die Kirche und ihre Theologie nicht doch wieder in Verdacht zu bringen, die Sozialarbeitsausbildung für ureigenste Interessen zu mißbrauchen. Die Theologie in der Sozialen Arbeit kann und will - das sei abschließend nochmals betont - mit ihrem spezifischen Bezug und Beitrag ‚nur' einen ganz bestimmten, aber unverzichtbaren Teilaspekt im Rahmen einer interdisziplinären, generalistischen Ausbildung an Fachhochschulen für Soziale Arbeit abdecken. Sie ist bereit, sich dem Ausbildungsziel der Fachhochschule ein- und unterzuordnen.

---

[667] Vgl. *Engelke* (1992), Soziale Arbeit als Wissenschaft, 92.

4.2 Theologie in der Sozialen Arbeit - ein definitorischer Versuch

Wenn einerseits behauptet wird, die Theologie sei aus fachlichen Gründen eine gleichberechtigte Bezugswissenschaft in der Ausbildung an Fachhochschulen für Soziale Arbeit, dann muß andererseits ebenso deutlich formuliert werden: Nicht jede beliebige Form von Theologie eignet sich für diese Aufgabe, es bedarf dafür vielmehr einer besonderen Form der Theologie, die hier als Theologie in der Sozialen Arbeit bezeichnet wird. Sicher ist jedenfalls, daß eine akademische Theologie allein den Anforderungen einer Forschung und Lehre an Fachhochschulen für Soziale Arbeit nicht gerecht zu werden vermag. Es braucht vielmehr eine Theologie, deren Profil mit folgenden sechs Merkmalen zu charakterisieren ist.

4.2.1 Eine christliche Theologie

In Anbetracht der Tatsache einer zunehmenden Individualisierung und Pluralisierung von Religion in der (post)modernen Gesellschaft, die sich auch in der Studenten- und Dozentenschaft einer Fachhochschule widerspiegelt, erscheint es auf den ersten Blick als höchst fragwürdig, eine *christliche* Theologie als Bezugswissenschaft der Ausbildung in Sozialer Arbeit etablieren zu wollen. Würde es nicht mehr Sinn machen, dieses Fach religionswissenschaftlich zu konzipieren? Wäre damit nicht einerseits der gegenwärtigen Situation, in der Sozialforscher einen Megatrend Religion[668] diagnostizieren mehr gedient? Und würde damit andererseits nicht jeglicher Verdacht ausgeräumt, die Theologie betreibe insgeheim doch die Interessen der mit ihr eng verbundenen kirchlichen Institution? Diesen Einwand gilt es ernst zu nehmen, denn er ist nicht einfach nur mit dem Verweis auf die christlich geprägte abendländische Kultur zurückzuweisen. Welche anderen Argumente aber lassen sich finden, um die Forderung nach einer christlichen Theologie an allen Fachhochschulen für Soziale Arbeit zu untermauern?

Zunächst einmal ist christliche Theologie rein definitorisch zu verstehen als „die methodisch geleitete Erhellung und Entfaltung der im Glauben und seinem ihm immanenten Aussagewissen gegebenen und zur verantwortli-

---

[668] Vgl. etwa *M. Horx*, Trendbuch 2. Megatrends für die späten neunziger Jahre, Frankfurt a. M. 1995; *H.-J. Höhn*, Religionsproduktive Tendenzen der Gegenwart. Freiburg 1994; *Chr. Friesl/R. Polak*, Die Suche nach der religiösen Aura. Analysen zum Verhältnis von Jugend und Religion in Europa, Graz; Wien 1999, bes. 118f.

chen Verkündigung aufgegebenen Offenbarung Gottes."[669] Bei der Theologie handelt es sich also wesentlich um eine wissenschaftliche Disziplin, die sowohl der Wahrheit bei der Erhebung des Offenbarungswissens, als auch der Richtigkeit der Verkündigung des erhobenen Offenbarungswissens verpflichtet ist.[670] Ob ihrer anerkannten Wissenschaftlichkeit kann sie zu Recht ihren Platz an Universitäten und Fachhochschulen beanspruchen, ob ihres partikularen Gegenstandes, der jüdisch-christlichen Offenbarung, könnte man allerdings diesbezüglich erhebliche Bedenken geltend machen. Diese haben jedoch nur solange Bestand, als ausschließlich die Voraussetzungen der Theologie, nämlich ihre Bindung an Glaube und Kirche, als Argument ihrer Präsenz an Hochschulen herangezogen wird. Hingegen wird auffallenderweise, wie *A. Maurer* feststellt, in diesem Zusammenhang die Frage nach der öffentlichen Relevanz der Theologie kaum explizit gestellt.[671] Diese aber erweist sich als Schlüssel zur Begründung einer christlichen Theologie als universitäre Wissenschaft und speziell als Bezugswissenschaft an Fachhochschulen für Soziale Arbeit.

Maurer ist zuzustimmen, wenn er es als „nicht zwingend notwendig" ansieht, „die Funktionen der Theologie ausschließlich an dem kirchlich organisierten und strukturierten Lebensraum festzumachen. Die Universalität des christlichen Glaubens enthält auch einen Auftrag an die Theologie, die gesamte Gesellschaft in den Blick zu nehmen."[672] Das Faszinierende an der christlichen Theologie ist ja gerade ihre anamnetische und zugleich praktische Identität.[673] Gerade weil sie die Offenbarung als Voraussetzung findet und sich auf wissenschaftliche Weise damit auseinandersetzt, kann sie ein kritisches Korrektiv sowohl gegenüber der Kirche und deren Anspruch auf ein Interpretationsmonopol der christlichen Botschaft als auch gegenüber der Gesellschaft und den darin gegebenen lebensfeindlichen Tendenzen sein. Christliche Theologie erweist sich somit aufgrund ihrer normativen Voraussetzung, der Frohen Botschaft, nicht einfach weder auf kirchliche noch auf gesellschaftliche Interessen verpflichtbar, sondern sie hat „eine relative inhaltliche Freiheit gegenüber wirtschaftlichen, gesellschaftlichen und kirchlichen Einflußgruppen und eine Distanz zu den vielfältigen Lebens- und

---

[669] *J. B. Metz,* Art. Theologie, in: LThK, Bd. 10, Freiburg 1965, 67.
[670] Vgl. *A. Maurer,* „Die Zerschlagenen in Freiheit setzten" (Lk 4,18). Hat die Theologie eine gesellschaftliche Verpflichtung?, in: *J.-P. Wils (Hrsg.),* Warum denn Theologie? Versuche wider die Resignation, Tübingen 1996, 133-148, hier 140.
[671] Ebd., 134.
[672] Ebd., 135.
[673] Vgl. ebd., 141.

Sinnentwürfen in den westlichen Industrieländern."[674] Ihre Verwurzelung in der Offenbarung setzt sie in die Lage, aus einer großen inneren Freiheit heraus „Anwaltsfunktionen für alle Menschen"[675] zu ergreifen, „ideologiekritisch auf die Fragwürdigkeiten und Inhumanitäten von pseudoreligiösen Fluchttendenzen"[676] hinzuweisen und schließlich auch „die Kirche kritisch auf dem Weg (zu) begleiten, sich solidarisch mit den Menschen in Not einzuüben."[677] Wenn aber christliche Theologie eine solche universale gesellschaftliche Relevanz beanspruchen darf,[678] dann kann sie durchaus als Disziplin an allen Fachhochschulen für Soziale Arbeit postuliert werden.

In dieser Linie argumentiert auch *J. Moltmann* in seinen Überlegungen zur Theologie in der modernen Universität[679]. Wohl sei, so führt er aus, die Theologie „eine eigene Aufgabe der Christenheit"[680], dennoch aber komme ihr als dem „Verstand des Glaubens" und der „Perspektive der Hoffnung" ein Platz in der Universität zu, „weil und sofern sie mit partikularer Begründung universale Anliegen vertritt. Sie würde ihre Schöpfungs- und Menschheitsverantwortung und ihre Reich-Gottes-Hoffnungen preisgeben, wenn sie sich aus den öffentlichen Diskursen universaler Anliegen zurückziehen oder zurückdrängen lassen würde."[681] Für diese Universalität sei die christliche Theologie bestens gerüstet, weil sie einer universalen Kirche und einer Weltchristenheit verpflichtet ist - und nicht eine Nationalkirche oder Landesreligion vertreten muß. Sie hat nicht nur das Wohl der eigenen, partikularen Glaubensgemeinschaft, sondern das Gemeinwohl generell im Blick, allerdings unter einer theologischen Perspektive: „den Kategorien des Gottentsprechenden und Gottwidersprechenden"[682]. Diese Perspektive in den wis-

---

[674] Ebd.

[675] Dies sei, so Maurer, eine Aufgabe, die nicht additiv zu anderen Aufgaben der Theologie hinzutrete, sondern direkt aus der christologischen Definition der Theologie resultiere. – Ebd,. 146.

[676] Ebd.

[677] Ebd., 147.

[678] Sie ist sinnvoll, „wenn sie sich Jesus Christus und damit den Menschen verpflichtet weiß, damit ‚den Zerschlagenen zur Freiheit' (Lk 4,18) verholfen werden kann." - Ebd.

[679] *J. Moltmann*, Gott im Projekt der modernen Welt. Beiträge zur öffentlichen Relevanz der Theologie, Gütersloh 1997, 220-230.

[680] Ebd., 229.

[681] Ebd., 229.

[682] Die christliche Theologie in der Universität leistet Moltmann zufolge für die Gesellschaft dreierlei: erstens beteiligt sie sich am Diskurs über das Gemeinwohl, indem sie die gegenwärtigen Verhältnisse „mit den Kategorien des Gottentsprechenden und Gottwidersprechenden" ins Licht des Reiches Gottes und seiner Gerechtigkeit stellt; zweitens untersucht sie kritisch die religiösen Werte der Gesellschaft; und drittens stellt sie

senschaftlichen Diskurs einzubringen, könne nur eine christliche Theologie leisten, und daher könne sie „nicht durch eine Religionswissenschaft des Christentums ersetzt werden."[683]

Auch und gerade in einer modernen Gesellschaft, in der die Trennung von Kirche und Staat zu den freiheitlichen Grundprinzipien gehört, darf die Kirche nicht darauf verzichten, den Öffentlichkeitscharakter ihrer Botschaft - allen religiösen Privatisierungstendenzen zum Trotz - einzufordern. Als öffentliche Theologie aber hat die christliche Theologie nicht nur die kirchliche Aufgabe, allen Menschen das Evangelium, den Glauben und die Liebe zu bezeugen,[684] sondern sie hat auch politische, kulturelle, soziale, ökonomische und ökologische Mandate zu erfüllen.[685] Ihr Auftrag ist wohl partikular begründet, er ist aber universal bestimmt. Die Botschaft vom Gott des Lebens, die der Theologie aufgegeben ist, lädt alle religiösen und nichtreligiösen Menschen zum Leben ein: „zur Bejahung des Lebens, zum Schutz des Lebens, zum gemeinsamen Leben und zum ewigen Leben. Alles, was in anderen Religionen und Kulturen dem Leben dient, ist gut und muß in die kommende ‚Kultur des Lebens' aufgenommen werden. Alles, was bei uns und bei anderen das Leben behindert, zerstört und opfert, ist schlecht und muß als ‚Barbarei des Todes' überwunden werden."[686] Eine christliche Theologie, die diesem Anspruch folgt, darf sicherlich einen Platz an allen Fachhochschulen für Soziale Arbeit beanspruchen. Dies gilt umso mehr, als sie ja keineswegs andere Religionen und Weltanschauungen negiert und bekämpft, sondern bereit ist, mit ihnen zusammen an jener universalen Zukunft der Völker und der Erde zu bauen, die der christliche Glaube in den Symbolen ‚Reich Gottes', ‚ewiges Leben', ‚neuer Himmel und neue Erde' vor Augen stellt.[687]

Aus der dargelegten Identität einer christlichen Theologie heraus, die nicht nur eine binnenkirchliche, sondern auch eine öffentliche Relevanz besitzt - nämlich eine universale Hoffnungsbotschaft für alle Menschen zu bezeugen und im Dialog mit allen kirchlichen, religiösen und nichtreligiösen Menschen „zum richtigen Aufbau dieser Welt, in der sie alle gemeinsam leben" (GS 21), zusammenzuarbeiten -, kann also das Fach ‚Theologie in der

---

die moralischen Werte des gesellschaftlichen Ethos und ebenso des christlichen Ethos vor Augen. – vgl. ebd., 228f.
[683] Ebd., 229.
[684] Vgl. ebd., 226.
[685] Vgl. dazu ebd, 224f.
[686] Ebd., 216.
[687] Ebd., 214.

Sozialen Arbeit' als christliche Theologie begründet werden. Dies schließt ein, daß es sowohl unterschiedliche konfessionelle Formen dieser christlichen Theologie, als auch spezifische Entfaltungen - etwa eine feministische Theologie, eine politische Theologie oder eine diakonische Theologie - gibt. Es erscheint daher sachlogisch, daß an katholischen Fachhochschulen für Soziale Arbeit eine katholische Theologie, an evangelischen Fachhochschulen eine evangelische Theologie und an staatlichen Fachhochschulen eine katholische oder evangelische Theologie beheimatet ist und gelehrt wird. Eine ökumenische und religionswissenschaftliche Perspektive dieser je konfessionell geprägten christlichen Theologie muß selbstverständlich sein.[688]

4.2.2 Eine bezugswissenschaftliche Theologie

Von einer christlichen Theologie im Kontext der Ausbildung an (katholischen) Fachhochschulen Sozialer Arbeit muß zweitens erwartet werden, daß sie sich konzeptionell dem Ausbildungsziel des Studiums Sozialer Arbeit einfügt und dazu bereit ist, auf eine dominante und federführende Rolle zu verzichten. Da die Studienordnungen an Fachhochschulen heute einhellig eine an Themen orientierte, interdisziplinäre Ausbildungskonzeption verfolgen, in der Theorien aus allen Grundlagenwissenschaften herangezogen und systematisch für „eine problemorientierte Verknüpfung unterschiedlichen Wissens und Handelns"[689] ausgewertet werden, kann und muß sich die Theologie zuallererst als eine solche Bezugswissenschaft der Sozialarbeitslehre verstehen. Wie der Auftrag aller Bezugswissenschaften besteht auch der einer bezugswissenschaftlichen Theologie primär in der Formulierung

---

[688] Die parallele Diskussion um den konfessionellen schulischen Religionsunterricht, der zur Zeit in Auseinandersetzung mit dem neuen Modell eines staatlich verantworteten Faches ‚Lebensgestaltung-Ethik-Religionskunde' (LER) im Bundesland Brandenburg geführt wird, soll hier nicht aufgerollt werden. Im Unterschied zu dieser Diskussion, bei der es im Kern um die Verteidigung des im Art. 7 Abs. 2 und 3 GG abgesicherten konfessionellen Unterrichts der Kirchen in der Schule geht, steht hier das Anliegen der Plausibilität eines Faches *christliche* Theologie' als Bezugsfach an Fachhochschulen für Soziale Arbeit im Vordergrund der Überlegungen. Gleichwohl christliche Theologie immer auch konfessionell, also in eine Sozialform eingeschmolzen vorzufinden ist, so kann sie sich doch - gerade weil sie einen Standort hat - eine ökumenische und religionswissenschaftliche Perspektive zu eigen machen. Wer Identität besitzt, kann offen sein für das je Andere und zugleich Begegnung und Beheimatung ermöglichen. – Vgl. zu dieser Problematik eines Miteinanders der Religionen *Schweitzer* (1999), Nachdenken, 151-153; auch: *Chr. Scheilke*, Interreligiöser Unterricht. Eine Zwischenbilanz 1998, in: PthI 19 (1999), 51-62.

[689] *Engelke* (1996), Soziale Arbeit und ihre Bezugswissenschaften, 176.

und Weitergabe von Praxistheorien, Praxismodellen und Praxismethoden an die Studierenden,[690] um sie zu befähigen, Menschen bei der Lebensbewältigung „unter erschwerten individuellen (Handicap) oder sozialen Bedingungen (Deprivation)"[691] zu unterstützen.

Eine solche bezugswissenschaftliche Rolle und Aufgabe unterscheidet sich grundsätzlich von dem Selbst- und Fremdanspruch der Theologie an einer Theologischen Fakultät. Während sie dort ein ‚Heimrecht' besitzt, hat sie an einer Fachhochschule für Soziale Arbeit „nur" ein ‚Gastrecht'. Als Bezugswissenschaft definiert sie nicht das Ziel der Ausbildung, sondern fügt sich in dieses ein, prägt es im interdisziplinären Gespräch mit und steuert einen elementaren, aber eben nur *einen* von vielen elementaren Bausteinen zur Ausbildung künftiger Sozialarbeiter/-innen und Sozialpädagogen/-innen bei. Angesichts der realiter bestehenden Ängste, die Theologie würde die Soziale Arbeit mit ihren eigenen Zielsetzungen überfrachten und manipulieren, wird sie zunächst den Gang durchs Fegefeuer des ‚Ancilla-Paradigmas'[692] antreten müssen, um durch diese Erniedrigung geläutert als gleichberechtigte Kern- und Partnerdisziplin in der Ausbildung an Fachhochschulen anerkannt zu werden. Wenn sie aber auf diesem Wege glaubhaft machen kann, daß sie keine fachfremden Interessen verfolgt, sondern ganz und gar einer umfassenden beruflichen Qualifikation künftiger Sozialberufe zu dienen bereit ist, dann wird sie damit rechnen dürfen, daß sie sowohl bei der Entwicklung einer Sozialarbeitswissenschaft als auch als Bezugswissenschaft der Sozialarbeitslehre ernst genommen wird.

4.2.3 *Eine kontextuelle Theologie*

Eine Theologie in der Sozialen Arbeit muß drittens als eine kontextuelle Theologie begriffen werden. Wenn nämlich gilt, daß die Theologie nicht nur auf die Offenbarung als ihre Voraussetzung verwiesen ist, sondern deren Verkündigung „nur durch die Berücksichtigung der konkreten Daseinserfahrungen der Menschen unter den real gegebenen Gesellschafts-, Sprach- und Kulturbedingungen vornehmen kann"[693], dann muß gerade eine Theologie in

---

[690] Vgl. *Mühlum* (1994), Zur Notwendigkeit und Programmatik einer Sozialarbeitswissenschaft, 70.
[691] Ebd., 59.
[692] Vgl. *N. Mette/H. Steinkamp*, Sozialwissenschaften und Praktische Theologie, Düsseldorf 1983, 166f.
[693] A. Maurer, „Die Zerschlagenen in Freiheit setzen" (Lk 4,18). Hat die Theologie eine gesellschaftliche Verpflichtung?, in: *J.-P. Wils*, Warum denn Theologie? Versuche wi-

der Sozialen Arbeit kontextuell sein. Dies einerseits, um die Gottesrede in unterschiedlichen sozialen Situationen zur Sprache zu bringen (z. B. Gottesrede angesichts von Aids) und andererseits, um die Offenbarung Gottes von den unterschiedlichen Lebens-, Leidens- und Erfahrungskontexten der Menschen her zu entdecken und neu buchstabieren zu lernen. Denn: „Die Sache des Glaubens ist noch gar nicht voll entdeckt, subjektiv und objektiv nicht. Die Kirche hat ihre Möglichkeiten noch gar nicht voll ausgeschöpft. Mit den unausschöpflichen Reichtümern Christi (*vgl. Eph 3,8*) sind wir nie am Ende."[694]

Unter kontextueller Theologie ist ganz allgemein eine Theologie zu verstehen, „die sich in ihren Überlegungen bewußt um die Berücksichtigung bestimmter Kontexte bemüht"[695] sowie eine Theologie, die „auf die menschliche Existenz Bezug nimmt und somit eng mit der Rede über die Welt bzw. die jeweiligen Existenzbedingungen verknüpft ist."[696] Aus der Missionstheologie hervorgegangen, erhält die kontextuelle Theologie heute wachsende Bedeutung auch in anderen Lebensbereichen, zumal sowohl die Relevanz als auch die Bedingung der Möglichkeit einer kontextuellen Theologie zwingend aufgewiesen wurden.[697] Kontextualität muß als „Grundprinzip von Theologie und Kirche"[698] postuliert werden, und die kontexuelle Theologie ist „die heute notwendige Gestalt der christlichen Theologie"[699]. Sie wird nicht nur an Universitäten und Hochschulen in akademischer Weise betrieben, sondern auch in anderen Kontexten, etwa in der Welt der Frauen (Feministische Theologie) oder eben - wie eine Theologie in der Sozialen Arbeit - in sozialen Arbeits- und Lernfeldern. Eine solche Theologie ist dann zwar nicht notwendigerweise akademischer Natur, sie entbehrt aber keineswegs

---

der die Resignation. Mit Beiträgen von Alfons Maurer, Urs Baumann, Herbert Niehr, Karl-Josef Kuschel, Hermann-Josef Stipp und Jean-Pierre Wils, Tübingen 1996, 133-148, hier 141.

[694] *A. Exeler*, Möglichkeiten der Glaubensverkündigung in der außerschulischen Jugendarbeit, in: *W. Dinger/R. Volk (Hrsg.)*, Heimatlos in der Kirche, München 1980, 54-78, hier 76.

[695] *P. Beer*, Bausteine Kontextueller Theologie. Eine systematisierte Auswahlbibliographie, in: ThGl 86 (1996) 2, 181-194, hier 181.

[696] *P. Beer*, Kontextuelle Theologie. Überlegungen zu ihrer systematischen Grundlegung (= Beiträge zur ökumenischen Theologie, begr. von *H. Fries*, hrsg. von *H. Döring*, Bd. 26), Paderborn 1995, 13.

[697] Vgl. dazu insb. ebd., 9-63.

[698] Ebd., 30.

[699] *H. Waldenfels*, Art. Kontextuelle Theologie, in: *K. Müller/Th. Sundermeier (Hrsg.)*, Lexikon missionstheologischer Grundbegriffe, Berlin 1987, 224-230, hier 224.

den Anspruch der Wissenschaftlichkeit.[700] Ihre Kontextprägung bezieht sich nicht nur auf die Inhalte, sondern auch auf die Form.[701] Und ihre Subjekte sind nicht nur wissenschaftliche Theologen/-innen, sondern „Menschen aus dem Kontext, in dem Kirche lebendig zu werden beginnt"[702], hier speziell aus dem sozial-caritativen Bereich.

Zweifelsohne kann die Theologie in der Sozialen Arbeit den Anspruch erheben, eine kontextuelle Theologie zu sein. Diese Identität ist ihr sowohl von ihrer praktisch-theologischen Grundausrichtung[703] als auch vom praktischen Ausbildungsziel der Sozialen Arbeit her auf den Leib geschnitten. Der Kontextbezug zu den vielfältigen Handlungsfeldern der Sozialen Arbeit „beinhaltet nicht nur eine Forschungsabhängigkeit von diesen sozialen Kontexten, sondern auch die Verantwortung, daß die (theologische, M. L.) Wissenschaft ihre eigenen wissenschaftlichen und strategischen Ergebnisse mit diesen Kontexten wiederum austauscht, so daß diese von den entsprechenden ‚Subkulturen' ‚gegengelesen' und kontrolliert werden können; *und die Verantwortung, zusammen persönliche und politische Veränderungschancen aufzuspüren und zu entwerfen.*"[704] Wenn die Theologie sich diesem ‚imperativen Mandat' der Erfahrungen von Studierenden im Sozialbereich aussetzt, dann wird sie sich selbst verändern: sie wird ihre wissenschaftliche Selbstgenügsamkeit abbauen, sie wird im Wissen um den eigenen biographischen Kontext eine subjektive Selbstbegrenzung üben und „auf jede Art von akademischem Imperialismus" verzichten.[705] Sie wird schließlich auch ihren eigenen Herkunftskontext, die Kirche, kritisch bedenken, ihn aber zugleich als Basiskontext ihrer Arbeit betrachten. Will die Theologie in der Sozialen Arbeit nämlich „explizite Theologie bleiben und von Gott, Glaube, Christus und den Heiligen (von denen es in der Diakonie und bei den ‚kleinen Leuten' viele gibt!, M. L.) sprechen, dann kann sie sich nicht von den Lebenskontexten dieser Inhalte selbst entfernen."[706] Die Theologie in der Sozialen Arbeit ist also kontextuell, insofern sie sich dem individuell-persönlichen, dem sozialen und dem kirchlich-theologischen Kontext reflexiv stellt.

---

[700] Vgl. dazu O. *Fuchs*, Die Verantwortung der wissenschaftlichen Theologie, in: *ders.*, Ämter für eine Kirche der Zukunft. Ein Diskussionsanstoß, Luzern 1993, 43-66, hier 49.
[701] *Beer* (1995), Kontextuelle Theologie, 13.
[702] Ebd., 32.
[703] Vgl. O. *Fuchs*, Wie verändert sich universitäre Praktische Theologie, wenn sie kontextuell wird?, in: PthI 18 (1998) 1, 115-150, hier 116.
[704] Ebd., 121.
[705] Vgl. ebd., 125ff.
[706] Ebd., 149.

4.2.4 Eine elementarisierte Theologie

Der Begriff der Elementarisierung bzw. des Elementaren wurde in den sechziger Jahren zusammen mit den Begriffen ‚das Fundamentale' und ‚das Exemplarische' als pädagogisch-didaktischer Begriff insbesondere von *W. Klafki* in Anknüpfung an die ältere geisteswissenschaftliche Pädagogik mit der Theorie einer kategorialen Bildung in Verbindung gebracht. *Klafki* definiert das Elementare bzw. die Elementaria als jene entscheidenden Inhalte und Sinnzusammenhänge, die innerhalb eines Grundbereiches, etwa der Naturwissenschaft, der Geschichte, der Politik oder auch der Religion gegeben sind.[707] Was nun aber dieses Entscheidend-Inhaltliche ausmacht, das läßt sich nicht einfach objektiv von den Wissenschaften oder Berufsfeldern her ableiten, sondern muß nach dem Kriterium der Sinnhaftigkeit im Horizont der Bedürftigkeit, der künftigen Möglichkeiten und Verpflichtungen der Adressaten gewonnen werden.[708] Diese Grundidee der Elementarisierung wurde in den siebziger Jahren in der Theologie, insbesondere aber innerhalb der Religionspädagogik aufgegriffen.[709] Dort erkannte man die Chancen, die sich durch eine Konzentration des Glaubens auf die elementaren Fragen und Erfahrungen von Kindern und Jugendlichen eröffnen.[710] Auch in der neueren

---

[707] „Der Begriff des Fundamentalen meint die Prinzipien, Kategorien, Grunderfahrungen, die einen geistigen Grundbereich (bzw. ein Unterrichtsfach) konstituieren: das ‚Geschichtliche', das ‚Politische', den durch wenige methodische Grundprinzipien begründeten Weltaspekt, den wir ‚Physik' nennen usw. Elementaria heißen die innerhalb solcher Grundbereiche auftretenden entscheidenden Inhalte und Zusammenhänge, insofern sie sich als für die Bildung junger Menschen wesentlich aufzeigen lassen. Sowohl die ‚Fundamentalia' als auch die ‚Elementaria' müssen jeweils ‚exemplarisch', am eindrucksvollen, fruchtbaren Beispiel gewonnen werden." - *W. Klafki*, Art. Das Elementare, das Fundamentale, Exemplarische, in: Neues Pädagogisches Lexikon, hrsg. v. *H.-H. Groothoff/M. Stallmann*, Stuttgart u.a. 1971, Sp. 251-256, hier 253.

[708] Vgl. ebd., 254.

[709] Etwa in dem Versuch, Kurzformeln des Glaubens zu erstellen - Vgl. etwa *K. Rahner*, Die Forderung nach einer Kurzformel des christlichen Glaubens, in: *ders.*, Schriften zur Theologie, Bd. VIII, Einsiedeln u.a. 1967, 153-164; vgl. auch entsprechende Versuche bei H. Küng, R. Bleistein, E. Jüngel, L. Rendttorff. Insbesondere ist auf das damals durchgeführte vierjährige Forschungsprojekt zu verweisen: *Comenius-Institut (Hrsg.)*, Elementarisierung theologischer Inhalte und Methoden im Blick auf die Aufgabe einer theologisch zu verantwortenden Lehrplanrevision und Curriculumentwicklung in den wichtigsten religionspädagogischen Praxisfeldern. 2 Bde., Münster 1975 und 1977.

[710] Insbesondere in Bezug auf die Vorschularbeit (religiöse Elementarerziehung), die Jugendarbeit und den schulischen Religionsunterricht war man bestrebt, eine elementare Theologie zu entwickeln, „die den christlichen Glauben als Lebenspraxis darstellt." - *J. Hofmeier*, Religionsdidaktik und religiöse Elementarerziehung, in: *R. Lachmann/H. F. Rupp (Hrsg.)*, Lebenswege und religiöse Erziehung. Religionspädagogik als Autobiographie, Bd. 1, Weinheim 1989, 123-140, hier 128; vgl. auch *W. Lohff*, Glaubenslehre und Erziehung, Göttingen 1974; *R. Bleistein*, Hinwege zum Glauben, Würzburg 1973;

religionspädagogischen Diskussion, namentlich in der Frage um den schulischen Religionsunterricht, spielt die Elementarisierung des Glaubens eine nicht unerhebliche Rolle.[711] Denn sie ermöglicht ein gegenseitiges Sich-Erschließen von Kerygma und Existenz, von Tradition und Situation. Hierbei gilt, „daß die Wahrheit der Sache der Theologie als Wahrheit für den Menschen nicht einfach auf *Vermittlung feststehender Wahrheit* hinausläuft, sondern auf ‚*Ermittlung uns betreffender Wahrheit* im Überlieferten'. Das aber ist ‚ein Frageprozeß und ein Rezeptionsvorgang, der situativ und kommunikativ orientiert ist'."[712]

Die Theologie in der Sozialen Arbeit hat eine große Sympathie für dieses religionspädagogische Konzept der Elementarisierung, insofern dieses „eine rückhaltslos offene Rechenschaft der Theologie *vor den Notwendigkeiten der Praxis*, in der öffentlichen Geltungskrise von Christentum und Kirche"[713] intendiert. Als elementarisierte Theologie darf auch die Theologie an Fachhochschulen für Soziale Arbeit keineswegs als „eine Vereinfachung, Popularisierung, Laientheologie oder gemeinverständliche Fassung theologischer Fachwissenschaft" mißverstanden werden. Sie steht vielmehr vor dem Anspruch, „eine substantiell gültige *kommunizierbare Inhaltlichkeit der Theologie* im komplizierten Medium gegenwärtiger Frage- und Konfliktsituationen (der sozialen Arbeit, M.L.) *vernünftig* zu ermitteln und *verstehbar* zur Mitsprache zu bringen, weder in Isolierung noch in Anpassung, (sondern) im kooperativen Bemühen um eine Humanisierung von Mensch und Gesellschaft"[714]. Eine um Elementarisierung bemühte Theologie in der Sozialen Arbeit wird daher einerseits Aspekte des ‚Depositum fidei' auf konkrete Situationen hin interpretieren und entfalten, zum anderen wird sie vom

---

N. Mette, Voraussetzungen christlicher Elementarerziehung. Vorbereitende Studien zu einer Religionspädagogik des Kleinkindalters, Düsseldorf 1983.

[711] Vgl. *J. Werbick*, Glaube im Kontext. Prolegomena und Skizzen zu einer elementaren Theologie (= Studien zur praktischen Theologie Bd. 26, Zürich 1983; *R. Lachmann*, ‚Die Sache selbst' im Gespräch zwischen Religionspädagogik und Pädagogik, in: EvErz 36 (1984) 2, 116-130; *P. Biehl*, Theologie im Kontext von Lebensgeschichte und Zeitgeschehen. Religionspädagogische Anforderungen an eine Elementartheologie, in: ThP 20 (1985) 2, 155-170, *F. Schweitzer/K.-E. Nipkow/G. Faust-Siehl/B. Krupka*, Religionsunterricht und Entwicklungspsychologie. Elementarisierung in der Praxis, Gütersloh 1995; *G. Lämmermann*, Stufen religionspädagogischer Elementarisierung. Vorschläge zu einem Elementarisierungsprozeß als Unterrichtsvorbereitung, in: JRP 6 (1990), 79-92; *K.-E. Nipkow*, Elementarisierung als Kern der Unterrichtsvorbereitung, in: KatBl 111 (1986) 8, 600-608.

[712] *E. K. Nipkow*, Grundfragen der Religionspädagogik, Bd. III, Gütersloh 1982, 185-232, hier 200 (unter Berufung auf H. Stock).

[713] *Comenius-Institut* (1977), Elementarisierung Bd. 2, 7.

[714] Ebd.

konkreten, situativen Interesse der Studierenden geleitet „exemplarische Konkretionen"[715] in der christlichen Botschaft vornehmen und einer erfahrungsbezogenen Aneigung zugänglich machen.

Eine christliche Theologie, „die nach elementaren Erfahrungen fragt und menschliche Entscheidungssituationen sowie Kontexte menschlicher Lebenspraxis im Blick hat"[716], braucht um ihre Eignung für die Ausbildung an Fachhochschulen für Soziale Arbeit nicht besorgt zu sein. Denn in der theoretischen wie praktischen Ausbildung werden dort die Studierenden mit Situationen konfrontiert, die zahlreiche Fragen aufwerfen, die auch an die Theologie zu adressieren sind: etwa die nach der eigenen Rolle und der eigenen Unzulänglichkeit, nach der beruflichen Motivation, nach sozialer Gerechtigkeit und Barmherzigkeit, nach dem Sinn von Leiden und Scheitern. Die Aufgabe besteht darin, im Einlassen auf die Erfahrungen und die Fragen der Studierenden sowie in Abstimmung mit den Zielen, die in den Studienordnungen formuliert sind,[717] fundamentale Elemente aus der theologischen Tradition auszuwählen und sie religions-, fach- und hochschuldidaktisch aufzubereiten.[718] Im Sinne *C. W. Bäumlers* könnte man diese Theologie dann auch als eine ‚situationsgeleitete Theologie'[719] verstehen.

4.2.5 Eine originäre diakonische Theologie

„Ohne direkten Diakoniebezug gibt es nie Subjekte, die diakonische Theologie betreiben könnten. Dies ist ein unumgängliches Axiom, weil prinzipiell die Betroffenen die Definitionsmacht über das haben, was Barmherzigkeit und Gerechtigkeit ist"[720]. Denn „nur über das Subjekt gelangt die Sicht der Diakonie wie auch die Diakonie selbst in die wissenschaftliche Theologie hinein - wie auch sonst? Niemand betreibt wirklich Theologie, der sie nicht

---

[715] *H. Stock,* Elementartheologie, in: *W. Böcker/H.-G. Heimbrock/E. Kerkhoff (Hrsg.),* Handbuch Religiöser Erziehung, Bd. 2, Düsseldorf 1987, 452-466, hier 464.

[716] *G. Ruppert,* Kirchengeschichte und Religionspädagogik – Exemplarität oder Vollständigkeit?, in: *W. Ritter/M. Rothgangel (Hrsg.),* Religionspädagogik und Theologie. Enzyklopädische Aspekte. Festschrift zum 65. Geburtstag für Professor Dr. Wilhelm Sturm, Stuttgart u. a. 1998, S. 340-351, hier 345.

[717] Die neuen Studienordnungen kennen im Wesentlichen drei zentrale Studienbereiche: (1) Grundlagen der Sozialen Arbeit; (2) Mensch und Gesellschaft; (3) Berufliches Handeln. - Vgl. im Detail *Engelke* (1996), Soziale Arbeit und ihre Bezugswissenschaften, 178.

[718] Vgl. dazu *Ruppert* (1998), Kirchengeschichte, 349f.

[719] Vgl. die Ausführungen in Kap. 3.2.6.

[720] *Fuchs* (1993), Ämter für eine Kirche der Zukunft, 54.

von der Basis und aus der Perspektive der Barmherzigkeit und Gerechtigkeit betreibt. Erst dann entdecken Theologin und Theologe in der sozialen Realität wie auch in den Gegebenheiten der Tradition (...) jene Theologie, die zum Heil der Menschen auskommt und sich gründlich dagegen wehrt, anderen demgegenüber kontraeffektiven Interessen vorgespannt zu werden."[721]

Die Theologie in der Sozialen Arbeit stellt eine solche Theologie dar. Sie wird aus dem Diakoniebezug geboren, und sie ist deshalb im wörtlichen Sinne eine *originäre* diakonische Theologie. Bei dieser handelt es sich nach *O. Fuchs* um eine Theologie eigener Herkunft mit einem charakteristischen Kontext. Sie besitzt einen eigenen ‚locus theologicus', einen Ort der spezifischen Gottesrede, der besonderen Gottes- und Christuserkenntnis. Ihre Christologie erwächst aus der Christopraxie selbst. Sie liest und versteht die Tradition von der Praxis der Gerechtigkeit und Barmherzigkeit her. Sie hat „eine Hermeneutik eigener Art, nämlich eine praktische, die zugleich eine kritische Theologie gegenüber den anderen Theologien begründet, besonders gegenüber der wissenschaftlichen Theologie und der Theologie des Lehramtes."[722]

Es ist die hier vertretene Überzeugung, daß die Fachhochschulen für Soziale Arbeit, insbesondere diejenigen in kirchlicher Trägerschaft, Entstehungsort einer diakonischen Theologie sind. Dies gilt, weil dort drei Bedingungen einer diakonischen Theologie in vorzüglicher Weise gegeben sind: erstens der Praxisbezug und die darin anzustrebende intersubjektive Beziehung zu Menschen in Not; zweitens die „*Singularität* (konkrete Einzelheit) entsprechender Erfahrungen und Wegbegleitungen (deren es im eigenen Leben immer nur wenige gibt und geben kann)"[723], und drittens der Glaube, der eine „prinzipielle Bedingung der Möglichkeit" diakonischer Theologie darstellt.[724] Nur jemand, der „aus dem Motiv der Barmherzigkeit und aus der Sehnsucht nach Gerechtigkeit über Gott und die Menschen nachdenkt"[725], kann diakonische Theologie treiben.

Diese originäre diakonische Theologie ist nicht akademischer Natur, gleichwohl aber ist sie solide Theologie. Mit *K.-F. Daiber* ist nämlich festzuhalten, „daß immer dort, wo Glaube reflektiert wird, Theologie entsteht.

---

[721] Ebd., 55f.
[722] *O. Fuchs*, „Wie verändert sich das Verständnis von Pastoraltheologie und Theologie überhaupt, wenn die Diakonie zum Zug kommt?", in: PthI 10 (1990) 1, 175-202, hier 178.
[723] Vgl. *Fuchs* (1993), Ämter für eine Kirche der Zukunft, 54.
[724] Vgl. ebd., 65.
[725] Ebd.

Der Nichttheologe ist als reflektierender Christ also immer auch schon Theologe."⁷²⁶ Wenn also Studierende der Sozialen Arbeit ihre beruflichen Erfahrungen in der Perspektive des christlichen Glaubens reflektieren, und wenn sie dies auch noch unter wissenschaftlich-theologischer Anleitung tun, dann darf dies durchaus als theologiegenerativer Vorgang gewertet werden. Eine Theologie an Fachhochschulen für Soziale Arbeit findet sich dabei vor die Aufgabe gestellt, Studierende und Praktiker der Sozialarbeit zu einer Gottesrede im Angesicht von erfahrenem menschlichen Leiden anzustiften. Zugleich hat sie aber die Bereitschaft aufzubringen, von den theologisch reflektierenden Christen im Sozialberuf und von ihrer Betroffenenperspektive ‚praktisch-theologisch' zu lernen und deren originäre diakonale Theologie innerhalb der akademischen Theologie sowie innerhalb der Kirche anwaltschaftlich zu vertreten.⁷²⁷ In einem solchen paritätischen Miteinander zweier Theologieräume wird es vielleicht möglich, die „Prävalenz der Diakonie" in der gesamten Theologie wieder zu entdecken⁷²⁸ und die Bedeutung der Diakonie als basale Wesensäußerung von Kirche neu zu verstehen.

Die Theologie in der Sozialen Arbeit besitzt somit die Identität einer originären diakonischen Theologie. Und die Fachhochschulen für Soziale Arbeit dürfen als Theologieräume, als theologiegenerative Orte betrachtet werden.

4.2.6 Eine praktische Theologie

Alice Salomon, eine der großen Frauen der Wohlfahrtspflege in Deutschland, schrieb bereits im Jahre 1927 mit Blick auf die wissenschaftliche Reflexion der Sozialarbeit in Deutschland folgenden Satz: „Die deutschen Universitäten dienen der reinen Wissenschaft, ... nicht unmittelbar der Vorbereitung zum Handeln. (...) Die Soziale Arbeit braucht eine auf das praktische Handeln bezügliche Theorie, und zwar auf ein Handeln, das sich um das Wohl des Menschen in seiner Totalität bemüht. Das können die deutschen Universitäten nicht geben."⁷²⁹ Die Fachhochschulen für Soziale Arbeit haben sich

---

[726] *Daiber* (1988), Diakonie und kirchliche Identität, 128.
[727] „So wird die wissenschaftliche Theologie eine ihrer wichtigsten Aufgaben darin sehen, daß sie in ihrer eigenen Argumentation wie auch in ihrer eigenen Praxis die anderen Theologien in jeder Hinsicht schützt und diese als Gegenüber zu sich selbst aufbaut und haben will." - *Fuchs* (1990), Wie kommt Caritas in die Theologie, 13.
[728] *Fuchs* (1993), Ämter für eine Kirche der Zukunft, 60.
[729] Zitiert nach *Müller* (1995), Vom Mißverständnis der Forderung nach einer ‚Sozialarbeitswissenschaft', 338.

diese Analyse zu eigen gemacht und ihr Ausbildungsziel als ein praktisches definiert. Sie streben „eine praxisorientierte Ausbildung auf wissenschaftlicher Grundlage"[730] an und wollen die Studierenden „zu selbständigem beruflichem Handeln in den verschiedenen Arbeitsfeldern der Sozialen Arbeit auf der Basis wissenschaftlicher Erkenntnisse und wissenschaftlicher Methoden"[731] befähigen.

Für eine Theologie in der Sozialen Arbeit hat diese praktische Ausrichtung der Fachhochschule für Soziale Arbeit zur Konsequenz, daß sie sich als Praktische Theologie bzw. in der herkömmlichen Terminologie als Pastoraltheologie begreifen muß. Dieses Postulat läßt sich aber ebenso durch die inhaltlichen Konvergenzen zwischen Sozialer Arbeit und Praktischer Theologie untermauern, die in Kapitel 3.4 dieser Arbeit im einzelnen herausgearbeitet wurden. Eine praktische Ausrichtung der Theologie im Sinne einer ‚Pastoraltheologie in der Sozialen Arbeit' darf jedoch weder als Rezeptologie mißverstanden noch in ihrer Relevanz auf die ausschließlich kirchlich-religiösen Aspekte der Sozialen Arbeit reduziert werden. Vielmehr ist sie im Sinne Karl Rahners als ‚Theologie der sozialen Aufgabe'[732] zu begreifen, die nicht nur die explizit christlich motivierten oder kirchlichen Gestalten der Sozialen Arbeit, sondern auch deren anonym-christlichen Vollzüge zu reflektieren hat. Die Theologie in der Sozialen Arbeit wäre gewissermaßen als eine Caritaswissenschaft im weitesten Sinn zu konzipieren. Als solche stellt sie zugleich einen Teilaspekt und ein inneres, prophetisch-kritisches Moment der Praktischen Theologie dar.

Eine in diesem praktischen Sinne entworfene Theologie in der Sozialen Arbeit eignet sich bestens als Partnerin der Sozialarbeitslehre. Denn dieser kommt die Aufgabe zu, der Praxis der Sozialarbeit und Sozialpädagogik einen „Reflexions- und Interpretationsrahmen für ihr Handeln"[733] anzubieten. Die Theologie in der Sozialen Arbeit kann sich aus ihrem praktisch-theologischen Selbstverständnis heraus diesem Anliegen voll anschließen. Entspre-

---

[730] Aufgaben und Entwicklung der Katholischen Fachhochschulen. Empfehlungen der Arbeitsgemeinschaft der Träger und der Rektoren/Präsidenten Katholischer Fachhochschulen (= Arbeitshilfen, hrsg. vom *Sekretariat der Deutschen Bischofskonferenz*, H. 34), Bonn 23. Januar 1984, 8.

[731] Vgl. Rahmenstudienordnung für den Fachhochschulstudiengang Soziale Arbeit (RaStO-Soz) vom 21.09.1995, in: Amtsblatt des Bayerischen Staatsministeriums für Unterricht, Kultus, Wissenschaft und Kunst, Teil I (= KWMBl I), Nr. 17/1995, 395-402, hier 395.

[732] Vgl. *Rahner* (1967), Praktische Theologie und kirchliche Sozialarbeit, 671; vgl. auch die Ausführungen dazu in Kapitel 3.2.5 dieser Arbeit.

[733] *Wendt* (1995), Wissen ordnen, 7.

chend wird es aber erforderlich sein, vorrangig Praktische Theologen/-innen für die Lehre an Fachhochschulen für Soziale Arbeit zu gewinnen.

4.3 Ziele und Aufgaben einer Theologie an Fachhochschulen für Soziale Arbeit

Das Ziel und die Aufgabe der Theologie an Fachhochschulen für Soziale Arbeit wird, so wurde oben bereits festgehalten, vom Ausbildungsziel der Fachhochschule für Soziale Arbeit bestimmt. Da aber gilt, daß die Ausbildungslandschaft in Sozialpädagogik/Sozialarbeit „ein zerklüftetes und unübersichtliches Bild" darstellt, „für das die Trägervielfalt und die föderalistische Zuständigkeit der einzelnen Bundesländer ebenso kennzeichnend sind wie die Eigengesetzlichkeiten der einzelnen Arbeitsfelder"[734], erscheint es als schwierig, eine einheitliche Zielbestimmung der Ausbildung in Sozialer Arbeit vorzunehmen. Im folgenden soll dennoch der Versuch unternommen werden, dies auf der Basis allgemeiner Vorgaben in den Rahmenstudienordnungen sowie anhand eines Modells professioneller Kompetenz zu tun.

4.3.1 Das allgemeine Studienziel: Befähigung zu einem selbständigen beruflichen Handeln auf der Basis wissenschaftlicher Erkenntnisse und wissenschaftlicher Methoden

Ganz allgemein kann man formulieren, daß die Fachhochschule für Soziale Arbeit - im Unterschied zu den sozialberuflichen Fachschulen[735] und zu den universitären Diplomstudiengängen - eine wissenschaftsbasierte Ausbildung für die verschiedenen Arbeitsfelder der Sozialen Arbeit (Sozialarbeit/Sozialpädagogik) zu leisten hat. Die über 60 Fachhochschulen für Soziale Arbeit in Deutschland wollen die Studierenden zur „Anwendung wissenschaftlicher Erkenntnisse und Methoden in der Berufspraxis der Sozialen Arbeit"[736] befähigen. Sie zeichnen sich insbesondere durch die „Verknüpfung von Wissenschaft und Praxis in der Lehre" aus. „Sie führen auch Forschungs- und

---

[734] *Th. Rauschenbach*, Artikel „Ausbildung/Ausbildungen", in: *Kreft/Mielenz* (1996), Wörterbuch Soziale Arbeit, 78-83, hier 79.
[735] In der Bundesrepublik bestehen etwa 350 Fachschulen (= Fachakademien) für Sozialpädagogik, die jährlich etwa 12 bis 15000 Erzieherinnen und Erzieher ausbilden sowie 250 Berufsfachschulen für Kinderpflege. - Vgl. ebd., 82.
[736] Vgl. *Engelke* (1996), Soziale Arbeit und ihre Bezugswissenschaften, 179.

Entwicklungsvorhaben durch, die zur wissenschaftlichen Grundlegung und Weiterentwicklung von Lehre und Studium sowie für die Umsetzung von wissenschaftlichen Erkenntnissen und Methoden in der Praxis erforderlich sind."[737]

Innerhalb dieser allgemeinen Zielbestimmung haben die einzelnen Bundesländer gemäß ihrer Kultushoheit die Ausbildungsziele ihrer Fachhochschulen für Soziale Arbeit formuliert. Stellvertretend sei hier die neue Rahmenstudienordnung in Bayern zitiert, in der es heißt: „Ziel des Studiengangs ‚Soziale Arbeit' ist die Vermittlung der Befähigung zu selbständigem beruflichen Handeln in den verschiedenen Arbeitsfeldern der Sozialen Arbeit auf der Basis wissenschaftlicher Erkenntnisse und wissenschaftlicher Methoden. Das Studium soll wissenschaftliches Wissen und berufsbezogene Kompetenzen vermitteln, die es ermöglichen, Lebenssituationen zu beschreiben, zu analysieren und zu erklären, Handlungspläne zu entwickeln und zu verwirklichen sowie das eigene berufliche Handeln theoriebezogen zu begründen und zu reflektieren. Leitlinie der gesamten Ausbildung ist die Orientierung an den Menschen, um die es in der Sozialen Arbeit geht."[738]

Innerhalb dieser allgemeinen Zielsetzung, haben die konfessionellen Fachhochschulen einen Gestaltungsfreiraum. Er besteht darin, „die christliche Sicht der Welt und des Menschen" zu vermitteln und erfahrbar werden zu lassen. „Kirchliche Hochschulen können sich daher nicht darauf beschränken, Fachwissen weiterzugeben. Ihre Aufgabe ist es, ausgehend vom Evangelium Jesu Christi zur ganzheitlichen Entfaltung der menschlichen Person beizutragen und junge Menschen dahin zu führen, aus christlicher Überzeugung heraus in ihrem Beruf tätig zu sein."[739] Bei allem wissenschaftlich-fachlichen Niveau, das auch sie anstreben und vermitteln wollen, zielt die Ausbildung an katholischen Fachhochschulen für Soziale Arbeit jedoch auch darauf, den Studierenden sowohl die Gelegenheit zum vertieften Kennenlernen des christlichen Glaubens in seinen verschiedenen Dimensionen und in seiner Bedeutung für die Berufspraxis zu geben als ihnen auch eine pastorale und menschliche Begleitung anzubieten.[740]

In Rücksicht auf diese staatlichen und kirchlichen Vorgaben müssen die Ziele und Aufgaben der Theologie bei der Ausbildung von Sozialberufen an

---

[737] Th. Bock, Art. Fachhochschulen, in: *Deutscher Verein für öffentliche und private Fürsorge (Hrsg.), Fachlexikon der sozialen Arbeit*, Frankfurt a. M. (4. vollst. überarb. Auflage) 1997, 307-308, hier 307.
[738] Rahmenstudienordnung für den Fachhochschulgang Soziale Arbeit (1995), 395.
[739] Aufgaben und Entwicklung der Katholischen Fachhochschulen (1984), 8.
[740] Vgl. ebd., 11.

Fachhochschulen bestimmt werden. Geht man davon aus, daß die Theologie ein für die Ausbildung an allen Fachhochschulen relevantes Fach darstellt, dann wird man aber behutsam zwischen der Aufgabe der Theologie an Fachhochschulen in freier und in konfessioneller Trägerschaft unterscheiden müssen.

4.3.2 Spezifischer Beitrag zum Erwerb einer fachlichen, personal-spirituellen und institutionellen Kompetenz - Aufgabe der Theologie an allen Fachhochschulen

Folgt man dem professionstheoretischen Ansatz, demzufolge zu einer sozialberuflichen Kompetenz neben der Fachlichkeit („ein guter Handwerker") und der Persönlichkeit („ein erkennbarer Mensch")[741] auch eine institutionelle Kompetenz gehört, dann kann man das Ausbildungsziel der Fachhochschule für Soziale Arbeit wie folgt in drei Aspekte differenzieren:

– Es geht erstens um den Erwerb einer *fachlichen Kompetenz*. Diese umfaßt ein allgemeines und bezugswissenschaftliches Theoriewissen sowie ein handlungs- und berufsbezogenes Wissen über Arbeitsweisen, Strategien und Verfahren in der Sozialen Arbeit.[742] Angesichts der Vielgestaltigkeit der Probleme und Situationen in der Sozialpädagogik und Sozialarbeit ist ein unfangreiches, allgemeines und zugleich spezialisiertes Grundwissen aus den einzelnen in der Ausbildung beteiligten Bezugswissenschaften, etwa der Pädagogik, der Soziologie, der Psychologie, des Rechts, der Medizin u. a. nötig. Diese Disziplinen steuern wichtige human- und sozialwissenschaftliche, aber auch juristische, medizinische und pädagogische Grundkenntnisse zur Ausbildung bei. Zur fachlichen Kompetenz zählen ferner die musischen, sportlichen und künstlerischen Fähigkeiten, die in entsprechenden Bezugsfächern vermittelt werden, sowie die strukturell-organisatorischen Qualifikationen, die auf die zielbewußte Gestaltung der Rahmenbedingungen der Sozialen Arbeit (z.B. Errichtung von Spielplätzen, Einrichtung von Räumen, Schaffung von Beziehungsnetzen, Nachbarschaften und sozialen Gruppen) ausgelegt sind.

---

[741] Vgl. *K. Lange/B. Müller/F. Ortmann*, Alltag des Jugendarbeiters. An wessen Bedürfnissen orientiert sich die Jugendarbeit?, Neuwied u.a. 1980, 23f; die Verfasser berufen sich auf *B. Müller*, Profi oder Sympathisant?, in: Sozialmagazin 3 (1987) 3, 36-40.

[742] Vgl. Studienführer 1997/98 Soziale Arbeit der Katholischen Stiftungsfachhochschule München, Abteilung Benediktbeuern; Abteilung München, hrsg. vom *Präsidenten*, München 1997, 16.

– Fachlichkeit ist jedoch nur ein erster Baustein einer professionellen Kompetenz. Sie muß durch einen zweiten, unverzichtbaren Bestandteil ergänzt werden: die *personale Kompetenz*. Diese kann in drei Teilkompetenzen aufgeschlüsselt werden: die personale, die soziale und die spirituelle Kompetenz. Nach Jahren technokratischer Prävalenz im Professionsverständnis erlebt heute die Bedeutung der Person in der Pädagogik und Sozialen Arbeit geradezu eine Renaissance. Eine Soziale Arbeit, die sich als „dialogische Praxis" und als „Beziehungsarbeit" begreift, kommt ohne die Person („Beziehungsarbeiter") und ohne personale Qualitäten nicht aus.[743] Wenn nämlich die personale Kompetenz „Voraussetzung für ein Handeln ist, welches sich in erster Linie auf Menschen bezieht und ihre Entwicklung begleitet",[744] dann gilt es bereits in der Ausbildung an Fachhochschulen, die Persönlichkeitsbildung der Studierenden in den Blick zu nehmen: „Fähigkeiten zur Selbstwahrnehmung müssen entwickelt werden, ebenso wie die Fähigkeit, empathisch, aber auch konfrontativ zu sein. Die Ambiguitätstoleranz (das Aushalten-Können von Widersprüchen bei der Klientel, aber auch in der eigenen Institution) muß vergrößert werden, ohne die eigenen Ziele aus den Augen zu verlieren. Dies alles geschieht auch in der Auseinandersetzung mit der eigenen Biographie und den persönlichen Deutungsmustern."[745] Im Unterschied zu anderen Kompetenzmodellen wird hier auch die soziale Kompetenz als Teilbereich der personalen Kompetenz betrachtet. Als interpersonale Kompetenz bezeichnet sie die Fähigkeit, „Situationen adäquat zu erfassen (Wahrnehmungsfähigkeit) und aufgrund begründeter Kriterien beurteilen (Urteilsfähigkeit) zu können, um so zu angemessenen Handlungen und Interventionen zu gelangen (Handlungsfähigkeit). Besser wahrnehmen und entscheiden zu können, Interaktions- und Kommunikationsbeziehungen gestalten zu können, angemessen intervenieren zu lernen und die Kooperationsfähigkeit zu fördern sind Elemente, die es unter dem Stich-

---

[743] Böhnisch/Münchmeier entwerfen in ihrer sozialräumlichen Jugendpädagogik den Professionellen vorrangig als Beziehungsarbeiter. Er müsse „auch ‚als Person' in die Arbeit eingehen ... Er kann nicht nur aus seiner Berufsrolle heraus mit den Jugendlichen umgehen, sondern wird von ihnen auch als Person angefragt. Jugendliche interessieren sich für sie oder ihn nicht nur in bezug auf seine oder ihre professionelle Kompetenz, sondern auch in der Neugier, wie er oder sie lebt." - *L. Böhnisch/R. Münchmeier*, Pädagogik des Jugendraumes. Zur Begründung und Praxis einer sozialräumlichen Jugendpädagogik, Weinheim u.a. 1990, 108f; vgl. auch Kapitel 3.3.5 dieser Arbeit.

[744] *G. Grünweller-Hofmann/S. Hohmann/B. Lemaire*, Anfangen in der Jugendarbeit. Berufseinführungskurs für hauptamtliche Mitarbeiterinnen und Mitarbeiter in der Jugendarbeit, in: deutsche jugend 46 (1998) 6, 251-258, hier 254.

[745] Ebd.

wort ‚Soziale Kompetenz' zu entwickeln gilt."[746] Die personale Kompetenz umfaßt über die intra- und interpersonale Dimension hinaus auch eine „weltanschaulich-kulturelle Kompetenz".[747] Diese bezeichnet jene Kenntnisse, die notwendig sind, um einen Zugang zu anderen Kulturen und zu den darin lebenden Menschen zu finden; sie meint aber auch die Fähigkeit, sich in das religiöse Denken und Handeln von Menschen einfühlen, es deuten und verstehen zu können.[748] Personale Kompetenz beinhaltet schließlich auch eine spirituelle Dimension, ein Aspekt von Professionalität, dem neuerdings in seinem profanen und säkularen Sinn eine neue Aufmerksamkeit zuteil wird, etwa in der Sozialpsychologie, Therapie und insbesondere in der Unternehmensberatung.[749] Das mag ein Hinweis darauf sein, daß professionelles Handeln hohe menschliche Qualitäten und eine entsprechende geistig-geistliche Grundhaltung voraussetzt. „Professionalität und Spiritualität brauchen einander."[750]

– Als dritter zentraler Baustein einer professionellen Kompetenz, die es an Fachhochschulen zu qualifizieren gilt, muß die *institutionelle Kompetenz* angesehen werden. Wenn man davon ausgeht, daß die Institutionen ein ‚Mittel des Sozialarbeiters' sind, dann müssen bereits in der Ausbildung jene Voraussetzungen geschaffen werden, die einen Umgang mit der künftigen Institution und dem Anstellungsträger ermöglichen.[751] Es geht also darum, die Studierenden über die Träger und Einrichtungen Sozialer Arbeit zu informieren, die Eigenarten und Eigengesetzlichkeiten von Institutionen zu erschließen und auf eine angemessene Identifikation mit den künftigen Arbeitgebern, insbesondere den freien und kirchlichen Wohlfahrtsverbänden, vorzubereiten. Keineswegs wird damit einer unkritischen Anpassung an institutionelle Gegebenheiten das Wort geredet,

---

[746] Ebd., 254f.

[747] So *Lukas* (1993), Verwissenschaftlichung des sozialpädagogischen Berufes, 63. - Vgl. dazu auch Kapitel 3.3.5 dieser Arbeit.

[748] Die Rahmenstudienordnung in Bayern formuliert als letztes von 10 Einzelzielen des Studiengangs Soziale Arbeit: „Sie (die Studierenden, M. L.) verfügen über Kenntnisse, die ihnen den Zugang zu anderen Kulturen erleichtern." - Vgl. *Hutter* (1995), Soziale Arbeit zwischen Wissenschaft, Profession und Praxis, 114.

[749] Vgl. *F. S. Berger/H. Gleissner*, Management by bible. 10 Fallstudien, St. Pölten u. a. 1996; auch *B. Kirchner*, Benedikt für Manager. Die geistigen Grundlagen des Führens, Wiesbaden 1994.

[750] *R. Zerfaß*, Mitarbeiterinnen und Mitarbeiter im kirchlichen Dienst - ein Qualitätsmerkmal für Heimerziehung. Thesenblatt zum Referat bei der 21. Bundestagung Heim- und Heilpädagogik vom 16.-18.09.97 in Würzburg, Manuskript, 1 S.

[751] Vgl. *Lüssi* (1991), Systemische Sozialarbeit, 143; vgl. dazu Kapitel 3.3.7 dieser Arbeit.

sondern nur die Notwendigkeit einer behutsamen Annäherung an die unterschiedlichen Profile und Leitbilder von Organisationen Sozialer Arbeit betont. Ziel der Ausbildung an Fachhochschulen für Soziale Arbeit muß jedenfalls sein, daß die Absolventen „Ziele, Aufgaben, Interessen und Erwartungen der Organisationen sozialer Einrichtungen sowie deren Dienste, Leistungen, Maßnahmen und Strukturen" kennenlernen.[752]

Diese dreifache Dimension einer professionellen Kompetenz, die es an Fachhochschulen für Soziale Arbeit zu qualifizieren gilt, kann im Überblick wie folgt dargestellt werden:

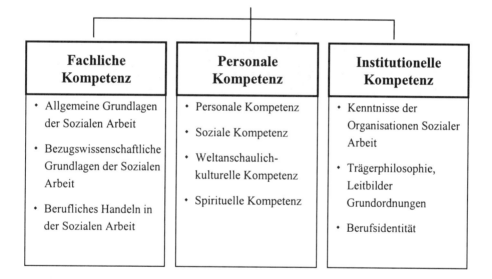

Das Ausbildungsziel einer hier skizzierten professionellen Kompetenz macht es zweifelsohne erforderlich, die Fachhochschulen für Soziale Arbeit nicht nur als Orte der Wissensvermittlung zu begreifen, sondern als Räume für die Persönlichkeitsentwicklung und für die Findung einer Berufsmotivation, eines Berufsethos und einer Berufsidentität. Dies stellt hohe Anforderungen an

---

[752] So in der neuen Rahmenstudienordnung von Bayern, zitiert nach *Hutter* (1995), Soziale Arbeit zwischen Wissenschaft, Profession und Praxis, 114.

das Lehrpersonal, an den Lehrplan, an die Formen des Lehrens und an das Miteinander von Dozenten und Studierenden. Jüngst wurde daher die Forderung ins Spiel gebracht, Ausbildungsstätten für Sozialberufe „als soziale Orte zu rekonstruieren, die einen Kommunikations- und Traditionszusammenhang herstellen, der über die Ausbildung hinaus normbildende und handlungsleitende Funktionen ausüben kann."[753]

Legt man das eben skizzierte Kompetenzmodell für die Ausbildung an Fachhochschulen für Soziale Arbeit zugrunde, dann läßt sich auch der inhaltliche Beitrag der Theologie formulieren. Als Bezugswissenschaft der Sozialen Arbeit sieht sie sich in der Lage, an *allen* Fachhochschulen spezifische Beiträge zu einer fachlichen, personalen und institutionellen Kompetenz der Studierenden zu leisten und so - unter Verzicht auf hegemoniale Ansprüche - in interdisziplinärer Zusammenarbeit dem Ausbildungsziel der Fachhochschule für Soziale Arbeit zu dienen. Im Überblick kann der Beitrag der Theologie wie folgt veranschaulicht werden:

---

[753] *Baron/Landwehr* zitiert nach *Dewe u.a.* (1993), Professionelles soziales Handeln, 72.

Beitrag der Theologie
zur Ausbildung einer professionellen Kompetenz
an (kirchlichen) Fachhochschulen für Soziale Arbeit

Fachliche Kompetenz	Personale Kompetenz	Institutionelle Kompetenz	Sozialpastorale Kompetenz
• Wissen über religiöse Weltanschauungen und Religionen/ Konfessionen • Christliches Menschen- und Gesellschaftsbild • Theologisches Wissen zu Fragen der Lebens- und Kontingenzbewältigung (Tod, Leid, Sinn, Angst, Liebe, Schuld, Zukunft) • Geschichtswissen zu Caritas und Diakonie	• Personale Kompetenz (christliche Grundhaltungen, Wertüberzeugungen u. a.) • Soziale Kompetenz (sozialethische Positionierung, Solidarität, Gerechtigkeit, Barmherzigkeit u. a.) • Christliche Spiritualität als humane, alltägliche, dialogische und christozentrische Spiritualität	• Kenntnisse über die Konfessionskirchen und Religionsgemeinschaften • Einsichten zu Wesen und Auftrag der Kirchen • Kenntnis caritativer Verbände und Einrichtungen • Sozialarbeit im kirchlichen Dienst (Grundordnung, Berufsbild, Identifikation)	• Christlich motivierte Soziale Arbeit • Sozialpastoral - Pastoral - Evangelisierung • Theorie der Caritas und Diakonie • Religionspädagogik in Kontexten Sozialer Arbeit • Liturgie in Kontexten Sozialer Arbeit

4.3.3 Vermittlung einer sozialpastoralen Kompetenz - Zusätzliche Aufgabe der Theologie an konfessionellen Fachhochschulen

Wie die Skizze zeigt, muß die bisherige Vorstellung zur Rolle der Theologie an Fachhochschulen für Soziale Arbeit etwas modifiziert werden. War man bisher davon ausgegangen, daß die Mitarbeit der Theologie nur an kirchlichen Fachhochschulen sinnvoll sei, und daß sie dort für das konfessionelle Spezifikum - sprich: christliches Menschen- und Weltbild, religiöse Persönlichkeitsbildung, christliche Berufsmotivation, vertieftes Kennenlernen des christlichen Glaubens, pastorale und menschliche Begleitung[754] - verantwortlich zeichnet, so wird hier die Bedeutung der Theologie in der Sozialen Arbeit universaler gesehen. Sie muß an *allen* Fachhochschulen als eine für *alle* Studierenden relevante Disziplin angeboten werden, um fachliches Können, personale Authentizität und institutionelle Kompetenz unter Einbezug der Realität von Religion, Glaube und Kirche erwerben zu können. An *Fachhochschulen in konfessioneller Trägerschaft* kommt ihr jedoch überdies die spezielle Aufgabe zu, jenen Studierenden, die ihr Christsein im Sozialberuf verwirklichen möchten, Möglichkeiten zu einer vertieften Reflexion der caritativen Sendung der Kirche im Kontext einer sozialen Pastoral oder Evangelisierung bereit zu stellen.

Das Spezifikum einer Ausbildung an kirchlichen Fachhochschulen besteht dann künftig nicht mehr wie bisher darin, daß es dort - im Unterschied zu den staatlichen Fachhochschulen - das Fach Theologie gibt, sondern darin, daß die Theologie eine zusätzliche Aufgabe wahrnimmt, die sie an staatlichen Fachhochschulen nicht übernehmen kann und darf: nämlich die Vermittlung einer sozial-pastoralen Kompetenz, die man auch als apostolische oder missionarische Kompetenz im Kontext Sozialer Arbeit bezeichnen könnte. Sie ist ein Sondergut von Ausbildungsstätten in kirchlicher Trägerschaft und nimmt die dort lehrende Theologie für die pastorale Sendung der Kirche in die Pflicht.

---

[754] Vgl. Aufgaben und Entwicklung der Katholischen Fachhochschulen (1984), 8.

4.4 Das inhaltliche Angebot einer Theologie in der Sozialen Arbeit - Versuch eines Aufrisses

Im folgenden Abschnitt geht es darum, das inhaltliche Angebot der Theologie in der Ausbildung an Fachhochschulen für Soziale Arbeit zu vermessen. Es ist selbstverständlich, daß ein solches Erkunden der theologischen Literatur und der theologischen Neuerscheinungen unter dem Fokus der Sozialen Arbeit eine permanente Aufgabe für alle Lehrenden darstellt. Hier soll nur der Versuch unternommen werden, eine Spur zu legen, an der in ersten Ansätzen sichtbar wird, auf welche inhaltlichen Themen eine Theologie in der Sozialen Arbeit zurückgreifen kann und in welcher Form sie künftig an Fachhochschulen weiterzuentwickeln sein wird.

Leitend für die folgenden Überlegungen ist die Überzeugung, daß eine Theologie unter den kontextuellen Bedingungen der Sozialen Arbeit ihre Inhalte nicht nach dem Muster einer akademischen Systematik darbieten kann, sondern diese primär in der Form von Themen präsentieren muß. Diese ergeben sich sachlogisch aus den in Kapitel 3.3 entfalteten theologischen Anschlußstellen. Um diese Themen einer Theologie in der Sozialen Arbeit, die man auch als eine „Theologie in einem Brennpunkt"[755] bezeichnen könnte, zu formulieren und eine entsprechende Elementarisierung der Inhalte vorzunehmen, bedarf es aber sowohl der Zusammenarbeit aller theologischer Disziplinen als auch der Mitwirkung jener, die an Lebens- und Arbeitsbezügen Sozialer Arbeit partizipieren und für diese ausgebildet werden.

4.4.1 „Glaube, Hoffnung und Liebe, diese drei ..." (1 Kor 13,13) - Das entscheidend und unterscheidend Christliche einer „Theologie im Brennpunkt des Sozialen"

Christliche Theologie und christlicher Glaube sehen sich heute in einem postmodernen Kontext in radikal neuer Weise herausgefordert.[756] Nicht mehr

---

[755] Als solche Theologie bezeichnet Moltmann seine theologische Trilogie: die „Theologie der Hoffnung" (1964), das Werk „Der gekreuzigte Gott" (1972) sowie den ekklesiologische Entwurf „Kirche in der Kraft des Geistes" (1975). - Vgl. dazu den autobiographischen Aufsatz von *J. Moltmann*, Theologie der Hoffnung, in: *J. B. Bauer*, Entwürfe der Theologie, Graz u.a. 1985, 235-257, hier bes. 239-249.

[756] Vgl. dazu *J. Moltmann*, Gott im Projekt der modernen Welt. Beiträge zur öffentlichen Relevanz der Theologie, Gütersloh 1997; *J. B. Metz*, Wie rede ich von Gott angesichts der säkularen Welt?, in: *Generalsekretariat des Zentralkomitees der deutschen Katholiken (Hrsg.)*, Die Gottesrede von Juden und Christen unter den Herausforderungen der säkularen Welt (= Berichte und Dokumente 103), Bonn 1996, 21-31.

die alten Dilemmata zwischen Glaube und Wissen, zwischen unsichtbarer und sichtbarer Wirklichkeit, zwischen Empfangen und Machen[757] stehen im Vordergrund der Auseinandersetzung mit dem Glauben, es sind vielmehr die Fragen nach dem eigenen Ich: „Wie werde ich meiner eigenen Identität sicher? Was hilft mir, Lebenskrisen zu meistern, Ängste zu bewältigen? Was bestimmt meine Werte und mein Handeln? Wie erlange ich eine beruhigende Gewißheit von der letzten Einheit der Welt, von dem, was über meinen Wissenshorizont hinausgeht?"[758]

Auch wenn empirische Erhebungen und postmoderne Propheten seit langem das Ende des kirchlichen Christentums diagnostizieren, so sind doch religionsproduktive Tendenzen und das drängende religiöse Suchen von Menschen unübersehbar. „Die Kirchenbesucherzahlen sinken und das religiöse Interesse wird lebhafter"[759], so bringt *G. Schmidtchen* in seiner Jugend-Wertestudie die gegenwärtige Entwicklung auf den Punkt. Und *J. B. Metz* verschärft diese Beobachtung, wenn er die Krise des europäischen Christentums nicht zuerst als Kirchenkrise, sondern als „eine Art religionsförmiger Gotteskrise" bezeichnet, deren Stichwort „Religion, ja - Gott, nein" lautet.[760] Zwar sei das Wort Gott heute als „freischwebende Metapher" bei verschiedenen Anlässen und Gegebenheiten - beim Partygespräch, in der Psychotherapie, im ästhetischen Diskurs, als mythische Seelenverzauberung etc. - wieder salonfähig, doch sei dies keineswegs gleichbedeutend mit einer Wiederentdeckung des jüdisch-christlichen Gottesbildes. Ganz im Gegenteil greife eine moderne Leidensvergessenheit, Gedächtnis- und damit Bedenkenlosigkeit um sich, weil mit der Erinnerung an den Gott der Bibel, der sich in Jesus Christus dem Leiden von Menschen ausgesetzt hat, auch die Leidenswahrnehmung und Leidensfähigkeit schwinde. Angesichts dieser geistigen Diagnose unserer Zeit ringt Metz um eine modernitätsverträgliche, prophetische Rede vom biblischen Gott.[761]

Das „Schlüsselwort" dafür heißt für ihn ‚Compassion'. Sie stelle das „Weltprogramm des Christentums" dar, „die biblische Mitgift für den europäischen Geist, so wie die theoretische Neugierde die griechische Mitgift

---

[757] Vgl. dazu *J. Ratzinger*, Einführung in das Christentum. Vorlesungen über das Apostolische Glaubensbekenntnis, München 1968, bes. 17-52.

[758] Vgl. dazu *B. Baas*, Gott ist tot - es lebe die Religion. Jugend und Religion, in: Publik-Forum Nr. 11/1998, 50-53, hier 51.

[759] *G. Schmidtchen*, Ethik und Protest, Moralbilder und Wertkonflikte junger Menschen, Opladen 1992, 155.

[760] Vgl. *J. B. Metz*, Gotteskrise. Versuch zur ‚geistigen Situation der Zeit', in: Diagnosen zur Zeit. Mit Beiträgen von J. B. Metz u.a., Düsseldorf 1994, 76-92, hier 77.

[761] Vgl. ebd.

und das Rechtsdenken die römische Mitgift für Europa ist."[762] Das Entscheidende und Unterscheidende der biblisch monotheistischen Traditionen bestehe in einer „primär fremdbezügliche(n) Leidensmystik der offenen Augen"[763]. Der christliche Glaube biete „eine Mystik der Compassion. Ihr kategorischer Imperativ lautet: aufwachen, die Augen öffnen. Das Christentum ist kein blinder Seelenzauber. Es lehrt nicht eine Mystik der geschlossenen, sondern eine Mystik der offenen Augen. Im Entdecken, im Sehen von Menschen, die im alltäglichen Gesichtskreis unsichtbar bleiben, beginnt die Sichtbarkeit Gottes, öffnet sich seine Spur."[764] Metz rechnet zwar damit, „daß viele eine solche Kirche der Compassion für vage Pastoralromantik halten." Dennoch gibt er sich davon überzeugt, daß die Fähigkeit und Bereitschaft, fremdes Leid wahrzunehmen, „die unbedingte Voraussetzung aller künftigen Friedenspolitik, aller neuen Formen sozialer Solidarität angesichts des eskalierenden Risses zwischen Arm und Reich und aller verheißungsvollen Verständigung der Kultur- und Religionswelten" darstellen. Und er schließt: „Wem, wenn nicht gerade jungen Menschen" sollte man „diese primäre Provokation der Botschaft Jesu und das Übertreibende an ihr zutrauen können?"[765]

Eine Theologie in der Sozialen Arbeit sieht sich hier unmittelbar angesprochen. Natürlich wird sie darum bemüht sein, allgemeine religionswissenschaftliche und theologische Themen aufzugreifen und eine Beziehung von Religion als Dimension menschlicher Existenz zu leisten. Aber sie wird darin auch das entscheidende und unterscheidende Angebot des christlichen Glaubens zur Sprache bringen: Die Theologie des Kreuzes als Theologie der Hoffnung und der Liebe.

Kreuz und Auferstehung Jesu Christi bilden ohne Zweifel das Zentrum christlicher Theologie. Beide stehen in einem unlösbaren Zusammenhang, denn aus sich heraus hätten der Tod und das Kreuz Jesu Christi keine erlösende Kraft und ohne Ostern wäre der Glaube an Jesus Christus, wären sein Leben, sein Leiden und Sterben und damit der Sinn der Verkündigung der Frohen Botschaft sinnlos.[766] Eine Theologie des Kreuzes gibt es daher nicht

---

[762] *J. B. Metz*, Mit der Autorität der Leidenden. Compassion - Vorschlag zu einem Weltprogramm des Christentums, in: Feuilleton-Beilage der Süddeutschen Zeitung. Weihnachten, 24./25./26. Dezember 1997, Nr. 296, 57.
[763] Vgl. ebd.
[764] Ebd.
[765] Alle Zitate ebd.
[766] „Wenn es keine Auferstehung der Toten gibt, dann ist auch Christus nicht auferweckt worden. Ist aber Christus nicht auferweckt worden, dann ist unsere Verkündigung leer und euer Glaube sinnlos" (1 Kor 15, 13-14).

ohne eine Theologie des biblischen Gottes, denn „an diesem Kreuz kommt zum Ausdruck, an welchen Gott Christen eigentlich glauben."[767] Das Thema „Gott, die alles bestimmende Wirklichkeit" sei heute, so argumentiert *J. Werbick,* zum Schicksalsthema für das Christentum und die von ihm mit ermöglichte westliche Zivilisation geworden, und es gelte daher um unserer Identität willen, diesen Gott „überzeugend und herausfordernd als die letzte Instanz gegen den sich selbst legitimierenden und zu Tode siegenden Erfolg zur Sprache zu bringen".[768] Für eine Theologie in der Sozialen Arbeit wird es daher darauf ankommen, dieses von vielen Zeitgenossen als Skandalon empfundene, in seiner Wirklichkeit bezweifelte und ob seines Mißbrauchs abgelehnte[769] christliche Kerngeheimnis von Kreuzestod und Auferweckung neu zu buchstabieren.[770]

Entgegen der bis heute im Bewußtsein vieler Christen und Zeitgenossen verankerten, auf Anselm von Canterbury zurückgehenden Vorstellung, daß der Tod Jesu eine stellvertretende Sühne für die aus dem Rechtsbruch der Sünde folgende Strafe Gottes gewesen sei und die verletzte Ehre Gottes wiederhergestellt habe, muß heute das Erlösungsgeschehen am Kreuz „gerade nicht als Geschehen im verhängnisvollen und unbarmherzigen Regelkreis des verletzten Rechtes, sondern als äußerster Ausdruck der Radikalität der Liebe Gottes zu den Menschen"[771] dargelegt werden. Diese revolutionäre Wende sei, wie *J. Ratzinger* meint, der entscheidende Beitrag des Christentums zur Religionsgeschichte. Das Neue Testament sagt nämlich nicht, „daß die Menschen Gott versöhnen, wie wir es eigentlich erwarten müßten, da ja sie gefehlt haben, nicht Gott. Es sagt vielmehr, daß ‚Gott in Christus die

---

[767] *K. Koch,* Durch-kreuz-ter Glaube. Das Kreuz Jesu Christi als Kerngeheimnis christlicher Theologie, in: *L. Mödl (Hrsg.),* Ein sperriges Zeichen. Praktisch-theologische Überlegungen zur Theologie des Kreuzes, München 1997, 12-51, hier 29.

[768] Vgl. *J. Werbick,* Vom entscheidend und unterscheidend Christlichen, Düsseldorf 1992, 118.

[769] Zur Auseinandersetzung mit den Hypotheken traditioneller Kreuzestheologie und mit aktuellen Diskreditierungen der Rede vom Kreuz Christi vgl. *Koch* (1997), Durch-kreuz-ter Glaube, 12-25.

[770] Vgl. *Werbick* (1992), Vom entscheidend und unterscheidend Christlichen. Dieses Buch bietet in einer auch für den kritischen Zeitgenossen zugänglichen Sprache eine kontextuelle Einführung in den christlichen Glauben. Werbick stellt seine Ausführungen in die postmoderne Frage nach Endzeit, Wendezeit und Identität, setzt sich mit der fundamentalistischen Versuchung auseinander, plädiert für eine pluralistische Option und formuliert schließlich in zehn Abschnitten „den Weg in den Spuren Jesu Christi". Dabei zieht er immer wieder Vergleiche mit den anderen großen Weltreligionen und arbeitet so das entscheidend und unterscheidend Christliche heraus. Dieses Buch empfiehlt sich daher als Grundlage für die Arbeit mit Studierenden der Sozialen Arbeit.

[771] *Koch* (1997), Durch-kreuz-ter Glaube, 26.

Welt mit sich versöhnt hat' (2 Kor 5,19). Das ist etwas wahrhaft Unerhörtes, Neues - der Ausgangspunkt der christlichen Existenz und die Mitte neutestamentlicher Kreuzestheologie: Gott wartet nicht, bis die Schuldigen kommen und sich versöhnen, er geht ihnen zuerst entgegen und versöhnt sie. Darin zeigt sich die wahre Bewegungsrichtung der Menschwerdung, des Kreuzes."[772] Die Vermittlungsaufgabe einer Theologie in der Sozialen Arbeit bestünde dann aber in dem Aufweis, daß der Kreuzestod Jesu Christi „kein Sühnopfer für einen blutrünstigen und rachedurstigen Gott" ist, sondern vielmehr „das konsequente Handeln des grenzenlos liebenden Gottes, der den Menschen selbst bis in die tiefsten Abgründe und verborgensten Katakomben ihres Lebens hinein nahesein will."[773]

Aus dieser Perspektive aber muß die Rede vom Kreuz notwendigerweise zur Rede vom Gott Jesu Christi werden. Denn am Kreuz kommt nicht nur die Lage des Menschen zu Sprache, sondern ebenso das Wesen jenes Gottes, an den die Christen glauben. Er ist gerade nicht ein grausamer Gott, vielmehr „bildet die Grausamkeit der Menschen den Anlaß, von der äußersten und schlechthin wunderbaren Zuwendung Gottes zu den Menschen zu sprechen"[774]. Er erscheint als ein Gott, der sich selbst in die äußerste Gottferne und Gottverlassenheit - den „Ernstfall Gottes" - hineinbegibt, dorthin, wo nach unseren zeitlich-räumlichen Vorstellungen Gott nicht mehr sein kann (man denke an Auschwitz!). Indem er so derart handelt, erscheint er als Gott, der vor Nichts zurückweicht, der sich total „ent-äußert" und damit die vermeintliche Gottesferne „durch die sie teilende Liebe zur höchsten Nähe Gottes werden läßt."[775] Damit enthält das Kreuz die Botschaft, daß es auch für den Menschen prinzipiell keine Situation geben kann, in der er von Gott nicht getragen wäre, in der er Gott nicht begegnen könnte, in der er allein sich selbst ausgeliefert wäre. Es sind „alle menschliche Ratlosigkeit und Angst, alle Schuld und Sinnlosigkeit letztlich dafür offen, von Gott ‚bewohnt' zu werden."[776]

Diese Gottesbotschaft nun könnte eine Antwort auf jene Frage nach Gott sein, mit der sich Sozialarbeiterinnen und Sozialarbeiter unausweichlich konfrontiert sehen: Warum läßt Gott das Leid zu? Warum greift er nicht ein, wenn er doch allmächtig ist? Diese uralte Theodizeeproblematik hat die

---

[772] *Ratzinger* (1968), Einführung in das Christentum, 232.
[773] *Koch* (1997), Durch-kreuz-ter Glaube, 27.
[774] Ebd., 29f.
[775] *K. Hemmerle*, Leben aus der Einheit. Eine theologische Herausforderung, hrsg. von P. Blättler, Freiburg 1995, 152.
[776] *Koch* (1997), Durch-kreuz-ter Glaube, 32.

christliche Theologie traditionell damit beantwortet, daß sie Gott angesichts des Leides in der Welt zu verteidigen versucht hat. Sie hat sich dabei selbst und Gott keinen guten Dienst erwiesen, denn ihr Theodizeewissen entlarvt sich bei näherem Hinsehen als Versuch der Bemächtigung Gottes und der Menschen. Seine Kehrseite ist die Verhinderung der praktischen Solidarität mit den Leidenden und die Blockierung jeder Regung des Widerstandes gegen Gott (und gegen die Kirche!), indem dessen Verantwortung für die Schöpfung theologisch negiert wird.[777] Die Theodizeefrage läßt sich auch heute angesichts des unergründlichen Geheimnisses von Gott und Welt gewiß nicht theologisch endgültig auflösen,[778] aber eines muß doch mehr denn je betont werden: „Gott kann nicht aus der Leidverflochtenheit entlassen werden, da es in dieser Welt, die seine Schöpfung ist, dieses Leid gibt. Und es wäre zu billig, allein den Menschen und seine Freiheit für es verantwortlich zu machen."[779]

K. Koch bringt dieses unterscheidend Christliche auf den Punkt, wenn er schreibt, daß „die menschliche Religion ... den Menschen in seiner Not an die *Macht* Gottes in der Welt (weist, M. L.). Die biblische Botschaft hingegen weist ihn an die *Ohn-Macht* Gottes und an sein Leiden in der Welt."[780] Das Christentum beinhaltet also die tröstliche und zugleich herausfordernde Zusage einer Leidensgenossenschaft Gottes mit seinen Geschöpfen und seiner Schöpfung. Diese Compassion Gottes ruft die Christen zur „äußersten Wachsamkeit gegenüber den Lebensbedrohungen der heutigen Welt" auf und nimmt sie in die Pflicht, „zusammen mit Gott gegen das Leiden und den Tod für das Leben zu kämpfen."[781] Sollte diese Botschaft nicht auch eine Ermutigung und Herausforderung für jene sein können, die täglich in ihrem

---

[777] Vgl. *O. Fuchs,* Christologische Karriere als Kehre in der Theodizee. Pastoraltheologische Aspekte, in: *R. Hoppe/U. Busse (Hrsg.),* Von Jesus zum Christus. Christologische Studien. Festgabe für Paul Hoffmann zum 65. Geburtstag, Berlin u. a. 1998, 571-613, hier bes. 581f; dort: „Wenn in der Kirche kein Widerstand zugelassen wird, kann er auch nicht Gott gegenüber zugelassen werden und umgekehrt ... Nur der kann Widerstand leisten, der nicht vor Gott in Angst erstickt."

[778] Für H. Küng läßt sich das unsägliche Leiden, für das Auschwitz steht, weder auf dem Weg der Gott*losigkeit* noch durch den Weg einer spekulativen Gott*gläubigkeit* erklären und aufheben, es kann nur auf dem Weg „*des unerschütterlichen, nicht irrationalen, sondern durchaus vernünftigen grenzenlosen Gottvertrauens*" ausgehalten werden, des Glaubens an einen Gott, der nicht nur mitleidet, sondern sich auch erbarmt. - Vgl. *H. Küng,* Credo. Das Apostolische Glaubensbekenntnis - Zeitgenossen erklärt, München u.a. 1992, 126f.

[779] *R. Ochs,* Verschwendung. Die Theologie im Gespräch mit Georges Bataille, Frankfurt 1995, 284f.

[780] *Koch* (1997), Durch-kreuz-ter Glaube, 36.

[781] Ebd., 38f.

Beruf in Zonen von Not, Leid und Tod stehen? Kann sie nicht eine ‚Zu-Mutung' angesichts erfahrener Resignation und Verzweiflung sein, eine Quelle der Kraft zum Einsatz für das Leben, eine Aufforderung zu einer entschiedenen parteilichen Ko- und Proexistenz mit den Notleidenden und Marginalisierten?

Aus dieser Theologie des Glaubens an einen Gott der Kenosis erwächst unmittelbar eine *Theologie der Hoffnung*, die ebenfalls ein wichtiger Baustein der theologischen Lehre an einer Fachhochschule für Soziale Arbeit sein kann. *J. Moltmann* begreift seinen Entwurf einer Theologie der Hoffnung nicht als eine Theologie *über* die Hoffnung, sondern als eine Theologie *aus* Hoffnung: nämlich aus der christlichen Hoffnung, die in der Auferweckung und Verherrlichung des hingerichteten Jesus von Nazareth gegründet ist. Diese von Christen bekannte Hoffnung ist für ihn der Brennpunkt, von dem her das Ganze der Theologie im neuen Licht erscheint, und sie ist zugleich die Grundlage zur Integration philosophischer Sozial- und Rechtsutopien.[782] Denn „Glaube, wo immer er sich zur Hoffnung entfaltet, macht nicht ruhig, sondern unruhig, nicht geduldig, sondern ungeduldig. (...) Wer auf Christus hofft, kann sich nicht mehr abfinden mit der gegebenen Wirklichkeit, sondern beginnt, an ihr zu leiden, ihr zu widersprechen."[783]

Das Synodendokument „Unsere Hoffnung",[784] das bis heute keineswegs seine Aktualität verloren hat und sich daher für den theologischen Unterricht an Fachhochschulen für Soziale Arbeit immer noch bestens eignet, bringt in einer sehr leidenschaftlichen Sprache die gesellschaftliche Relevanz einer Theologie der Hoffnung zum Ausdruck. Die Gottesbotschaft unserer christlichen Hoffnung, so heißt es in dem Text, widersetzt sich „einem schlechthin geheimnislosen Bild vom Menschen, das nur einen reinen Bedürfnismenschen zeigt, einen Menschen ohne Sehnsucht, das heißt ohne Fähigkeit zu trauern und darum ohne Fähigkeit, sich wirklich trösten zu lassen und Trost anders zu verstehen denn als reine Vertröstung."[785] Die Gottesbotschaft der Hoffnung verwehrt es uns, die Geschichte nur als Siegergeschichte zu kultivieren, sie macht uns leidensfähig und sensibel für die anonymen Leidensgeschichten und Kreuze in der Welt,[786] sie ermutigt uns zu einem Leben „ge-

---

[782] Vgl. ebd., 241.

[783] *J. Moltmann*, Theologie der Hoffnung, München 1964, 17.

[784] Vgl. Unsere Hoffnung. Ein Bekenntnis zum Glauben in dieser Zeit, in: *L. Bertsch u. a.* (Hrsg.), Gemeinsame Synode der Bistümer in der Bundesrepublik Deutschland. Beschlüsse der Vollversammlung. Offizielle Gesamtausgabe I, Freiburg u.a. 1976, 84-111.

[785] Ebd., 87f.

[786] Vgl. ebd., 89f.

gen die reine Selbstbehauptung" und stiftet dazu an, „für andere da zu sein, das Leben anderer durch solidarisches und stellvertretendes Leiden zu verwandeln."[787] Die Botschaft unserer Hoffnung bekennt den Menschen als schuldigen und versagenden, und sie widersteht damit „jenem unheimlichen Unschuldswahn", der sich in unserer Erfolgsgesellschaft ausgebreitet hat und die Kunst der Verdrängung kultiviert.[788] Die christliche Rede von der Schuld dezimiert nicht die menschliche Freiheit, sondern rettet sie, weil sie vom Zwang zur Perfektion befreit und Freude an der Verantwortung - für sich, die Mitmenschen, die Welt und die Schöpfung - zu schenken vermag.[789]

Hier schließt eine *Theologie der Liebe* an. Die Texte des Alten und Neuen Testaments bekennen einen personalen Gott, der die Welt aus Liebe geschaffen hat, der die Menschen trotz allen Versagens liebt und zuletzt seinen Sohn in die Welt sendet, um endgültig seine liebende Heilszusage zu bestätigen und die Menschen zu retten. In dieser äußersten Offenbarung, der Inkarnation, zeigt er sich als ein Gott, der die Menschen „aus überströmender Liebe ... wie Freunde" anredet und mit ihnen verkehrt, „um sie in seine Gemeinschaft einzuladen und aufzunehmen."[790] Christlicher Glaube hat es dieser Überzeugung folgend „gar nicht bloß ... mit dem Ewigen zu tun, das als das ganz andere völlig außerhalb der menschlichen Welt und der Zeit verbliebe; er hat es vielmehr mit dem Gott *in* der Geschichte zu tun, mit Gott als Menschen."[791]

Das Zweite Vatikanische Konzil hat diese Theologie der Liebe neu in den Blick genommen. In den verschiedenen Dokumenten verlangt es nach einer ganzheitlichen Verkündigung und Auslegung der Lehre der Kirche[792] und überwindet somit die Einseitigkeit eines rein doktrinären und intellektualistischen Verständnisses des Glaubens hin zu einem pastoralen.[793] Diese Durchdringung von Dogma und Pastoral[794] ist die Basis für das Entstehen von pa-

---

[787] Ebd., 92.
[788] Vgl. ebd., 93f.
[789] Vgl. ebd., 94f.
[790] Vgl. Dogmatische Konstitution über die göttliche Offenbarung, in: *Rahner/Vorgrimler* (1979), Kleines Konzilskompendium, 367f.
[791] *Ratzinger* (1968), Einführung in das Christentum, hier 30.
[792] So Johannes XXIII. in seiner Eröffnungsrede des Konzils. Vgl. *E. Klinger*, Armut eine Herausforderung Gottes. Der Glaube des Konzils und die Befreiung des Menschen, Zürich 1990, hier 85.
[793] Vgl. dazu ebd., 71-153 (passim).
[794] Nach Klinger findet in der Pastoralkonstitution des Konzils „jener Sprung nach vorne statt, durch den Kirche ihre Treue zur Tradition erweist, indem sie die Inhalte der Tradition dogmatisch neu erfaßt und pastoral verwirklicht." - Ebd., 119.

storalen Theologien, etwa der Theologie der Befreiung in Lateinamerika[795] und Asien oder auch einer Sozialpastoral hierzulande[796]. Sie alle haben darin ihren gemeinsamen Kern, daß sie die Verheißungen des Evangeliums in einen Zusammenhang mit den sozialen, wirtschaftlichen und politischen Situationen, insbesondere mit dem Kontext von Unterdrückung und Ausbeutung bringen und den Auftrag der Kirche darin bestimmen, nicht nur die Menschen religiös zu betreuen, sondern eine ganzheitliche Befreiung des Menschen anzustreben. Dies schließt ein, menschenunwürdige Verhältnisse als den Absichten Gottes widersprechend aufzudecken, anzuklagen und zu verändern. Die spirituelle Erfahrung, daß in der Begegnung mit der Not und mit Notleidenden der gekreuzigte Jesus Christus selbst zu entdecken ist, wird dabei zum Motor christlicher Weltzuwendung und befreienden Handelns.

Nicht aus einer „linken Ideologie", sondern aus dieser Christusmystik beziehen heute viele Christinnen und Christen ihre Kraft zum Durchhalten dieser Option.[797] Der Auferweckte lebt auch heute an der Seite der Armen und will dort entdeckt werden. „Der arme, unterdrückte und verfolgte Mensch ist deshalb der bevorzugte Ort der Gegenwart des auferweckten und erhöhten Christus, er ist der privilegierte Zugangsort zu ihm und seine geheime, aber wirkliche Epiphanie. Gerade in ihm gibt sich der Auferweckte selbst zu erkennen und lädt die Christen ein, ihre Finger in die Wunden zu legen, um zum Glauben zu kommen. Da sollten sich heutige Christen nicht einbilden, frömmer sein zu wollen als Thomas. Sie sollten vielmehr ihre Hände in diese Wunden legen. Denn in den Wunden und Leiden zahlloser Menschen in der heutigen Welt läßt sich der Auferweckte selbst betasten, damit auch Christen heute zum Glauben kommen."[798]

Die diakonische und befreiende Praxis aus der Hoffnung auf das endgültige Kommen Gottes kann infolgedessen nicht bloß der Anwendungsfall des Glaubens sein, sie ist vielmehr der Ort der Entdeckung des Evangeliums,

---

[795] Vgl. *G. Gutiérres*, Theologie der Befreiung. Mit einem Vorwort von *J. B. Metz*, München ⁹1986 (¹1973); *C. Boff*, Mit den Füßen am Boden. Theologie aus dem Leben des Volkes, Düsseldorf 1986; *J. B. Metz*, Theologie der Befreiung: Hoffnung oder Gefahr für die Kirche?, Düsseldorf 1986; *L. Boff*, Christentum mit dunklem Antlitz. Wege in die Zukunft aus der Erfahrung Lateinamerikas, Freiburg 1993.

[796] Vgl. etwa *P. Eicher/N. Mette (Hrsg.)*, Auf der Seite der Unterdrückten? Theologie der Befreiung im Kontext Europas (= Theologie zur Zeit, hrsg. von *P. Eicher u. a.*, Bd. 6), Düsseldorf 1989; *N. Mette/H. Steinkamp (Hrsg.)*, Anstiftungen zur Solidarität. Praktische Beispiele der Sozialpastoral, Mainz 1997.

[797] *F. Weber*, „Option für die Armen". Zu-tat oder pastoraltheologische Grundentscheidung? Antrittsvorlesung, Innsbruck 05. Mai 1998, Manuskript 31 S., hier 23f.

[798] *Koch* (1997), Durch-kreuz-ter Glaube, 38.

Entstehungsort des Glaubens und der Ursprung einer Theologie der Liebe.[799] Diese mit Studierenden in den heilenden Begegnungsgeschichten Jesu mit Notleidenden, wie sie das Neue Testament überliefert, oder in den Texten von Theologen der Diakonie[800] und der Befreiung[801] zu entdecken und daran die eigenen Begegnungen mit Notleidenden theologisch zu identifizieren, wäre eine sinn- und identitätsstiftende Aufgabe einer Theologie in der Sozialen Arbeit als Theologie der Liebe.

4.4.2 „Was ist der Mensch, daß Du an ihn denkst ...?" (Ps 8,5) - Der Mensch aus der Perspektive Gottes

Im Kapitel IV der Pastoralkonstitution des Zweiten Vatikanischen Konzils *Gaudium et spes* wird die Überzeugung ausgedrückt, daß die größte Hilfe der Kirche für den heutigen Menschen in der Proklamation seiner Freiheit, im Respekt vor der Würde seines Gewissens, in der Achtung seiner freien Entscheidung und in der Verkündigung seiner grundlegenden Rechte besteht: „Durch kein menschliches Gesetz können die personale Würde und die Freiheit des Menschen so wirksam geschützt werden wie durch das Evangelium Christi, das der Kirche anvertraut ist." Dem Menschen, der „zur volleren Entwicklung seiner Persönlichkeit und zu einer immer tieferen Einsicht und Durchsetzung seiner Rechte" unterwegs ist, will die Kirche „das Geheimnis Gottes, des letzten Zieles der Menschen, offenkundig" machen und

---

[799] Die Diakonie ist „nicht zuerst ein Ort der Umsetzung, sondern der Entdeckung des Evangeliums, d. h. der Mitte von allem, was die kirchliche, konfessionell geprägte Verkündigung und alle sie abstützenden theologischen Reflexionen sagen wollen." - *R. Zerfaß*, Das Evangelium gehört den Armen. Ökumenische Ressourcen diakonischer Arbeit, in: *M. Schibilsky (Hrsg.)*, Kursbuch Diakonie, Neunkirchen-Vluyn 1991, 299-308, hier 302.

[800] Vgl. etwa *U. Bach*, Kraft in leeren Händen. Die Bibel als Kurs-Buch, Freiburg 1983; *ders.*, Dem Traum entsagen, mehr als ein Mensch zu sein, Neunkirchen-Vluyn 1986; *ders.*, „Heilende Gemeinde"? Versuch, einen Trend zu korrigieren, Neunkirchen-Vluyn 1988; *ders.*, Getrenntes wird versöhnt. Wider den Sozialrassismus in Theologie und Kirche, Neunkirchen-Vluyn 1991; *ders.*, „Gesunde" und „Behinderte". Gegen das Apartheidsdenken in Kirche und Gesellschaft, Gütersloh 1994.

[801] Vgl. etwa die authentischen Berichte von *Dom Helder Camara*, Gott lebt in den Armen, Olten 1986; *D. Baader*, Besuch bei einer jungen Kirche. Erfahrungen in Brasilien, Düsseldorf 1987; *J. Sayer/A. Biesinger*, Von lateinamerikanischen Gemeinden lernen, München 1988; *F. Weber (Hrsg.)*, Frischer Wind aus dem Süden. Impulse aus den Basisgemeinden, Innsbruck u.a. 1998.

ihm damit „gleichzeitig das Verständnis seiner eigenen Existenz, das heißt die letzte Wahrheit über den Menschen" erschließen.[802]

Diese Sätze der Pastoralkonstitution sind von der tiefen Überzeugung geprägt, daß die tiefste Wahrheit über den Menschen nur im Horizont des Christusereignisses ausgesagt werden kann. *E. Klinger* hält deshalb zu Recht die Lehre des Konzils von der Berufung des Menschen - von seiner Würde als Person und von seinem Verhältnis zu den Mitmenschen als einer Gemeinschaft - für „die Basislehre des Konzils", für „sein neues Dogma."[803] Der Glaube, zu dem sich das Konzil bekennt, habe eine hermeneutische Funktion. Zum einen ist er „ein Schlüssel zur Entdeckung der Existenz des Menschen in Gott und Christus", zum anderen erschließt er dem Menschen das Verständnis seiner eigenen Existenz. „In der Kirche des Konzils ist daher der Glaube an Gott ein Bekenntnis zur Existenz des Menschen."[804]

Von dieser Überzeugung geleitet wird eine Theologie in der Sozialen Arbeit darum bemüht sein, die theologische Überzeugung von der Berufung und Würde des Menschen vorzustellen und in den interdisziplinären Diskurs einzubringen. Sie wird das christliche Menschenbild im Kontext der wissenschaftlichen Menschenbilder, insbesondere der pädagogischen und soziologischen,[805] als Möglichkeit der Auseinandersetzung anbieten. Dabei kommt es darauf an, die Grundlinien einer Auffassung vom Menschen aus der Perspektive des Gottesglaubens zu konkretisieren.

Zunächst ist zu bedenken, daß die Theologie seit Beginn der Neuzeit vor der Herausforderung steht, ihr Menschenbild nicht mehr als Teil einer Seinsordnung, in seinem kosmischen Verhaftetsein zu begründen, sondern im Kontext des neuzeitlichen Selbstverständnisses des Menschen als eines schöpferischen, freien und geschichtlichen Wesens.[806] Auf dem Boden dieser

---

[802] Pastoralkonstitution. Die Kirche in der Welt von heute, Nr. 41, in: *Rahner/Vorgrimler* (1979), Kleines Konzilskompendium, 488f.

[803] *Klinger* (1990), Armut, 101.

[804] Ebd.

[805] Vgl. z. B. *M. Heitger*, Der Mensch in der Pädagogik: Pädagogik zwischen Humanisierung und Funktionalisierung, in: *P. Gordan (Hrsg.)*, Menschwerden - Menschsein, Kevelaer u.a. 1983, 201-254.

[806] Vgl. *M. Juritsch*, Der Mensch - die ungelöste Frage? Das Menschenbild des II. Vatikanischen Konzils, Augsburg 1968, hier bes. 12-20; in diesem Buch findet sich ein gelungener Überblick zum Kontext und ein präziser Kommentar zum Text des Menschenbildes in der Pastoralkonstitution; auch *U. Gerber/J. Knoll u.a.*, Was ist der Mensch?, Gütersloh 1979; *J. Moltmann*, Mensch. Christliche Anthropologie in den Konflikten der Gegenwart, Gütersloh 1971; *E. Biser*, Der Mensch - das uneingelöste Versprechen. Entwurf einer Modalanthropologie, Düsseldorf 1995.

anthropologischen Eckdaten muß sie die Plausibilität ihres Glaubens verteidigen, und zwar „in der Auseinandersetzung um die Frage, ob Religion unerläßlich zum Menschsein des Menschen gehört oder im Gegenteil dazu beiträgt, den Menschen sich selber zu entfremden."[807] Die Theologie kann heute nur dann Relevanz beanspruchen, wenn sie dem religiösen Indifferentismus oder der atheistischen Religionskritik gegenüber „zunächst einmal auf dem Felde der Anthropologie argumentiert; denn sonst bleiben alle noch so steilen Behauptungen über den Vorrang der Gottheit Gottes bloße subjektive Versicherungen ohne ernstzunehmenden Anspruch auf Allgemeingültigkeit."[808] Einer Theologie in der Sozialen Arbeit bietet sich daher die große Chance, bei den Studierenden durch eine überzeugende Argumentation im Diskurs über den Menschen neue Sympathie für ihre Glaubensüberzeugung zu wecken.

Worin nun aber besteht das Spezifische des christlichen Menschenbildes gegenüber den anderen Entwürfen vom Menschen, das einzubringen Aufgabe einer Theologie in der Sozialen Arbeit wäre. So sehr zum einen festgestellt werden muß, daß die christliche Anthropologie die empirisch-humanwissenschaftlichen Erkenntnisse über den Menschen aufzunehmen hat und sich auch in Anbetracht ihrer eigenen Geschichte nicht auf ein einziges Modell des Menschen fixieren darf,[809] so sehr muß zum anderen doch betont werden, daß sie etwas Spezifisches über den Menschen auszusagen hat, ohne die anderen Aussageweisen als sekundär abtun zu wollen. Dieses spezifisch Christliche besteht in der Sicht des Menschen als Person. „Der Christ", so schreibt *J. Ratzinger*, „sieht im Menschen nicht ein Individuum, sondern eine Person - mir scheint, daß in diesem Überschritt von Individuum zu Person die ganze Spanne des Übergangs von Antike zu Christentum, von Platonismus zu Glaube liegt."[810] Dieses Spezifikum der christlichen Anthropologie sei „ein Höchstes und Eigentliches"[811]; und der christliche Glaube sei daher „vor allem auch Option für den Menschen als das unreduzierbare, auf Unendlichkeit bezogene Wesen" sowie „Option für den Primat der Freiheit ge-

---

[807] *W. Pannenberg*, Anthropologie in theologischer Perspektive, Göttingen 1983, 15.

[808] Ebd., 16.

[809] Rahner macht darauf aufmerksam, daß es in der christlichen Anthropologie „so viele und gegensätzliche Aussagen vom Menschen" gibt und daß bei großen abendländischen Theologen - wie etwa bei Augustinus, Thomas von Aquin, Pascal, Teilhard de Chardin - „eine sehr verschiedene christliche Vorstellung vom Menschen und so vom Humanismus" vorherrscht. - Vgl. *K. Rahner*, Christlicher Humanismus, in: *ders.* (1967), Schriften zur Theologie Bd. VIII, 239-259, hier 239.

[810] *Ratzinger* (1968), Einführung in das Christentum, 123.

[811] Ebd.

genüber einem Primat kosmisch-naturgesetzlicher Notwendigkeit. (...) Der Ort, den ein Mensch mit dem christlichen Credo bezieht, wird unmißverständlich klar."[812]

Die theologische Anthropologie mit ihrer für sie spezifischen Rede von der Person darf jedoch keinesfalls als eine nur Christen verständliche Aussageweise angesehen werden. Sie ist „keine regionale Humanwissenschaft im Kreise der anderen", keine „mit neuen Sachinhalten begabte regionale Anthropologie ... im Kreise anderer Anthropologien, mit denen sie dann notwendigerweise und unvermeidlich in einer Situation der Konfrontation, Konkurrenz und Kontestation stehen müßte."[813] Denn das christliche Menschenbild stellt keinen empirischen Befund über den Menschen dar, sondern eine Sinnzusage, eine Aussage über die Berufung und Würde des Menschen in der Perspektive Gottes. Obwohl sie höchst Wichtiges über den Menschen zu sagen hat, fügt sie „nicht eigentlich zusätzlich Neues ... zu den Sätzen profaner Anthropologien hinzu", vielmehr sprengt sie diese radikal auf und ermöglicht „einen ersten und letzten Zugang zu dem einen Geheimnis ..., das wir ‚Gott' nennen."[814] Aufgrund des Gesagten ist deutlich, „daß es keine theologische Anthropologie gibt, die man im eigentlichen Sinne als System verstehen könnte"[815]. Sie ist vielmehr eine besondere Perspektive der Betrachtung des Menschen, eine Radikalisierung der profanen Anthropologie hinein in das Geheimnis Gottes - dies angesichts der menschlichen Erfahrung der eigenen Unbegreiflichkeit.[816]

Diese Identität einer theologisch-christlichen Anthropologie bietet die notwendige Basis für ein interdisziplinäres Gespräch über den Menschen, in das sich eine Theologie in der Sozialen Arbeit mit den anderen, an der Ausbildung beteiligten Fachwissenschaften zu begeben hat. Insofern die Theologie bereit ist, die dortigen Menschenbilder wahr- und aufzunehmen und ihre eigene Perspektive im Dialog einzubringen, kann es zu einer alle Teilnehmer bereichernden inhaltlichen Auseinandersetzung und zu einem gegenseitigen Lernprozeß kommen. Die Theologie kann dabei auf drei Quellen zurückgreifen.

---

[812] Ebd., 121.

[813] K. Rahner, Die theologische Dimension der Frage nach dem Menschen, in: ders., Schriften zur Theologie Bd. XII: Theologie aus der Erfahrung des Geistes, Einsiedeln u.a. 1975, 387-406, hier 391; 394.

[814] Ebd., 392.

[815] Ebd., 397.

[816] Vgl. ebd., 400.

Reichhaltige Aussagen über das Gottes- und Menschenbild finden sich zunächst einmal in der Urkunde des christlichen Glaubens, der Bibel. Sie ist nicht nur das göttliche, sondern das „überaus menschliche Buch, ja - aufs ganze und in seiner Fülle gesehen - das menschlichste Buch schlechthin".[817] Im Alten Testament erscheint der Mensch als Schöpfungswesen, als „Erst-Geschöpf" Gottes, der durch die drei Komponenten Leib, Seele (= Lebenskraft) und Geist (= Herz) konstituiert ist und den Gott zu seinem Bundespartner erwählt.[818] Das Neue Testament läßt das Bild vom erlösten Menschen aufleuchten. Insbesondere die Synoptiker stellen den Menschen in eine Beziehung mit Gott, dem Schöpfer, Herrn und Vater. Sie begreifen ihn zugleich als Sünder, um dessen Erlösung willen Gott seinen Sohn gesandt hat. Paulus thematisiert den Menschen als Schöpfungswesen in der Perspektive seiner Geschichte, die eine Geschichte der Sünde und Erlösung darstellt.[819] In seinen Briefen finden sich konkrete Antwortversuche auf Fragen menschlicher Existenz (etwa Leiblichkeit, Individuum, Versagen, Tod) im Spannungsfeld des alten und neuen Menschen.[820] Das biblische Menschenbild in der Ausbildung anhand ausgewählter Literatur vorzustellen,[821] erscheint daher als eine Basisaufgabe einer Theologie in der Sozialen Arbeit.

Eine zweite Quelle für den anthropologischen Beitrag der Theologie zur Sozialen Arbeit bildet die Pastoralkonstitution *Gaudium et spes*. Im ersten Teil dieses Dokuments, das sich an alle Menschen wendet, trägt die Kirche erstmals eine kirchenamtliche Lehre vom Menschen vor: „Der Mensch also, der eine und ganze Mensch, mit Leib und Seele, Herz und Gewissen, Vernunft und Willen steht im Mittelpunkt unserer Ausführungen."[822] Der erste Hauptteil dieser pastoralen Konstitution ist eine Antwort auf drei geschichtliche Herausforderungen, denen die Kirche mit ihrer Lehre zu entsprechen

---

[817] *A. Deissler*, Das biblische Bild vom Menschen, in: *Gordan* (1983), Menschwerden - Menschsein, 151-199, hier 151.

[818] Zum Überblick über das Menschenbild im Alten Testament vgl. ebd., 152-181.

[819] Vgl. ebd., 182-199.

[820] Vgl. etwa *B. Pittner*, Das Entstehen eines christlichen Menschenbildes beobachtet am Beispiel des 1. Korintherbriefes, in: *L. Ullrich (Hrsg.)*, Aspekte eines christlichen Menschenbildes (= Erfurter Theologische Schriften, hrsg. von *W. Ernst und K. Feiereis*, Bd. 21), Erfurt 1991, 20-30.

[821] Vgl. etwa *G. Biemer/H. Kochanek (Hrsg.)*, Menschenbild und Gottesbild in der Bibel, Stuttgart 1981; *A. J. Buch/H. Fries (Hrsg.)*, Die Frage nach Gott als Frage nach dem Menschen, Düsseldorf 1981; *E. Garhammer (Hrsg.)*, Menschenbilder. Impulse für helfende Berufe, Regensburg 1989.

[822] Pastoralkonstitution. Die Kirche in der Welt von heute, Nr. 3.1, in: *Rahner/Vorgrimler* (1979), Kleines Konzilskompendium, 450.

versucht.⁸²³ Das erste Kapitel (GS 11-22) antwortet auf die Menschenrechtsbewegung der Neuzeit, indem die Würde der menschlichen Person unter Berufung auf die biblische Botschaft begründet wird. Neben dieser Darlegung der Würde des Menschen⁸²⁴ - als Abbild Gottes, als „in sich zwiespältig", als „in Leib und Seele einer",⁸²⁵ als mit Vernunft, Wahrheit und Weisheit begabtes Wesen, als mit der Würde des Gewissens ausgestattetes Wesen, als Wesen der Freiheit und als endliches Wesen - sind vor allem auch die Ausführungen über den Atheismus bemerkenswert. In Jesus Christus, dem neuen Menschen, sieht das Konzil die exemplarische Antwort auf das Suchen der Menschen nach sich selbst (GS 22). Der zweite Hauptteil von *Gaudium et spes* (GS 23-32) ist dann der sozialen Natur des Menschen gewidmet. Die einzelnen Abschnitte antworten auf die Herausforderungen durch die sogenannte soziale Frage und den Sozialismus. Auch hier stellt das Konzil, die Ausführungen abschließend, den gottgewollten Gemeinschaftscharakter menschlichen Lebens vor Augen, wie er modellhaft im Gottesvolk des alten Bundes, bei Jesus selbst und in der Kirche, dem neuen Volk Gottes zum Ausdruck kommt (GS 32). Das dritte Kapitel (GS 33-39) thematisiert die tiefgreifende Umgestaltung der Welt durch die Naturwissenschaft, die daraus entstehenden Probleme und die Notwendigkeit einer adäquaten menschlichen Reaktion. Die Verheißung einer neuen Erde und eines neuen Himmels bildet dann den Horizont, von dem her die Christen und alle Menschen guten Willens ihren Auftrag beziehen. Denn diese Hoffnung auf Gottes erlösendes und neuschaffendes Handeln darf „die Sorge für die Gestaltung dieser Erde nicht abschwächen, ... sondern muß sie im Gegenteil ermutigen" (GS 37,4).

---

[823] Vgl. *Th. Gertler*, Kirche und moderne Welt - Die neue Verhältnisbestimmung durch das II. Vatikanische Konzil, in: *E. Bieger u.a. (Hrsg.)*, Zeitgeistlich. Religion und Fernsehen in den neunziger Jahren, Köln 1993, 195-207, bes. 199.

[824] Der Mensch wird dargestellt als nach dem Bild Gottes geschaffen, und zwar als Mann und Frau. Ihre Verbindung schafft die erste Form personaler Gemeinschaft und offenbart, daß der Mensch zutiefst ein gesellschaftliches Wesen ist, das ohne die anderen seine Anlagen nicht entfalten kann (GS 12). Trotz seiner Würde ist der Mensch aber immer auch „in sich selbst zwiespältig" (GS 13), weil er seine Freiheit mißbrauchen kann und sich in das Böse verstrickt. Das Konzil betont die Einheit von Leib und Seele (GS 14), hebt die Würde der menschlichen Vernunft, die Wahrheit und die Weisheit (GS 15) hervor und stellt insbesondere die Würde des sittlichen Gewissens heraus. Es wird als „die verborgenste Mitte und das Heiligtum im Menschen" bezeichnet und verbindet die Christen bei der Suche nach Wahrheit mit den übrigen Menschen (GS 16). Der hohe Rang der Freiheit für die Würde der menschlichen Person wird im folgenden herausgestellt, allerdings auch die Verwundung der Freiheit durch die Sünde (GS 17). Dem Geheimnis des Todes, dem größten Rätsel der menschlichen Existenz stellt das Konzil die Botschaft des Glaubens an die Auferweckung Jesu gegenüber (GS 18).

[825] Der Satz „In Leib und Seele einer" ist bemerkenswert, weil er pointiert jeglichen leibfeindlichen Dualismus überwindet. - Vgl. *Juritsch* (1968), Der Mensch, 38f.

Diese umfassende Sicht der Menschen, wie sie in der Pastoralkonstitution vorgelegt wurde, darf als wertvolles Material für die Theologie in der Sozialen Arbeit gelten. Trotz einiger kritikwürdigen Aspekte[826] kann diesem Dokument doch bescheinigt werden, daß es „in der Entwicklung der Kirche eine bedeutsame Rolle spielt, weil hier mit ungewöhnlich klaren Worten die grundsätzliche Gleichheit aller Menschen über alle Nationen, Rassen und sonstige Unterschiede hinweg festgestellt, die bedingungslose Achtung vor der menschlichen Person eingeklagt und die grundsätzliche Ausrichtung aller gesellschaftlichen Institutionen am Maß der Förderung von Personen aufgezeigt wird."[827]

In der Spur dieses lehramtlichen Dokuments wurden daher einige praktisch-theologische Versuche vorgelegt, die als qualifizierte Handreichungen für die Ausbildung in Sozialer Arbeit zu empfehlen sind. Zu würdigen ist allen voran *Karl Rahners* Bemühen um „anthropologische Voraussetzungen für den Selbstvollzug der Kirche."[828] In seinem Grundentwurf einer theologischen Anthropologie ist der Mensch der „von Gott aufgerufene, weltlich-leibhaftige Partner Gottes, ein „welthaft-leibhaftig-geschichtliches Freiheitswesen", ein „Wesen der Interkommunikation", ein „Wesen der Zukünftigkeit" und „das scheiternde Wesen". Rahners Überlegungen stellen nicht nur eine theologische Begründungsbasis von pastoraler Praxis, etwa in der Jugendarbeit[829] dar, sondern lassen auch eine praktisch-theologische Operationalisierung auf konkrete Ziele und Aufgaben in pädagogischen und sozialarbeiterischen Handlungsfeldern hin zu.[830] So eignet sich dieser Entwurf

---

[826] Hünermann wirft der Pastoralkonstitution hinsichtlich ihrer Erlösungslehre ‚pelagianistische Züge' vor und diagnostiziert eine eigentümlich zwiespältige Anthropologie, die der Grundausrichtung einer gegenreformatorischen theologischen Anthropologie verbunden bleibt, wenngleich sie die neuscholastischen Systematisierungen nicht wiederholt. Auch fehlten Hinweise auf die gesellschaftliche oder politische Dimension der Freiheit oder auf das Böse in der Geschichte. Die Anthropologie folge „den Eckdaten einer theistischen theologia naturalis, der dann unvermittelt Grundaussagen über die Erlösung in Christus angefügt werden. - Vgl. *P. Hünermann*, Die Frage nach Gott und der Gerechtigkeit. Eine kritische dogmatische Reflexion auf die Pastoralkonstitution, in: *G. Fuchs/ A. Lienkamp (Hrsg.)*, 30 Jahre Pastoralkonstitution „Kirche in der Welt von heute", Düsseldorf 1984, 123-143, hier bes. 130-134.

[827] Ebd., 134.

[828] Vgl. *K. Rahner*, Sämtliche Werke, Bd. 19, Solothurn u.a. 1995, 181-196.

[829] So fand dieses Modell zur Behebung theologischer Defizite Eingang in eine Theorie kirchlicher Jugendarbeit. - Vgl. *G. Biemer*, Der Dienst der Kirche an der Jugend (= Handbuch kirchlicher Jugendarbeit, hrsg. von *G. Biemer*, Bd. 1), Freiburg 1985, 73-112.

[830] Vgl. z. B. *A. Wohlfarth*, Christliches Menschenbild im Kranken- und Altenbesuchsdienst, in: Caritas 93 (1992) 4, 169-174.

einer theologischen Anthropologie in vorzüglicher Weise für die anthropologische Arbeit mit Studierenden an Fachhochschulen für Soziale Arbeit.

Wenn Anthropologie grundsätzlich mit dem Wesen, der Daseinsverfassung und den Grundvollzügen des Menschseins zu tun hat, und wenn dieses Thema für die Ausbildung von Sozialberufen unerläßlich ist, dann kann auch die theologische Anthropologie einen entscheidenden Beitrag leisten. Sie bietet zwar kein geschlossenes anthropologisches System, aber sie vermag doch plausibel zu machen, daß der Gottesglaube eine spezifische Antwort auf das Suchen des Menschen nach seinem Wesen zu geben vermag und in der Lage ist, andere wissenschaftliche und weltanschauliche Anthropologien zu inspirieren und zu kritisieren. Die notwendige Methode dafür ist allerdings der einfühlsame Dialog, nicht die apodiktisch vorgetragene Lehre.

4.4.3 „... das Wichtigste im Gesetz: Gerechtigkeit, Barmherzigkeit und Treue" (Mt 23,23) - Das christliche Ethos als Motivation und Radikalisierung sozialer Praxis

In der Sammlung der Worte Jesu gegen die Schriftgelehrten, die der Evangelist Matthäus in Kapitel 23 überliefert, steht ein für eine Ethik der Sozialen Arbeit zentraler Satz, der in der Anklage gipfelt: „Weh Euch, ihr Schriftgelehrten und Pharisäer, ihr Heuchler! Ihr gebt den Zehnten von Minze, Dill und Kümmel und laßt das Wichtigste im Gesetz außer acht: Gerechtigkeit, Barmherzigkeit und Treue. Man muß das eine tun, ohne das andere zu lassen" (Mt 23,23). Mit dieser Kritik an der kasuistischen Praxis der religiösen Elite seiner Heimat macht Jesus deutlich, daß das entscheidende ethische Fundament eines menschenwürdigen Zusammenlebens nicht in der peinlichen Befolgung einzelner Gesetzesvorschriften besteht, sondern in einer Grundhaltung, die im Glauben an den gerechten, barmherzigen und treuen Gott begründet ist.

Diesen Grundsatz gilt es zu beachten, wenn der Beitrag der Theologie zum „Wertewissen" *(S. Staub-Bernasconi)* von Sozialarbeiterinnen und Sozialarbeitern formuliert wird. Das Christentum und die christliche Ethik antworten nämlich auf die Fragen „Was soll ich tun?" und „Wie sollen wir unser Leben und Handeln orientieren?" nicht mit einem Codex von klaren Handlungsanweisungen, Geboten, Verboten, sondern mit der Einladung zur Nachfolge Jesu und zur Übernahme seines spezifischen Ethos. Das Lebensprojekt Jesu, wie es die Evangelisten uns vorstellen, gilt „dem würdigen Leben eines jeden Menschen im Angesicht der vielen menschen*unwürdigen* Lebenssituationen: im Angesicht von Angst, Ausgrenzung und Schuldverstrickung, im Angesicht von Verhärtungen sozialer Beziehungen, von sozialem und physischem Tod. Jesu Lebensprojekt gilt der *Menschwerdung des Menschen* gegen diese überbordenden Mächte, die sie behindern und beschädigen. Das ist das große Thema auch der christlichen Ethik, die Jesu Lebensprojekt unter dem Stichwort ‚Nachfolge' in eine Grundfigur moralischen Handelns zu übersetzen sucht. Und diesem Anliegen wird kein noch so ausgeklügeltes Regelwerk an Sollensvorschriften gerecht."[831] Die Aufgabe der Theologie in der Sozialen Arbeit reduziert sich also nicht auf die Vermittlung einer materialen Ethik, die man lernen, wissen und dann praktizieren könnte - eine Auffassung, wie sie der Begriff „Wertewissen" nahelegt. Sie intendiert vielmehr die Entfaltung einer „inneren Einstellung oder Grundhaltung", die mit dem Glauben an Jesus Christus und der Annahme seiner Botschaft verbunden ist und die dem Einsatz für eine humane Gestaltung des Lebens eine spezifische Motivation und eine größere Radikalität verleiht.[832]

Dieses christliche Ethos hat *Lob-Hüdepohl* mit Blick auf die Soziale Arbeit unter dem Leitgedanken der „Menschwerdung des Menschen" entfaltet.[833] Diese sei *„die alles und alle umfassende Grundoption christlicher Lebenspraxis"*[834]. Sie gründe „in der Menschwerdung Gottes in Jesus Christus, in der Gottes rettend-heilende Nähe zum Gelingen menschenwürdigen Lebens in einem Höchstmaß Gestalt annimmt."[835] Diese Grundoption umfasse alle Lebensbereiche und alle Menschen. Sie intendiere die Menschwerdung aller Menschen, „auf die alle in ihrem Handeln unbedingt verpflichtet sind."[836] Sie provoziere dazu, an der Seite der Opfer zu stehen und die kritisch-kreative, sittliche Kraft jener Menschen zu fördern, die sich „aus innerer Überzeugung, mit geschärftem Bewußtsein und mit phantasievollen Lösungsvorschlägen für die Belange und Bedürftigkeiten der Menschwerdung aller Menschen engagieren. Diese kritisch-kreative, diese *sittliche* Kraft zu entfalten, zu stärken und abzusichern, ist das oberste Ziel einer ‚Ethik kreativen Handelns'. Erst aus diesem Grund beschäftigt sie sich dann auch mit

---

[831] *A. Lob-Hüdepohl,* ‚Moralisch handeln um der Menschwerdung der Menschen willen!' Zum Profil Theologischer Ethik, in: *B. Henze (Hrsg.),* Studium der katholischen Theologie: eine themenorientierte Einführung, Paderborn u.a. 1995, 195-230, hier 196.

[832] Vgl. *A. Elsässer,* Was heißt human leben und handeln? Eine Orientierung aus dem christlichen Glauben, in: Klerusblatt 70 (1990) 6, 119-123, hier 119f.

[833] Vgl. *Lob-Hüdepohl* (1995), Moralisch handeln.

[834] Ebd., 197.

[835] Ebd., 199.

[836] Ebd.

Regelwerken von Geboten und Verboten oder mit überlieferten Handlungsweisen und Tugenden."[837]

Lob-Hüdepohl ist der Überzeugung, daß eine solche Ethik, deren Grundoption in dieser Weise alle und alles umfaßt, nicht nur *universalistisch*, sondern zugleich *kommunikativ* und *solidarisch* ist: kommunikativ, weil sie auf das gleichberechtigte Gespräch, den Dialog, setzt; solidarisch, weil sie die oft erschreckenden Ungleichheiten unter Menschen ernst nimmt und auf einer vorrangigen Unterstützung der am meisten Benachteiligten beharrt.[838] Ihre Plausibilität besteht gerade darin, daß sie das unterstützt, was für alle ethisch verantwortlich Handelnden unmittelbar einsichtig ist: Eine theologische Ethik in der Sozialen Arbeit zielt auf „Menschwerdung *durch* bewußt orientiertes Handeln"; sie dient der Menschwerdung, die sich nicht „nur *durch*, sondern gerade *im* sittlichen Handeln" ereignet; sie fördert „Menschwerdung aus *verantwortlich* entschiedenem Handeln"; sie bejaht die Möglichkeit der „Menschwerdung *trotz* schuldhaften Handelns"; und sie erwartet „Menschwerdung im Handeln *aus* Hoffnung".[839] Das Spezifikum bzw. das ‚Besondere des Christlichen' zeigt sich dann aber zur Überraschung vieler nicht in der exklusiven Außergewöhnlichkeit bestimmter Normen, sondern „in der Bereitschaft, trotz der bedrängenden und gefährlichen Alltagswelt das moralisch Vernünftige als das wirklich Menschendienliche in die Tat zu setzen; ... Fundament dieser Bereitschaft ist mit Blick auf die Auferweckung Jesu die *Hoffnung*, gleich ihm in der Situation existenzbedrohlicher Gegnerschaft anderer in der errettend-heilenden Nähe Gottes gehalten zu sein."[840]

Diese grundlegende Identität einer christlichen Ethik vorausgesetzt ist nun zu fragen, was die Theologie in der Ausbildung an Fachhochschulen für Soziale Arbeit im einzelnen anbieten kann. Dabei kommt zuerst das Ethos Jesu in den Blick, wie es insbesondere in der Bergpredigt (Mt 5,1-7,29; par. Lk 6,20-49) überliefert ist. Die Einheitsübersetzung überschreibt die Bergpredigt in der Fassung des Matthäus treffend mit „Die Rede von der wahren Gerechtigkeit". Nach den einleitenden Seligpreisungen - der vor Gott Armen, der Trauernden, der Friedfertigen, der nach Gerechtigkeit Hungernden und Dürstenden, der Barmherzigen, derer, die ein reines Herz haben, der Friedensstifter, der um der Gerechtigkeit willen Verfolgten, der um der Botschaft Jesu willen Beschimpften und Verschmähten - folgen zahlreiche ethische Weisungen für das Handeln in der Nachfolge Jesu. Man könnte diese in

---

[837] Ebd., 201f.
[838] Vgl. ebd., 199.
[839] Vgl. dazu die einzelnen Abschnitte ebd., 204-217.
[840] Ebd., 217.

einen konkreten Bezug zur Sozialen Arbeit setzen und daraus spezifische ethische Orientierungen entwickeln. Was ergibt sich beispielsweise aus der Aufforderung, eine „weitaus größere Gerechtigkeit an den Tag zu legen als dies die Schriftgelehrten und Pharisäer tun (Mt 5,17-20) für die Praxis Sozialer Arbeit heute? Welche Inspiration liefert diesbezüglich die Rede von der Barmherzigkeit? Welche Handlungsimpulse resultieren aus dem Ethos Jesu hinsichtlich der Versöhnung (Mt 5,21-26), hinsichtlich der Ehescheidung (Mt 5,27-32), des Schwörens (Mt 5,33-37) und Richtens (Mt 7,1-5), der Vergeltung (Mt 5,38-42), der Feindesliebe (Mt 5,43-48)? Welche Identität professioneller Hilfe ergibt sich aus dem Ethos des Almosengebens, das davor warnt, die eigene Gerechtigkeit vor den Menschen zur Schau zu stellen (Mt 6,1-4)?[841] Oder was erwächst aus dem Anspruch der goldenen Regel: „Alles, was ihr also von anderen erwartet, das tut auch ihnen" (Mt 7,12) für die Praxis Sozialer Arbeit? Eine ethische Orientierung also, die eine Theologie an Fachhochschulen der Sozialen Arbeit zu leisten hat, sollte zuallererst das jesuanische Ethos kontextbezogen als universale Botschaft für Christen wie für Nichtchristen zur Sprache bringen und es als Identitätsquelle sozialberuflicher Praxis entdecken helfen.

Eine zweite ethische Aufgabe einer Theologie in der Sozialen Arbeit besteht darin, sittlich-moralische Urteilsbildung in Form der Güterabwägung einzuüben. Unserem Leben sind nämlich fundamentale Zielgüter sowie eine Reihe von menschlichen Werthaltungen, auch sittliche Tugenden genannt, vorgegeben. Zu diesen Gütern (bona) zählen etwa Leben, Zweigeschlechtlichkeit, die Fähigkeit zur Zeugung und Erziehung von Kindern, leibliche Integrität, Eigentum, Freiheit, Ehe, Freundschaft, Sozialität. Sie werden ergänzt durch menschlich allgemeine Werthaltungen wie Wahrhaftigkeit, Treue, Verläßlichkeit, Barmherzigkeit, Gerechtigkeit, Zucht und Maß.[842] Die Einsicht, daß eine gemeinsame Respektierung dieser Güter und dieser Werthaltungen für das Zusammenleben notwendig ist, „gibt sowohl der Rechtsordnung wie auch einer materialen Ethik ein objektives Fundament"; sie bildet zugleich „die entscheidende Grundlage für die sittlichen Handlungsurteile und die darauf basierenden Normen."[843] Diese Urteile allerdings können nur zustande kommen, wenn konkurrierende Güter und Interessen in ein Verhältnis zueinander, d.h. in eine Rangordnung gebracht werden. Die ent-

---

[841] Einer der Kernsätze des modernen Sozialmanagements lautet: „Tue Gutes und sprich darüber!" - Welcher Gegensatz zu der Weisung Jesu!

[842] Vgl. *F. Böckle*, Woran man sich halten kann. Orientierung an unverzichtbaren Gütern und Werten, in: Elemente Nr. 36/1979, 18-19, hier 18.

[843] Ebd., 19.

scheidende Voraussetzung dafür aber ist ein bestimmtes Menschenbild, „und hier kommt dem Glauben das entscheidende Mitspracherecht zu."[844]

Nun gibt es aber innerhalb der theologischen Ethik bzw. der Moraltheologie durchaus unterschiedliche Auffassungen darüber, wie sittliche Urteile auf der Basis dieser vorgegebenen Güter und Werte getroffen werden. Gegenüber einem objektivistischen Modell einer Gesetzesmoral stellt für die Ausbildung in Sozialer Arbeit, die eine Vielfalt von Handlungssituationen kennt, das Entscheidungsmodell einer Verantwortungsethik das adäquate Modell dar.[845] Einer ethischen Bildungsarbeit muß es dementsprechend daran gelegen sein, an konkreten Situationen aus der Sozialen Arbeit das Finden sittlicher Urteile und Handlungsnormen exemplarisch einzuüben, und zwar unter Rückgriff auf lehramtliche Äußerungen und moraltheologische Erwägungen. Es ist aus der Erfahrung des Verfassers naheliegend, von einzelnen, für die Berufspraxis der Studierenden relevanten Themen - etwa Empfängnisregelung, Abtreibung, Homosexualität, Sexualität vor und außerhalb der Ehe, Ehescheidung, Euthanasie, Aids u. a. - auszugehen und die Frage zu stellen, welche ethischen Antworten darauf in wichtigen lehramtlichen Texten und moraltheologischen Reflexionen gegeben werden. Man findet in der katholischen Kirche einen großen Reichtum an lehramtlich formulierten sittlichen Überzeugungen,[846] an ethischen Positionen einzelner Ortskirchen, die teilweise in ökumenischer Kooperation verfaßt wurden,[847] und an Stellungnahmen von kirchlichen Organisationen und Verbänden zu aktu-

---

[844] Vgl. ebd.

[845] Vgl. dazu im Überblick: *Böckle* (1978), Fundamentalmoral, 302-319; auch *J. Gründel,* Die eindimensionale Wertung der menschlichen Sexualität, in: *F. Böckle (Hrsg.),* Menschliche Sexualität und kirchliche Sexualmoral. Ein Dauerkonflikt, Düsseldorf 1977, 74-105, hier bes. 93-99.

[846] Vgl. dazu die unterschiedlichen Positionen zu sozial-ethischen Fragen in den päpstlichen Enzykliken und apostolischen Schreiben, etwa die Enzyklika *Evangelium vitae* von Papst Johannes Paul II. an die Bischöfe, Priester, Diakone, die Ordensleute und Laien sowie an alle Menschen guten Willens über den Wert und die Unantastbarkeit des menschlichen Lebens (= Verlautbarungen des Apostolischen Stuhls, hrsg. vom *Sekretariat der Deutschen Bischofskonferenz,* H. 120), Bonn 25. März 1995; zur Auseinandersetzung mit lehramtlichen Anschauungen eignen sich besonders auch: *Ecclesia Catholica,* Katechismus der Katholischen Kirche, München u.a. 1993, bes. 530-639; *Deutsche Bischofskonferenz (Hrsg.),* Katholischer Erwachsenenkatechismus. Zweiter Band: Leben aus dem Glauben, Freiburg u.a. 1995.

[847] Vgl. z. B. Gemeinsame Erklärung der Arbeitsgemeinschaft christlicher Kirchen in der Bundesrepublik Deutschland und Berlin (West), Gott ist ein Freund des Lebens. Herausforderungen und Aufgaben beim Schutz des Lebens, hrsg. vom *Kirchenamt der Evangelischen Kirche in Deutschland und vom Sekretariat der Deutschen Bischofskonferenz,* Trier 1989.

ellen sozialen Fragen.[848] Sie sind keineswegs alle homogen, weder hinsichtlich des Inhaltes noch hinsichtlich der zugrunde liegenden moraltheologischen Denkmodelle und auch nicht hinsichtlich des Grades ihrer beanspruchten Verbindlichkeit. Gerade deshalb aber bilden sie eine ausgezeichnete Basis für das Erlernen von sittlicher Argumentation und Urteilsbildung, für die Aneignung sittlicher Grundhaltungen, für die Schärfung des eigenen Wertebewußtseins und für die Orientierung des konkreten Handelns. Diesen Reichtum an ethischen Grundhaltungen, Wertüberzeugungen und normativen Orientierungen anzubieten und einzelne sittliche Positionen in kritischem Diskurs auf die persönlichen wie beruflichen Erfahrungen hin zu bedenken, dürfte ein bereichernder und wichtiger Beitrag der Theologie zur Ausbildung an Fachhochschulen für Soziale Arbeit sein.

Eine dritte ethische Aufgabe der Theologie in der Sozialen Arbeit besteht in der Einführung der Studierenden in das ‚Projekt Weltethos'.[849] Angesichts der kulturellen und religiösen Vielfalt, der heute Sozialarbeiter/-innen in ihrer Praxis begegnen, bedarf es einer Kenntnis jener, allen Menschen gemeinsamen ethischen Grundhaltungen. *H. Küng* ist der Auffassung, daß die Welt, in der wir leben, nur dann eine Überlebenschance hat, „wenn in ihr nicht länger Räume unterschiedlicher, widersprüchlicher und gar sich bekämpfender Ethiken existieren. Diese eine Welt braucht das eine Grundethos; diese eine Weltgesellschaft braucht gewiß keine Einheitsreligion und Einheitsideologie, wohl aber einige verbindende und verbindliche Normen, Werte, Ideale und Ziele."[850] Die Religionen aber sind die unverzichtbare Basis für die Begründung wie die Entfaltung eines solchen Weltethos. Denn dessen ‚kategorischer Imperativ', das Wohl *aller* Menschen zum Maßstab des *eigenen* Handelns zu machen, „läßt sich nicht vom Menschen, vom vielfach bedingten Menschen her, sondern nur von einem *Unbedingten* her begründen: von einem Absoluten her, das einen übergreifenden Sinn zu vermitteln vermag und das den einzelnen Menschen, auch die Menschennatur, ja die gesamte menschliche Gemeinschaft umfaßt und durchdringt. Das kann nur die letzte, höchste Wirklichkeit selbst sein, die zwar nicht rational bewiesen, aber in einem *vernünftigen Vertrauen* angenommen werden kann"[851].

---

[848] Vgl. etwa die vielfältigen ethischen Erklärungen des Zentralkomitees der deutschen Katholiken, z. B. zur Frage der Neuordnung des Gesetzes über den Schwangerschaftsabbruch oder zum Umgang mit wiederverheiratet Geschiedenen.
[849] Vgl. *H. Küng*, Projekt Weltethos, München 1992.
[850] Ebd., 14.
[851] Ebd., 77.

Über die notwendige theologische Begründung eines unbedingten Sollens hinaus vermögen die Religionen - trotz ihres sehr verschiedenen Dogmen- und Symbolsystems - das Weltethos auch inhaltlich zu füllen.[852] Ihre Prinzipien und ihre Praxis zielen letztlich auf das „Wohl des Menschen", auf Leben, Integrität, Freiheit und Solidarität, Menschenwürde und Menschenrechte. Die Religionen stellen „Maximen elementarer Menschlichkeit" vor Augen.[853] Sie leiten daraus bestimmte Dispositionen, Haltungen und Tugenden ab, die das Verhalten der Menschen von innen her zu steuern vermögen. Alle Religionen kennen überdies so etwas wie eine ‚goldene Regel' als oberste Gewissensnorm und kategorischen Imperativ, und sie bieten den Menschen überzeugende sittliche Motivationen an. Dabei können sie im Unterschied zur philosophischen Ethik nicht nur auf abstrakte Prinzipien und Normen bauen, sondern auf Personen verweisen, die eine überzeugende Lebenseinstellung und einen glaubwürdigen Lebensstil lebendig verkörpern. Schließlich lassen die Religionen in ihrer Lehre, ihrem Ethos und ihrem Ritus einen Sinnhorizont für die Menschen aufscheinen und geben eine letzte Zielbestimmung des Daseins vor. Sie antworten auf den Sinn des Ganzen mit dem Blick auf die allerletzte Wirklichkeit und setzen darin Motivation für sittlich verantwortetes Leben frei.

Mit ihrem ethischen Beitrag kann die Theologie einen wichtigen Anteil zur fachlichen und personalen Bildung der Studierenden an Fachhochschulen für Soziale Arbeit leisten. Ihre Quellen sind zum einen das Ethos des christlichen Glaubens und das gemeinsame Ethos der großen Weltreligionen, zum anderen die einzelnen sittlichen Überzeugungen, die in lehramtlichen Dokumenten und Erklärungen der einzelnen Kirchen und Glaubensgemeinschaften zum Ausdruck kommen.

4.4.4 „Solidarität und Gerechtigkeit" - Sozialethische Perspektiven und Themen Sozialer Arbeit

Zwischen einer Sozialen Arbeit in christlicher Motivation und der Katholischen Soziallehre besteht eine besonders intensive Nähe. Denn beide beschäftigen sich in expliziter Weise mit der Frage nach einer menschenwürdigen Gestaltung der sozialen Wirklichkeit. Wie *H. Pompey* anhand von Do-

---

[852] Zum folgenden vgl. ebd., 80-86.
[853] So gelten in allen Religionen fünf zentrale Gebote: 1. nicht töten; 2. nicht lügen; 3. nicht stehlen; 4. nicht Unzucht treiben; 5. die Eltern achten und die Kinder lieben. - Vgl. ebd., 82.

kumenten der Sozialverkündigung herausgearbeitet hat, kann von einem kooperativen Arbeitsbündnis zwischen diesen beiden Disziplinen gesprochen werden. Dabei leistet jede einen besonderen Beitrag zum Ganzen. Während die christliche Soziallehre „eher sozio-zentrisch, gesellschaftlich orientiert" ist und „vorwiegend die Heilung des Lebensraumes" intendiert, darf die christlich motivierte Soziale Arbeit als „eher individuo-zentriert" verstanden werden. Sie verfolgt „primär die Befreiung und Heilung der einzelnen Menschen".[854] Überdies ist vom Wortsinn her die Auffassung naheliegend, daß die christliche Sozial*lehre* eher auf die Sozialtheorie, die christlich motivierte Sozial*arbeit* hingegen eher auf die soziale Praxis zentriert ist.[855]

Diese durchaus plausible Auffassung über das Zusammenwirken beider Disziplinen muß insofern etwas eingeschränkt werden, als sich die Soziale Arbeit in den vergangenen Jahren als ‚fall- und feldorientierte' Wissenschaft und Praxis verstehen gelernt hat. Dennoch kann man Pompey folgen, wenn er es als wichtigste Aufgaben der christlichen Soziallehre ansieht, die sozialpolitische Dimension der Sozialen Arbeit im Sinne einer Anwaltschaft für leidende Menschen zu thematisieren, das caritativ-soziale Handeln unter der Perspektive der Gerechtigkeit zu bedenken, das Subsidiaritätsprinzip bei der Umgestaltung sozialer Einrichtungen anzuwenden und die „sozial-kritischen und lebens-prospektiven Verkündigungsaspekte der Frohen Botschaft" in die Praxis der Sozialen Arbeit einzubinden.[856]

Wenn die katholische Gesellschaftslehre sich als „Ausformulierung der christlichen Botschaft auf die soziale Wirklichkeit der Gegenwart hin"[857] begreift, dann dürften aus der Perspektive der Sozialen Arbeit folgende Themen für die sozialethische Arbeit an Fachhochschulen von besonderem Interesse sein.[858]

---

[854] *H. Pompey,* Leid und Not - Herausforderungen für christliche Soziallehre und christliche Sozialarbeit. Zum Wechselverhältnis und Selbstverständnis beider Disziplinen, in: *N. Glatzel/H. Pompey (Hrsg.),* Barmherzigkeit oder Gerechtigkeit? Zum Spannungsfeld von christlicher Sozialarbeit und christlicher Soziallehre, Freiburg 1991, 9-37, hier 18.

[855] Vgl. ebd., 20.

[856] Vgl. ebd., 21f.

[857] Vgl. *W. Kerber/H. Ertl/M. Hainz (Hrsg.),* Katholische Gesellschaftslehre im Überblick. 100 Jahre Sozialverkündigung der Kirche, Frankfurt 1991, 8.

[858] Bei der Systematisierung der sozialethischen Themen für die Lehre an Fachhochschulen für Soziale Arbeit kann man etwa auf die von W. Kerber u.a. aufgelisteten „Hauptanliegen" der katholischen Soziallehre zurückgreifen. Diese sind: 1. Die Verbindung von religiöser und sozialer Dimension; 2. die Würde der menschlichen Person; 3. politische Grundrechte; 4. Option für die Armen; 5. Verbindung von Liebe und Gerechtigkeit; 6. Förderung des Gemeinwohls; 7. Subsidiarität; 8. politische Partizipation; 9. wirtschaftliche Gerechtigkeit; 10. Sozialpflichtigkeit des Eigentums; 11. Weltweite Solida-

Zunächst einmal ist es der Themenkreis *Solidarität und Gerechtigkeit.*[859] Während der Begriff Gerechtigkeit in der Sozialethik gleichzeitig als eine Haltung des einzelnen, als Tugend, und als „das ordnende Prinzip menschlichen Zusammenlebens" verstanden wird,[860] gehört die Solidarität zusammen mit dem Gemeinwohlprinzip und dem Subsidiaritätsprinzip zu den drei Ordnungsprinzipien einer Gesellschaft.[861] Gegenwärtig gilt es, hinsichtlich der Frage der Solidarität vor allem drei Herausforderungen zu begegnen: erstens der Gefahr einer ‚Zwei-Drittel-Gesellschaft' *(P. Glotz)* als Folge einer ungleichen Verteilung der Erwerbsmöglichkeiten und der sozialstaatlichen Teilhabe; zweitens der Bedrohung der Lebensgrundlagen durch einen Industrialismus, der betriebliche Probleme auf die Gesellschaft verlagert; drittens der Herausforderung durch die Individualisierung, die sich im wachsenden Bedürfnis der Menschen nach selbstbestimmter Individualität, nach Neuorientierung der Geschlechterrollen und in einer Neubewertung des Verhältnisses von Arbeit und Leben manifestiert.[862] Diese hier aufgeworfenen Herausforderungen für Solidarität und Gerechtigkeit im heutigen gesellschaftlichen Kontext treffen durchaus die Erfahrungen von Studierenden der Sozialen Arbeit.

Dies trifft auch für die in der Soziallehre verhandelte Frage nach dem Verhältnis von Gerechtigkeit und Liebe zu, die derzeit angesichts der gegenwärtigen Ökonomisierung der Sozialen Arbeit eine neue Qualität erhält. Denn es wird zusehends deutlicher, daß allein die Erfüllung von Rechtsansprüchen noch keine ausreichende Basis für eine Hilfe schafft, die dem ganzen Menschen und allen Notsituationen gerecht wird. Das Recht hat nämlich „etwas Hartes und Trennendes an sich; es ist unabhängig von Gefühl und Neigung"[863]. Im Dienste einer Qualitätssicherung der Sozialen Arbeit überhaupt und der christlich motivierten Sozialen Arbeit insbesondere wird es

---

rität; 12. Förderung des Friedens. - Vgl. ebd., 36-38; einen sozialarbeitsbezogenen Versuch macht *J. Schepping,* Christlich orientierte Sozialerziehung, Donauwörth 1981, bes. 65-106.

[859] Es ist auffallend, daß im ‚Wörterbuch Soziale Arbeit' das Stichwort Solidarität auftaucht, während die Begriffe Gerechtigkeit und Barmherzigkeit fehlen. Dies verwundert umso mehr, als sich die soziale Arbeit als Menschenrechtsprofession versteht, der es an gerechten Austauschbeziehungen auf individueller, sozialer, nationaler und internationaler Ebene gelegen ist. - Vgl. *Kreft/Mielenz* (1996), Wörterbuch Soziale Arbeit.

[860] Vgl. *F. Furger (Hrsg.),* Das soziale Stichwort, Münster 1991, 45-48, hier 45.

[861] Vgl. *J. Höffner,* Christliche Gesellschaftslehre. Studienausgabe (= 2. Aufl. der Studienausgabe nach der 7., erw. Auflage), Köln 1978, 43-55.

[862] Vgl. *U. Mückenberger,* Art. Solidarität, in: *Kreft/Mielenz* (1996), Wörterbuch Soziale Arbeit, 495-498, hier 497.

[863] *Höffner* (1978), Christliche Gesellschaftslehre, 75.

aber künftig gerade darauf ankommen, ‚soziale Gerechtigkeit' und ‚soziale Liebe' miteinander zu verbinden[864] und so das Spezifikum caritativer Dienstleistungen zu profilieren. Indem sie diese beiden sozialethischen Prinzipien einbringt, kann die Theologie in der Sozialen Arbeit einen wirklich substantiellen und prophetischen Beitrag zur Qualifizierung professionellen Helfens leisten.

Studierende der Sozialen Arbeit werden durch ihre Praktika oftmals in eindrücklicher Weise mit sozialen Problemen konfrontiert. Die Erfahrung der Realität von *Armut* wirft unweigerlich die Frage nach ihren Ursachen und nach den Grundprinzipien einer gerechten und solidarischen Gesellschaft auf. Sie erweitert sich bei vielen Studierenden angesichts der beruflichen Erfahrungen in der Arbeit mit Migranten/-innen und Asylberwerbern/-innen zur Frage nach der internationalen Gerechtigkeit. Die Theologie in der Sozialen Arbeit kann im Rückgriff auf kirchliche Dokumente und sozialethische Reflexionen wichtige Beiträge zu den Bauprinzipien einer gerechten und solidarischen Gesellschaft aufzeigen,[865] sie kann elementare Überlegungen beisteuern zur Gestaltung einer neuen gerechten Gesellschaft[866] und Weltwirtschaftsordnung[867], zur Beurteilung von Armut[868], zur Armutsbekämpfung und ‚nachhaltigen Entwicklung'[869], zur Überwindung des Hun-

---

[864] Vgl. ebd., 75ff.

[865] Vgl. z. B.: Für eine Zukunft in Solidarität und Gerechtigkeit. Wort des Rates der Evangelischen Kirche in Deutschland und der Deutschen Bischofskonferenz zur wirtschaftlichen und sozialen Lage in Deutschland. Eingeleitet und kommentiert von *M. Heimbach-Steins und A. Lienkamp (Hrsg.)*, unter Mitarbeit von G. Kruip und S. Lunte, München 1997; auch *F. Hengsbach/B. Emunds/M. Möhring-Hesse*, Reformen fallen nicht vom Himmel. Was kommt nach dem Sozialwort der Kirchen?, Freiburg u. a. 1997; vgl. auch *K. Gabriel/W. Krämer (Hrsg.)*, Kirchen im gesellschaftlichen Konflikt. Der Konsultationsprozeß und das Sozialwort ‚Für eine Zukunft in Solidarität und Gerechtigkeit' (= Studien zur christlichen Gesellschaftslehre, hrsg. von *K. Gabriel u. a.*, Bd. 1), Münster 1997.

[866] Vgl. z. B. *A. Lob-Hüdepohl*, Solidarität am Standort Deutschland, Berlin 1997.

[867] Vgl. etwa *H. Büchele*, Eine Welt oder keine Welt. Sozialethische Grundfragen angesichts einer ausbleibenden Weltordnungspolitik, Innsbruck u.a. 1996.

[868] Vgl. etwa die auf die Soziale Arbeit zugeschnittene Publikation von *U. Kleinert/M. Leutzsch/H. Wagner*, Herausforderung „neue Armut". Motive und Konzepte sozialer Arbeit, Leipzig 1996.

[869] Vgl. *G. Kruip*, Armutsbekämpfung und „nachhaltige Entwicklung" - der notwendige Beitrag der reichen Staaten des Nordens, in: *M. Heimbach-Steins/A. Lienkamp/J. Wiemeyer (Hrsg.)*, Brennpunkt Sozialethik, Theorien, Aufgaben, Methoden. Für *Franz Furger*, Freiburg u. a. 1995, 367-384; *E. Ploier-Niederschick*, Katholische Soziallehre und „Dritte Welt", in: *W. Palaver (Hrsg.)*, Centesimo anno. 100 Jahre katholische Soziallehre. Bilanz und Ausblick, Thaur 1991, 173-183: Die internationale Schuldenkrise - eine

gers⁸⁷⁰, zur Frage der Migration⁸⁷¹ und zum Rassismus⁸⁷². Insofern die Soziale Arbeit sich als Menschenrechtsprofession⁸⁷³ versteht, könnte die christliche Sozialethik mithelfen, diese Identität theologisch zu begründen - dies trotz der Tatsache, daß das Verhältnis der Kirche zu den Menschenrechten lange Zeit durch Zögern, Einsprüche, Vorbehalte, ja durch Feindschaft gekennzeichnet war.⁸⁷⁴ Heute darf die Kirche jedoch als eine der Institutionen gelten, die sich mit aller Kraft zum Anwalt der individuellen Freiheitsrechte, der sozialen, ökonomischen und kulturellen Rechte sowie der Solidaritätsrechte aller Menschen machen und diese Rechte gegen Gefährdungen von wirtschaftlicher, politischer oder kultureller Seite verteidigen. Die christliche Sozialethik darf als Ort der theoretischen Grundlagenarbeit in Sachen Menschenrechte gelten.⁸⁷⁵ Aber auch in den Texten der Sozialverkündigung finden sich zahlreiche Bausteine zu ihrer theologischen Begründung und ihrer praktischen Verwirklichung.⁸⁷⁶ Die neuerdings geführte Diskussion um Menschenpflichten dürfte ebenfalls von großer Relevanz für die Soziale Arbeit sein.⁸⁷⁷

Gewaltbereitschaft und Gewalt sind heute ein weiteres Thema, das viele Studierende der Sozialen Arbeit bewegt, insbesondere jene mit dem Schwerpunkt der Resozialisierung und der aufsuchenden Sozialarbeit. Gewalt und

---

ethische Herausforderung (= Die deutschen Bischöfe - Kommission Weltkirche, hrsg. vom *Sekretariat der Deutschen Bischofskonferenz*, H. 7), Bonn 1988.

⁸⁷⁰ *Päpstlicher Rat Cor Unum*, Der Hunger in der Welt (= Verlautbarungen des Apostolischen Stuhls, hrsg. vom *Sekretariat der Deutschen Bischofskonferenz*, H. 128), Bonn 1996.

⁸⁷¹ „... und der Fremdling, der in deinen Toren ist" (= Gemeinsame Texte, hrsg. vom *Sekretariat der Deutschen Bischofskonferenz*, H. 12), Bonn 1997; auch *Päpstlicher Rat Cor Unum/Päpstlicher Rat für die Seelsorge an Migranten und Menschen unterwegs*, Flüchtlinge - eine Herausforderung zur Solidarität (= Arbeitshilfen, hrsg. vom *Sekretariat der Deutschen Bischofskonferenz*, H. 101), Bonn 1992.

⁸⁷² *Päpstliche Kommission Justitia et Pax*, Die Kirche und der Rassismus (=Arbeitshilfen, hrsg. vom *Sekretariat der Deutschen Bischofskonferenz*, H. 67), Bonn 1989.

⁸⁷³ Vgl. *Staub-Bernasconi* (1995), Das fachliche Selbstverständnis Sozialer Arbeit.

⁸⁷⁴ Vgl. *B. Steinhauf*, Das Verhältnis der Kirche zu den Menschenrechten: Der Versuch einer historischen Antwort, in: *R. Bucher/O. Fuchs/J. Kügler (Hrsg.)*, In Würde leben. Interdisziplinäre Studien zu Ehren von Ernst Ludwig Grasmück, Luzern 1998, 123-139.

⁸⁷⁵ Vgl. z. B. *Th. Hoppe*, Menschenrechte als Basis eines Weltethos?, in: *Heimbach-Steins u.a.* (1995), Brennpunkt Sozialethik, 319-333.

⁸⁷⁶ Vgl. *Päpstlicher Rat Justitia et Pax*, Die Kirche und die Menschenrechte. Historische und theologische Reflexionen (= Arbeitshilfen, hrsg. vom *Sekretariat der Deutschen Bischofskonferenz*, Nr. 90), Bonn 1991.

⁸⁷⁷ Vgl. *H. Küng*, Fürchtet euch nicht vor dem Ethos. Über eine „Allgemeine Erklärung der Menschenpflichten", in: CIG 49 (1997) 46, 381-392.

ihre Minimierung, Gegengewalt, staatliches Gewaltmonopol, Gewaltfreiheit und Frieden sind Aspekte dieser Frage, zu deren Beantwortung auch die katholische Sozialethik grundsätzliche Orientierungen beizusteuern vermag. Angesichts der zunehmenden Ausdehnung des Gewaltgebrauchs als Mittel der Durchsetzung von privaten, ethnischen, nationalen und internationalen Interessen lohnt es sich, die klassischen sozialethischen Leitsätze in Erinnerung zu rufen, etwa die Unterscheidung zwischen rechtsverletzender und rechtsschützender bzw. rechtsdurchsetzender Gewalt.[878] Die kirchlichen Stellungnahmen aus der Zeit der Nachrüstungsdebatte, die trotz des Endes des kalten Kriegs ihre prinzipielle Gültigkeit keineswegs verloren haben, eignen sich bestens als Basis einer Auseinandersetzung mit der Frage von Gewalt und Gegengewalt.[879] Nicht zuletzt sind es die Botschaften des Papstes zum jährlichen Weltfriedenstag, die es lohnen, zusammen mit Studierenden gelesen und auf die berufliche Praxis hin bedacht zu werden.[880]

Die mit der Moderne einhergehende Enttraditionalisierung und Individualisierung hat die *Rolle der Frauen* und ihr Selbstbewußtsein tiefgreifend verändert. Innerhalb der Ausbildung in Sozialer Arbeit, die in der überwiegenden Mehrheit von Frauen absolviert wird, muß daher das Thema weiblicher Identität ein unverzichtbarer Bestandteil sein. Nun steht die Kirche leider im Verdacht, ein traditionelles Frauenbild zu konservieren und der vollen Gleichberechtigung der Frauen in der Gesellschaft im Wege zu stehen. Gleichwohl man dafür zahlreiche Belege in lehramtlichen Dokumenten findet, gibt es auch entgegengesetzte Hinweise in Texten nationaler Bischofskonferenzen und verbandlichen Positionspapieren.[881] Umso interessanter wird es sein, sich im Rahmen interdisziplinärer Arbeit auch mit biblischen,

---

[878] Vgl. etwa *E. Nagel*, Europa vor einem neuen Chaos? Grenzen erlaubter Gegengewalt, in: *Heimbach-Steins u.a.* (1995), Brennpunkt Sozialethik, 335-346, hier 339.

[879] Vgl. Gerechtigkeit schafft Frieden (= Die deutschen Bischöfe, hrsg. vom *Sekretariat der Deutschen Bischofskonferenz*, H. 34), Bonn 1983; auch Bischöfe zum Frieden (= Stimmen der Weltkirche, hrsg. vom *Sekretariat der Deutschen Bischofskonferenz*, H. 19), Bonn 1993.

[880] Das Schreiben des Papstes nennt besonders schwere Formen der Ungerechtigkeit beim Namen: die „zunehmende Epidemie" der Gewalt gegenüber Frauen, Mädchen und Jungen, den ungerecht verteilten Zugang zu Kredit, die Kinderpornographie, die Ausbeutung von Minderjährigen als Arbeitskraft. - Vgl. „Aus der Gerechtigkeit des einzelnen erwächst Frieden für alle. Botschaft von Johannes Paul II. zum Weltfriedenstag 1998, in: Pressemitteilungen der Deutschen Bischofskonferenz, 15.12.1997, 20 S.

[881] Vgl. *L. Wohlgenannt*, Frau - Thema der katholischen Soziallehre?, in: *Palaver* (1991), Centesimo anno, 141-161; Frauen und Kirche (= Arbeitshilfen, hrsg. vom *Sekretariat der Deutschen Bischofskonferenz*, H. 108), Bonn 1993; Zu Fragen der Stellung der Frau in Kirche und Gesellschaft (= Die deutschen Bischöfe, hrsg. vom *Sekretariat der Deutschen Bischofskonferenz*, H. 30), Bonn 1981.

lehramtlichen und sozialethischen Positionen zur Frauenfrage auseinanderzusetzen, um ein objektiveres Bild von den kirchlichen Positionen zur Würde und Rolle der Frau zu gewinnen.

Seit der Enzyklika ‚Humanae vitae' aus dem Jahre 1968 sieht sich die katholische Kirche dem Vorwurf einer vormodernen Denkweise in Fragen der Geburtenregelung ausgesetzt. Auch Studierende der Sozialen Arbeit vertreten weithin diese Auffassung und halten vielfach angesichts der Bevölkerungsexplosion und des Massenelendes in der sogenannten Dritten Welt die Positionen des Lehramtes zur Frage von *Bevölkerungswachstum, Überbevölkerung* und *Geburtenkontrolle* für indiskutabel.[882] Dennoch ist die Haltung der Kirche, wie sie in der Lehrverkündigung, in teilkirchlichen Texten oder auch in der Sozialethik entwickelt wurde, durchaus differenziert und erhält bei näherer Begutachtung, insbesondere der wertschützenden Aspekte, doch eine gewisse Plausibilität. Wie die Erfahrung des Verfassers in der sozialethischen Arbeit mit Studierenden zu diesem Thema immer wieder zeigt, kann der kirchliche Anspruch, auch in dieser Frage Anwalt des Humanen zu sein, durch das werterhellende Studium der Quellentexte überraschenderweise eingelöst werden.[883] Wer würde nicht zustimmen, wenn als Hauptziel der Bevölkerungspolitik die wirtschaftliche und soziale Entwicklung der einzelnen Nationen und speziell die Bildungspartizipation der Frauen propagiert wird, und eben nicht die mehr oder weniger staatlich erzwungene Beschränkung der Geburten? Und wer würde widersprechen, wenn die Kirche das Recht auf Fortpflanzung und auf Familienplanung als Menschenrechte verteidigt? So braucht sich eine Theologie in der Sozialen Arbeit nicht zu scheuen, die kirchlichen Positionen zu Fragen der Bevölkerungsentwicklung und Geburtenplanung in die Ausbildung an Fachhochschulen einzubringen. Denn diese sind nicht nur diskussionswürdig, sondern ebenso diskursfähig.

Ein weiteres wichtiges sozialethisches Thema, das jungen Menschen heute auf den Nägeln brennt, ist die *Verantwortung für die Umwelt*. Sie ist im Kern die Frage nach der Zukunft der Menschheit und der künftigen Ge-

---

[882] Das Diskussionspapier der Kommission Weltkirche der Deutschen Bischofskonferenz bestätigt diese Kritik an der Position der Kirche, die allerdings durch die Tatsachen nicht gedeckt ist. Wörtlich heißt es: „Ihre (die der Kirche, M.L.) Haltung zur Empfängnisverhütung erscheint nicht wenigen geradezu als Ausbund demographischer Verantwortungslosigkeit." - Vgl. dazu: Bevölkerungswachstum und Entwicklungsförderung. Ein kirchlicher Beitrag zur Diskussion (= Die deutschen Bischöfe - Kommission Weltkirche, hrsg. vom *Sekretariat der Deutschen Bischofskonferenz*, H. 15), Bonn 1993, 28.

[883] Vgl. ebd.; ferner *B. Fraling*, Verantwortete Elternschaft im Schnittpunkt individual- und sozialethischer Betrachtung, in: *Heimbach-Steins u. a.* (1995), Brennpunkt Sozialethik, 447-463.

nerationen. Obgleich den Kirchen vorgeworfen wird, sie hätten mit dem biblischen Schöpfungsbericht einem Anthropozentrismus und damit einer Ausbeutung der Natur Vorschub geleistet, so sind es doch gerade die christlichen Kirchen, die heute zu den gewichtigsten Partnern einer Sorge für die Zukunft der Schöpfung zählen. Die Sozialethik hat dieses Thema intensiv aufgegriffen,[884] aber auch in lehramtlichen Dokumenten nimmt es einen breiten Raum ein, und zwar auf weltkirchlicher[885] wie teilkirchlicher Ebene.[886] Jedenfalls kann auch hier die Theologie auf einen großen Reichtum an teilweise selbstkritischen Überlegungen zurückgreifen und diese für die Ausbildung an Fachhochschulen für Soziale Arbeit nutzbar machen.

Wie wenigstens in Ansätzen deutlich geworden sein sollte, stellen die Dokumente der kirchlichen Sozialverkündigung sowie die wissenschaftlichen Reflexionen innerhalb der katholischen Gesellschaftslehre und christlichen Sozialethik eine reichhaltige ‚Fundgrube' dar, aus der die Theologie als Bezugswissenschaft Sozialer Arbeit schöpfen kann. Allerdings ist darauf hinzuweisen, daß es keinesfalls nur darum gehen kann, die kirchlichen oder wissenschaftlichen Positionen mit Autorität zu lehren. Seit der ‚Wende zum Subjekt', die das Zweite Vatikanische Konzil eingeleitet hat, muß auch im sozialethischen Diskurs der Auffassung Rechnung getragen werden, daß „die Christen und ihre Gemeinschaften vor Ort (die kirchliche ‚Basis'), die Bischöfe und Bischofskonferenzen auf nationaler, kontinentaler und weltkirchlicher Ebene bis hin zum päpstlichen Lehramt und die wissenschaftlich-theologische Sozialethik als wechselseitig aufeinander angewiesene Träger und Subjekte des sozialen Lehrens der Kirche wahrgenommen werden müssen."[887] Genau diese Auffassung liegt auch der hier vorgenommenen Be-

---

[884] Vgl. etwa die Aufsätze von *H. J. Münk*, Umweltverantwortung und christliche Theologie, in: *Heimbach-Steins u.a.* (1995), Brennpunkt Sozialethik, 385-402; *B. Irrgang*, Verantwortungsethik in technischer Zivilisation, in: *Heimbach-Steins u. a.* (1995), Brennpunkt Sozialethik, 403-417; *W. Korff*, Dauerhaft-umweltgerechte Entwicklung. Zur Frage eines Umweltethos der Zukunft, in: *Heimbach-Steins u.a.* (1995), Brennpunkt Sozialethik, 419-436.

[885] Vgl. z. B. Enzyklika Centesimus annus Seiner Heiligkeit Papst Johannes Pauls II. an die verehrten Mitbrüder im Bischofsamt, den Klerus, die Ordensleute, die Gläubigen der katholischen Kirche und alle Menschen guten Willens zum hundertsten Jahrestag von RERUM NOVARUM (= Verlautbarungen des Apostolischen Stuhls, hrsg. vom *Sekretariat der Deutschen Bischofskonferenz*, H. 101), Bonn 1. Mai 1991, hier bes. Nr. 37f.

[886] Vgl. das bereits 1980 erschienene Dokument Zukunft der Schöpfung - Zukunft der Menschheit (= Die deutschen Bischöfe, hrsg. vom *Sekretariat der Deutschen Bischofskonferenz*, H. 28), Bonn 1980.

[887] *M. Heimbach-Steins*, Erfahrung: Konversion und Begegnung. Ansatzpunkte einer theologischen Profilierung christlicher Sozialethik, in: *dies. u.a.* (1995), Brennpunkt Sozialethik, 103-120, hier 106.

stimmung eines Beitrags der Theologie zur Ausbildung in der Sozialen Arbeit zugrunde. Es sind nicht nur die lehramtlichen Dokumente zu rezipieren, sondern ebenso die Texte und Positionen von Teilkirchen, kirchlichen Gemeinschaften und Verbänden zu aktuellen sozialen Fragen. Dabei gilt es zu lernen, daß Glaube und soziale Verhältnisse miteinander zu tun haben, weil das ‚Weltliche' und ‚Soziale' in den Plan Gottes mit der Welt hineingenommen und daher gerade auch uns Christen zur Gestaltung aufgegeben sind.

4.4.5 „Religion entdecken und verstehen lernen" - Theologische Beiträge zu einer professionellen Deutungskompetenz in der Sozialen Arbeit

Professionelle Kompetenz in der Sozialen Arbeit wird heute als ‚stellvertretende Deutung' verstanden. Sie setzt ein ausreichendes fachliches Wissen voraus, das die individuellen und kollektiven Lebenslagen der Klienten adäquat zu verstehen, sie stellvertretend zu deuten und neue, die Autonomie und Handlungsvorräte der Hilfsbedürftigen aktivierende Problemlösungen zu eröffnen hilft.[888] Zur Ausbildung eines solchen lebenslagen- und lebensweltbezogenen Professionskonzeptes kann die Theologie originäre Wissensaspekte beisteuern, und zwar in vierfacher Hinsicht.

Ein erster Beitrag könnte die Auskunft über die Entwicklung und Bedeutung von Kirche und Religion in der Moderne sein.[889] Anhand von zahlreichen Studien aus der Religions- und Pastoralsoziologie kann die Theologie veranschaulichen, daß seit den sechziger Jahren die in den christlichen Kirchen institutionalisierte Religion ihre gesellschaftliche Integrationskraft rapide verloren hat und daß dieser Prozeß in abgeschwächter Form weiter

---

[888] Vgl. *Dewe u.a.* (1993), Professionelles soziales Handeln, 35 ff.

[889] Vgl. u. a. *K. Gabriel*, Christentum zwischen Tradition und Postmoderne, Freiburg u. a. 1992; *H. Kochanek (Hrsg.)*, Religion und Glaube in der Postmoderne (= Veröffentlichungen des Missionspriesterseminars St. Augustin bei Bonn, Nr. 46), Nettetal 1996; *M. N. Ebertz*, Kirche im Gegenwind. Zum Umbruch der religiösen Landschaft, Freiburg 1997; *K.-F. Daiber*, Religion in Kirche und Gesellschaft, Stuttgart u. a. 1997; *K. Gabriel/H. Hobelsberger (Hrsg.)*, Jugend, Religion und Modernisierung. Kirchliche Jugendarbeit als Suchbewegung, Opladen 1994; *P. M. Zulehner/H. Denz*, Wie Europa lebt und glaubt. Europäische Wertestudie, Düsseldorf 1993; *J. Horstmann (Hrsg.)*, Ende des Katholizismus oder Gestaltwandel der Kirche? Mit Beiträgen von M. N. Ebertz, K. Gabriel, M. Klöcker, A. H. Leugers-Scherzberg, G. Schmied (= Akademievorträge. Veröffentlichungen der Katholischen Akademie Schwerte, hrsg. von *G. Krems*, H. 41), Schwerte 1993; *F. X. Kaufmann*, Religion und Modernität. Sozialwissenschaftliche Perspektiven, Tübingen 1989.

andauert, insbesondere im Hinblick auf die jüngere Generation, die gebildeten Schichten und die Großstadt.[890] Es wäre dabei zu erschließen, wie sehr das kirchliche Leben innerhalb der Gesellschaft in die Rolle einer konfessionellen „Teil- und Sonderkultur"[891] geraten ist. Zwar gehört die konfessionelle Mitgliedschaft für die Mehrheit der Bevölkerung noch zu ihrer Identität,[892] doch pflegen die meisten Menschen zu ihren Kirchen ein ‚Kundschaftsverhältnis'. Fallweise und punktuell werden rituelle und caritative Angebote „der zur Dienstleistungsorganisation sich wandelnden Kirche" angenommen, allerdings nicht im religiösen Sinne der Kirche, sondern in einer eigensinnig synkretistischen Umdeutung.[893] In der Folge wächst die Zahl jener, die sich zwar als religiös, ja christlich definieren, aber einen deutlichen „Zug zur religiösen Autozentrik"[894] aufweisen. „Der Satz: ‚Ich habe meine eigene Weltanschauung, in der auch Elemente des christlichen Glaubens enthalten sind' sowie die Umkehrung dieser Aussage (‚Ich habe einen christlichen Glauben, in dem auch Elemente anderer Weltanschauungen enthalten sind') dürften zusammen mit dem autozentrischen Souveränitätswillen bei der Sinngebung des Lebens die kulturelle Leit- bzw. religiöse Konsensformel der 90er Jahre sein."[895] Diese Einschätzung bestätigt auch die europäische Wertestudie, die feststellt, daß die Menschen in Europa nicht einfach kirchlich oder unkirchlich seien, sondern daß für Europa vielmehr „*die Tendenz zu einer unsichtbaren, personenbezogenen Religiosität*" charakteristisch sei.[896]

Die Wahrnehmung einer individualisierten Religiosität einerseits und die Beobachtung eines Funktionswandels der Kirchen von einer Überzeugungs- zu einer Dienstleistungsorganisation[897] andererseits, ist von erheblicher Relevanz für die Soziale Arbeit. Wenn nämlich Religion nicht verschwindet,

---

[890] Vgl. *M. N. Ebertz*, Religion ja - Kirche nein? Eine religionssoziologische Analyse der 90er Jahre (= Akademie Klausenhof - Vorträge H. 3), Hamminkeln 1996, 9.

[891] Ebd., 10.

[892] Die Zahl der konfessionslosen Bürgerinnen und Bürger hat in den letzten zehn Jahren deutlich zugenommen, und es existieren insbesondere in den östlichen Bundesländern ‚religiöse' Brachlandschaften, für die typisch ist, daß die Konfessionslosigkeit bereits zum Familienerbe gehört. - Vgl. ebd., 27; auch *M. N. Ebertz*, Aufbruch im Spagat. Jugendarbeit zwischen Fundamentalismus und praktischem Atheismus, in: *M. Wedell (Hrsg.)*, Gemeinsam sind wir Kirche. 50 Jahre BDKJ im Erzbistum Berlin, Berlin 1997, 133-145, bes. 135.

[893] Vgl. *Ebertz* (1996), Religion ja, 10.

[894] Ebd., 22.

[895] Ebd.

[896] *P. M. Zulehner/H. Denz* (1993), Europäische Wertestudie, 234f.

[897] Vgl. *Ebertz* (1996), Religion ja, 23.

weder aus dem Leben einzelner Menschen noch aus der Gesellschaft, und wenn auch in Zukunft die Kirchen und ihre christliche Religion für das Leben der Gesellschaft wie der Menschen eine wichtige Funktion haben werden, dann ist es aus professionellen Gründen für jeden Sozialarbeiter unabdingbar, über die Spuren von Religion im Leben der Menschen und über die Funktion von Religion und Kirchen in der modernen Gesellschaft eine vertiefte, sozialwissenschaftlich abgesicherte Kenntnis zu besitzen. Nur so ist die Voraussetzung gegeben, die Lebenslagen von Menschen, seien sie nun kirchlich gebunden oder nicht, umfassend zu verstehen.

Dies gilt auch für einen *zweiten* Aspekt, über den die Theologie in der Sozialen Arbeit Auskunft geben kann: über die religiöse Entwicklung und die Religion in den Lebensgeschichten von Menschen. Wenn man davon ausgeht, daß Religiosität „als inneres Moment zu jedem menschlichen Selbstvollzug" gehört und als „anthropologische Grundkonstante die Selbstverwirklichung des Menschen" bestimmt,[898] dann braucht sozialberufliche Professionalität eine Kenntnis der Rolle von Religion im Lebenslauf. Die Theologie kann hier auf grundlegende Forschungsarbeiten zurückgreifen und Theorien zur religiösen Entwicklung, zur Entfaltung des Gottesbildes und zu der psychischen Voraussetzung religiöser Reifung beitragen.[899] Sie kann auch auf eine Vielzahl von neueren Erhebungen verweisen, die sich auf die Bedeutung von Religion im Lebenslauf zentrieren[900] und die darüber Auskunft geben, wie Menschen in der Religion Sinn finden, wie sie durch eine religiöse (Ein-)Bindung Lebenshilfe erfahren und Muster der Lebensbewäl-

---

[898] Vgl. *U. Schmälzle*, Das neue religiöse Bewußtsein als pastorale Herausforderung, in: *Kochanek* (1996), Religion und Glaube, 95-127, hier 117.

[899] Vgl. *F. Oser/P. Gmünder*, Der Mensch - Stufen seiner religiösen Entwicklung. Ein strukturgenetischer Ansatz, Zürich u.a. 1984; *R. Englert*, Glaubensgeschichte und Bildungsprozeß. Versuch einer religionspädagogischen Kairologie, München 1985; *D. Funke*, Im Glauben erwachsen werden. Psychische Voraussetzungen der religiösen Reifung, München 1986; *F. Oser*, Wieviel Religion braucht der Mensch? Erziehung und Entwicklung zur religiösen Autonomie, Gütersloh 1988; *W. C. Esser*, Gott reift in uns. Lebensphasen und religiöse Entwicklung, München 1991.

[900] Vgl. *Comenius-Institut, Münster (Hrsg.)*, Religion in der Lebensgeschichte. Interpretative Zugänge am Beispiel der Margret E., Gütersloh 1993; *D. Fischer/A. Schöll*, Lebenspraxis und Religion. Fallanalysen zur subjektiven Religiosität von Jugendlichen, Gütersloh 1994; *R. Sommer*, Lebensalltag und gelebte Religion von Frauen. Konsequenzen einer geschlechtsspezifischen Betrachtungsweise für die Praktische Theologie, in: *K. Fechtner/M. Haspel (Hrsg.)*, Religion in der Lebenswelt der Moderne, Stuttgart u. a. 1998, 28-47; *dies.*, Lebensgeschichte und gelebte Religion von Frauen. Eine qualitativ-empirische Studie über den Zusammenhang von biographischer Struktur und religiöser Orientierung, Stuttgart u.a. 1998; *L. Kuld*, Glaube in Lebensgeschichten. Ein Beitrag zur theologischen Autobiographieforschung, Stuttgart u.a. 1997.

tigung entwickeln. Insbesondere die Religionspsychologie kann aufzeigen, unter welchen Bedingungen Religion auch persönlichkeitszerstörende Wirkungen entfalten kann.[901] Wenn es aber stimmt, daß religiöse Deutungsmuster „einen nicht unerheblichen Einfluß auf lebensgeschichtliche Orientierung haben", daß sie „sowohl zur Stabilisierung als auch zur Veränderung von Alltagsbedingungen und -erfahrungen dienen" und daß religiöse Geschichten, Symbole und Metaphern einen großen Fundus für Sinngebung, Leidensbewältigung und soziales Engagement bereitstellen,[902] dann liegt es um so näher, auch in die Ausbildung an Fachhochschulen für Soziale Arbeit die diesbezüglichen Wissenspotentiale der Religionssoziologie, -psychologie und -pädagogik miteinfließen zu lassen.

Ein *dritter* Beitrag der Theologie zur hermeneutischen Kompetenz von Sozialberufen besteht in den Informationen über die Bedeutung von Religion im Alltag der Menschen. Auch wenn die Kirchenbindung der Menschen deutlich abgenommen hat, so ist dennoch das Phänomen der Religion in der Lebenswelt der Moderne unübersehbar und es scheint, daß *G. Schmidtchen* mit seiner These recht behält, daß gerade die durchrationalisierte Moderne eine ‚religionsproduktive' Wirkung entfaltet.[903] Jedenfalls stößt man gerade auch in einer vermeintlich säkularisierten Gesellschaft auf religiöse Erscheinungen, die als Volksfrömmigkeit, als Alltagsreligion oder als Popular-Religion bezeichnet werden können.[904] Die Wahrnehmung dieser Religion im Alltag schärft den Blick für die Religiosität jenseits der offiziellen kirch-

---

[901] Vgl. *E. Ringel/A. Kirchmayr*, Religionsverlust durch religiöse Erziehung. Tiefenpsychologische Ursachen und Folgerungen, Wien u.a. 1985.

[902] Vgl. *K. Söderblom*, Grenzgängerinnen. Die Bedeutung von christlicher Religion in den Lebensgeschichten lesbischer Frauen in (West-)Deutschland, in: *Fechtner/Haspel* (1998), Religion in der Lebenswelt der Moderne, 48-66, hier 64.

[903] „Je radikaler die Rationalität einer Gesellschaft, desto mehr setzt sie religiöse Motivation frei." - *G. Schmidtchen,* Was den Deutschen heilig ist. Religiöse und politische Strömungen in der Bundesrepublik Deutschland, München 1979, 194.

[904] Zu ihr gehört erstens die traditionelle, kirchenverbundene Religiosität, aber auch die oftmals mit ihr verbundenen traditionellen Kult- und Glaubensformen. Sie werden heute zweitens durch individualisierte, marginale Glaubensformen und religiöse Praktiken ergänzt, die sowohl in den offiziellen kirchlichen Gemeinschaften Raum finden als auch jenseits von diesen vorkommen. Eine dritte, eigenständige Kategorie von popularer Religiosität stellen religiöse Massenphänomene dar, etwa die großen Wallfahrten, die Kirchentage oder neuerdings die Weltjugendtreffen. Viertens ist die Festreligion zu nennen, die jahres- oder lebenszyklisch große Teile der Bevölkerung mit Religion in Verbindung bringt. - Vgl. *M. N. Ebertz/F. Schultheis*, Einleitung: Populare Religiosität, in: *dies. (Hrsg.),* Volksfrömmigkeit in Europa. Beiträge zur Soziologie popularer Religiosität aus 14 Ländern, München 1996, 11-52, hier 19-23; die Typologie wurde im Rückgriff auf F. Isambert entwickelt.

lichen Institutionen und für die unsichtbare Religion in den vielfältigen gesellschaftlichen Systemen und Subsystemen. Die Theologie an Fachhochschulen für Soziale Arbeit könnte im Rückgriff auf entsprechende Studien und Publikationen aufzeigen, wie sich Religion in der Rock- und Popmusik verbirgt,[905] wie sie sich in den Jugendkulturen und jugendlichen Subkulturen manifestiert,[906] welchem Wandel Familienreligiosität heute unterliegt,[907] wie Religion im Alltag der Menschen, teils in Absetzung vom institutionell Erwünschten, kultiviert wird[908] und welche Bedeutung sie für die soziale Einbindung der Menschen hat.[909] Zu dieser Auskunft über Religion gehört heute auch die Information über die vielfältigen Formen postmoderner Religiosität und religiöser Äquivalente[910] sowie einer Vermittlung grundlegender Kenntnisse über die Weltreligionen. Mit Blick auf die Alltagspraxis von Sozialberufen ist es insbesondere angezeigt, die Weltreligionen unter dem Fokus ihrer Ethik und ihrer Kultur im Hinblick auf ihre Einstellung zum Schutz menschlichen Lebens, ihre Kultur von Sexualität, ihren Umgang mit Gewalt, ihre Formen der Bewältigung von Leiden und Tod zu vergleichen. Im Interesse gelingender sozialarbeiterischer Interventionen jedenfalls ist heute ein elementares weltanschauliches Grundwissen unverzichtbar.[911] Denn nur im Verständnis der Lebenswelt und im Respekt vor den kulturellen Gepflogenheiten der Angehörigen anderer religiöser Kulturen kann Soziale Arbeit adressatengerecht geleistet werden.

---

[905] Vgl. *B. Schwarze*, Die Religion der Rock- und Popmusik. Analysen und Interpretationen, Stuttgart u. a. 1997; *I. Kögler*, Die Sehnsucht nach mehr. Rockmusik, Jugend und Religion. Informationen und Deutungen, Graz 1994.

[906] *R. Sauer*, Mystik des Alltags. Jugendliche Lebenswelt und Glaube, Freiburg u. a. 1990; *H. G. Ziebertz/W. Tscheetzsch (Hrsg.)*, Religionsstile Jugendlicher (= Studien zur Jugendpastoral, hrsg. von *K. Bopp u. a.*, Bd. 2), München 1997; *W. Helsper*, Okkultismus. Die neue Jugendreligion? Die Symbolik des Todes und des Bösen in der Jugendkultur, Opladen 1992.

[907] Vgl. *U. Schwab*, Familienreligiosität. Religiöse Traditionen im Prozeß der Generationen (= Praktische Theologie heute, hrsg. von *G. Bitter u.a.*, Bd. 23), Stuttgart u.a. 1995.

[908] Vgl. *K.-P. Jörns*, Die neuen Gesichter Gottes. Die Umfrage: ‚Was die Menschen wirklich glauben' im Überblick, Neunkirchen-Vluyn 1997; *E. Failing/G. Heimbrock*, Gelebte Religion wahrnehmen. Lebenswelt - Alltagskultur - Religionspraxis, Stuttgart u. a. 1998.

[909] *R. Kecskes/Ch. Wolf*, Konfession, Religion und soziale Netzwerke. Zur Bedeutung christlicher Religiosität in personalen Beziehungen, Opladen 1996.

[910] Vgl. *L. Bily*, Cafeteria esoterica. Zur Kritik sogenannter neureligiöser Aufbrüche (= Benediktbeurer Hochschulschriften, hrsg. von der *Philosophisch-Theologischen Hochschule der Salesianer Don Boscos*, H. 8), München 1996, 3.

[911] Vgl. z. B. Christen und Muslime in Deutschland. Eine pastorale Handreichung (= Arbeitshilfen, hrsg. vom *Sekretariat der Deutschen Bischofskonferenz*, H. 106), Bonn 4. März 1993.

Eine *vierte* Aufgabe der Theologie an Fachhochschulen für Soziale Arbeit stellt die Vermittlung einer religionspädagogischen Kompetenz für die Kontexte der Sozialen Arbeit dar. Diese Aufgabe hat eine doppelte Zielrichtung. Zum einen: Wenn gilt, daß Religion ein Grundexistential jedes Menschen ist, dann muß jeder Sozialarbeiter/-pädagoge und jede Sozialarbeiterin/Sozialpädagogin für den Umgang mit religiösen Momenten (etwa religiösen Fragen) qualifiziert werden. Zur Sozialarbeitskompetenz gehört also eine religionspädagogische Kompetenz im weitesten Sinne dazu und muß in der Ausbildung generell vermittelt werden. Zum anderen: Insofern unter Religionspädagogik im engeren Sinn die Erschließung christlicher Sinnantworten verstanden wird, kann diese Aufgabe legitimerweise nur an Fachhochschulen in konfessioneller Trägerschaft angesiedelt sein. Sie entspricht damit einerseits den Erwartungen des kirchlichen Trägers, andererseits versucht sie auch jenen Studierenden gerecht zu werden, die sich in ihrem beruflichen Alltag bewußt einer Kommunikation über Fragen des Glaubens stellen möchten, wo immer dies seitens der Adressaten erwünscht ist. Eine solche laienkatechetische Qualifikation kann auf eine lange historische Tradition zurückblicken.[912] Es ist sinnvoll, diese Aufgabe im Dienste der Evangelisierung und im Interesse einer „Seriosität der Diakonie, die sich christlich nennt"[913] nicht zu vernachlässigen. Denn auch die Symbolhaftigkeit ihres helfenden und heilenden Tuns deutet „auf eine fundamentale Heilung des Menschen" hin, „welche in der Beziehung zu Gott gegeben ist."[914]

4.4.6 „Nichts Außergewöhnliches, aber das Gewöhnliche außergewöhnlich gut" tun (Ellen Ammann) - Bausteine zu einer spirituellen Fundierung sozialberuflicher Professionalität

Der soziale Beruf zeichnet sich durch ein besonderes Ineinander von Fachlichkeit und Persönlichkeit aus. Mehr noch: Er besitzt immer auch eine spirituelle Dimension.[915] Der Sozialarbeiter/Sozialpädagoge „wird durch seine Arbeit ... nicht nur immer wieder als Fachmann, sondern auch in seinem Personsein mit seinen geistig-seelischen Kräften gefordert - vielleicht auch

---

[912] Vgl. dazu die Ausführungen in Kapitel 4.4.8 dieser Arbeit.
[913] *L. Mödl*, Muß Liebe fromm sein? Diakonie und Spiritualität, in: *R. Bärenz (Hrsg.)*, Theologie, die hört und sieht. Festschrift für Josef Bommer zum 75. Geburtstag, Würzburg 1998, 14-25, hier 21.
[914] Ebd.
[915] Vgl. dazu die Ausführungen in Kapitel 3.3.6 dieser Arbeit.

manchmal bis an die eigenen Grenzen."⁹¹⁶ Daher erscheint es als unabdingbar, daß bereits in der Ausbildung auch eine personale und spirituelle ‚Formation' der Studierenden einen festen Stellenwert haben muß. Das gerade bei Sozialberufen vorfindbare große Bedürfnis nach Zeiten des ‚Auftankens' macht aber offenkundig, daß die notwendigen Kraft- und Energiequellen nicht aus dem Beruf selbst entspringen können und auch nicht allein in der eigenen Person zu finden sind, sondern von ‚außerhalb' her gespeist sein müssen. Hier nun sieht sich aber die Theologie herausgefordert, den reichhaltigen Schatz an diakonischer Spiritualität, der in der Tradition der Kirche vorliegt, zum Nutzen einer beruflichen Professionalität einzubringen.

Im Dienst einer personalen und spirituellen ‚Bildung' der Studierenden wird dabei zunächst in das Verhältnis von Menschlichkeit und Christlichkeit, von Allgemeinem und Besonderem, Licht zu bringen sein. Immer wieder kommt nämlich in der Ausbildung wie in der Praxis der Sozialen Arbeit die provokante Frage auf, was denn das Besondere einer christlich motivierten im Unterschied zu einer ‚nur' human motivierten Sozialen Arbeit sei. Viele Studierende sehen eine zufriedenstellende Antwort darauf als einen Testfall für die Relevanz des Glaubens in der Sozialen Arbeit überhaupt an.

Es wäre in einem ersten Schritt darauf hinzuweisen, daß das Christentum nichts Besonderes, Zusätzliches, Nachträgliches zum ‚menschlich Allgemeinen' aussagt, sondern das Menschliche schlechthin. „Wer darum - auch noch fern von jeder Offenbarung expliziter Wortformulierung - sein Dasein, also seine Menschheit annimmt in schweigender Geduld (besser: in Glaube, Hoffnung und Liebe), es annimmt als das Geheimnis, das sich in das Geheimnis ewiger Liebe birgt und im Schoß des Todes das Leben trägt, der sagt - auch wenn er es nicht weiß - zu Christus ja. ... Wer sein Menschsein (erst recht natürlich das des anderen) ganz annimmt, der hat den Menschensohn angenommen, weil in ihm Gott den Menschen angenommen hat. Und wenn es in der Schrift heißt, es habe das Gesetz erfüllt, wer den Nächsten liebt, dann ist dies darum die letzte Wahrheit, weil Gott dieser Nächste selber geworden ist und so in jedem Nächsten immer dieser eine Nächste und Fernste zugleich angenommen und geliebt wird."⁹¹⁷ Aus einer derartigen theologischen Sicht des Menschen, wie sie *K. Rahner* vorlegt, muß dann

---

⁹¹⁶ M. Bracht, Spiritualität von Sozialarbeitern(-innen)/Sozialpädagogen(-innen) - Gedanken und Anregungen, in: Diakonie - Gemeinde - Sozialarbeit, hrsg. von der *Katholischen Fachhochschule Norddeutschland Osnabrück und Vechta durch Karl Gabriel und Paul Ludwig Sauer* (= Person - Gruppe - Gesellschaft, Bd. 16), Hildesheim 1990, 65-88, hier 74.

⁹¹⁷ K. Rahner, Grundkurs des Glaubens. Einführung in den Begriff des Christentums, Freiburg u.a. 1976, 225f.

konsequenterweise gelten, „daß der Christ nicht sosehr ein Sonderfall des Menschen überhaupt ist, sondern einfach der Mensch wie er ist"[918]. Zwar unterscheidet sich der Christ vom Nichtchristen durch die Taufe, das Bekenntnis, die sakramentale und kirchliche Praxis und möglicherweise auch durch seinen Lebensstil, doch ist dies „nicht das Letzte und Eigentliche des Christen und seines Lebens. Das Letzte ist, daß er sich annimmt, so wie er ist, allerdings ohne Vergötzung, ohne Abstrich, ohne sich zu versperren gegenüber all dem, was in der letzten Tiefe der Wirklichkeit unausweichlich dem Menschen auferlegt und aufgetragen ist."[919]

Diese theologisch-anthropologische Sichtweise entlastet, weil sie einem übernatürlichen Begriff des Christentums widersteht und zugleich auf das Verbindende zwischen allen Menschen verweist. Doch ein zweiter Satz ist hinzuzufügen: Christlich ist „*nicht schon alles, was wahr, gut schön und menschlich ist*", und „*Christ ist nicht jeder Mensch echter Überzeugung, ehrlichen Glaubens und guten Willens.*"[920] Auch existiert Christentum nicht schon „*überall dort, wo man Unmenschlichkeit bekämpft und Humanität verwirklicht.*"[921] Das unterscheidend Christliche „*ist der Christus, der mit dem wirklichen, geschichtlichen Jesus von Nazareth identisch ist, ist also konkret dieser Christus Jesus.*"[922]

Dieser Jesus Christus also macht das entscheidende und unterscheidende Kriterium auch einer christlich motivierten Sozialen Arbeit aus. Er stellt in seiner „Anschaulichkeit, Vernehmbarkeit und Realisierbarkeit" den Menschen „vor eine klare und unausweichliche Entscheidung"[923], nämlich dieser seiner Botschaft zu vertrauen und sich auf den Weg der Nachfolge zu begeben oder eben nicht. Demjenigen, der sich darauf einläßt, dem eröffnet sich von der Person Jesu Christi her „*ein Grundmodell einer Lebensschau und Lebenspraxis*"[924], das ihn als Menschen umformt. Denn die Botschaft Jesu vermittelt eine neue Grundorientierung und Grundhaltung, sie stiftet neue Motivationen und neue Motive des Handelns, sie eröffnet neue Dispositionen, Haltungen, Einsichten und Intentionen, sie ermutigt zu neuen Aktionen und sie gibt einen neuen Sinnhorizont und eine neue Zielbestimmung der

---

[918] Ebd., 388.
[919] Ebd.
[920] *H. Küng*, Christsein, München 1976, 143.
[921] Ebd.
[922] Ebd., 497.
[923] Ebd., 672.
[924] Ebd., 673.

letzten Wirklichkeit.[925] Christsein geht somit nicht auf Kosten des Menschseins, und auch umgekehrt gibt es kein Menschsein auf Kosten des Christseins. Christsein ist weder Überbau noch Unterbau des Menschlichen, „sondern es ist im besten Sinn des Wortes - bewahrend, verneinend und übersteigernd - die ‚Aufhebung' des Menschlichen. Christsein bedeutet also eine ‚Aufhebung' der anderen Humanismen: Sie werden bejaht, sofern sie das Menschliche bejahen; sie werden verneint, sofern sie das Christliche, den Christus selber verneinen; sie werden überstiegen, sofern das Christsein das Menschlich-Allzumenschliche sogar in aller Negativität voll einzubeziehen vermag."[926]

Diese grundlegende Orientierung gilt es auf die berufliche Situation von Sozialarbeitern/-innen hin durchzuspielen. Es könnte dabei deutlich werden, daß eine christlich motivierte Soziale Arbeit und eine human motivierte Soziale Arbeit im Menschlichen, im Humanen konvergieren, daß aber die Motivation der Christen neue Horizonte eröffnet: eigenständige Motive, spezifische Haltungen, eindeutige Optionen und auch das Durchhalten in Situationen des Scheiterns.[927] Denn Christen vertreten „einen wahrhaft *radikalen Humanismus*, der auch das Unwahre, Ungute, Unschöne und Unmenschliche zu integrieren und zu bewältigen vermag: nicht nur alles Positive, sondern auch - und hier entscheidet sich, was ein Humanismus taugt - alles Negative, selbst Leiden, Schuld, Tod und Sinnlosigkeit."[928] Zur Identität einer christlich motivierten Sozialen Arbeit gehört diese Radikalität im Humanen.[929] Bei aller Überzeugung von ihrer Eigen*artigkeit* anerkennt sie die Gleich*wertigkeit* anders motivierter Formen Sozialer Arbeit, dies in der festen Absicht, mit diesen für eine wahrhaft menschliche Gestaltung der gesellschaftlichen Realität einzutreten. Diese Eigenartigkeit des Christentums intellektuell zu bedenken, sie berufspraktisch zu buchstabieren und möglicherweise in einer persönlichen Haltung aufzunehmen erscheint als ein erster, wichtiger Beitrag der Theologie zu einer spirituellen Motivierung Sozialer Arbeit.

Die Theologie kann der Sozialen Arbeit zweitens eine vielfältige und beeindruckende diakonische Spiritualität anbieten. Ihre tiefste Überzeugung

---

[925] Vgl. ebd., 673f.
[926] Ebd., 737.
[927] Zu verweisen ist hier auf das auch für Sozialberufe sehr empfehlenswerte Buch von *G. Fuchs/J. Werbick,* Scheitern und Glauben. Vom christlichen Umgang mit Niederlagen, Freiburg 1991.
[928] *Küng* (1976), Christsein, 737.
[929] Vgl. *E. Klinger,* Das absolute Geheimnis im Alltag entdecken. Zur spiritualen Theologie Karl Rahners, Würzburg 1994.

besteht darin, daß mit jeder Tat der Liebe implizit etwas von dem tiefen und geheimnisvollen Grund unseres Daseins gegeben ist, den die Christen Gott nennen.[930] Gemäß Mt 25, 31-36 wird der Weltenrichter nicht nach dem dogmatischen Bekenntnis, sondern nach Liebe fragen. Denn: „Sie genügt und sie rettet den Menschen. Wer liebt ist ein Christ."[931] Die Liebe aber, die hier als Inhalt des Christlichen geschildert wird, „verlangt von uns, daß wir versuchen, so zu lieben, wie Gott liebt. Er liebt uns nicht deswegen, weil wir besonders gut, besonders tugendhaft, besonders verdienstvoll sind, weil wir ihm etwa nützlich oder gar nötig wären - er liebt uns, nicht weil *wir* gut sind, sondern weil *er* gut ist. Er liebt uns, obwohl wir ihm nichts zu bieten haben; er liebt uns selbst noch in den Lumpengewändern des verlorenen Sohnes, der nichts Liebenswertes mehr an sich trägt. Auf christliche Weise lieben heißt, diesen Weg nachzugehen versuchen"[932].

Klarer und pointierter kann man nicht ausdrücken, was eine diakonische Spiritualität gläubiger Christen/-innen ausmacht. Es ist das Bemühen um eine mitmenschliche Begegnung, die keine Voraussetzungen und Bedingungen stellt und darin oft ungeahnte Wege von Heilung und Reifung öffnet. Die Tradition einer solchen christlichen Diakonie und Barmherzigkeit für das pastorale[933] und soziale Handeln[934] wiederzuentdecken und für die Ausbildung fruchtbar zu machen, wäre eine vorzügliche Aufgabe einer Theologie in der Sozialen Arbeit. Die Quellen dafür sind reichhaltig. Man muß nur intensiv nachforschen, etwa bei Vinzenz von Paul, bei M. Euphrasia Pelletier, bei Franziska von Schervier, bei Katharina Kasper, bei Antonia Werr, bei Pauline von Mallinckrod bis hin zu Madeleine Delbrêl, Abbé Pierre und Mutter Teresa u. v. a. m.,[935] um die Wurzeln einer diakonischen Spiritualität

---

[930] Vgl. *Mödl* (1998), Muß Liebe fromm sein?; *K. Rahner,* Über die Einheit von Gottes- und Nächstenliebe, in: *ders.,* Schriften zur Theologie, Bd. VI: Neuere Schriften, Einsiedeln ²1968, 277-298.

[931] *J. Ratzinger,* Vom Sinn des Christseins. Drei Predigten, München 1965, 56.

[932] Ebd., 57.

[933] *K. Bopp,* Barmherzigkeit im pastoralen Handeln der Kirche. Eine symbolisch-kritische Handlungstheorie zur Neuorientierung kirchlicher Praxis (Benediktbeurer Studien, hrsg. von den *Professoren der Philosophisch-Theologischen Hochschule der Salesianer Don Boscos Benediktbeuern. Theologische Fakultät,* Bd. 7), München 1998.

[934] Vgl. *R. Krockauer,* Diakonische Pastoral. Herausforderungen - Standpunkte - Perspektiven (= Reihe Arbeiterfragen, hrsg. vom *Oswald-von-Nell-Breuning-Haus Herzogenrath,* H. 3/98), Herzogenrath 1998.

[935] Vgl. z. B. *M. D. Poinsenet,* Vor allem die Liebe. Leben und Dienst der Mutter Euphrasia Pelletier, Kevelaer 1970; *Christine de Boismarmin,* Madeleine Delbrêl, Mystikerin der Straße, München ²1996; *A. Schleinzer,* Die Liebe ist unsere einzige Aufgabe. Das Lebenszeugnis von Madeleine Delbrêl, Ostfildern 1994; *H. Oschwald,* Abbé Pierre. Herausforderung für die Etablierten, Freiburg 1995; *M. Heimbach-Steins,* Unterscheidung

aufzuspüren. Aber auch an andere christliche Persönlichkeiten aus der Entstehungszeit der Sozialen Arbeit, etwa an die Gründerinnen der Sozialen Frauenschulen, gilt es in dieser Hinsicht zu erinnern. Bei allen stößt man auf eine beachtliche (Laien-)Spiritualität, wie sie sich in dem eingangs zitierten Satz von Ellen Ammann „Nichts Außergewöhnliches, aber das Gewöhnliche außergewöhnlich gut (tun)"[936] ausdrückt.

Eine solche Spiritualität des Alltags wird den meisten Studierenden - und nicht nur den christlich orientierten - ohne große Widerstände eingängig sein. Ähnlich dürfte es mit jenen Leitsätzen aus der Tradition von caritativen Ordensgemeinschaften bestellt sein, die man heute glücklicherweise wieder im Rahmen der Formulierung von Leitbildern rezipiert: etwa die Überzeugung von *A. Werr*, daß leiblich, geistig und seelisch verwahrlosten Mädchen und jungen Frauen nur durch aufrichtige, in einer Gottesbeziehung gründende unbedingte Annahme und Zuwendung geholfen werden kann;[937] oder der Glaube *Don Boscos* an den ‚guten Kern' in jedem jungen Menschen;[938] ebenso der Standpunkt von P. *Cyprian Fröhlich*, daß auch für arme Kinder „das beste gerade gut genug" sei.[939] Selbst die Regeln von Ordensgemeinschaften und die daraus entwickelte christliche Lebenskultur vermögen die Praxis Sozialer Arbeit zu inspirieren.[940] So bewahrheitet sich die Meinung *K. Rahners*, daß die Spiritualität der Zukunft „die Geschichte der Frömmigkeit der Kirche bewahren und ... immer wieder aufs neue entdecken" muß, weil „das scheinbar Alte und Vergangene die wahre Zukunft unserer Gegenwart anzubieten vermag."[941]

---

der Geister - Strukturmoment christlicher Sozialethik: dargestellt am Werk Madeleine Delbrêls, Münster 1994.

[936] Zitiert nach *M. Neboisa*, Ellen Ammann 1870-1932. Diakonin der katholischen Aktion. Ein Lebensbild (hrsg. vom *Pressereferat des Erzbistums München und Freising*), München o. J., 19.

[937] Vgl. *Kongregation der Dienerinnen der hl. Kindheit Jesu OSF (Hrsg.)*, Frauensorgen - Frauen sorgen, Würzburg (Kloster Oberzell) 1991, 34; vgl. auch die dort abgedruckte „Konzeption für die pastoral-pädagogische Arbeit in Oberzeller Einrichtungen von 1989". - Ebd. 32-37.

[938] Vgl. *Salesianer Don Boscos (Hrsg.)*, Leitlinien. Arbeiten im Geiste Don Boscos, München/Köln 1996.

[939] Vgl. *Seraphisches Liebeswerk Altötting (Hrsg.)*, Seraphisches Liebeswerk Altötting 1889-1989. Festschrift zum 100jährigen Bestehen des Seraphischen Liebeswerkes 1989, Eichstätt o. J., hier 20.

[940] Vgl. *Bracht* (1990), Spiritualität von Sozialarbeitern, 74-85.

[941] *K. Rahner*, Elemente der Spiritualität in der Kirche der Zukunft, in: *ders.*, Schriften zur Theologie, Bd. XIV: In Sorge um die Welt, Zürich u.a. 1980, 368-381, 372.

Ein dritter Beitrag der Theologie zur spirituellen Formation von Studierenden der Sozialen Arbeit besteht schließlich in Angeboten zur Glaubenserfahrung und Einübung von spirituellen Formen. Denn Spiritualität, wie immer man sie definiert,[942] ist „eine geheimnisvolle und zarte Sache, die nur sehr schwer ins Wort zu bringen ist und als intensiver Selbstvollzug des Christlichen im einzelnen Menschen als einzelnem in jedem Christen unvermeidlich sehr verschieden ist"[943]. Daher sollte sich die Theologie neben der Reflexion des spirituellen Anspruchs Sozialer Arbeit und der Erschließung einer diakonischen Spiritualität auch an der Entwicklung einer spirituellen Kultur an den Fachhochschulen für Soziale Arbeit beteiligen, und zwar im Zusammenwirken mit der Hochschulseelsorge. Christliche Spiritualität ist nämlich wesentlich durch den Gemeinschaftsbezug bestimmt, und Kirchlichkeit stellt „ein unerläßlich notwendiges Kriterium für echte Spiritualität"[944] dar. Wie das Christsein überhaupt, so existiert auch eine christlich-diakonische Spiritualität nicht zuerst in Bekenntnissätzen, sondern „als geformte Lebenspraxis der Christen - als an der Sache Jesu orientiertes und in Gott festgemachtes, gelebtes und durchlittenes, verzweifeltes und von Hoffnung getragenes, verstörtes und gehaltenes Leben."[945] Sie wird „gelernt, wo Christen miteinander leben."[946]

Wie die Bilanz in Kapitel 2 dieser Arbeit zeigt, wird an einigen Fachhochschulen diese Aufgabe bereits bewußt wahrgenommen. In dieser Spur gilt es, mit Studierenden zusammen die Entwicklung einer ‚Spiritualität des Helfens' voranzutreiben, die auch heute belastbare Motive des Handelns, Ausdauer und Sinn im täglichen Funktionsbetrieb der Sozialen Arbeit bereitstellt. Ihre Grundstruktur wird den Wesenselementen einer christlichen Spiritualität entsprechen müssen:[947] der *Christozentrik*, die den Grund dieser Spiritualität benennt; dem *Dialog*, der dem Gesetz der Liebe verpflichtet ist; der *Alltäglichkeit,* die allerhand ‚Geistliches' im sozialen, politischen und kulturellen Leben zu entdecken vermag; der *Humanität*, dem Kern christlicher Spiritualität, die „entscheidend um das wahre ‚Humanum', um die erfüllte Menschlichkeit des Menschen"[948] kreist. Eine christlich-caritative Laienspiritualität von dieser Art vermag ohne Zweifel berufliche Identität zu

---

[942] Zu möglichen Definitionen vgl. *C. Schütz,* Praktisches Lexikon der Spiritualität, Freiburg u.a. 1992, Sp. 1171f.
[943] *Rahner* (1980), Elemente einer Spiritualität, 368.
[944] Ebd., 381.
[945] Vgl. *W. Bartholomäus,* Christsein lernen von Anfang an, Zürich u.a. 1981, 15.
[946] Ebd., 19.
[947] *Schütz* (1992), Praktisches Lexikon der Spiritualität, Sp. 1178-1180.
[948] Ebd., Sp. 1179.

stiften und personale Haltungen[949] auszuprägen, die christliche Diakonie zu profilieren imstande sind.

4.4.7 „Eine Kirche, die nicht dient, dient zu nichts" (J. Gaillot) - Eine realistische und prophetische Sicht von Kirche

Wer das Thema ‚Kirche' in der Ausbildung an Fachhochschulen für Soziale Arbeit anbietet, gerät leicht in Verdacht, sich zum Handlanger von Eigeninteressen kirchlicher Träger von Sozialer Arbeit zu machen. Demgegenüber wird hier jedoch die sozialarbeitstheoretisch begründbare Überzeugung vertreten, daß die Frage nach der Kirche, nach ihrem Wesen und Auftrag, einen elementaren Baustein der Ausbildung an allen Fachhochschulen für Soziale Arbeit darstellen muß. Wenn nämlich die Institution ein ‚Mittel' für den Sozialarbeiter bzw. die Sozialarbeiterin darstellt,[950] und wenn die Kirchen hierzulande die größten Arbeitgeber im sozialen Bereich sind, dann erscheint die Thematisierung dieser Institution um einer professionellen Kompetenz willen unerläßlich.

Der Begriff der Institution als ‚Mittel' eröffnet eine wichtige theologische Spur. Denn auch die Kirche definiert sich selbst in dieser Kategorie, wenn sie sich als „Zeichen und Werkzeug" des in Christus eröffneten Heils begreift.[951] Und auch K. Rahner führt diesen Begriff gegen eine allzu verbreitete ‚ekklesiologische Introvertiertheit' ins Feld uns stellt in der Spur des Konzils mit aller Deutlichkeit klar: „Die Kirche mit all ihren Institutionen ist ein Mittel für die Menschen, und diese sind ihr Zweck."[952] Auf der Basis eines solchen Kirchenverständnisses gehen das institutionelle Anliegen der Sozialen Arbeit und das Selbstverständnis der Kirche, sich selbst als Mittel für die Menschen zur Verfügung zu stellen, ineinander über. Dies ermutigt, das Thema ‚Kirche' in der Ausbildung an Fachhochschulen aufzugreifen.

---

[949] Eine differenzierte Liste von persönlichen Fähigkeiten, grundlegenden Dispositionen und Haltungen für liebendes pastorales Handeln listet auf: *G. Beirer,* Selbst werden in Liebe. Eine Begründung christlicher Ethik im interdisziplinären Dialog (Dissertationen: Theologische Reihe, Bd. 29), St. Ottilien 1988, 377-385.

[950] *Vgl. Lüssi* (1991), Systemische Sozialarbeit, 142.

[951] „Die Kirche ist ja in Christus gleichsam das Sakrament, das heißt Zeichen und Werkzeug für die innigste Vereinigung mit Gott wie für die Einheit der ganzen Menschheit" - Dogmatische Konstitution über die Kirche „Lumen gentium", Nr. 2, in: *Rahner/Vorgrimler* (1979), Kleines Konzilskompendium, 123.

[952] *K. Rahner,* Strukturwandel der Kirche als Aufgabe und Chance, Freiburg 1972, 66.

Als erster Hinweg zur Kirche als Institution legt sich eine religionssoziologische Bestandsaufnahme nahe, mit der auch die subjektive Erfahrung und die biographische Situation der Studierenden eingefangen werden können. Wie die Jugendstudien[953] der vergangenen Jahre zeigen, hat sich der sogenannte ‚Modernisierungsschub' mit seiner Pluralisierung der Lebenslagen und Individualisierung der Lebensführungen auch im Verhältnis von Jugendlichen zur Kirche deutlich niedergeschlagen. Die Studien berichten einerseits von einer weitreichenden Entfremdung, die sich im Rückgang der Praxis des sonntäglichen Kirchenbesuchs, in erhöhter Austrittsbereitschaft aus der Kirche, in einem - trotz empfangener Taufe und Firmung - stark schwindenden Zugehörigkeitsbewußtsein und in einem geringen Wissen über die Lehrauffassungen der Kirche niederschlägt. Zum anderen stellen sie durchaus eine religiöse Suchbewegung fest, die zur Entstehung neuer Formen ‚privater Religiosität', zum Kontakt mit neuen religiösen Gemeinschaften oder zu neuen Formen einer ‚Diesseitsreligion' führt. Es gilt demnach, die Frage nach der Institution Kirche in den Kontext der Moderne zu stellen[954] und daraus ein Verständnis ihrer Lage und eine erste Antwort auf ihre Rolle in der Moderne zu gewinnen. Zugleich können die daraus resultierenden Einsichten den Studierenden dabei helfen, ihre subjektiven Beziehungen zur Kirche besser zu erklären und zu klären.

Eine zweite Blickrichtung, von der her das Verständnis von Kirche zu erschließen ist, führt über eine biblische und historische Reflexion. In Auseinandersetzung mit dem berühmten Satz des Modernisten *Alfred Loisy* „Jesus kündigte das Reich Gottes an, und was kam, war die Kirche"[955] wäre aufzuzeigen, was die exegetischen Befunde über Intention und Verlauf der jesuanischen Sammlungsbewegung aussagen.[956] Dabei löst es der Erfahrung nach

---

[953] Vgl. *H. Barz*, Jugend und Religion, 3 Bde., Opladen 1992/93; *G. Schmidtchen*, Ethik und Protest, Moralbilder und Wertkonflikte junger Menschen, Opladen 1992; *K. Gabriel/H. Hobelsberger (Hrsg.)*, Jugend, Religion, Modernisierung. Kirchliche Jugendarbeit als Suchbewegung, Opladen 1994; ferner die Themenhefte „Zwischen 15 und 30" der Zeitschrift Diakonia 23 (1992) 6; „Jugend - Kirche - Religion" der Zeitschrift Praktische Theologie 29 (1994) 2.

[954] Vgl. dazu vor allem *M. Kehl*, Wohin geht die Kirche? Eine Zeitdiagnose, Freiburg u.a. 1996; *M. N. Ebertz*, Kirche im Gegenwind. Zum Umbruch der religiösen Landschaft, Freiburg u.a. 1997; *J. Homeyer/G. Steins (Hrsg.)*, Kirche - postmodern „überholt"?. Erfahrungen und Visionen einer Zeit des Umbruchs, München 1996; *F. X. Kaufmann*, Kirche begreifen. Analysen und Thesen zur gesellschaftlichen Verfassung des Christentums, Freiburg u.a. 1979.

[955] Zitiert nach *M. M. Garijo-Guembe*, Gemeinschaft der Heiligen. Grund, Wesen und Struktur der Kirche, Düsseldorf 1988, 22.

[956] Adäquate Bücher zur Behandlung dieser Frage an Fachhochschulen für Soziale Arbeit sind u.a.: *A. Vögtle*, Die Dynamik des Anfangs. Leben und Fragen der jungen Kirche,

bei Studierenden immer wieder großes Erstaunen aus, wenn deutlich wird, daß die Kirche „eindeutig eine erst nachösterliche Größe"[957] darstellt und daß man von „Kirche im eigentlichen Sinn ... erst nach der Erhöhung Christi und der Geistsendung sprechen" kann. „Die Jüngergemeinde um Jesus ist noch nicht Kirche, die Gemeinschaft der Erlösten in der künftigen Basileia nicht mehr Kirche."[958] Mit Blick auf die Kirche als ‚Interimsgemeinschaft' *(A. Loisy)* lohnt es sich, der Frage nach jenen elementaren Orientierungen nachzugehen, die Jesus Christus in seinem Leben, seiner Botschaft und seinem Kreuzestod den ihm nachfolgenden Frauen und Männern, aber auch allen Generationen von Christen vorgegeben hat.[959] Es wäre aufzuweisen, wie die junge Kirche und die Kirche in der Geschichte von 2000 Jahren diesen Anfang in der Kraft des Geistes schöpferisch aufgenommen hat und wie dies heute geschieht bzw. geschehen kann. „Aufzudecken und einzugestehen wäre dann gewiß auch, wo und wie Kirche den Anfang, den der Herr mit ihr gemacht hat, verraten hat und verrät. Und zu erwägen wäre jeweils, welche Möglichkeiten ihr in der konkreten Situation erreichbar waren, ihrem Herrn gehorsam zu sein."[960]

Der Rückgriff auf unterschiedliche ‚Kirchenbilder' würde sich dann eignen, um den Wandel im Selbstverständnis der Kirche und dessen gesellschaftliche Bedingtheit begreifbar zu machen: Die Anerkennung des Christentums als Staatsreligion im 4. Jahrhundert, die Entstehung des Kirchenstaates, das Ringen um die Macht im orbis christianum zwischen Kaiser und Papst samt der Verstrickung der Kirche in den theologisch-ideologisch-politischen Kampf, die Reformideen der Laien- und Armutsbewegungen des Mittelalters bis hin zu Luthers Idee einer ‚unsichtbaren Kirche', die Auseinandersetzung der Kirche mit dem modernen Staat - all diese kirchengeschichtlichen Themenbereiche können dazu beitragen, daß Studierende der Sozialen Arbeit Kirche verstehen lernen und ein Gespür dafür entwickeln, daß das Ringen um eine evangeliumsgemäße Kirche ein permanenter Prozeß ist, der damals wie heute die Christen herausfordert. Daß nämlich noch im ‚strikten Gegenteil' von Kirche „der gründende Anfang aufgenommen sein

---

Freiburg 1988; *G. Lohfink,* Wie hat Jesus Gemeinde gewollt?, Freiburg 1982; *J. Ratzinger,* Zur Gemeinschaft gerufen. Kirche heute verstehen, Freiburg 1991, bes. 18-37; *Garijo-Guembe (1988),* Gemeinschaft der Heiligen, 17-85.

[957] *A. Vögtle,* zitiert nach *Garijo-Guembe (1988),* Gemeinschaft der Heiligen, 27.
[958] *R. Schnackenburg,* Artikel Kirche, in: LTHK Bd. 6 (1961), 167.
[959] Zu vielen diesbezüglichen Fragen gibt eine gute Orientierung *J. Werbick,* Kirche. Ein ekklesiologischer Entwurf für Studium und Praxis, Freiburg 1994; auch *Fuchs/Lienkamp (1997),* Visionen des Konzils.
[960] *Werbick* (1994), Kirche, 79.

kann, das gehört zu den schwer erträglichen Spannungen des Kircheseins, die ihr von rasch wechselnden historischen und sozialen Gegebenheiten auferlegt und abverlangt wurden. Daß sie sich aber immer wieder auch allzu schnell auf vordergründige Kompromisse mit dem ihr jeweils ‚Abverlangten' einließ und so den Spannungsbogen zu ihrem gründenden Anfang überspannte, vielleicht auch zerbrach, das gehört zur Scheiternsgeschichte des Volkes Gottes, die in der Ekklesiologie ausdrücklich zum Thema werden muß."[961]

Ein dritter Hinweg zur Kirche eröffnet sich in einer dogmatischen Reflexion. Hier ist vor allem auf das Zweite Vatikanische Konzil zu rekurrieren, dessen ekklesiologischer Fortschritt vor allem in einer Gegenüberstellung mit der Kirchenvorstellung des 19. Jahrhunderts[962] überaus deutlich werden kann und dann eine neue Sympathie für die Kirche zu entfalten in der Lage ist. Denn das Zweite Vatikanum entwickelte unter der Leitidee von ‚Kirche als Sakrament'[963] ein umfangreiches Erneuerungsprogramm, das sich zum einen der Wiederentdeckung der ‚Innenseite' von Kirche, also ihrem theologischen Wesen, widmet und zum anderen ihre ‚Außenseite', d.h. ihren Auftrag in der Welt von heute, neu bestimmt.[964] Es verschränkt somit Dogmatik und Pastoral, die ‚ecclesia ad intra' und die ‚ecclesia ad extra' in einer bislang unbekannten Art und Weise. Die damit verbundenen Weichenstellungen des Konzils und seine nachkonziliaren Wirkungen auch für die Soziale Arbeit der Kirche[965] präzise und anschaulich darzustellen, ist eine der Aufgaben der Theologie. Hierzu gehört es auch, nachkonziliare ekklesiologische Entwürfe und Kirchenvisionen in einer für Sozialberufe angemessenen Form zu präsentieren,[966] dies mit dem Ziel, durch eine Klärung der eigenen Hal-

---

[961] Ebd., 79f.
[962] Vgl. *Garijo-Guembe* (1988), Gemeinschaft der Heiligen, 92-107; *Werbick* (1994), Kirche, 124-134.
[963] Vgl. *Werbick* (1994), Kirche, 407-431.
[964] Klinger ist der Überzeugung, daß die Pastoralkonstitution Gaudium et spes „der Schlüssel für ein authentisches Verständnis" der dogmatischen Konstitution über die Kirche Lumen gentium ist. - Vgl. *Klinger* (1990), Armut, 96ff.
[965] Zu den Weichenstellungen des Konzils vgl. *M. Lechner*, Jugendpastoral zwischen Anspruch und Wirklichkeit, in: *W. Krieger/A. Schwarz* (Hrsg.), Jugend und Kirche. Auf der Suche nach einer Begegnung, München 1997, 90-112, bes. 90-95.
[966] Vgl. z. B. *L. Hohn-Morisch*, Ein Traum von Kirche. Menschlichkeit nach Jesu Art, Freiburg u. a. 1998; dieses Büchlein enthält Kirchenvisionen bekannter zeitgenössischer Theologen in einer für Studierende der Sozialarbeit bewältigbaren Form. Sie können auch als Grundlage zur Vertiefung im Gespräch dienen.

tung zur Kirche die Voraussetzungen für eine Identifikation mit Kirche[967] und für eine Tätigkeit in ihrem Dienst zu schaffen.[968]

Insofern das Ausbildungsanliegen der Fachhochschule ein praktisches ist, bietet sich schließlich viertens ein pastoraltheologischer Zugang zum Thema Kirche an. Es geht dabei insbesondere um die Beantwortung der Frage nach dem ‚Wozu' von Kirche. In Beachtung des Anliegens des Zweiten Vatikanums, das gesamte Volk Gottes als Subjekt der Pastoral zu bemündigen, muß der Klärung des Pastoralverständnisses ein großer Stellenwert beigemessen werden. Es gilt dabei aufzuzeigen, daß die Diakonie eine grundlegende Wirkweise der Pastoral, d.h. der Sendung der Kirche, darstellt,[969] und daß dementsprechend auch die sozial-caritativen Berufe ins Zentrum der Sendung der Kirche gehören. Denn sie bezeugen ‚in der Tat' die Liebe Gottes zu den Menschen und partizipieren in diesem Modus auf ihre spezifische Weise an dem Sendungsauftrag der Kirche, ‚Zeichen und Werkzeug des Heils' zu sein.[970] Man wird sogar mit dem apostolischen Schreiben ‚Evangelii nuntiandi' festhalten müssen, daß die Evangelisierung „vor allem durch das Verhalten, durch das Leben der Kirche" geschieht und daß das Zeugnis des Lebens, das Zeugnis ohne Worte „zwar eine stille, aber sehr kraftvolle und wirksame Verkündigung der Frohen Botschaft" ist.[971] Eine pastorale Verortung der Sozialberufe in diesem pastoralen Konzept erscheint heute, gerade im Kontext der Leitbild- und Profilentwicklung, als eine enorm bedeutsame pastoraltheologische Aufgabe. Entsprechend dieser Vorrangigkeit der Diakonie wird eine Theologie in der Sozialen Arbeit praktisch-theolo-

---

[967] Vgl. bes. die äußerst orientierenden Ausführungen dazu bei *J. Ratzinger*, Identifikation mit der Kirche, in: *ders./K. Lehmann*, Mit der Kirche leben, Freiburg 1977, 13-40.

[968] Vgl. *O. Fuchs*, Dableiben oder weggehen? Christen im Konflikt mit der Kirche, München 1989; *B. Häring*, Es geht auch anders. Plädoyer für eine neue Umgangsform in der Kirche, Freiburg u.a. 1993; *W. Bühlmann*, Von der Kirche träumen. Ein Stück Apostelgeschichte im 20. Jahrhundert, Graz u.a. 1986; *P. M. Zulehner*, Das Gottesgerücht. Bausteine für eine Kirche der Zukunft, Düsseldorf 1987.

[969] Vgl. *R. Zerfaß*, Die kirchlichen Grundvollzüge - im Horizont der Gottesherrschaft, in: *Konferenz der bayerischen Pastoraltheologen (Hrsg.)*, Das Handeln der Kirche in der Welt von heute. Ein pastoraltheologischer Grundriß, München 1994, 51-89; *E. Arens*, Christopraxis. Grundzüge theologischer Handlungslehre (= QD, Bd. 139), Freiburg 1992, bes. 131-149; auch *Fuchs* (1990), Heilen und befreien, bes. 103-122.

[970] Vgl. *O. Fuchs*, Assoziationen zum Verhältnis von theologischer Lehre und diakonischer Tat, in: Caritas 87 (1986) 3, 143-159; *Lechner* (1993), Kirchlichkeit der Mitarbeiter.

[971] Apostolisches Schreiben *Evangelii nuntiandi* Seiner Heiligkeit Papst Pauls VI. an den Episkopat, den Klerus und alle Gläubigen der katholischen Kirche über die Evangelisierung in der Welt von heute, 8. Dezember 1975 (= Verlautbarungen des Apostolischen Stuhls, hrsg. vom *Sekretariat der Deutschen Bischofskonferenz*, H. 2), Bonn 1975, Zitat aus Nr. 21.

gische Begründungsarbeit leisten,[972] mit den Organisationen, Einrichtungen und Diensten caritativer Arbeit bekannt machen und deren neuere Profilpapiere und Leitbilder vorstellen.

Einen ‚multiperspektivischen Zugang' zur Kirche zu eröffnen, ist der Auftrag einer Theologie in der Sozialen Arbeit, die sich in den Dienst der Ausbildung von Sozialarbeitern/-innen und Sozialpädagogen/-innen stellt. Als Voraussetzung ihrer Professionalität bedürfen diese Berufe, insbesondere wenn sie im kirchlichen Dienst tätig sind, eines vertieften Verständnisses der Institution Kirche, einer gewissen Sympathie mit ihr trotz der vorhandenen Mängel und eines Einblickes in die Idee eine ‚Anwaltschaft des Humanen', die hinter dem institutionellen Gehäuse doch immer auch gegeben ist.

4.4.8 „Die Hilfe muß der Not gebracht werden...." - ‚Gefährliche Erinnerungen' an die Geschichte christlich motivierten Helfens

„Die Aufgabe der Wohlfahrtspflegerin ist nicht in erster Linie Mission, sondern Wohlfahrtspflege. Diese kann zwar von unserem Standpunkt aus niemals Selbstzweck werden, aber sie besitzt doch Eigenständigkeit. Sie darf nicht dazu benutzt werden, Menschen zu der Weltanschauung herüberzuziehen, die die Wohlfahrtspflegerin selbst vertritt. Die Hilfe muß der Not gebracht werden, ohne Bedingungen, ohne geheime oder offene Erwartungen. Die Wohlfahrtspflege ist kein Mittel zum Zweck der Verbreitung dieser oder jener Weltanschauung, sondern zum Zweck der Abstellung von Not. (...) Die Hilfe soll vorbehaltlos geleistet werden. Das ist Christi Gebot."[973]

Diese Überzeugung von der Notwendigkeit eines ‚geschäftsinteresselosen' Dienstes von Christen im Rahmen der Wohlfahrtspflege der Weimarer Republik, die zu weltanschaulicher Neutralität verpflichtete, hat bis heute nichts von ihrer provozierenden Wirkung verloren. Umso bedeutsamer er-

---

[972] Vgl. *H. Steinkamp*, Diakonisches Handeln, in: *E. Arens (Hrsg.)*, Gottesrede - Glaubenspraxis. Perspektiven theologischer Handlungstheorie, Darmstadt 1994, 131-149; vgl. auch die Literatur in Anm. 60.

[973] *I. Solltmann*, Sollen und können weltanschauliche Kräfte und Überzeugungen in der Familienfürsorge wirksam werden?, in: Ungelöste Fragen der Wohlfahrtspflege (= Veröffentlichungen des Vereins katholischer deutscher Sozialbeamtinnen, H. 1), Köln 1929, 14-38, hier 27; I. Solltmann beruft sich hier auf den Aufsatz des Jesuiten *Karl Neundörfer*, Die Eigenständigkeit der Wohlfahrtspflege gegenüber Kirche und Staat, in: Hochland 23 (1926) Bd. 2, 69-76.

scheint es, solche und ähnliche ‚gefährliche Erinnerungen'[974] aus der Geschichte des christlich motivierten Helfens ans Licht zu bringen. Denn das Gedächtnis „ruft vergangene Schrecken wie vergangene Hoffnung in die Erinnerung zurück."[975] Im Interesse einer dem Menschen dienlichen Praxis sozialer und caritativen Arbeit ist daher auch die Theologie als bezugswissenschaftliche Disziplin an Fachhochschulen für Soziale Arbeit aufgefordert, „gefährliche Einsichten"[976] aus der Geschichte kirchlicher Sozialer Arbeit - seien sie bedrängender oder hoffnungsvoller Natur - zu vergegenwärtigen. Sie kann dabei auf einen großen Bestand an historischen Arbeiten zurückgreifen. Bei einer notwendigen Auswahl für die Ausbildung an Fachhochschulen kommen vor allem vier Themenkreise in Betracht.

Ein erstes Thema könnte die Geschichte christlicher Armenfürsorge und sozial-caritativer Tätigkeit sein. Bei diesem Themenkreis lohnt es sich, im Neuen Testament nach jenen Belegen zu suchen, in denen die praktische Sorge um die Armen als ein positives Gebot Gottes und Kern christlichen Gemeindelebens dargestellt wird. Es wäre unter dem Stichwort ‚Armut im Neuen Testament und in den urchristlichen Gemeinden' zu entfalten, welche Empfehlungen die neutestamentlichen Schriftsteller zur Frage des Umgangs mit den Armen geben, die ‚immer unter Euch' sind (Mk 14,7). Zu erinnern wäre an die Anfänge christlicher Armenfürsorge in der alten Kirche,[977] an die Auffassungen der Kirchenväter zur Frage der Armut,[978] an die Armenpflege im Mittelalter[979] und an die Umgestaltung der Armenfürsorge an der Schwelle zur Neuzeit.[980]

---

[974] Die ‚gefährliche Erinnerung' hat J. B. Metz im Rekurs auf H. Marcuse als Erinnerungsgestalt des Glaubens postuliert. Im Unterschied zum alltäglichen Verständnis von Erinnerung, in der Vergangenheit romantisch verklärt wird und meist nur individuell bedeutsam bleibt, meint die Erinnerung des Glaubens „jene gefährliche Erinnerung, die unsere Gegenwart bedrängt und in Frage stellt, weil wir uns in ihr an unausgestandene Zukunft erinnern". - Vgl. dazu *J. B. Metz*, Zum Begriff der neuen Politischen Theologie 1967-1997, Mainz 1997, 49.

[975] *H. Marcuse*, Der eindimensionale Mensch, Neuwied 1967, 117.

[976] Ebd.

[977] Für einen ersten Überblick vgl. *M. Eder*, Helfen macht nicht ärmer. Von der kirchlichen Armenfürsorge zur modernen Caritas in Bayern, Regensburg 1997, 9-11.

[978] Vgl. *F. Klein*, Christ und Kirche in der sozialen Welt, Freiburg o. J., hier bes. 51-73.

[979] Vgl. ebd., 73-96; auch *Eder* (1997), Helfen, 12-22; als grundlegendes Werk ist zu empfehlen *M. Mollat*, Die Armen im Mittelalter, München 1987.

[980] Vgl. *Eder* (1997), Helfen, 22-27.

Gemäß der neuen Rahmenstudienordnung, die im Studienbereich 1 das Thema ‚Geschichte der Sozialen Arbeit' vorschreibt,[981] wird die Theologie dann jedoch einen Schwerpunkt auf die sozial-caritative Arbeit der christlichen Kirchen im 19. Jahrhundert legen. Wie *F. X. Kaufmann* überzeugend darstellt, ist die Bedeutung des Christentums für die Entstehung des modernen Wohlfahrtsstaates in der zeitgeschichtlichen Literatur höchst unterbelichtet, ja ein „vergessenes Thema".[982] Gerade eine Theologie in der Sozialen Arbeit wäre in der Lage, diese historische Lücke durch eigenständige Forschung zur Geschichte christlich motivierten Helfens zu schließen.

Zu erinnern wäre in diesem Zusammenhang an die Anfänge christlicher Caritas zu Beginn des 19. Jahrhunderts.[983] Die Säkularisation bedeutete für weite Bevölkerungskreise insbesondere auf dem Land eine „soziale Katastrophe"[984], weil durch die Aufhebung der Klöster die wichtigste Form kirchlicher Wohlfahrtsarbeit zerstört worden war. Angesichts des Zusammenbruchs der funktionierenden Sozialordnung des Ständewesens[985] mußte nun um neue Formen der kirchlichen Armenfürsorge gerungen werden. Es ist daran zu erinnern, daß diese nicht ‚von oben' durch die kirchliche Hierarchie initiiert wurden, sondern ‚von unten' aus privater Initiative christlich gesinnter Kreise entstanden.[986] Diese waren dem einfachen Volk verbunden und vermochten sich daher in die Not dieser Bevölkerungsgruppen einzufühlen. Als ‚Caritaskreise', ‚Laienkreise', ‚Frauenkreise' oder ‚Mädchenkreise' suchten sie eine religiös motivierte Antwort auf die neuen sozialen Herausforderungen der Kinderarbeit, der Verwahrlosung Heranwachsender, der fehlenden medizinischen Betreuung der Bevölkerung und des allgemeinen Bildungsnotstandes. Aus diesen Initiativen erwuchsen zahlreiche neue caritative Schwesterngemeinschaften und -orden, für die „eine ausgesprochene ... *Priorität der Option für die Armen*" und „der Grundsatz der *staats-*

---

[981] Dieses Fach findet sich im Studienbereich 1: „Allgemeine Grundlagen der Sozialen Arbeit" im Umfang von 2 Semesterwochenstunden, die im Grundstudium von allen Studierenden zu belegen sind. - Vgl. Rahmenstudienordnung für den Fachhochschulstudiengang Soziale Arbeit (1995), 398.

[982] *F. X. Kaufmann*, Religion und Modernität. Sozialwissenschaftliche Perspektiven, Tübingen 1989, 89-119, Zitat 89.

[983] Vgl. dazu umfassend *M. Lehner*, Caritas. Die Soziale Arbeit der Kirche. Eine Theoriegeschichte, Freiburg 1997.

[984] *K. Schatz*, Zwischen Säkularisation und Zweitem Vatikanum. Der Weg des deutschen Katholizismus im 19. und 20. Jahrhundert, Frankfurt a. M. 1986, 32.

[985] Vgl. ebd., 33.

[986] „Der Anstoß geht hier von Laien aus, nicht vom Klerus und erst recht nicht von der Hierarchie. Von bischöflicher Seite ist in Deutschland vor 1850 kaum eine Initiative caritativ-sozialer Art geschehen." - Ebd., 151.

freien Sozialhilfe" kennzeichnend waren.[987] Beide Aspekte können deswegen als prophetisch gelten, weil sie die heutige Soziale Arbeit sowohl zur Bestimmung ihres Standortes anhalten als auch daraufhin befragen, ob in ihr außer Recht, Pflicht und Anspruch auch noch Liebe, Dankbarkeit und Freiwilligkeit einen geziemenden Platz haben.

Von besonderer Bedeutung für die Ausbildung in Sozialer Arbeit, die sich auch politisch versteht, dürfte die christlich-soziale Bewegung sein. Es ist heute unumstritten, daß „der christlich-sozialen *Bewegung* für die *praktische* Entwicklung von Sozialpolitik und Wohlfahrtsstaatlichkeit gerade im Pionierland Deutschland zentrale Bedeutung" zukommt.[988] Sowohl die katholischen Arbeiter-, Gesellen- und Burschenvereine, die dem Selbsthilfe- und Solidaritätsgedanken aufs engste verbunden waren, als auch die politische Organisation des Katholizismus, die im Volksverein für das katholische Deutschland und in der Zentrumspartei ihren Mittelpunkt besaß, hatten maßgeblichen Anteil an einer Ergänzung der individuellen Fürsorge durch eine sozialpolitische Mitgestaltung der Gesellschaft.[989] Zu erinnern wäre in diesem Zusammenhang auch an die ‚roten Kapläne',[990] an die christliche Gewerkschaftsbewegung,[991] an die Aktivitäten des Volksvereins für das katholische Deutschland sowie an Persönlichkeiten wie A. Kolping, Franz Hitze, Bischof Ketteler, Franz Brands, Anton Heinen, Dominikus Ringeisen, Johann Ev. Wagner, Josef Probst.[992] Ihnen stehen die Gründerinnen von sozialen Frauengemeinschaften und Frauenorden, etwa Klara Wolff, Katharina Kasper, Franziska Schervier, Elisabeth Eppinger, Antonia Werr in nichts nach.[993] Das umfangreiche historische Material und die Porträts unterschiedlicher Persönlichkeiten[994] mit ihren teils kontroversen Auffassungen könnten ein wertvoller Beitrag der Theologie zur Ausbildung an Fachhochschulen für Soziale Arbeit sein. Sie wird deutlich machen können, daß katholischerseits die soziale Frage zunächst als Herausforderung an die christliche Nächstenliebe erkannt und erst verhältnismäßig spät als Strukturproblem der Gesell-

---

[987] Vgl. ebd., 165f.
[988] *Kaufmann* (1989), Religion und Modernität, 91.
[989] Vgl. *H. Hürten*, Kurze Geschichte des deutschen Katholizismus 1800-1960, Mainz 1986, bes. 160-173.
[990] Vgl. *H. Budde,* Man nannte sie ‚rote Kapläne'. Priester an der Seite der Arbeiter, Kevelaer u.a. 1989.
[991] Vgl. *Schatz* (1986), Säkularisation, 170-180.
[992] Zu den letzteren drei vgl. *Eder* (1997), Helfen, 164-214.
[993] Einen guten Überblick über die in Bayern tätigen caritativen Orden jener Zeit gibt Eder ebd., 103-153.
[994] Vgl. *H. Maier,* Who is who der sozialen Arbeit, Freiburg 1998

schaft und als Frage der gerechten Ordnung begriffen wurde. Die Hauptleistung besteht jedoch „in der Schaffung des ‚sozialen Katholizismus', welcher durch seine faktische personelle Verflechtung mit dem ‚politischen Katholizismus' sowohl für die christliche Gestaltung der Gesellschaft wie für die kirchliche Bindung der verschiedensten sozialen Schichten Hervorragendes leistete."[995]

Ein zweiter Themenkreis, der für die Ausbildung an Fachhochschulen für Soziale Arbeit Relevanz besitzt, ist die Geschichte der Caritas und seiner Mitgliedsorganisationen bzw. der Diakonie auf evangelischer Seite. Während dort aufgrund der Leistung von Johann Heinrich Wichern bereits seit 1848 die zahlreichen freiwilligen Hilfegruppen im ‚Central-Ausschuß für die Innere Mission der Deutschen Evangelischen Kirche' koordiniert wurden, fehlte es auf katholischer Seite an einer entsprechenden Instanz, „welche die Gesamtheit der caritativen Kräfte repräsentieren und leitende Gesichtspunkte ausarbeiten konnte."[996] Seit dem Jahre 1891 betrieb der Limburger und spätere Freiburger Diözesangeistliche *Lorenz Werthmann* mit Nachdruck die Gründung eines solchen verbandlichen Zusammenschlusses, ein Vorhaben, das 1897 im ‚Caritas-Verband für das katholische Deutschland' seine Verwirklichung fand. Die Erinnerung daran kann sicherlich insofern als ‚gefährlich' gelten, als man feststellen muß, daß dieser neue Verband „kein von den kirchlichen Behörden getragener Zusammenschluß, sondern ein solcher der vorhandenen freien Kräfte"[997] war und daß die deutschen Bischöfe den Caritasverband erst im Jahre 1915 offiziell anerkannten. Während man also einerseits die Tatsache zu würdigen hat, daß die caritative Arbeit der Kirche im 19. und frühen 20. Jahrhundert - im Unterschied zu vorher[998] - überwiegend von ehrenamtlichen Helferinnen und Helfern auf örtlicher Ebene getragen wurde und sich so gerade im caritativen Sektor ein Laienapostolat entwickeln konnte, muß man andererseits die Frage aufwerfen, warum die amt-

---

[995] *Schatz* (1986), Säkularisation,180.
[996] Vgl. *Hürten* (1986), Geschichte des deutschen Katholizismus, 174.
[997] Vgl. ebd.; vgl. auch *H.-J. Wollasch*, „Der an sich schöne Gedanke der Caritas" und die Geburtswehen des Verbandes 1897, in: Jahrbuch des Deutschen Caritasverbandes 1988, Freiburg 1987, 311-333; *H.-J. Wollasch*, Caritasverband und katholische Kirche in Deutschland. Zur Bedeutung des ‚Anerkennungsbeschlusses' der Fuldaer Bischofskonferenz vom Jahre 1916, in: Jahrbuch des Deutschen Caritasverbandes 1972, Freiburg o. J., 59-75.
[998] Im Mittelalter bis zum 16. Jahrhundert verlagerte die Kirche den Schwerpunkt ihrer Liebestätigkeit in den Anstaltsbereich (Orden, Klöster, Spitäler) hinein, so daß die gemeindliche Liebestätigkeit und mit ihr die Beteiligung der Laien daran fast verschwindet. „Der Laienstand als solcher tritt als Mitträger organisierter Caritas kaum mehr in Erscheinung." - *Klein* (o. J.), Christ und Kirche, 102.

liche Kirche erst sehr spät die Organisationsform der verbandlichen Caritas offiziell beglaubigt hat.

Der Erinnerung an die beiden, in der Geschichte kirchlicher Fürsorgearbeit offenkundigen Spannungsfelder ‚Charisma und Amt' und ‚Diakonie und Pastoral' ist eine weitere ‚gefährliche Erinnerung' hinzuzufügen. Es handelt sich um das Miteinander von kirchlichen und staatlichen Initiativen der sozialen Hilfe. Innerhalb des Katholizismus des 19. Jahrhunderts herrschte weithin die Auffassung vor, christliche Barmherzigkeit sei etwas ganz anderes und vor allem segensreicheres als die ‚bürgerliche öffentliche Wohltätigkeit'. Dieses tief eingewurzelte Mißtrauen gegen alles Staatliche und Bürokratische verhinderte lange Zeit, daß die Kirche auch die positiven Effekte der staatlichen Sozialgesetzgebung anerkennen und sich als freier Täger in die staatlichen Ziele integrieren konnte.[999] Die Gründung und Entwicklung des Caritasverbandes ist weithin von dieser ideellen und organisatorischen Spannung geprägt. Vor allem die Forderung einer weltanschaulichen Neutralität jedweder freien caritativen Tätigkeit in der Weimarer Republik führte lange Zeit zu unlösbaren Problemkonstellationen.[1000] Die sozialpolitischen Vorgaben und die Praxis der Machthaber im Dritten Reich vertieften diese Vorbehalte gegenüber dem öffentlichen System der Wohlfahrtspflege.[1001] Erst mit der Gründung der Bundesrepublik Deutschland konnte unter den Prinzipien von Subsidiarität und Solidarität ein gemeinsamer Weg eingeschlagen werden, der einerseits die weltanschauliche Autonomie der freien caritativen Träger respektiert, andererseits aber alle Träger gemeinsam mit der staatlichen Hand auf gemeinsame Prinzipien Sozialer Arbeit festlegt.[1002] Die Erinnerung an dieses Gegen- und Miteinander der caritativen Arbeit von Kirche und Staat könnte für aktuelle Gefährdungen dieser Balance zwischen freien und öffentlichen Trägern der Sozialen Arbeit sensibilisieren.

Ein dritter Themenkomplex, den die Theologie zur Ausbildung an Fachhochschulen für Soziale Arbeit beisteuern könnte, ist die Geschichte katholischer Sozialberufe und die ihrer Ausbildungsstätten. Erfreulicherweise sind in den vergangenen Jahren anläßlich von Jubiläen oder auch aus feministischem Interesse heraus historische Studien unternommen worden, die vor

---

[999] Vgl. *Schatz* (1986), Säkularisation, 157f.
[1000] Vgl. den Sammelband Ungelöste Fragen der Wohlfahrtspflege (= Veröffentlichungen des Vereins katholischer deutscher Sozialbeamtinnen, H. 1), Köln 1929, 14-38, hier 27.
[1001] Vgl. dazu die erschütternden Zeugnisse in: *Eder* (1997), Helfen, 361-491.
[1002] Vgl. *Klein* (o. J.), Christ und Kirche, 123-147.

allem von den Gründerpersönlichkeiten und ihrem Wirken handeln.[1003] Die Geschichte der Ausbildungsstätten für katholische Sozialberufe aber verdient es, noch intensiver auch unter dem Blickwinkel einer Theologie an diesen Schulen aufgearbeitet zu werden. Denn sie hält ‚gefährliche Erinnerungen' in mehrfacher Hinsicht bereit.

Eine erste ist die Tatsache, daß die konfessionellen Ausbildungsstätten allesamt von Frauen gegründet und geleitet wurden. Die Schulen, die meist in der Trägerschaft des katholischen Frauenbundes lagen, standen ideell und personell der Frauenbewegung nahe und boten jungen Mädchen und Frauen die damals einzige Möglichkeit, einen außerhäuslichen Beruf zu ergreifen. Die emanzipatorische Wirkung, die von der Ausbildungstätigkeit der Frauenschulen, vom berufspolitischen Engagement ihrer Führungspersönlichkeiten und von den Kontaktkreisen der Absolventinnen für Kirche und Gesellschaft ausging, kann nicht hoch genug eingeschätzt werden.

Eine weitere ‚gefährliche Erinnerung' in diesem Zusammenhang ist die enge Einbindung der Schulen in einen lebendigen kirchlichen Kontext. Einerseits war es für die Gründerinnen selbstverständlich, mittels der Pflege guter Kontakte zur staatlichen wie vor allem zur kirchlichen Autorität eine formelle Anerkennung und Unterstützung für ihre Arbeit zu erlangen.[1004] Andererseits unterhielten sie auch enge Beziehungen zur damaligen, in kirchlichen Kreisen durchaus skeptisch beäugten Jugendbewegung, etwa des Quickborn,[1005] sowie zur Liturgischen Bewegung[1006]. Die Leiterinnen der

---

[1003] Vgl. z. B. *Zeller* (1989), Maria von Graimberg; *M. Neboisa,* Ellen Ammann, Dokumentation und Interpretation eines diakonischen Frauenlebens, St. Ottilien 1992.

[1004] Vor allem der spätere Erzbischof von München und Freising, Kardinal Michael Faulhaber, war dem Anliegen und den Gründerinnen der sozialen und caritativen Frauenschulen von Heidelberg und München eng verbunden.

[1005] So lud die damalige Vorsitzende des Schulkuratoriums der in Aachen ansässigen Sozialen Frauenschule, Dr. Gerta Krabbel, den mit ihr aus der Quickborn-Bewegung her befreundeten Architekten Rudolf Schwarz ein, den Neubau der Aachener Schule auszuführen. Schwarz erstellte im Bauhaus-Stil ein Gebäude, das „die Verbindung von Verborgenheit und Aufgeschlossenheit" zur Grundlage der Bauanlage machte. - Vgl. *R. Krockauer,* Aachens Hochschule für Soziale Arbeit. Von der ‚Sozialen Frauenschule' zur ‚Kath. Fachhochschule NW, Abteilung Aachen' in Burtscheid (1918-1998), Manuskript 12 S., 2.

[1006] So wurden etwa an der Heidelberger Schule sog. ‚Liturgische Abende' von P. Michael von Witowski aus dem Kloster Neuburg durchgeführt - Vgl. *Zeller* (1989), Maria von Graimberg, 76. Ähnliches wird von der Aachener Schule berichtet, an der im Schuljahr 1924/25 P. Thomas Michels aus Maria Laach über das Thema ‚Bedeutung der Liturgie für die Einzelpersönlichkeit und Volksgemeinschaft referierte. - Vgl. *R. Krockauer/L. Gielkens,* Forschungsprojekt: Theologie und Soziale Arbeit, Manuskript 6 S., Aachen 1998, 3.

Schulen legten also Wert darauf, in der amtlichen Kirche anerkannt und zugleich mit an der Spitze der theologischen und kirchlichen Erneuerungsbewegungen zu stehen.

Diese für heute durchaus bedeutsame Tatsache wird durch einen weiteren Aspekt untermauert, den tiefer zu erforschen sich lohnen würde. Es handelt sich um die ‚gefährliche Erinnerung' daran, daß die katholischen ‚sozialen und caritativen Frauenschulen' und ihre Gründerinnen bzw. Leiterinnen treibende Kräfte des Apostolates der Frauen in der Kirche waren. Zwei Belege dafür lassen sich anführen, zum einen die Entwicklung der Ausbildung zur Seelsorge- bzw. Pfarrhelferin, zum anderen die Bemühungen um die Einrichtung eines Diakonates der Frau.

Die Seelsorgehilfe entwickelte sich, wie man am Beispiel München sehen kann, aus dem Bestreben des katholischen Frauenbundes, verheirateten und berufstätigen Frauen mittels ‚laienkatechetischer Kurse' Anregung auf religiösem Gebiet zu geben und sie für ehrenamtliche Hilfsarbeiten in der Seelsorge zu qualifizieren. Solche Abendkurse gab es in München bereits in der Zeit zwischen 1910 und 1920. Ab dem Schuljahr 1926/27 verband die damalige neue Leiterin der ‚Sozialen und Caritativen Frauenschule', Dr. Luise Jörissen, diese Kurse mit der Schule, erweiterte und vertiefte sie, so daß nun auch die Schülerinnen „durch den Besuch dieser Vorträge ihre religiösen Kenntnisse bereichern (konnten, M. L.), zum Gewinn für sich persönlich und für die spätere Fürsorgearbeit."[1007] Schon bald wurden diese laienkatechetischen Abende in die Fürsorgeausbildung integriert und „zur Grundlage für die hauptamtliche Tätigkeit in der kirchlichen Seelsorgehilfe fortentwickelt. Das abschließende kirchliche Examen brachte die Anerkennung durch das Erzbischöfliche Ordinariat."[1008] Ähnlich verlief die Entwicklung auch an anderen Schulen des katholischen Frauenbundes, etwa in Heidelberg[1009], in Aachen[1010] oder in Münster.[1011] Es wäre höchst wichtig, die Genese der Seel-

---

[1007] *M. Ammann*, Soziale und Caritative Frauenschule des Katholischen Frauenbundes in Bayern 1909-1961, in: Jahresbericht der Ellen-Ammann-Schule, Höhere Fachschule für Sozialarbeit, München, für die Schuljahre 1963/64, 9-13, hier 9.

[1008] Ebd.

[1009] Dort fanden ab 1929 die ersten Prüfungen zur Seelsorgshelferin statt, die mit der Verleihung der ‚missio canonica' endeten und die Absolventinnen der Sozialen Frauenschule „für die Erteilung von Religionsstunden im Rahmen ihrer sozialen Berufstätigkeit" befähigten. - Vgl. *Zeller* (1989), Maria von Graimberg, 77.

[1010] Dort wurde im Schuljahr 1927/28 erstmals ein sog. Pfarrhelferinnenkurs durchgeführt. „Ziel war es dabei, die Ausbildung zur Pfarrhelferin mit der Vorbereitung auf die staatliche Wohlfahrtspflegerin zu verbinden und überschneidende Arbeitsfelder auszumachen." - Vgl. *Krockauer/Gielkens* (1998), Forschungsprojekt, 2f.

sorgehilfe an den einzelnen kirchlichen Fachhochschulen im Rahmen theologischer Forschungsprojekte aufzuarbeiten, um die - auf der Basis des eben zitierten Materials aufgestellte - These zu erhärten, daß dieser ab 1929 an den katholischen sozialen Frauenschulen eingeführte zusätzliche Studiengang der Seelsorgehilfe in der Hauptsache eine caritative Identität besaß.[1012] Dementsprechend muß die nach dem Abschluß des Kurses verliehene kirchliche ‚missio' schwerpunktmäßig eine ‚missio diakonalis' gewesen sein, die neben der vorrangigen Fürsorgearbeit auch die Übernahme von religionspädagogischen Aufgaben einschloß.

In gleicher Weise ‚gefährlich' dürfte die Erforschung der Bestrebung nach einem Diakonat der Frau sein. Es liegen bereits Erkenntnisse vor, daß es inbesondere der spätere Erzbischof von München und Freising, Kardinal *Michael Faulhaber* war, der diesem Gedanken eines Diakonates für Frauen aufgrund seiner eigenen wissenschaftlichen Studien und aufgrund seiner engen Beziehungen zu Maria von Graimberg, der Leiterin der Heidelberger Schule, und zu Ellen Amman, der Leiterin der Münchner Schule, sehr gewogen war. Aus seiner Anregung und unter seiner geistlichen Leitung entstand im Jahre 1918 eine religiöse Gemeinschaft von apostolisch gesonnenen Frauen, die sogenannte ‚societas religiosa', zu der bekannte Persönlichkeiten der katholischen Frauenbewegung gehörten und deren erste Assistentin *Ma-*

[1011] Dort ersuchte die Wohlfahrtsschule im Jahre 1932 den damaligen Bischof Dr. Johannes Poggenburg darum, „die Ausbildung der Gesundheits-Familienfürsorgerin für die Gemeindehilfe gütigst gestatten zu wollen." Als Begründung wurde darauf verwiesen, daß sich die Fälle mehrten, „in denen sich die Einstellung einer beruflich geschulten Wohlfahrtspflegerin und Seelsorgehelferin bei den Pfarrämtern als notwendig erweist" - Vgl. *Th. Schaefer-Hagenmaier,* Von der Kreisfürsorgerinnenschule zur Katholischen Fachhochschule NW, Abteilung Münster, in: *Katholische Fachhochschule Nordrhein-Westfalen, Abteilung Münster (Hrsg.),* Theorie und Praxis sozialer und pädagogischer Lehre im Blickpunkt. 75 Jahre Ausbildungsstätte für soziale Arbeit in Münster, Münster 1992, 11-62, hier 26f.

[1012] Ein dem Verfasser vorliegendes Prüfungszeugnis über die Ausbildung für Seelsorgshelferinnen an der sozialen und caritativen Frauenschule des katholischen Frauenbundes in Bayern aus dem Jahre 1952 bescheinigt der Absolventin: „für die Caritasarbeit geeignet". Das ist ein eindeutiger Beleg für eine diakonische Qualität der Seelsorgshilfe! Er wird erhärtet durch den Hinweis aus der Entstehungszeit der ‚missio' an der Sozialen Frauenschule in Münster. Dort wurde die Notwendigkeit der Fürsorgerinnen im Gemeindedienst damit begründet, daß Kommunen aus Finanzmangel dazu übergingen, einen Teil des Gehalts der wohlfahrtspflegerisch geschulten Pfarrhelferinnen zu übernehmen, um ihnen auch Aufgaben der kommunalen Fürsorge übertragen zu können. Daher war es Ausbildungsziel, die Fürsorgerinnen so auszubilden, daß sie „als Mitarbeiterinnen des Gemeindepfarrers seelsorgliche und caritative Aufgaben" übernehmen konnten. - Vgl. *Schaefer-Hagenmaier* (1992), Von der Kreisfürsorgerinnenschule, 27.

ria von Graimberg wurde.[1013] Es war eine ordensähnliche Gemeinschaft mit Regeln und Aspirantat. Ihr Ziel lag in einer persönlichen geistlichen Formation und in der daraus erwachsenden religiösen Durchdringung der Sozialen Arbeit und der Ausbildung. Noch weiter gingen die Überlegungen von *Ellen Ammann*, die als verheiratete Frau von der Vorstellung „eines dritten Berufes der Jungfrau in der Welt" beseelt war. Neben der Ehe und dem Ordensstand sollte es Frauen im sozialen Dienst geben, die in religiösen Vereinigungen leben und sich als „eine Kernschar" unter den haupt- und nebenberuflichen Wohlfahrtspflegerinnen begreifen.[1014] In dieser Vision verborgen war die Idee eines Diakonates der Frau. Während Kardinal *Faulhaber* dieses mit der Firmung, der Diakonatsweihe des jungen Christen für sein Berufsleben, gegeben sah, konnte sich *Ammann* mit diesem nichthierarchischen Charakter des Diakonats nie ganz anfreunden, weil sie darin eine faktische Mißachtung der biblisch bezeugten Gleichwertigkeit der Frau sah.[1015] Es wird lohnenswert sein, die Erforschung dieses Aspektes des Apostolates der Frau intensiv weiterzutreiben.[1016]

Abschließend soll noch ein Hinweis auf einen vierten Themenkomplex erfolgen, der für künftige Sozialarbeiterinnen und Sozialarbeiter (nicht nur) bei katholischen Organisationen inspirierend sein könnte: die Porträts von Persönlichkeiten aus der kirchlich-caritativen Arbeit[1017] sowie die Entstehungshintergründe und die spirituellen Motive von caritativen Vereinigungen und Ordensgemeinschaften. Es ist immer wieder verblüffend, wie sehr Biographie und Praxis, Erfahrung und wissenschaftliche Thesen zusammenhängen und welche ‚modernen' pastoraltheologischen Konzeptionen implizit und explizit bereits damals vertreten wurden. Auch kann das Studium historischer Dokumente von verbandlichen Organisationen caritativer Arbeit in vielfacher Weise Orientierungen zur Herkunft des sozialen Berufes, Einsichten in seine Identität und Aufgabe, in seine Krisen und Chancen vermitteln und durch Erinnerungsarbeit Motivation und Energie für heute erschließen.

[1013] Vgl. *Zeller* (1989), Maria von Graimberg, 64f.
[1014] Vgl. *Neboisa* (o. J.), Ellen Ammann 1870-1932, 18.
[1015] Vgl. *Neboisa* (1992), Ellen Ammann. Dokumentation und Interpretation, 397.
[1016] Dies geschieht derzeit im Katholischen Deutschen Frauenbund (KDF) Augsburg sowie in einem Arbeitskreis der Studentengemeinde der Katholischen Stiftungsfachhochschule München.
[1017] *H. J. Wollasch*, „Sociale Gerechtigkeit und christliche Charitas". Leitfiguren und Wegmarkierungen aus 100 Jahren Caritasgeschichte, Freiburg 1996.

4.5 Vermittlungsformen der Theologie

Die inhaltliche Entfaltung des Angebotes der Theologie an die Soziale Arbeit ist eine erste Aufgabe, die von allen Theologen/-innen an Fachhochschulen jeweils vor Ort und in Zusammenarbeit mit Fachkollegen/-innen zu leisten ist. Die Entwicklung adäquater Formen und didaktischer Methoden der Vermittlung muß aber mit derselben Dringlichkeit betrieben werden. Denn dem praktischen Ausbildungsziel der Fachhochschule für Soziale Arbeit, Studierende für selbständiges berufliches Handeln auf wissenschaftlicher Basis zu qualifizieren, haben auch die Formen der Lehre zu entsprechen.

Die neue Rahmenstudienordnung in Bayern beispielsweise formuliert in § 3 ganz allgemein, daß das Studium „nach dem hochschuldidaktischen Prinzip des exemplarischen Lehrens und Lernens durchzuführen"[1018] ist und daß auf „die Verknüpfung der Fächer der einzelnen Studien- und Themenbereiche und der beteiligten Fachwissenschaften"[1019] zu achten ist. Lehr- und Lernformen müssen also gewährleisten, daß ausgewählte Fälle und Situationen aus Feldern der Sozialen Arbeit aus verschiedenen Blickwinkeln reflektiert und unter Beiziehung vorhandener Theorien handlungsleitende Orientierungen gewonnen werden können. Ein ‚selbstreflexives Arbeitskonzept'[1020], das heute den Kern einer professionellen Kompetenz in der Sozialen Arbeit ausmacht, hat zur Folge, daß künftige Sozialarbeiter/-innen und Sozialpädagogen/-innen bereits in der Ausbildung in die Lage versetzt werden müssen, „selbst das fallspezifisch notwendige Wissen zu generieren und überprüfbar zu machen."[1021] Zu lernen ist also die Fähigkeit, selbst konstruktiv tätig zu werden.[1022] Dieser professionelle Anspruch aber kann nur durch variable Formen des Unterrichtens und Lernens eingelöst werden. Diese sind auch für die Theologie an Fachhochschulen für Soziale Arbeit verbindlich.

Eine erste Form des Lehrens an Fachhochschulen für Soziale Arbeit ist die ‚Vorlesung'. Der akademischen Theologie gilt diese als höchste Form der Vermittlung von theologischen Inhalten. Allzu leicht laufen daher Theologen/-innen an Fachhochschulen Gefahr, dieses über lange Zeit er-

---

[1018] Rahmenstudienordnung für den Fachhochschulstudiengang Soziale Arbeit (1995), 396.
[1019] Ebd.
[1020] Vgl. *G. Gehrmann/K. D. Müller*, Zur Problematik gegenwärtiger Methodendiskussion in der Sozialarbeit/Sozialpädagogik, in: Sozialmagazin H. 5/1990, 48ff.
[1021] *B. Müller*, Sozialpädagogisches Können. Ein Lehrbuch zur multiperspektivischen Fallarbeit, Freiburg ²1994 (¹1993), 11.
[1022] Ebd. unter Berufung auf Gebauer/Wulf.

lernte Muster in ihrer Lehrtätigkeit an Fachhochschulen einfach fortzuführen, zumal darin eine Chance gesehen wird, das Profil eines akademischen Lehrers zu gewinnen und den eigenen wissenschaftlichen Status zu heben. Demgegenüber muß für den Bereich der Fachhochschulen betont werden, daß die Vorlesung dort zwar möglich und auch anerkannt ist, daß sie aber keineswegs die hauptsächliche und schon gar nicht die einzige Vermittlungsform darstellt.

Wie schon das Wort „Vermittlung" nahelegt, kann die Form des systematischen Vortragens eines Stoffbereiches auch durch Gesprächsphasen, durch Phasen der Eigenarbeit der Studierenden, z. B. an vorgegebenen Texten, unterbrochen werden. Diese Mischung zwischen Vortrag und Diskussion könnte man als zweite Form des Unterrichtens an Fachhochschulen bezeichnen. Nach einer Darbietung des Lehrinhaltes, zu der auch Handreichungen (z. B. Thesenblätter oder Textauszüge) herangezogen werden können, wird den Studierenden die Gelegenheit geboten, zentrale Aspekte des Themas von ihrem persönlichen und beruflichen Erfahrungshintergrund her zu bedenken und auf die praktische Relevanz hin zu prüfen. Diese Lehrmethode könnte gemäß des Dreischritts ‚Vordenken - Mitdenken - Nachdenken' strukturiert werden.

Eine dritte Unterrichtsform, die an Fachhochschulen für Soziale Arbeit ebenso wie an theologischen Fakultäten ihren Ort hat, ist die des Seminars. Dieses ermöglicht den Studierenden, unter Anleitung des Dozenten einen thematischen Sachverhalt selbst zu erarbeiten, im Seminar vorzutragen und ihn dort mit den Hörern/-innen zu diskutieren. Diese Art des Lernens erweist sich dann als sehr effektiv, wenn zwei Voraussetzungen gegeben sind: zum einen die angeleitete Vorbereitung der Themen, und zum anderen ein qualifizierter Seminarstil, der ein ausgewogenes Verhältnis von Vortrag, Diskussion und Reflexion herstellt, einschließlich einer Feedback-Runde am Ende der Seminarstunde.

Eine vierte, und zwar zentrale Form des Lehrens und Lernens an Fachhochschulen für Soziale Arbeit bildet die Arbeit in Projektgruppen, auch ‚Praxisseminar' und ‚Studienschwerpunkt' genannt. In diesen jeweils mehrstündigen Unterrichtsblöcken werden exemplarische Situationen und Erfahrungen aus der Praxis der Sozialen Arbeit zu einem Themenkomplex zusammengefaßt und unter Heranziehung von sozialwissenschaftlichen Theorien reflektiert. Kennzeichnend sind a) die aktive Einbeziehung der Studierenden unter Anleitung der Dozenten, b) das Bemühen, der Breite der Arbeitsfelder der Sozialen Arbeit gerecht zu werden, c) die Orientierung am Einzelfall im Kontext der sozial-strukturellen Bedingungen und d) „eine interdisziplinäre Herangehensweise, die im Schnittbereich von sozialwissenschaftlichen, sozialpolitischen, pädagogischen, psychologischen, juristischen, ökonomischen und nicht zuletzt ethischen Perspektiven angesiedelt ist, ohne sich einer dieser Perspektiven exklusiv zu bedienen."[1023] Treffend bezeichnet *B. Müller* diese Form des Lehrens und Lernens als ‚multiperspektivische Fallarbeit'.[1024] Dieser Typus des Lernens fordert die Theologie heraus, sich dem interdisziplinären Gespräch zu stellen und den Studierenden einen theologischen Bezugsrahmen für das Fall- wie Feldverstehen zu präsentieren. Obgleich diese Form des Lehrens und Lernens für die Theologie - und nicht nur für diese! - ungewohnt ist, wird sie doch gemäß den neuen Rahmenstudienordnungen künftig an Fachhochschulen eine wichtige Rolle spielen. Zu dieser interdisziplinären Lehr- und Lernform zählen auch die sogenannten ‚Integrationstage' bzw. ‚bezugswissenschaftlichen Studientage', aber ebenso Ringvorlesungen zu Themen der Sozialen Arbeit. Ihre Bedeutung liegt im fachlichen Diskurs der Vertreter/-innen der einzelnen Bezugswissenschaften, an dem die Studierenden partizipieren können. Die Bereitschaft der Theologie zur Mitwirkung gerade an dieser Lernform wird darüber entscheiden, ob sie künftig an Fachhochschulen für Soziale Arbeit eine ausbildungsrelevante Bezugswissenschaft oder nur ein separates, aber letztlich belangloses Hobby einiger weniger sein wird.

Eine besondere Form des Lehrens und Lernens stellen schließlich auch außerschulische Angebote dar, die an Fachhochschulen etwa zur Ausbildung in Supervision, im musisch-kreativen oder sportlichen Bereich angesetzt werden. Auch die Theologie kann auf diese Form zurückgreifen, um spirituelle Angebote (z. B. Exerzitien für Sozialberufe, Bibliodrama, Meditation, Sozialtherapeutisches Rollenspiel) oder Exkursionen zu caritativen Einrichtungen und christlichen Sozialinitiativen durchzuführen. Die Erfahrung zeigt, daß solche außerschulischen Blockveranstaltungen seitens der Studierenden gerne angenommen werden und eine positive Wirkung sowohl auf fachliche wie methodische Lernfortschritte als auch auf zwischenmenschliche Beziehungen haben, die eine wichtige Voraussetzung für die Persönlichkeitsentwicklung der Studierenden darstellen.

Zusammenfassend kann also festgestellt werden, daß die Theologie sich auch hinsichtlich der Vermittlungsformen ihrer theologischen Themen auf die Anforderungen der Fachhochschule für Soziale Arbeit einzustellen hat.

[1023] Ebd., 14.

[1024] „Unter multiperspektivischem Vorgehen verstehe ich demnach eine Betrachtungsweise, wonach sozialpädagogisches Handeln bewußte Perspektivenwechsel zwischen unterschiedlichen Bezugsrahmen erfordert." - Ebd., 15.

Dies beinhaltet für sie die Chance, neue Formen theologischer Lehre zu entdecken und die akademische Methodenarmut zu überwinden.

4.6 Anforderungen an das Lehrpersonal

Die Lehre an Fachhochschulen für Soziale Arbeit erfordert bestimmte, im Fachhochschulgesetz festgelegte Qualifikationen. Neben der fachlichen Qualifikation, die in der Regel durch die Promotion in einer der Bezugswissenschaften der Sozialen Arbeit nachgewiesen wird, bedarf es - im Unterschied zur Universität - einer mindestens fünfjährigen berufspraktischen Erfahrung in einem Arbeitsfeld, das mit der Lehrtätigkeit verwandt ist. Des weiteren werden eine persönliche Eignung und didaktische Fähigkeiten als Bedingung einer Lehrtätigkeit vorausgesetzt. Auch für die Berufung eines Theologen oder einer Theologin gelten diese Voraussetzungen. Speziell für die Lehrenden in Theologie müssen darüber hinaus noch weitere Aspekte beachtet werden.

Wie die Analyse zur Situation der Theologie, die im zweiten Kapitel dieser Arbeit vorgenommen wurde, eindeutig zeigt, hat die Theologie als Bezugswissenschaft Sozialer Arbeit nur dort einen gesicherten und beachteten Ort, wo eigenständige Lehrstühle für Theologie eingerichtet sind. Mit *Tillmann* ist es „eindeutig abzulehnen, daß der Kontakt mit den Bezugswissenschaften dadurch stattfindet, daß die Studierenden in andere Fachbereiche oder Fakultäten geschickt werden, weil dadurch der Prozeß der logischen Reduktion noch verstärkt wird. Die Lehrenden der Bezugswissenschaften müssen in den Fachbereichen der Sozialarbeitswissenschaft angestellt sein und sich als Mitlehrende dieser Wissenschaft verstehen. Dazu gehört, daß sie ihre Ursprungswissenschaft auf Sozialarbeitswissenschaft *hin selektiert und fokussiert* haben. ... Nur Lehrende, die diese Prozesse bewältigen, sind als qualifiziert für Sozialarbeitswissenschaft zu betrachten."[1025]

Die Fähigkeit zur Elementarisierung der theologischen Inhalte auf die Anforderungen der Sozialen Arbeit muß somit als notwendige Kompetenz eines theologischen Dozenten betrachtet werden. Unter diesem Erfordernis wird die verbreitete Praxis einer Zusammenarbeit zwischen Fachhochschulen für Soziale Arbeit einerseits und religionspädagogischen oder theologischen Fachbereichen andererseits fragwürdig, wenn diese nur darin besteht, daß entweder Dozenten der Theologie ‚auch noch' ihre Vorlesungen an der

---

[1025] *Tillmann* (1995), Sozialarbeitswissenschaft, 323f.

Fachhochschule für Soziale Arbeit abhalten oder daß gar Studierende der Fachhochschule einfach zu Vorlesungen an theologische oder religionspädagogische Fachbereiche verwiesen werden. Eine zentrale Forderung dieser Arbeit lautet daher, daß künftig an allen konfessionellen Fachhochschulen für Soziale Arbeit - und sukzessive auch an Fachhochschulen in freier oder in staatlicher Trägerschaft - eigene Lehrstühle für ‚Theologie' eingerichtet werden müssen.

Eine zweite zentrale Anforderung an die Dozenten/-innen für Theologie betont die Bereitschaft, die theologischen Lehrinhalte auf das Ausbildungsziel der Sozialen Arbeit hin auszurichten. E. Engelke formuliert diesbezüglich in betont scharfer Weise: „Alle Lehrpersonen in den Fachbereichen Sozialwesen an Fachhochschulen sind von ihren jeweiligen Anstellungsträgern ausschließlich dazu berufen und angestellt worden, für Soziale Arbeit auszubilden. Es ist Aufgabe der Lehrenden, ihren Unterricht und damit die Inhalte und Methoden ihres Faches auf die spezifischen Anforderungen Sozialer Arbeit auszurichten. Wer durch die Art seines Unterrichts faktisch Mini-PädagogInnen, Mini-PsychologInnen, Mini-JuristInnen und Mini-SoziologInnen (sc. Mini-TheologInnen, M. L.) ausbildet, verfehlt seinen Lehrauftrag, mißbraucht seine Lehrfreiheit und verhindert so die fachspezifische Ausbildung in Sozialer Arbeit."[1026] Die Kompetenz eines Theologen bzw. einer Theologin an Fachhochschulen für Soziale Arbeit muß demzufolge die eines *„spezialisierten Generalisten"*, einer *„spezialisierten Generalistin"*[1027] sein. Nicht einfach ein beliebiger, wissenschaftlich qualifizierter Theologe bzw. eine Theologin kann an Fachhochschulen für Soziale Arbeit forschen und lehren, sondern nur jemand, der bzw. die sowohl eine breite Kenntnis der Theologie besitzt als auch fähig ist, aus dem Stoff der Theologie die ausbildungsrelevanten Teilaspekte auszuwählen.

Eine dritte Voraussetzung für die theologische Lehre an Fachhochschulen für Soziale Arbeit ist eine Feldkenntnis in der Sozialen Arbeit. Ohne eine berufliche Erfahrung im Diakoniesektor und ohne ein persönliches Interesse an dem Feld Soziale Arbeit wird diesem Postulat allerdings kaum Rechnung zu tragen sein. Am besten wäre es, wenn die Dozenten/-innen der Theologie ein Zusatzstudium in Sozialer Arbeit aufzuweisen hätten. Was hingegen die theologische Kompetenz der Bewerber/-innen für eine Professur betrifft, so dürfte es vorteilhaft sein, wenn unterschiedliche theologische Spezialisierungen Berücksichtigung fänden. Allerdings ist es unabdingbar, das praktische Moment, das jeder theologischen Disziplin innewohnt, zu aktualisieren.

[1026] *Engelke* (1993), Nach-Denken in der Sozialen Arbeit, 15.
[1027] In Anlehnung an *Staub-Bernasconi* (1995), Systemtheorie, 136.

Diese Notwendigkeit ergibt sich eindeutig aus dem ‚praktischen' Ausbildungsziel der Fachhochschule für Soziale Arbeit. Ob der in Abschnitt 3.4 aufgewiesenen inhaltlichen Nähe zwischen Sozialer Arbeit und Praktischer Theologie liegt allerdings nahe, praktischen Theologen/-innen eine bevorzugte Eignung für die Lehre an Fachhochschulen für Soziale Arbeit zuzusprechen.

Ohne die Fähigkeit zur Kooperation und Kommunikation ist schließlich viertens die Aufgabe als Theologe/-in an Fachhochschulen für Soziale Arbeit nicht zu leisten. Zum einen steht es diesbezüglich an, den Kontakt zum Wissenschaftssystem der Theologie und Praktischen Theologie an theologischen Fakultäten nicht zu verlieren. Es ist daher die bereits bestehende Einbindung der Professoren/-innen für Theologie an Fachhochschulen in die jährlichen Konferenzen der deutschsprachigen Praktischen Theologen zu begrüßen. Darüber hinaus aber erscheint es notwendig, eine eigene bundesweite Konferenz der Theologen an katholischen Fachhochschulen für Soziale Arbeit zu errichten, um die spezifischen konzeptionellen Fragen einer Theologie in der Sozialen Arbeit zu bearbeiten und ihren inhaltlichen Ausbau voranzutreiben. Angesichts der derzeitigen Fehlanzeige in Sachen Kooperation auf dieser Ebene muß diesem Anliegen oberste Priorität eingeräumt werden. Zu einem späteren Zeitpunkt könnte diese Konferenz dann auch einem interkonfessionellen Austausch mit den Professoren/-innen für Theologie an evangelischen Fachhochschulen und mit jenen an staatlichen Fachhochschulen dienen.

Nicht zu vergessen ist aber auch das konzeptionelle Gespräch der hauptberuflichen Professoren/-innen für Theologie mit den lehrbeauftragten Dozenten/-innen. Um eine Theologie in der Sozialen Arbeit, wie sie hier intendiert ist, an den einzelnen katholischen Fachhochschulen voranzubringen, bedarf es einer vertieften Verständigung aller Lehrenden für Theologie über die mit einer Lehre an Fachhochschulen verbundenen spezifischen konzeptionellen Anforderungen. Nicht zuletzt ist darauf hinzuweisen, daß auch die Hochschulseelsorge als Partner der Theologie in der Sozialen Arbeit, insbesondere in Sachen spiritueller Begleitung, in Frage kommt und eine Kooperation mit ihr anzustreben ist.

Zusammenfassend muß nochmals betont werden, daß eine Lehrtätigkeit an Fachhochschulen zahlreiche, gegenüber einer Tätigkeit an Universitäten neuartige Anforderungen an die Kompetenz der Professoren/-innen für Theologie stellt. Bei künftigen Anstellungsverfahren wird es nötig sein, dieses Profil einzufordern, um die Anerkennung der Theologie als Bezugswissenschaft der Sozialen Arbeit und die Qualität der theologischen Lehre zu fördern.

5. Ausblick

Die Diskussion darüber, welche Rolle Glaube, Theologie und Religion in der Erziehung und Bildung künftig noch spielen werden, ist in den letzten Jahren in ganzer Schärfe entbrannt. Dies gilt für den Bereich des Kindergartens ebenso wie für den gesellschaftlichen Sektor Schule und Universität. Mehr als es dem Verfasser zu Beginn dieser Arbeit bewußt war, ist diese Frage eine Herausforderung nicht nur für die Theologie, sondern auch für die Pädagogik und die Politik geworden.

In jüngster Zeit sind daher vermehrt Arbeiten erschienen, die sich mit der anthropologischen und gesellschaftlichen, ja auch mit einer bildungstheoretischen Begründung von Religion als unverzichtbarem Bestandteil einer Bildung und Erziehung, die dem Menschen gerecht wird, befassen.[1028] Ein kleiner Beitrag des Pädagogen *R. Winkel* zum Thema „Brauchen Kinder Religion?"[1029] soll hier am Schluß eine besondere Erwähnung finden, weil seine Thesen in einer großen geistigen Nähe zu dem hier vorgetragenen Anliegen stehen und die vorliegende Arbeit zugleich als ein erster Antwortversuch auf die drei Forderungen des Pädagogen an die Theologie verstanden werden kann.

Winkel geht von einer Grundbestimmung des Menschen als offenem Wesen aus. Dieser kann und muß sich gemäß seiner Grundbestimmung als Realität (esse), Potentialität (posse) und Nezessität (necesse) entfalten.[1030] Näherhin sind es sieben ‚Menschenmerkmale' (Anthropina), die dem Menschen aufgrund seiner Geschichte anheimgegeben sind und die es an bestimmten Orten zu entfalten gilt: Erziehung (Pädagogik), Glaube (Religion), Sittlichkeit (Ethik), Arbeit (Ökonomie), Erkenntnissuche (Wissenschaft), Konfliktregelung (Politik), Kunst (Ästhetik), Erziehung (Pädagogik). Bezüglich von Glaube (Religion) fordert *Winkel* mit Vehemenz dazu zu einer anthropologisch fundierten und daher ganzheitlichen, humanen Bildung auf. Sie dürfe Religion nicht ausklammern und der heranwachsenden Generation die Lebenskultur und Sinnantworten der religiösen Tradition nicht vorenthalten. „Wer dem Menschen das Recht auf religiöse Bildung nimmt oder verwei-

---

[1028] Vgl. bes. Kap. 4.2.1 dieser Arbeit und die dort erwähnte Literatur!

[1029] *R. Winkel,* Brauchen Kinder Religion? Oder: Von Arpinum bis Flossenbürg, in: Erziehen heute 47 (1997) 1, 2-12.

[1030] Ebd., 4.

gert, verkrüppelt ihn nicht weniger als der Antipädagoge, dem die Erziehung ein unerträgliches Ärgernis ist."[1031]

Aus dieser Überzeugung heraus, die er in seiner Eigenschaft als Sachverständiger während der Anhörung zur Zukunft des Faches „Lebensorientierung - Ethik - Religionkunde" (LER) im brandenburgischen Landtag vertrat, formulierte Winkel drei Thesen, die der hier vertretenen Theologie in der Sozialen Arbeit aus der Seele sprechen:

Erstens: „Die Notwendigkeit der religiösen Bildung kann in einer offenen Gesellschaft nicht theologisch oder religionspädagogisch, sondern nur bildungstheoretisch, also allgemeinpädagogisch begründet werden."[1032]

Zweitens: „So, wie es eine politische, eine ästhetische oder wissenschaftliche Bildung gibt, so gibt es eine religiöse Bildung, die sich aber als Bildungsbemühung in öffentlichen Schulen *zu bescheiden hat* (Hervorh., M. L). Sie bildet, wie die anderen, *aus* etwas heraus aus, aber nicht *für* etwas aus." Der Religionslehrer unterrichtet, bildet und erzieht also „*aus* der Religion, aber nicht *für* die Religion, gar eine bestimmte Konfession (was Aufgabe und Recht der Familie und Gemeinde ist)."[1033]

Drittens: Religion kann ebensowenig wie ein anderes Fach nur auf reine Wissensvermittlung reduziert werden. „Wer uns zwingt, unser Lehren auf bloße Wissensvermittlung zu reduzieren, nimmt uns jede Bildungsmöglichkeit"[1034] Denn das wichtigste Curriculum eines Lehrenden ist seine Person (H. v. Hentig). Wer daher die Auffassung vertritt, „Religionsunterricht oder religiöse Bildung könne von weltanschaulich neutralen bzw. religiös nicht unbedingt gebundenen Lehrern und Erziehern erteilt werden, fällt in ein Erziehungs- und Schulverständnis zurück, das seit der Reformpädagogik als überwunden bezeichnet werden muß. Er reduziert nämlich den Lernenden auf die Reaktionsweise eines nur kognitiv Belehrten und den Lehrenden auf die funktion des Informationsträgers."[1035]

Obwohl diese Überlegungen Winkels zu Beginn der hier nun abgeschlossenen ‚Theologie in der Sozialen Arbeit' nicht präsent waren, kann sie doch in gewisser Weise als eine Antwort auf die drei Postulate verstanden werden.

[1031] Ebd., 8.
[1032] Ebd.
[1033] Ebd.
[1034] Ebd., 9.
[1035] Ebd., 8.

Denn zum ersten wurde - nach einführenden Überlegungen und der Erhebung der Situation - im dritten Abschnitt die Mitwirkung der Theologie sozialarbeitstheoretisch - also gerade nicht theologisch! - zu begründen versucht. Damit ist das erste Postulat Winkels erfüllt. Es sollte deutlich geworden sein, daß die Theologie ein sinnvolles, bereicherndes und notwendiges Fach an Fachhochschulen für Soziale Arbeit ist, das eine integrale Ausbildung der Studierenden ermöglicht, und nicht behindert.

Zweitens sollte aufgewiesen werden, daß nicht jede Art von Theologie als bezugswissenschaftliches Fach in der Ausbildung in Sozialer Arbeit tauglich ist, sondern nur eine bestimmte, kontextualisierte Form von Theologie. Vor allem aber muß sie, so die hier wie bei Winkel erhobene Forderung, eine bescheidene, nicht nach Vorherrschaft strebende, sondern ganz dem Ausbildungsziel dienende Theologie sein.

Ganz im Sinne Winkels wurde schließlich drittens die These zu erhärten versucht, daß sich die christliche Theologie durchaus auch in einer nachvolkskirchlichen und multireligiösen Epoche als Partnerin der Fachhochschulausbildung eignet: und zwar ob ihrer öffentlichen Relevanz, ob der Universalität ihres Ethos, und ob ihres selbstverständlichen ökumenischen und religionswissenschaftlichen Reflexionshorizonts. Gerade deshalb scheint es dem Verfasser notwendig, daß die Lehrenden des Faches ‚Theologie in der Sozialen Arbeit' an Fachhochschulen in einer Konfession nicht nur formal beheimat, sondern auch im Glauben verwurzelt sind. Was für alle Lehrenden gilt, hat auch für den Theologen/die Theologin Gültigkeit: „Nur wer selbst vom Gegenstand (seiner Lehre, M. L) verwandelt wurde, besitzt das Feingefühl für die erweckende und verwandelnde Kraft eines Kulturgutes."[1036]

Die Ausführungen insbesondere des vierten Teils sind nicht vollständig, sondern eher exemplarisch. Sie sind höchstens ein Modell, an dem deutlich werden kann, wie künftig die Theologie an Fachhochschulen für Soziale Arbeit entfaltet und gelehrt werden sollte. Sie wollen als Einladung verstanden werden, auch andernorts dieses Projekt einer ‚Theologie in der Sozialen Arbeit' weiterzuentwickeln. Dies gilt in erster Linie für die Fachhochschulen für Soziale Arbeit in konfessioneller Trägerschaft, also die katholischen und evangelischen Fachhochschulen, aber auch in zweiter Linie für jene in staatlicher Trägerschaft. Hier sind vor allem und zuerst kulturpolitische Weichenstellungen nötig, damit die Theologie überhaupt einen anerkannten Platz beanspruchen und diesen dann entwicklen kann.

[1036] *H. Roth*, zitiert nach ebd., 9.

So bleibt zu wünschen, daß diese Arbeit ein kräftiger Anstoß zum einen für eine kultur- und hochschulpolitische Debatte über die Theologie an Fachhochschulen für Soziale Arbeit und zum anderen für eine Kommunikation und Kooperation der einzelnen Fachhochschulen über die Weiterentwicklung der bereits bestehenden Ansätze einer Theologie in der Sozialen Arbeit ist.

Abkürzungsverzeichnis

Die Abkürzung der theologischen Zeitschriften wurde gemäß dem internationalen Abkürzungsverzeichnis (IATG^2) vorgenommen, das in folgender Ausgabe vorliegt:

Schwertner, Siegfried M., IATG^2. Internationales Abkürzungsverzeichnis für Theologie und Grenzgebiete: Zeitschriften, Serien, Lexika, Quellen mit bibliographischen Angaben. (2. überarb. und erw. Aufl.), Berlin; New York 1992.

Die Zeitschriften aus der Sozialen Arbeit und Sozialwissenschaft wurden nicht abgekürzt, um der theologischen Leserschaft das Aufsuchen der einschlägigen Literatur zu erleichtern.

Die Zitation biblischer Stellen erfolgte nach der Einheitsübersetzung. Vgl. Die Bibel. Altes und Neues Testament. Einheitsübersetzung, hrsg. im Auftrag der Bischöfe Deutschlands, Österreichs, der Schweiz, des Bischofs von Luxemburg, des Bischofs von Lüttich und des Bischofs von Bozen-Brixen. Freiburg; Basel; Wien 1980.

Literaturverzeichnis

Monographien, Sammelwerke, Beiträge in Sammelwerken und Zeitschriften

Adams, Karl August, Sozialarbeit im Spannungsfeld von Psychologie, Theologie und kirchlichen Institutionen, in: *Klüsche* (1994), Professionelle Identitäten in der Sozialarbeit/Sozialpädagogik, 141-151

Akademie für Sozialarbeit der Stadt Wien, Wilfing, Heinz (Hrsg.), Konturen der Sozialarbeit. Ein Beitrag zu Identität und Professionalisierung der Sozialarbeit. Ergebnisse eines Symposiums 75 Jahre Akademie für Sozialarbeit der Stadt Wien, Wien 1995

Ammann, Maria, Soziale und Caritative Frauenschule des Katholischen Frauenbundes in Bayern 1909-1961, in: Jahresbericht der Ellen-Ammann-Schule, Höhere Fachschule für Sozialarbeit, München, für die Schuljahre 1963/64, 9-13

Apostolisches Schreiben *Evangelii nuntiandi* Seiner Heiligkeit Papst Pauls VI. an den Episkopat, den Klerus und alle Gläubigen der Katholischen Kirche über die Evangelisierung in der Welt von heute, 8. Dezember 1975, Bonn 1975 (= Verlautbarungen des Apostolischen Stuhls, hrsg. vom *Sekretariat der Deutschen Bischofskonferenz,* H. 2)

Arens, Edmund, Christopraxis. Grundzüge theologischer Handlungstheorie, Freiburg 1992 (= Quaestiones disputatae, begr. von *Karl Rahner und Heinrich Schlier,* hrsg. von *Heinrich Fries und Rudolf Schnackenburg,* Bd.139)

Arens, Edmund (Hrsg.), Gottesrede - Glaubenspraxis. Perspektiven theologischer Handlungstheorie, Darmstadt 1994

Arlt, Ilse, Die Grundlagen der Fürsorge, Wien 1921

Arlt, Ilse, Wege zu einer Fürsorgewissenschaft, Wien 1958

Aufgaben und Entwicklung der Katholischen Fachhochschulen. Empfehlungen der Arbeitsgemeinschaft der Träger und der Rektoren/Präsidenten Katholischer Fachhochschulen. Bonn, 23. Januar 1984, (= Arbeitshilfen, hrsg. vom *Sekretariat der Deutschen Bischofskonferenz,* H. 34)

Aus der Gerechtigkeit des einzelnen erwächst Frieden für alle. Botschaft von Johannes Paul II. zum Weltfriedenstag 1998, in: Pressemitteilungen der Deutschen Bischofskonferenz, Bonn 15.12.1997, 20 S.

Baader, Dietmar, Besuch bei einer jungen Kirche. Erfahrungen in Brasilien, Düsseldorf 1987

Baas, Britta, Gott ist tot - es lebe die Religion. Jugend und Religion, in: Publik-Forum Nr. 11/1998, 50-53

Bach, Ulrich, Kraft in leeren Händen. Die Bibel als Kurs-Buch, Freiburg 1983

Bach, Ulrich, Dem Traum entsagen, mehr als ein Mensch zu sein, Neukirchen-Vluyn 1986

Bach, Ulrich, „Heilende Gemeinde"? Versuch einen Trend zu korrigieren, Neukirchen-Vluyn 1988

Bach, Ulrich, Getrenntes wird versöhnt. Wider den Sozialrassismus in Theologie und Kirche, Neukirchen-Vluyn 1991

Bach, Ulrich, „Gesunde" und „Behinderte". Gegen das Apartheidsdenken in Kirche und Gesellschaft, Gütersloh 1994

Bach, Ulrich, Diakonie zwischen Fußwaschung und Sozialmanagement, in: *Bachmann/van Spankeren* (1995), Diakonie - Geschichte von unten, 15-55

Bachmann, Hans/van Spankeren, Reinhard (Hrsg.), Diakonie - Geschichte von unten. Christliche Nächstenliebe und kirchliche Sozialarbeit in Westfalen, Bielefeld 1995

Badry, Elisabeth, Leitgedanken für das Studium der Sozialarbeit und Sozialpädagogik an der Fachhochschule, in: *Breuer* (1992), Jahrbuch für Jugendsozialarbeit, 113-153

Banawiratma, Johannes Baptista/Müller, Johannes, Kontextuelle Sozialtheologie. Ein indonesisches Modell. Freiburg u.a. 1995

Bardmann, Theodor M., Paradigmenwechsel in der Sozialen Gruppenarbeit?, in: *Nebel/Woltmann-Zingsheim* (1997), Werkbuch, 65-74

Bärenz, Reinhold (Hrsg.), Theologie, die hört und sieht. Festschrift für Josef Bommer zum 75. Geburtstag, Würzburg 1998

Baron, Rüdiger/Landwehr, Rolf, Zum Wandel beruflicher Identität - der Verlust bürgerlichen Selbstbewußtseins in der sozialen Arbeit, in: *Olk/Otto* (1989), Soziale Dienste im Wandel 2, 139-167

Bartholomäus, Wolfgang, Christsein lernen von Anfang an, Zürich u.a. 1981

Barz, Heiner, Jugend und Religion, 3 Bde., Opladen 1992/93

Bauer, Johannes B. (Hrsg.), Entwürfe der Theologie, Graz u.a. 1985

Baum, Hermann, Ethik sozialer Berufe, Paderborn 1996

Bäumler, Christof, Zur Funktion der Theologie in der Ausbildung von Sozialarbeitern im kirchlichen Dienst, in: Pastoraltheologie 57 (1968), 120-127

Beer, Peter, Bausteine kontextueller Theologie. Eine systematisierte Auswahlbibliographie, in: ThGl 86 (1996) 2, 181-194

Beer, Peter, Religiöse Erziehung. Grundinformationen, München 2000 (hrsg. vom *Bayerischen Landesverband katholischer Tageseinrichtungen für Kinder,* H. 1).

Beer, Peter, Kontextuelle Theologie. Überlegungen zu ihrer systematischen Grundlegung, Paderborn 1995 (= Beiträge zur ökumenischen Theologie, begr. von *H. Fries,* hrsg. von *H. Döring,* Bd. 26)

Beinert, Wolfgang, Kontextualität als Struktur der Theologie. Der Einzelne in der Gemeinschaft der Kirche, in: PthI 18 (1998) 1, 151-173

Beirer, Georg, Selbst werden in Liebe. Eine Begründung christlicher Ethik im interdisziplinären Dialog, St. Ottilien 1988 (Dissertationen: Theologische Reihe, Bd. 29)

Berger, Franz S./Gleissner, Harald, Management by bible. 10 Fallstudien, St. Pölten u.a. 1996

Bevölkerungswachstum und Entwicklungsförderung. Ein kirchlicher Beitrag zur Diskussion, Bonn 1993 (= Die deutschen Bischöfe - Kommission Weltkirche, hrsg. vom *Sekretariat der Deutschen Bischofskonferenz,* H. 15)

Bieger, Eckhard/Fischer, Wolfgang/Jacobi, Reinhold/Kottlorz, Peter (Hrsg.), Zeitgeistlich. Religion und Fernsehen in den neunziger Jahren, Köln 1993

Biehl, Peter, Theologie im Kontext von Lebensgeschichte und Zeitgeschehen. Religionspädagogische Anforderungen an eine Elementartheologie, in: ThP 20 (1985) 2, 155-170

Biemer, Günter, Der Dienst der Kirche an der Jugend, Freiburg 1985 (= Handbuch kirchlicher Jugendarbeit, hrsg. von *G. Biemer,* Bd. 1)

Biemer, Günther/Kochanek, Hermann (Hrsg.), Menschenbild und Gottesbild in der Bibel, Stuttgart 1981

Bily, Lothar, Cafeteria esoterica. Zur Kritik sogenannter neureligiöser Aufbrüche. München 1996 (= Benediktbeuerer Hochschulschriften, hrsg. von der *Philosophisch-Theologischen Hochschule der Salesianer Don Boscos,* H. 8)

Bischöfe zum Frieden, Bonn 1993 (= Stimmen der Weltkirche, hrsg. vom *Sekretariat der Deutschen Bischofskonferenz,* H. 19)

Biser, Eugen, Der Mensch - das uneingelöste Versprechen. Entwurf einer Modalanthropologie, Düsseldorf 1995

Bleistein, Roman, Hinwege zum Glauben, Würzburg 1973

Bock, Theresia, Art. Fachhochschulen, in: Deutscher Verein für öffentliche und private Fürsorge (1997), Fachlexikon der sozialen Arbeit, 307f.

Böcker, Werner/Heimbrock, Hans-Günter/Kerkhoff, Engelbert (Hrsg.), Handbuch Religiöser Erziehung, 3 Bde., Düsseldorf 1987

Böckle, Franz (Hrsg.), Menschliche Sexualität und kirchliche Sexualmoral. Ein Dauerkonflikt, Düsseldorf 1977

Böckle, Franz, Fundamentalmoral, München ^{2}1978 (^{1}1977)

Böckle, Franz, Woran man sich halten kann. Orientierung an unverzichtbaren Gütern und Werten, in: Elemente Nr. 36/1979, 18-19

Boismarmin, Christine de, Madeleine Delbrêl. Mystikerin der Straße, München ^{2}1996

Boff, Clodvis, Mit den Füßen am Boden. Theologie aus dem Leben des Volkes, Düsseldorf 1986

Boff, Leonardo, Christentum mit dunklem Antlitz. Wege in die Zukunft aus der Erfahrung Lateinamerikas, Freiburg 1993

Böhnisch, Lothar/Münchmeier, Richard, Pädagogik des Jugendraumes. Zur Begründung und Praxis einer sozialräumlichen Jugendpädagogik, Weinheim u.a. 1990

Bopp, Karl, Barmherzigkeit im pastoralen Handeln der Kirche. Eine symbolisch-kritische Handlungstheorie zur Neuorientierung kirchlicher Praxis, München 1998 (= Benediktbeurer Studien, hrsg. von den *Professoren der Philosophisch-Theologischen Hochschule der Salesianer Don Boscos Benediktbeuern. Theologische Fakultät,* Bd. 7)

Bopp, Linus, Allgemeine Heilpädagogik in systematischer Grundlegung und mit erziehungspraktischer Einstellung, Freiburg 1930

Bopp, Linus, Heilerziehung aus dem Glauben. Zugleich eine theologische Einführung in die Pädagogik überhaupt, Freiburg 1958

Bracht, Monika, Spiritualität von Sozialarbeitern(-innen)/Sozialpädagogen (-innen) - Gedanken und Anregungen, in: Diakonie - Gemeinde - Sozialarbeit, hrsg. von der *Katholischen Fachhochschule Norddeutschland Osnabrück und Vechta durch Karl Gabriel und Paul Ludwig Sauer,* Hildesheim 1990, 65-88 (= Person - Gruppe - Gesellschaft, Bd. 16)

Brauns, Hans-Jochen, Anforderungen an die künftige Sozialarbeiterausbildung aus der Sicht von Trägern, in: Soziale Arbeit 46 (1997) 6, 193-196

Breuer, Karl Hugo (Hrsg.), Jahrbuch für Jugendsozialarbeit, Bd. XIII, Köln 1992

Breuer, Karl Hugo (Hrsg.), Jahrbuch für Jugendsozialarbeit, Bd. XVII, Köln 1996

Brumlik, Micha, Advokatorische Ethik. Zur Legitimation pädagogischer Eingriffe, Bielefeld 1992

Brunkhorst, Hauke/Otto, Hans-Uwe, Soziale Arbeit als gerechte Praxis, in: Neue Praxis 19 (1989) 5, 372-374

Buch, Alois J./Fries, Heinrich (Hrsg.), Die Frage nach Gott als Frage nach dem Menschen, Düsseldorf 1981

Bucher, Rainer/Fuchs, Ottmar/Kügler, Joachim (Hrsg.), In Würde leben. Interdisziplinäre Studien zu Ehren von Ernst Ludwig Grasmück, Luzern 1998

Budde, Heiner, Man nannte sie ‚rote Kapläne'. Priester an der Seite der Arbeiter, Kevelaer u.a. 1989

Büchele, Herwig, Eine Welt oder keine Welt. Sozialethische Grundfragen angesichts einer ausbleibenden Weltordnungspolitik, Innsbruck u. a. 1996

Bühlmann, Walter, Von der Kirche träumen. Ein Stück Apostelgeschichte im 20. Jahrhundert, Graz u.a. 1986

Büttgen, Christof, Um welchen Menschen geht es? Notwendige Anmerkungen zur biographischen Praktischen Theologie aus der Sicht der Befreiungstheologie, in: PthI 17 (1997) 1/2, 43-65

Bundeskonferenz der Rektoren und Präsidenten kirchlicher Fachhochschulen in der Bundesrepublik Deutschland (Hrsg.), Die Kirchen und ihre Hochschulen. Standortbestimmung - Struktur und Autonomiefragen - Neue Aufgaben. Referate und Materialien der Klausurtagung der Bundeskonferenz der Rektoren und Präsidenten kirchlicher Fachhochschulen in der Bundesrepublik Deutschland (RKF) in Verbindung mit der Evangelischen Akademie Loccum vom 16. bis 18. Mai 1994 in Loccum, Hannover 1994

Bundesministerium für Familie, Senioren, Frauen und Jugend (Hrsg.), Zehnter Kinder- und Jugendbericht. Bericht über die Lebenssituation von Kindern und die Leistungen der Kinderhilfe in Deutschland. Mit einer Stellungnahme der Bundesregierung, Bonn 1998

Camara, Dom Helder, Gott lebt in den Armen, Olten 1986

Caplan, Gerald, Principles of preventive psychiatry, New York 1964

Christen und Muslime in Deutschland. Eine pastorale Handreichung, Bonn 4. März 1993 (= Arbeitshilfen, hrsg. vom *Sekretariat der Deutschen Bischofskonferenz*, H. 106)

Comenius-Institut (Hrsg.), Elementarisierung theologischer Inhalte und Methoden im Blick auf die Aufgabe einer theologisch zu verantwortenden Lehrplanrevision und Curriculumentwicklung in den wichtigsten religionspädagogischen Praxisfeldern, 2 Bde., Münster 1975; 1977

Comenius-Institut (Hrsg.), Religion in der Lebensgeschichte. Interpretative Zugänge am Beispiel der Margret E., Gütersloh 1993

Corsa, Mike, Eine Einmischung in die Diskussion über neue Steuerungsmodelle, in: deutsche jugend 45 (1997) 2, 67-75

Cremer, Ines/Funke, Dieter (Hrsg.), Diakonisches Handeln. Herausforderungen - Konfliktfelder - Optionen, Freiburg 1988

Daiber, Karl-Fritz, Diakonie und kirchliche Identität. Studien zur diakonischen Praxis in einer Volkskirche, Hannover 1988

Daiber, Karl-Fritz, Religion in Kirche und Gesellschaft, Stuttgart u.a. 1997

Degen, Johannes, Vom „Pathos des Helfens". Zur Säkularisierung des Helfens im entwickelten Sozialstaat, in: *Schibilsky* (1991), Kursbuch Diakonie, 27-37

Degen, Johannes, Die Identität der Diakonie, in: Diakonie-Korrespondenz H. 12/1994, 1-8

Deissler, Alfons, Das biblische Bild vom Menschen, in: *Gordan* (1983), Menschwerden - Menschsein, 151-199

Deutsche Bischofskonferenz (Hrsg.), Katholischer Erwachsenenkatechismus. Zweiter Band: Leben aus dem Glauben, Freiburg u.a. 1995

Deutscher Caritasverband (Hrsg.), Caritas '90. Jahrbuch des Deutschen Caritasverbandes, Freiburg 1989

Deutscher Caritasverband e.V. (Hrsg.), Zwischen versorgter Gemeinde und entsorgender Sozialarbeit. Dokumentation des Symposions „Christliche Diakonie zwischen System und Lebenswelten" vom 13. bis 15. März 1989. Freiburg 1990 (= DCV-Materialien, Nr. 15)

Deutscher Caritasverband (Hrsg.), Leitbild. Verabschiedet durch den Zentralrat des DCV am 6. Mai 1997 in Limburg, Freiburg 1997

Deutscher Verein für öffentliche und private Fürsorge (Hrsg.), Fachlexikon der sozialen Arbeit, Frankfurt a. M. (vierte, vollst. überarb. Auflage) 1997

Dewe, Bernd/Ferchhoff, Wilfried/Radtke, Frank-Olav (Hrsg.), Erziehen als Profession. Zur Logik professionellen Handelns in pädagogischen Feldern, Opladen 1992

Dewe, Bernd/Ferchhoff, Wilfried/Scherr, Albert/Stüwe, Gerd, Professionelles soziales Handeln. Soziale Arbeit im Spannungsfeld zwischen Theorie und Praxis, Weinheim u.a. 1993

Dewe, Bernd/Ferchhoff, Wilfried/Scherr, Albert/Stüwe, Gerd, Sozialpädagogik, Sozialarbeitswissenschaft, Soziale Arbeit? Die Frage nach der disziplinären und professionellen Identität, in: *Puhl* (1996), Sozialarbeitswissenschaft, 111-125

Dewe, Bernd/Otto, Hans-Uwe, Sozialpädagogik - Über ihren Status als Disziplin und Profession, in: Neue Praxis 25 (1995) 1, 3-16

Diagnosen zur Zeit. Mit Beiträgen von J. B. Metz, Günter Bernd Ginzel, Peter Glotz, Jürgen Habermas, Dorothee Sölle, Düsseldorf 1994

Die internationale Schuldenkrise - eine ethische Herausforderung, Bonn 1988 (= Die deutschen Bischöfe - Kommission Weltkirche, hrsg. vom *Sekretariat der Deutschen Bischofskonferenz,* H. 7)

Dinger, Wolfgang/Volk, Richard (Hrsg.), Heimatlos in der Kirche, München 1980

Dogmatische Konstitution über die göttliche Offenbarung, in: *Rahner/ Vorgrimler* (1966), Kleines Konzilskompendium, 367-382

Ebertz, Michael N., Dampf im fünften Sektor. Die Herausforderung der Caritas zwischen Staat und Markt, persönlichem Netzwerk und Kirche, in: *Puschmann* (1996), Not sehen und handeln, 35-49

Ebertz, Michael N., Religion ja - Kirche nein? Eine religionssoziologische Analyse der 90er Jahre, Hamminkeln 1996 (= Akademie Klausenhof - Vorträge H. 3)

Ebertz, Michael N., Aufbruch im Spagat. Jugendarbeit zwischen Fundamentalismus und praktischem Atheismus, in: *Wedell* (1997), Gemeinsam sind wir Kirche, 133-145

Ebertz, Michael N., Kirche im Gegenwind. Zum Umbruch der religiösen Landschaft, Freiburg u.a. 1997

Ebertz, Michael N./Schultheis, Franz (Hrsg.), Volksfrömmigkeit in Europa. Beiträge zur Soziologie popularer Religiosität aus 14 Ländern, München 1996

Ebertz, Michael N./Schultheis, Franz, Einleitung: Populare Religiosität, in: *dies.* (1996), Volksfrömmigkeit in Europa, 11-52

Ecclesia Catholica, Katechismus der Katholischen Kirche, München u. a. 1993

Eder, Manfred, Helfen macht nicht ärmer. Von der kirchlichen Armenfürsorge zur modernen Caritas in Bayern, Regensburg 1997

Eicher, Peter/Mette, Norbert (Hrsg.), Auf der Seite der Unterdrückten? Theologie der Befreiung im Kontext Europas, Düsseldorf 1989 (= Theologie zur Zeit, hrsg. von *P. Eicher u.a.,* Bd.6)

Eikelmann, Thomas/Hutter, Andreas, Vom „Sozialwesen" zur „Sozialen Arbeit". Reform der Rahmenstudienordnung für die Fachhochschulen in Bayern, in: *Engelke* (1996), Soziale Arbeit als Ausbildung, 150-171

Elsässer, Antonellus, Was heißt human leben und handeln? Eine Orientierung aus dem christlichen Glauben, in: Klerusblatt 70 (1990) 6, 119-123

Engelke, Ernst, Soziale Arbeit als Wissenschaft. Eine Orientierung, Freiburg 1992

Engelke, Ernst, Nach-Denken in der Sozialen Arbeit? Über die Notwendigkeit und die Aufgabe der Sozialen Arbeit als Wissenschaft, in: Sozial 44 (1993) 1, 11-16

Engelke, Ernst, Soziale Arbeit - eine relativ selbständige Wissenschaft mit Tradition, in: *Akademie der Stadt Wien* (1995), Konturen der Sozialarbeit, 41-54

Engelke Ernst (Hrsg.), Soziale Arbeit als Ausbildung. Studienreform und Modelle, Freiburg 1996

Engelke, Ernst, Soziale Arbeit als wissenschaftliche Disziplin. Anmerkungen zum Streit über eine Sozialarbeitswissenschaft, in: *Puhl* (1996), Sozialarbeitswissenschaft, 63-82

Engelke, Ernst, Soziale Arbeit und ihre Bezugswissenschaften in der Ausbildung - Ressourcen und Schwierigkeiten einer spannungsvollen Partnerschaft, in: *Merten u.a.* (1996), Sozialarbeitswissenschaft, 161-183

Engelke, Ernst, Theorien der Sozialen Arbeit. Eine Einführung, Freiburg 1999

Englert, Rudolf, Glaubensgeschichte und Bildungsprozeß. Versuch einer religionspädagogischen Kairologie, München 1985

Enzyklika *Centesimus annus* Seiner Heiligkeit Papst Johannes Pauls II. an die verehrten Mitbrüder im Bischofsamt, den Klerus, die Ordensleute, die Gläubigen der katholischen Kirche und alle Menschen guten Willens zum hundertsten Jahrestag von RERUM NOVARUM, Bonn 1. Mai 1991 (= Verlautbarungen des Apostolischen Stuhls, hrsg. vom *Sekretariat der Deutschen Bischofskonferenz,* H. 101)

Enzyklika *Evangelium vitae* von Papst Johannes Paul II. an die Bischöfe, Priester, Diakone, die Ordensleute und Laien sowie an alle Menschen guten Willens über den Wert und die Unantastbarkeit des menschlichen Lebens, Bonn 25. März 1995 (= Verlautbarungen des Apostolischen Stuhls, hrsg. vom *Sekretariat der Deutschen Bischofskonferenz,* H. 120)

Erath, Peter/Göppner, Hans-Jürgen, Einige Thesen zur Begründung und Anlage einer Sozialarbeitswissenschaft, in: *Puhl* (1996), Sozialarbeitswissenschaft, 187-204

Erath, Peter, „Der Fundus methodischen und theoretischen Berufswissens muß wissenschaftlich systematisiert werden", in: Blätter der Wohlfahrtspflege 142 (1995) 1/2, 14

Erklärung der deutschen Bischöfe zum kirchlichen Dienst. Grundordnung des kirchlichen Dienstes im Rahmen kirchlicher Arbeitsverhältnisse vom 22.09.1993, Bonn 1994 (= Die deutschen Bischöfe, hrsg. vom *Sekretariat der Deutschen Bischofskonferenz,* H. 51)

Erler, Michael, Soziale Arbeit. Ein Lehr- und Arbeitsbuch zu Geschichte, Aufgaben und Theorie, Weinheim u.a. 1993

Esser, Wolfgang C., Gott reift in uns. Lebensphasen und religiöse Entwicklung, München 1991

Exeler, Adolf, Möglichkeiten der Glaubensverkündigung in der außerschulischen Jugendarbeit, in: *Dinger/Volk* (1980), Heimatlos in der Kirche, 54-78

Eyferth Hans/Otto, Hans-Ulrich/Thiersch, Hans (Hrsg.), Handbuch zur Sozialarbeit/Sozialpädagogik, Neuwied 1984

Failing, Eckart/Heimbrock, Günter, Gelebte Religion wahrnehmen. Lebenswelt - Alltagskultur - Religionspraxis, Stuttgart u.a. 1998

Falk, Hans S., Das Membership-Prinzip in der Sozialarbeit, in: *Mühlfeld u.a.* (1986), Ökologische Konzepte, 77-91

Fechtner, Kristian/Haspel, Michael (Hrsg.), Religion in der Lebenswelt der Moderne. In Verbindung mit Karl-Fritz Daiber, Siegfried Keil, Ulrich Schwab, Stuttgart u. a. 1998

Feth, Reiner, Studienreform an der kath. Fachhochschule Saarbrücken, in: *Lewkowicz* (1991), Neues Denken in der Sozialen Arbeit, 236-261

Fischer, Dietlind/Schöll, Albrecht, Lebenspraxis und Religion. Fallanalysen zur subjektiven Religiosität von Jugendlichen, Gütersloh 1994

Fraling, Bernhard, Verantwortete Elternschaft im Schnittpunkt individual- und sozialethischer Betrachtung, in: *Heimbach-Steins u. a.* (1995), Brennpunkt Sozialethik, 447-463

Frauen und Kirche, Bonn 1993 (= Arbeitshilfen, hrsg. vom *Sekretariat der Deutschen Bischofskonferenz,* H. 108)

Friesenhahn, Günter J., Trends, Moden, Perspektiven? Diskussionsbeitrag zur Entwicklung Sozialer Arbeit, in: Unsere Jugend 43 (1991) 11, 457-466

Friesl, Christian/Polak, Regina (Hrsg.), Die Suche nach der religiösen Aura. Analysen zum Verhältnis von Jugend und Religion in Europa, Graz; Wien 1999

Fuchs, Dieter, Versuch einer Systematisierung der Sozialarbeitsforschung, in: *Puhl* (1996), Sozialarbeitswissenschaft, 205-225

Fuchs, Gotthard/Lienkamp, Andreas (Hrsg.), Visionen des Konzils. 30 Jahre Pastoralkonstitution „Die Kirche in der Welt von heute", Münster 1997

Fuchs, Gotthard/Werbick, Jürgen, Scheitern und Glauben. Vom christlichen Umgang mit Niederlagen, Freiburg 1991

Fuchs, Ottmar (Hrsg.), Theologie und Handeln. Beiträge zur Fundierung der Praktischen Theologie als Handlungstheorie, Düsseldorf 1984

Fuchs, Ottmar, Assoziationen zum Verhältnis von theologischer Lehre und diakonischer Tat, in: Caritas 87 (1986) 3, 143-159

Fuchs, Ottmar, Krise der Theologie: Krise der Theolog(inn)en?, in: *Cremer/Funke* (1988), Diakonisches Handeln, 56-71

Fuchs, Ottmar, Dableiben oder weggehen? Christen im Konflikt mit der Kirche, München 1989

Fuchs, Ottmar, Wie kommt Caritas in die Theologie?, in: Caritas 91 (1990) 1, 11-22

Fuchs, Ottmar, „Wie verändert sich das Verständnis von Pastoraltheologie und Theologie überhaupt, wenn die Diakonik zum Zug kommt?", in: PthI 10 (1990) 1, 175-202

Fuchs, Ottmar, Heilen und befreien. Der Dienst am Nächsten als Ernstfall von Kirche und Pastoral, Düsseldorf 1990

Fuchs, Ottmar, Ämter für eine Kirche der Zukunft. Ein Diskussionsanstoß, Luzern 1993

Fuchs, Ottmar, Wie verändert sich universitäre Praktische Theologie, wenn sie kontextuell wird?, in: PthI 18 (1998) 1, 115-150

Fuchs, Ottmar, Christologische Karriere als Kehre in der Theodizee. Pastoraltheologische Aspekte, in: *Hoppe/Busse (1998),* Von Jesus zum Christus, 571-613

Fuchs, Ottmar, Solidarisierung bis zum äußersten!?, in: *Weber* (1998), Frischer Wind, 119-135

Funke, Dieter, Im Glauben erwachsen werden. Psychische Voraussetzungen der religiösen Reifung, München 1986

Für eine Zukunft in Solidarität und Gerechtigkeit. Wort des Rates der Evangelischen Kirche in Deutschland und der Deutschen Bischofskonferenz zur wirtschaftlichen und sozialen Lage in Deutschland. Eingeleitet und kommentiert von *M. Heimbach-Steins* und *A. Lienkamp (Hrsg.)* unter Mitarbeit von G. Kruip und S. Lunte, München 1997

Furger, Franz (Hrsg.), Das soziale Stichwort, Münster 1991

Fürst, Walter, Praktisch-theologische Urteilskraft, Zürich u.a. 1986

Fürst, Walter/Baumgartner, Isidor, Leben retten. Was Seelsorge zukunftsfähig macht, München 1990

Gabriel, Karl, Die verbandliche Caritas im Postkatholizismus, in: Caritas 91 (1990) 12, 575-584

Gabriel, Karl, Christentum zwischen Tradition und Postmoderne, Freiburg u.a. 1992

Gabriel, Karl/Hobelsberger, Hans (Hrsg.), Jugend, Religion und Modernisierung. Kirchliche Jugendarbeit als Suchbewegung, Opladen 1994

Gabriel, Karl/Krämer, Werner (Hrsg.), Kirchen im gesellschaftlichen Konflikt. Der Konsultationsprozeß und das Sozialwort ‚Für eine Zukunft in Solidarität und Gerechtigkeit', Münster 1997 (= Studien zur christlichen Gesellschaftslehre, hrsg. von *K. Gabriel u.a.*, Bd.1)

Garhammer, Erich (Hrsg.), Menschenbilder. Impulse für helfende Berufe, Regensburg 1989

Garijo-Guembe, Miguel M., Gemeinschaft der Heiligen. Grund, Wesen und Struktur der Kirche, Düsseldorf 1988

Gemeinsame Erklärung der Arbeitsgemeinschaft christlicher Kirchen in der Bundesrepublik Deutschland und Berlin (West): Gott ist ein Freund des Lebens. Herausforderungen und Aufgaben beim Schutz des Lebens, hrsg. vom *Kirchenamt der Evangelischen Kirche in Deutschland* und vom *Sekretariat der Deutschen Bischofskonferenz,* Trier 1989

Gemeinsame Synode der Bistümer in der Bundesrepublik Deutschland. Beschlüsse der Vollversammlung. Offizielle Gesamtausgabe I, hrsg. im Auftrag des Präsidiums der Gemeinsamen Synode der Bistümer in der Bundesrepublik Deutschland und der Deutschen Bischofskonferenz von *L. Bertsch SJ, Ph. Boonen, R. Hammerschmidt, J. Homeyer, F. Kronenberg, K. Lehmann* unter Mitarbeit von *P. Imhof SJ,* Freiburg u.a. 1976

Generalsekretariat des Zentralkomitees der deutschen Katholiken (Hrsg.), Barmherzigkeit. Eine neue Sichtweise zu einem vergessenen Aspekt der Diakonie. Eine Erklärung der Kommission 7 „Sozial-caritativer Dienst" des Zentralkomitees der deutschen Katholiken, Bonn 1995

Generalsekretariat des Zentralkomitees der deutschen Katholiken (Hrsg.), Die Gottesrede von Juden und Christen unter den Herausforderungen der säkularen Welt, Bonn 1996 (= Berichte und Dokumente 103)

Gerber, Uwe/Knoll, Jörg/Lange-Garritsen, Helga/Römelt, Siegrid/Pöhlmann, Horst, Was ist der Mensch?, Gütersloh 1979

Gerechtigkeit schafft Frieden, Bonn 1983 (= Die deutschen Bischöfe, hrsg. vom *Sekretariat der Deutschen Bischofskonferenz*, H. 34)

Germain, Carel B./Gitterman, Alex, Praktische Sozialarbeit: das „life model" der sozialen Arbeit, Stuttgart 1983

Gertler, Thomas, Kirche und moderne Welt - Die neue Verhältnisbestimmung durch das II. Vatikanische Konzil, in: *Bieger u. a.* (1993), Religion und Fernsehen, 195-207

Gildemeister, Regine, Neuere Aspekte der Professionalisierungsdebatte, in: Neue Praxis 22 (1992) 3, 209-219

Gildemeister, Regine, Professionelles soziales Handeln - Balancen zwischen Wissenschaft und Lebenspraxis, in: *Akademie für Sozialarbeit der Stadt Wien* (1993), Konturen der Sozialarbeit, 25-40

Glatzel, Norbert/Pompey, Heinrich (Hrsg.), Barmherzigkeit oder Gerechtigkeit? Zum Spannungsfeld von christlicher Sozialarbeit und christlicher Soziallehre, Freiburg 1991

Gordan, Paulus (Hrsg.), Menschwerden - Menschsein, Kevelaer u. a. 1983

Greinacher, Norbert, Das Theorie-Praxis-Problem in der Praktischen Theologie, in: *Klostermann/Zerfaß* (1974), Praktische Theologie heute, 103-118

Gründel, Johannes, Die eindimensionale Wertung der menschlichen Sexualität, in: *Böckle, Franz (1977)*, Menschliche Sexualität, 74-105

Grünweller-Hofmann, Gudrun/Hohmann, Stefan/Lemaire, Bernhard, Anfangen in der Jugendarbeit. Berufseinführungskurs für hauptamtliche Mitarbeiterinnen und Mitarbeiter in der Jugendarbeit, in: deutsche jugend 46 (1998) 6, 251-258

Gutiérres, Gustavo, Theologie der Befreiung. Mit einem Vorwort von J. B. Metz, München ^{9}1986 (^{1}1973)

Haag, Fritz /Parow, Eduard/Pongratz, Lieselotte/Rehn, Gerhard, Überlegungen zu einer Metatheorie der Sozialarbeit, in: *Otto/Schneider* (1973), Gesellschaftliche Perspektiven der Sozialarbeit, 1. Halbband, 167-192

Habermas, Jürgen, Die Neue Unübersichtlichkeit. Kleine Politische Schriften V, Frankfurt a.M. 1985

Häring, Bernhard, Es geht auch anders. Plädoyer für eine neue Umgangsform in der Kirche, Freiburg u.a. 1993

Haslinger, Herbert (Hrsg.), Praktische Theologie. Band 1: Grundlegungen, Mainz 1999

Haupert, Bernd, Vom Interventionalismus zur Professionalität. Programmatische Überlegungen zur Gegenstandsbestimmung der Sozialen Arbeit als Wissenschaft, Profession und Praxis, in: Neue Praxis 20 (1990) 1, 32-55

Haupert, Bernd, Wege und Ziele der Forschung im Rahmen professioneller Sozialer Arbeit, in: *Wendt* (1994), Sozial und wissenschaftlich arbeiten, 116-133

Haupert, Bernd, Programmatische Überlegungen zur Gegenstandsbestimmung einer Theorie Sozialer Arbeit, in: *Akademie für Sozialarbeit der Stadt Wien* (1995), Konturen der Sozialarbeit, 69-85

Haupert, Bernd, Kritische Anmerkungen zum Stellenwert und Gegenstand der Sozialarbeitswissenschaft, in: *Puhl* (1996), Sozialarbeitswissenschaft, 41-62

Haupert, Bernd/Kraimer, Klaus, Die disziplinäre Heimatlosigkeit der Sozialpädagogik/Sozialarbeit, in: Neue Praxis 21 (1991) 2, 106-121

Heimbach-Steins, Marianne, Unterscheidung der Geister - Strukturmoment christlicher Sozialethik: dargestellt am Werk Madeleine Delbrêls, Münster 1994

Heimbach-Steins, Marianne/Lienkamp, Andreas/Wiemeyer, Joachim (Hrsg.), Brennpunkt Sozialethik. Theorien, Aufgaben, Methoden. Für Franz Furger, Freiburg u.a. 1995

Heimbach-Steins, Marianne, Erfahrung: Konversion und Begegnung. Ansatzpunkte einer theologischen Profilierung christlicher Sozialethik, in: *dies. u.a.* (1995), Brennpunkt Sozialethik, 103-120

Heimbrock, Hans-Günter, Pädagogische Diakonie - Beiträge zu einem vergessenen Grenzfall, Neukirchen-Vluyn 1986

Heiner, Maja/Meinhold, Marianne/von Spiegel, Hiltrud/Staub-Bernasconi, Silvia, Methodisches Handeln in der Sozialen Arbeit, Freiburg ^{2}1995 (^{1}1994)

Heiner, Maja, Nutzen und Grenzen systemtheoretischer Modelle für eine Theorie professionellen Handelns (Teil I), in: Neue Praxis 25 (1995) 5, 427-441

Heitger, Marian, Der Mensch in der Pädagogik: Pädagogik zwischen Humanisierung und Funktionalisierung, in: *Gordan* (1983), Menschwerden - Menschsein, 201-254

Heitkamp, Hermann, Interview zur Notwendigkeit einer eigenen Sozialarbeitswissenschaft, in: Blätter der Wohlfahrtspflege 142 (1995) 1/2, 14

Heller, Andreas, „Wir wollen Leisten lernen, denn im Dienen sind wir schon ganz gut!" Chancen und Risiken von Leitbild-Entwicklungen in kirchlichen Organisationen, in: Caritas 98 (1997) 1, 9-16

Helsper, Werner, Okkultismus. Die neue Jugendreligion? Die Symbolik des Todes und des Bösen in der Jugendkultur, Opladen 1992

Hemmerle, Klaus, Leben aus der Einheit. Eine theologische Herausforderung, hrsg. von *P. Blättler,* Freiburg 1995

Hengsbach, Franz/Emunds, Bernhard/Möhring-Hesse, Matthias, Reformen fallen nicht vom Himmel. Was kommt nach dem Sozialwort der Kirchen?, Freiburg u.a. 1997

Henke, Thomas, Ein Fach zwischen den Stühlen. Wo steht heute die Pastoraltheologie?, in: HerKorr 47 (1993) 4, 197-203

Henke, Thomas, Seelsorge und Lebenswelt. Auf dem Weg zu einer Seelsorgetheorie in Auseinandersetzung mit soziologischen und sozialphilosophischen Lebensweltkonzeptionen, Würzburg 1994 (= Studien zur Theologie und Praxis der Seelsorge, hrsg. von *K. Baumgartner u. a.,* Bd.14)

Henze, Barbara (Hrsg.), Studium der katholischen Theologie: eine themenorientierte Einführung, Paderborn u.a. 1995

Herbertz, Dieter/Lechner, Martin/Voggeser, Winfried, Diskussionspapier Jugendsozialarbeit in katholischer Trägerschaft (Manuskript), Düsseldorf 1993

Hermanns, Manfred/Stempin, Angela, Barmherzigkeit - unmodern?, in: *Breuer* (1996), Jahrbuch für Jugendsozialarbeit, 161-179

Herriger, Norbert, Der mächtige Klient. Anmerkungen zum Verhältnis von Alltagskompetenz und Berufskompetenz, in: Soziale Arbeit 38 (1989) 5, 165-174

Herriger, Norbert, Empowerment - Annäherung an ein neues Fortschrittsprogramm der sozialen Arbeit, in: Neue Praxis 21 (1991) 3, 221-229

Hilpert, Konrad, Der Ort der Caritas in Kirche und Theologie, in: *Deutscher Caritasverband* (1989), Caritas '90, 9-23

Höffner, Josef Kardinal, Christliche Gesellschaftslehre. Studienausgabe, hrsg. vom *Presseamt des Erzbistums Köln*, Kevelaer (2. Aufl. der Studienausgabe nach der 7. erw. Aufl.) 1978

Höhn, Hans-Joachim, Religionsproduktive Tendenzen der Gegenwart. Freiburg 1994

Hofmeier, Johannes, Religionsdidaktik und religiöse Elementarerziehung, in: *Lachmann/Rupp* (1989), Lebenswege und religiöse Erziehung, 123-140

Hohn-Morisch, Ludger, Ein Traum von Kirche. Menschlichkeit nach Jesu Art, Freiburg u.a. 1998

Hollstein, Walter/Meinhold, Marianne (Hrsg.), Sozialarbeit unter kapitalistischen Produktionsbedingungen, Frankfurt 1973

Homeyer, Josef/Steins, Georg (Hrsg.), Kirche - postmodern überholt? Erfahrungen und Visionen einer Zeit des Umbruchs, München 1996

Hoppe, Rudolf/Busse, Ulrich (Hrsg.), Von Jesus zum Christus. Christologische Studien. Festgabe für Paul Hoffmann zum 65. Geburtstag, Berlin u.a. 1998

Hoppe, Thomas, Menschenrechte als Basis eines Weltethos?, in: *Heimbach-Steins u.a.* (1995), Brennpunkt Sozialethik, 319-333

Horstmann, Johannes (Hrsg.), Ende des Katholizismus oder Gestaltwandel der Kirche? Mit Beiträgen von M. N. Ebertz, K. Gabriel, M. Klöcker, A. H. Leugers-Scherzberg, G. Schmied, Schwerte 1993 (= Akademievorträge. Veröffentlichungen der Katholischen Akademie Schwerte, hrsg. von *G. Krems*, H. 41)

Horx, Matthias, Trendbuch 2. Megatrends für die späten neunziger Jahre, Frankfurt a. M. 1995

Hürten, Heinz, Kurze Geschichte des deutschen Katholizimus 1800-1960, Mainz 1986

Hünermann, Peter, Die Frage nach Gott und der Gerechtigkeit. Eine kritische dogmatische Reflexion auf die Pastoralkonstitution, in: *Fuchs/Lienkamp* (1997), Visionen des Konzils, 123-143

Hundmeyer, Simon (Hrsg.), Geschichte der Katholischen Stiftungsfachhochschule München. Fachhochschule der kirchlichen Stiftung öffentlichen Rechts „Katholische Bildungsstätten für Sozialberufe in Bayern", München 1981

Hungs, Franz-Josef, Zum ‚Proprium' Katholischer Fachhochschulen, in: *Katholische Stiftungsfachhochschule München - der Präsident (Hrsg.),* Informationsdienst Nr. 14, München 30.3. 1993, 2-5

Hungs, Franz-Josef, Beauftragter für Theologische Zusatzausbildung (Hrsg.), Theologische Zusatzausbildung (TZ) an der Katholischen Stiftungsfachhochschule München. Fachhochschule der kirchlichen Stiftung öffentlichen Rechts „Katholische Bildungsstätten für Sozialberufe in Bayern", München 1987

Hungs, Franz-Josef, Zur Beziehung von Sozialarbeit und Pastoraltheologie, in: Caritas 90 (1989) 12, 552-555

Hungs, Franz-Josef/Piper, Michael/Sing, Wilhelm M./Zink, Dionys (Hrsg.), Sozialarbeit. Herkunft und Perspektive. Festschrift für Martha Krause-Lang, München 1992

Hutter, Andreas, Soziale Arbeit zwischen Wissenschaft, Profession und Praxis - Gedanken zur neuen Rahmenstudienordnung Soziale Arbeit, in: Bayerischer Wohlfahrtsdienst 47 (1995) 10, 112-116

Hutter, Andreas, Überlegungen und Ergebnisse der Fachkommission Sozialpädagogik/Sozialarbeit zu einem einheitlichen Fachhochschulstudiengang Soziale Arbeit, in: *Engelke* (1996), Soziale Arbeit als Ausbildung, 190-205

Irrgang, Bernhard, Verantwortungsethik in technischer Zivilisation, in: *Heimbach-Steins u. a.* (1995), Brennpunkt Sozialethik, 403-417

Jasbinschek, Karl, Der Mensch - das gemeinsame Anliegen von Seelsorge und Social Groupwork, in: *Nebel/Woltmann-Zingsheim* (1997), Werkbuch, 147-158

Johach, Helmut, Soziale Therapie und Alltagspraxis. Ethische und methodische Aspekte einer Theorie der sozialen Berufe, Weinheim u.a. 1993

Jörns, Klaus-Peter, Die neuen Gesichter Gottes. Die Umfrage ‚Was die Menschen wirklich glauben' im Überblick, Neukirchen-Vluyn 1997

Juritsch, Martin, Der Mensch - die ungelöste Frage? Das Menschenbild des II. Vatikanischen Konzils, Augsburg 1968

Kamphaus, Franz, Einspruch gegen die „Religion des Marktes". Ernstfall Gentechnik: Wer Leben in wertvoll und weniger wertvoll einteilt, gefährdet die Grundlagen der Gesellschaft, in: Süddeutsche Zeitung Nr. 82, 8. April 1998, 12

Karrer, Leo (Hrsg.), Handbuch der Praktischen Gemeindearbeit, Freiburg u. a. 1990

Kasper, Walter/Lehmann, Karl, Einleitungsfaszikel: Die Heilssendung der Kirche in der Gegenwart, Mainz 1970

Katholische Bildungsstätten für Sozialberufe in Bayern - Kirchliche Stiftung des öffentlichen Rechts (Hrsg.), 25 Jahre Katholische Bildungsstätten für Sozialberufe in Bayern. Kirchliche Stiftung des öffentlichen Rechts 1971-1996, München 1996

Katholische Fachhochschule Nordrhein-Westfalen, Abteilung Münster (Hrsg.), Theorie und Praxis sozialer und pädagogischer Lehre im Blickpunkt. 75 Jahre Ausbildungsstätte für soziale Arbeit in Münster, Münster 1992

Kaufmann, Franz-Xaver, Kirche begreifen. Analysen und Thesen zur gesellschaftlichen Verfassung des Christentums, Freiburg u.a. 1979

Kaufmann, Franz-Xaver, Religion und Modernität. Sozialwissenschaftliche Perspektiven, Tübingen 1989

Kecskes, Robert/Wolf, Christof, Konfession, Religion und soziale Netzwerke. Zur Bedeutung christlicher Religiosität in personalen Beziehungen, Opladen 1996

Kehl, Medard, Wohin geht die Kirche? Eine Zeitdiagnose, Freiburg u. a. 1996

Kerber, Walter/Ertl, Heimo/Hainz, Michael (Hrsg.), Katholische Gesellschaftslehre im Überblick. 100 Jahre Sozialverkündigung der Kirche, Frankfurt 1991

Khella, Karam, Theorie und Praxis der Sozialarbeit und Sozialpädagogik, Hamburg 1980

Khella, Karam, Einführung in die Sozialarbeit und Sozialpädagogik, 2 Bde., Hamburg 1983

Kirchner, Baldur, Benedikt für Manager. Die geistigen Grundlagen des Führens, Wiesbaden 1994

Klafki, Wolfgang, Art. Das Elementare, Fundamentale, Exemplarische, in: *Groothoff, Hans-Hermann/Stallmann, Martin (Hrsg.),* Neues Pädagogisches Lexikon, Stuttgart u. a. 1971, Sp. 251-256

Klauck, Hans-Josef, Gemeinde zwischen Haus und Stadt. Kirche bei Paulus, Freiburg 1992

Klein, Franz, Christ und Kirche in der sozialen Welt, Freiburg o. J.

Klein, Stefanie, Theologie und empirische Biographieforschung. Methodische Zugänge zur Lebens- und Glaubensgeschichte und ihre Bedeutung für eine erfahrungsbezogene Theologie, Stuttgart u. a. 1994 (= Praktische Theologie heute, hrsg. von *G. Bitter u. a,* Bd. 19)

Kleinert, Ulfried/Leutzsch, Martin/Wagner, Harald, Herausforderung „neue Armut". Motive und Konzepte sozialer Arbeit, Leipzig 1996

Klinger, Elmar, Der Glaube des Konzils. Ein dogmatischer Fortschritt, in: ders./*K. Wittstadt* (1984), Glaube im Prozeß, 615-626

Klinger, Elmar, Armut. Eine Herausforderung Gottes. Der Glaube des Konzils und die Befreiung des Menschen, Zürich 1990

Klinger, Elmar, Das Geheimnis Gottes im Alltag entdecken. Zur spirituellen Theologie Karl Rahners, Würzburg 1994

Klinger, Elmar/Wittstadt, Klaus, Glaube im Prozeß. Christsein nach dem II. Vatikanum. Für Karl Rahner, Freiburg 1984

Klos, M. Basina, „Der Geist Gottes ist über alle und nicht nur über wenige ausgegossen", in: *Verband Katholischer Einrichtungen und Dienste für körperbehinderte Menschen e.V. (Hrsg.),* Bilder, die uns leiten. Wege zu einem Leitbild, Freiburg 1994, 32-57

Klose, Alfred/Mantl, Wolfgang/Zsifkovits, Valentin (Hrsg.), Katholisches Soziallexikon, Innsbruck u. a. ²1980

Klostermann, Ferdinand/Zerfaß, Rolf (Hrsg.), Praktische Theologie heute, München u. a. 1974

Klumker, Christian Jasper, Fürsorgewesen. Einführung in das Verständnis der Armut und Armenpflege, Leipzig 1918

Klüsche, Wilhelm (Hrsg.), Professionelle Identitäten in der Sozialarbeit/Sozialpädagogik. Anstöße, Herausforderungen und Rahmenbedingungen im Prozeß der Entwicklung eines beruflichen Selbstverständnisses, Mönchengladbach 1994

Knapp, Wolfgang (Hrsg.), Die wissenschaftlichen Grundlagen der Sozialarbeit und Sozialpädagogik, Stuttgart u. a. 1980

Knobloch, Stefan/Haslinger, Herbert (Hrsg.), Mystagogische Seelsorge. Eine lebensgeschichtlich orientierte Pastoral, Mainz 1991

Knobloch, Stefan, Was ist Praktische Theologie?, Freiburg (Schweiz) 1995

Kobi, Emil E., Heilpädagogik als Dialog, in: *Leber* (1980), Heilpädagogik, 61-94

Koch, Kurt, Durch-kreuz-ter Glaube. Das Kreuz Jesu Christi als Kerngeheimnis christlicher Theologie, in: *Mödl* (1997), Ein sperriges Zeichen, 12-51

Kochanek, Hermann (Hrsg.), Religion und Glaube in der Postmoderne, Nettetal 1996 (= Veröffentlichungen des Missionspriesterseminars St. Augustin bei Bonn, Nr. 46)

Kögler, Ilse, Die Sehnsucht nach mehr. Rockmusik, Jugend und Religion. Informationen und Deutungen, Graz 1994

Konferenz der bayerischen Pastoraltheologen (Hrsg.), Das Handeln der Kirche in der Welt von heute. Ein pastoraltheologischer Grundriß, München 1994

Kongregation der Dienerinnen der hl. Kindheit Jesu OSF (Hrsg.), Frauensorgen - Frauen sorgen, Würzburg (Kloster Oberzell) 1991

Korff, Wilhelm, Christlicher Glaube als Quelle konkreter Moral. Überlegungen zum Verhältnis von Religion und Ethos, in: HerKorr 44 (1990) 6, 279-287

Korff, Wilhelm, Dauerhaft-umweltgerechte Entwicklung. Zur Frage eines Umweltethos der Zukunft, in: *Heimbach-Steins u. a.* (1995), Brennpunkt Sozialethik, 419-436

Krämer, Hans, Integrative Ethik, Frankfurt 1992

Kraus, Holger/Jakobi, Bernd, Motivation Kölner Studenten des Sozialwesens für die Wahl der staatlichen oder katholischen Fachhochschule. Projektarbeit im Fach Methoden der Empirischen Sozialforschung. KFH Nordrhein-Westfalen, Abteilung Köln, Sommersemester 1994

Kreft, Dieter/Mielenz, Ingrid (Hrsg), Wörterbuch Soziale Arbeit. Aufgaben, Praxisfelder, Begriffe und Methoden der Sozialarbeit und Sozialpädagogik, Weinheim u.a. (4. vollst. überarb. und erw. Auflage) 1996

Krieger, Walter/Schwarz, Alois (Hrsg.), Jugend und Kirche. Auf der Suche nach einer Begegnung, München 1997

Krockauer, Rainer, Kirche als Asylbewegung. Diakonische Kirchenbildung am Ort der Flüchtlinge, Stuttgart u. a. 1993 (= Praktische Theologie heute, hrsg. von *G. Bitter u.a,* Bd.11)

Krockauer, Rainer, Aachens Hochschule für Soziale Arbeit. Von der ‚Sozialen Frauenschule' zur ‚Kath. Fachhochschule NW, Abteilung Aachen' in Burtscheid (1918-1998), Aachen 1998, Manuskript 12 S.

Krockauer, Rainer, Diakonische Pastoral. Herausforderungen - Standpunkte - Perspektiven. Herzogenrath 1998 (= Reihe Arbeiterfragen, hrsg. vom *Oswald-von-Nell-Breuning-Haus Herzogenrath,* H. 3/98)

Krockauer, Rainer, Soziale Arbeit als theologiegenerativer Ort, in: PthI 18 (1998) 1, 69-80

Krockauer, Rainer/Gielkens, Leo, Forschungsprojekt: Theologie und Soziale Arbeit, Manuskript 6 S., Aachen 1998

Kruip, Gerhard, Armutsbekämpfung und „nachhaltige Entwicklung" - der notwendige Beitrag der reichen Staaten des Nordens, in: *Heimbach-Steins u.a.* (1995), Brennpunkt Sozialethik, 367-384

Kuld, Lothar, Glaube in Lebensgeschichten. Ein Beitrag zur theologischen Autobiographieforschung, Stuttgart u.a. 1997

Küng, Hans, Christsein, München 1976

Küng, Hans, Projekt Weltethos, München 1992 (¹1990)

Küng, Hans, Credo. Das Apostolische Glaubensbekenntnis - Zeitgenossen erklärt. München; Zürich 1992

Küng, Hans, Fürchtet euch nicht vor dem Ethos. Über eine „Allgemeine Erklärung der Menschenpflichten", in: CIG 49 (1997) 46, 381-392

Lachmann, Rainer, ‚Die Sache selbst' im Gespräch zwischen Religionspädagogik und Pädagogik, in: EvErz 36 (1984) 2, 116-130

Lachmann, Rainer/Rupp, Horst F. (Hrsg.), Lebenswege und religiöse Erziehung. Religionspädagogik als Autobiographie, Bd.1, Weinheim 1989

Lämmermann, Godwin, Stufen religionspädagogischer Elementarisierung. Vorschläge zu einem Elementarisierungsprozeß als Unterrichtsvorbereitung, in: Jahrbuch der Religionspädagogik 6 (1990) 79-92

Lange, Klaus/Müller, Burkhard/Ortmann, Friedrich, Alltag des Jugendarbeiters. An wessen Bedürfnissen orientiert sich die Jugendarbeit?, Neuwied u. a. 1980

Leber, Aloys (Hrsg.), Heilpädagogik, Darmstadt 1980 (= Wege der Forschung Bd.506)

Lechner, Martin, „Sozialtheologe?" Oder: Brauchen die sozialpädagogischen Mitarbeiter in der kirchlichen Jugendarbeit eine theologische Zusatzausbildung?, unveröff. Manuskript, 10 S., Benediktbeuern 1984

Lechner, Martin, Jugendverbände und Jugendpastoral, in: KatBl 109 (1984) 6, 438-446

Lechner, Martin, Pastoraltheologie der Jugend. Geschichtliche, theologische und kairologische Bestimmung der Jugendpastoral einer evangelisierenden Kirche, München 1992 (^{2}1996)

Lechner, Martin, Kirchlichkeit der Mitarbeiter - Kirchlichkeit der Einrichtungen, in: Jugendwohl 74 (1993) 11, 486-500

Lechner, Martin, Gelebter Glaube im Sozialen Dienst - Was macht den SkF kirchlich?, in: Korrespondenzblatt des Sozialdienstes Katholischer Frauen H. 1/1995, 3-16 (Sonderdruck)

Lechner, Martin, Personen sind wichtiger als Programme - Beziehungen wichtiger als Service, in: Praxis in der Gemeinde 17 (1995) 3, 34-36

Lechner, Martin, Formalität oder Identität? Überlegungen zum Proprium Katholischer Tageseinrichtungen für Kinder, in: Jugendwohl 77 (1996) 8, 358-369

Lechner, Martin, Katholische Junge Gemeinde - Kirche in der Lebenswelt von Kindern und Jugendlichen, in: MThZ 47 (1996) 2, 155-161

Lechner, Martin, Der Sinn kirchlicher Kinder- und Jugendhilfe. Thesen für das Spitzengespräch der Kinder- und Jugendhilfe in Bayern am 23.06.97 in München, Typoskript (Benediktbeuern, 20.6.1997)

Lechner, Martin, Heimerziehung als pastorale Aufgabe. Überlegungen zur Kooperation zwischen Heimerziehung und Gemeindepastoral, in: Pädagogischer Rundbrief 47 (1997) 6/7, 3-16

Lechner, Martin, Heimerziehung als pastorale Aufgabe. Zur Kooperation zwischen Heimerziehung und Gemeindepastoral, in: Jugendwohl 78 (1997) 6, 246-256

Lechner, Martin, Jugendpastoral zwischen Anspruch und Wirklichkeit, in: *Krieger/Schwarz* (1997), Jugend und Kirche, 90-112

Lechner, Martin/Zahalka, Anna (Hrsg.), Hilfen zur Erziehung. Der Dienst der Kirche für beeinträchtigte und gefährdete Kinder und Jugendliche, München 1997 (= Benediktbeurer Beiträge zur Jugendpastoral, hrsg. von *Lechner, Martin u.a*, Bd. 4)

Lehner, Markus, Caritas. Die Soziale Arbeit der Kirche. Eine Theoriegeschichte, Freiburg 1997

Lewkowicz, Marianne (Hrsg.), Neues Denken in der sozialen Arbeit. Mehr Ökologie - mehr Markt - mehr Management. Freiburg 1991

Lob-Hüdepohl, Andreas, Solidarität am Standort Deutschland, Berlin 1997 (= Schriften der Diözesanakademie Berlin, Bd.13)

Lob-Hüdepohl, Andreas, ‚Moralisch handeln um der Menschwerdung der Menschen willen!' Zum Profil Theologischer Ethik, in: *Henze* (1995), Studium der Katholischen Theologie, 195-230

Löwisch, Dieter-Jürgen, Pädagogisches Heilen. Versuch einer erziehungsphilosophischen Grundlegung der Heilpädagogik, München 1969

Lohff, Wenzel, Glaubenslehre und Erziehung, Göttingen 1974

Lohfink, Gerhard, Wie hat Jesus Gemeinde gewollt?, Freiburg 1982

Lowy, Louis, Sozialarbeit/Sozialpädagogik als Wissenschaft im angloamerikanischen und deutschsprachigen Raum, hrsg. von der *Bundeskonferenz der Rektoren und Präsidenten kirchlicher Fachhochschulen in der Bundesrepublik Deutschland*, Freiburg 1983

Lüders, Christian, Der ‚wissenschaftlich ausgebildete Praktiker' in der Sozialpädagogik - zur Notwendigkeit der Revision eines Programms, in: Zeitschrift für Pädagogik 33 (1987) 5, 635-653

Lüders, Christian, Der wissenschaftlich ausgebildete Paktiker. Entstehung und Auswirkung des Theorie-Praxis-Konzepts des Diplomstudiengangs Sozialpädagogik, Weinheim u.a. 1989

Luhmann, Niklas, Formen des Helfens im Wandel gesellschaftlicher Bedingungen, in: *Otto/Schneider* (1973), Gesellschaftliche Perspektiven der Sozialarbeit, 21-43

Lukas, Helmut, Verwissenschaftlichung des sozialpädagogischen Berufes. Sozialpädagogische Hochschulausbildung zwischen Berufsbild und Berufswirklichkeit, in: *Pfaffenberger/Schenk* (1989), Sozialarbeit zwischen Berufung und Beruf, 53-64

Lüssi, Peter, Systemische Sozialarbeit. Praktisches Lehrbuch der Sozialberatung, Bern u.a. 1991

Luther, Henning, Religion und Alltag. Bausteine zu einer praktischen Theologie des Subjekts, Stuttgart 1992

Maier, Hugo, Who is who der sozialen Arbeit, Freiburg 1998

Maier, Hugo, Armenküche und Wissenschaft? Perspektiven einer Sozialarbeitswissenschaft an Fachhochschulen, in: Forum Katholische Fachhochschule Nordrhein-Westfalen, Nr. 8, 7/93, 19-24

Maier, Hugo, Gestalten statt Verwalten. Von den „Allgemeinen Lehren der Sozialarbeit/Sozialpädagogik" zur Sozialarbeitswissenschaft, in: Forum Katholische Fachhochschule Nordrhein-Westfalen, Nr. 10, 7/94, 13-18

Maier, Hugo, Ausgangspunkt war die praktische Hilfe. In den Anfängen war eine Fürsorgewissenschaft - Eine vergessene Traditionslinie der Sozialarbeitswissenschaft, in: Blätter der Wohlfahrtspflege 142 (1995) 1/2, 8-10

Maier, Hugo, Sozialarbeitswissenschaft und ihre Traditionen. Anmerkungen zu Entwicklungen und Spuren, in: *Puhl* (1996), Sozialarbeitswissenschaft, 127-135

Maier, Konrad, Berufsziel Sozialarbeit/Sozialpädagogik. Biografischer Hintergrund, Studienmotivation, soziale Lage während des Studiums, Studierverhalten und Berufseinmündung angehender SozialarbeiterInnen/SozialpädagogInnen. Mit einem ergänzenden Beitrag von Uta Löckenhoff zur Situation studierender Mütter, Östringen 1995

Marburger, Helga, Entwicklung und Konzepte der Sozialpädagogik, München 1979

Marcuse, Herbert, Der eindimensionale Mensch, Neuwied 1967

Maurer, Alfons, ‚Die Zerschlagenen in Freiheit setzen' (Lk 4,18). Hat die Theologie eine gesellschaftliche Verpflichtung?, in: *Wils* (1996), Warum denn Theologie?, 133-148

McGrath, Alister E., Der Weg der christlichen Theologie. Eine Einführung, München 1994

Menschenrechte und Soziale Arbeit. Ein Manual für die Ausbildungsstätten für Soziale Arbeit und für die Profession Soziale Arbeit, in: *Wendt* (1995), Soziale Arbeit im Wandel ihres Selbstverständnisses, 81-99

Merten, Roland/Sommerfeld, Peter/Koditek, Thomas (Hrsg.), Sozialarbeitswissenschaft - Kontroversen und Perspektiven, Neuwied u. a. 1996

Merten, Roland, Wissenschaftstheoretische Dimensionen der Diskussion um ‚Sozialarbeitswissenschaft', in: *ders. u. a.* (1996), Sozialarbeitswissenschaft, 55-92

Merten, Roland, Zum systematischen Gehalt der aktuellen Debatte um eine autonome „Sozialarbeitswissenschaft", in: *Puhl* (1996), Sozialarbeitswissenschaft, 83-99

Mette, Norbert, Praktische Theologie als Handlungswissenschaft. Begriff und Problematik, in: Diakonia 10 (1979) 3, 190-203

Mette, Norbert, Von der Freiheit zur ‚Befreiung zur Freiheit', in: KatBl 114 (1989) 10, 702-710

Mette, Norbert, Voraussetzungen christlicher Elementarerziehung. Vorbereitende Studien zu einer Religionspädagogik des Kleinkindalters, Düsseldorf 1983

Mette, Norbert, Sozialpastoral, in: *Eicher/Mette* (1989), Auf der Seite der Unterdrückten?, 234-265

Mette, Norbert, Gemeinde werden durch Diakonie, in: *Karrer* (1990), Handbuch der Praktischen Gemeindearbeit, 198-214

Mette, Norbert, Kritischer Ansatz der Praktischen Theologie, in: *van der Ven/Ziebertz* (1993), Paradigmenwechsel in der Praktischen Theologie, 201-214

Mette, Norbert/Steinkamp, Hermann, Sozialwissenschaften und Praktische Theologie, Düsseldorf 1983

Mette, Norbert/Steinkamp, Hermann, Die Grundprinzipien der Sozialpastoral. Am Beispiel des ‚Plano de Pastoral de Conjunto' der Diözese Crateús (Brasilien), in: PThI 14 (1994) 1/2, 79-92

Mette, Norbert/Steinkamp, Hermann, Prinzipien und Elemente einer Sozialpastoral für die Kirche in der Bundesrepublik Deutschland. Am Beispiel ‚Christliche Gemeinden als Asyle', in: PThI 14 (1994) 1/2, 93-102

Mette, Norbert/Steinkamp, Hermann (Hrsg.), Anstiftungen zur Solidarität. Praktische Beispiele der Sozialpastoral, Mainz 1997

Metz, Johann Baptist, Gotteskrise. Versuch zur ‚geistigen Situation der Zeit', in: Diagnosen zur Zeit, 76-92

Metz, Johann Baptist, Theologie der Befreiung: Hoffnung oder Gefahr für die Kirche?, Düsseldorf 1986

Metz, Johann Baptist, Wie rede ich von Gott angesichts der säkularen Welt?, in: *Generalsekretariat des Zentralkomitees der deutschen Katholiken* (1996), Die Gottesrede von Juden und Christen, 21-31

Metz, Johann Baptist, Mit der Autorität der Leidenden. Compassion - Vorschlag zu einem Weltprogramm des Christentums, in: Feuilleton-Beilage der Süddeutschen Zeitung. Weihnachten, 24./25./26. Dezember 1997, Nr. 296, 57

Metz, Johann Baptist, Zum Begriff der neuen Politischen Theologie 1967-1997, Mainz 1997

Mödl, Ludwig (Hrsg.), Ein sperriges Zeichen. Praktisch-theologische Überlegungen zur Theologie des Kreuzes. München 1997

Mödl, Ludwig, Muß Liebe fromm sein? Diakonie und Spiritualität, in: *Bärenz* (1998), Theologie, die hört und sieht, 14-25

Mogge-Grotjahn, Hildegard, Soziologie. Eine Einführung für soziale Berufe, Freiburg 1996

Mollat, Michel, Die Armen im Mittelalter, München 1987

Mollenhauer, Klaus, Einführung in die Sozialpädagogik, Weinheim u. a. 1964

Moltmann, Jürgen, Gott im Projekt der modernen Welt. Beiträge zur öffentlichen Relevanz der Theologie, Gütersloh 1997

Moltmann, Jürgen, Mensch. Christliche Anthropologie in den Konflikten der Gegenwart, Gütersloh 1971

Moltmann, Jürgen, Theologie der Hoffnung, München 1964

Moltmann, Jürgen, Theologie der Hoffnung, in: *Bauer* (1985), Entwürfe der Theologie, 235-257

Morel, Julius u.a, Soziologische Theorie. Abriß der Ansätze ihrer Hauptvertreter, München/Wien ^{5}1997

Mühlfeld, Claus/Oppl, Hubert/Weber-Falkensammer, Hartmut/Wendt, Wolf Rainer (Hrsg.), Ökologische Konzepte für Sozialarbeit, Frankfurt 1986 (= Brennpunkte Sozialer Arbeit. Schriftenreihe für Studierende, Lehrende und Praktiker)

Mühlum, Albert, Die ökosoziale Perspektive: Folgerungen für eine Handlungstheorie der sozialen Arbeit, in: *Mühlum u. a.* (1986), Umwelt - Lebenswelt, 208-240

Mühlum, Albert, Zur Notwendigkeit und Programmatik einer Sozialarbeitswissenschaft, in: *Wendt* (1994), Sozial und wissenschaftlich arbeiten, 41-74

Mühlum, Albert, Sozialarbeitswissenschaft. Notwendig, möglich und in Umrissen schon vorhanden, in: *Puhl* (1996), Sozialarbeitswissenschaft, 25-40

Mühlum, Albert/Olschowy, Gerhard/Oppl, Hubert/Wendt, Wolf Rainer, Umwelt - Lebenswelt. Beiträge zu Theorie und Praxis ökosozialer Arbeit, Frankfurt 1986

Müller, Burkhard, Profi oder Sympathisant?, in: Sozialmagazin 3 (1987) 3, 36-40

Müller, Burkhard, Sozialpädagogisches Können. Ein Lehrbuch zur multiperspektivischen Fallarbeit, Freiburg ^{2}1994 (^{1}1993)

Müller, Burkhard/Thiersch, Hans (Hrsg.), Gerechtigkeit und Selbstverwirklichung. Moralprobleme im sozialpädagogischen Handeln, Freiburg 1990

Müller, Carl Wolfgang, Vom Mißverständnis der Forderung nach einer „Sozialarbeitswissenschaft", in: Soziale Arbeit 44 (1995) 9/10, 337-342

Müller, Carl Wolfgang, Wie Helfen zum Beruf wurde. Band 1: Eine Methodengeschichte der Sozialarbeit 1883-1945, Weinheim (3. unveränd. Aufl.) 1991 (^{1}1988)

Müller, Carl Wolfgang, Wie Helfen zum Beruf wurde. Band 2: Eine Methodengeschichte der Sozialarbeit 1945-1990, Weinheim (2. erw. Aufl.) 1992 (^{1}1988)

Müller, Carl Wolfgang, Art. Sozialarbeit/Sozialpädagogik, in: *Kreft/Mielenz* (1996), Wörterbuch Soziale Arbeit, 503-506

Müller, Josef, Pastoraltheologie. Ein Handbuch für Studium und Seelsorge, Graz u. a. 1993

Müller, Karl/Sundermeier, Theo (Hrsg.), Lexikon missionstheologischer Grundbegriffe, Berlin 1987

Müller, Klaus Dieter/Gehrmann, Gerd, Zur Problematik gegenwärtiger Methodendiskussion in der Sozialarbeit/Sozialpädagogik, in: Sozialmagazin 15 (1990) 7/8, 48-63

Müller, Klaus Dieter/Gehrmann, Gerd, Wider die „Kolonialisierung" durch Fremddisziplinen, in: Sozialmagazin 19 (1994) 6, 25-29

Münk, Hans J., Umweltverantwortung und christliche Theologie, in: *Heimbach-Steins u.a.* (1995), Brennpunkt Sozialethik, 385-402

Nagel, Ernst, Europa vor einem neuen Chaos? Grenzen erlaubter Gegengewalt, in: *Heimbach-Steins u. a.* (1995), Brennpunkt Sozialethik, 335-346

Nebel, Georg/Woltmann-Zingsheim, Bernd (Hrsg.), Werkbuch für das Arbeiten mit Gruppen. Texte und Übungen zur Sozialen Gruppenarbeit (= Schriften des Instituts für Beratung und Supervision, Bd. 13), Aachen 1997

Nebel, Georg/Woltmann-Zingsheim, Bernd (Hrsg.), Der T(r)ick mit der Ethik: Von Liebe und Gruppen, in: *Nebel/Woltmann-Zingsheim* (1997), Werkbuch, 75-81

Neboisa, Marianne, Ellen Ammann, Dokumentation und Interpretation eines diakonischen Frauenlebens. St. Ottilien 1992

Neboisa, Marianne, Ellen Ammann. 1870-1932. Diakonin der katholischen Aktion. Ein Lebensbild (hrsg. vom *Pressereferat der Erzdiözese München und Freising*), München o.J., 32 S.

Neundörfer, Karl, Die Eigenständigkeit der Wohlfahrtspflege gegenüber Kirche und Staat, in: Hochland 23 (1926) Bd. 2, 69-76.

Nipkow, Karl-Ernst/Rössler, Dietrich/Schweitzer, Friedrich (Hrsg.), Praktische Theologie und Kultur der Gegenwart. Ein internationaler Dialog, Gütersloh 1991

Nipkow, Karl-Ernst, Grundfragen der Religionspädagogik, Bd. 3: Gemeinsam leben und glauben lernen, Gütersloh 1982

Nipkow, Karl-Ernst, Elementarisierung als Kern der Unterrichtsvorbereitung, in: KatBl 111 (1986) 8, 600-608

Nohl, Hermann, Aufgaben und Wege der Sozialpädagogik, Weinheim 1965

Obrecht, Werner, Sozialarbeit und Wissenschaft, in: Sozialarbeit 25 (1993) 9, 23-38

Obrecht, Werner, Sozialarbeitswissenschaft als integrierte Handlungswissenschaft, in: *Merten u.a.* (1996), Sozialarbeitswissenschaft, 121-160

Ochs, Robert, Verschwendung. Die Theologie im Gespräch mit Georges Bataille. Frankfurt 1995

Olk, Thomas, Abschied vom Experten, Weinheim u.a. 1986

Olk, Thomas/Otto, Hans-Uwe (Hrsg.), Soziale Dienste im Wandel 2. Entwürfe sozialpädagogischen Handelns, Neuwied u.a. 1989

Oppl, Hubert, Die Zukunft sozial gestalten - Herausforderungen für die kirchliche Wohlfahrtspflege zwischen Markt und Staat, in: *Pompey* (1997), Caritas im Spannungsfeld von Wirtschaftlichkeit und Menschlichkeit, 188-208

Oppl, Hubert, Neue Herausforderungen für die Sozialarbeit. Sozialarbeit im Spannungsfeld von Wissenschaft, Markt und Diakonie, in: *Hungs u.a.* (1992), Sozialarbeit. Herkunft und Perspektive, 86-98

Oschwald, Hanspeter, Abbè Pierre. Herausforderung für die Etablierten, Freiburg 1995

Oser, Fritz/Gmünder, Paul, Der Mensch - Stufen seiner religiösen Entwicklung. Ein strukturgenetischer Ansatz, Zürich u.a. 1984

Oser, Fritz, Wieviel Religion braucht der Mensch? Erziehung und Entwicklung zur religiösen Autonomie, Gütersloh 1988

Otto, Hans-Uwe/Schneider, Siegfried (Hrsg.), Gesellschaftliche Perspektiven der Sozialarbeit. Erster Halbband, Neuwied u.a. ²1973

Palaver, Wolfgang (Hrsg.), Centesimo anno. 100 Jahre katholische Soziallehre. Bilanz und Ausblick, Thaur 1991

Pannenberg, Wolfhart, Anthropologie in theologischer Perspektive, Göttingen 1983

Papenkort, Ulrich/Rath, Matthias, Braucht Sozialarbeit(swissenschaft) Philosophie? Bemerkungen zur Philosphie als „Grundwissenschaft", in: Archiv für Wissenschaft und Praxis der sozialen Arbeit 25 (1994) 1, 22-32

Päpstliche Kommission Justitia et Pax, Die Kirche und der Rassismus, Bonn 1989 (= Arbeitshilfen, hrsg. vom *Sekretariat der Deutschen Bischofskonferenz,* H. 67)

Päpstlicher Rat Cor Unum/Päpstlicher Rat für die Seelsorge an Migranten und Menschen unterwegs, Flüchtlinge - eine Herausforderung zur Solidarität, Bonn 1992 (= Arbeitshilfen, hrsg. *vom Sekretariat der Deutschen Bischofskonferenz,* H. 101)

Päpstlicher Rat Cor Unum, Der Hunger in der Welt, Bonn 1996 (= Verlautbarungen des Apostolischen Stuhls, hrsg. vom *Sekretariat der Deutschen Bischofskonferenz,* H. 128)

Päpstlicher Rat Justitia et Pax, Die Kirche und die Menschenrechte. Historische und theologische Reflexionen, Bonn 1991 (= Arbeitshilfen, hrsg. vom *Sekretariat der Deutschen Bischofskonferenz,* Nr. 90)

Pastoralkonstitution Die Kirche in der Welt von heute, in: *Rahner/Vorgrimler* (1966), Kleines Konzilskompendium, 449-552

Peukert, Helmut, Was ist eine praktische Wissenschaft? Handlungstheorie als Basistheorie der Humanwissenschaften: Anfragen an die Praktische Theologie, in: *Fuchs* (1984), Theologie und Handeln, 64-79

Pfaffenberger, Hans/Schenk, Manfred (Hrsg.), Sozialarbeit zwischen Berufung und Beruf. Professionalisierungs- und Verwissenschaftlichungsprobleme der Sozialarbeit/Sozialpädagogik, Münster u.a. 1993

Pfaffenberger, Hans, Entwicklung der Sozialarbeit/Sozialpädagogik zur Profession und zur wissenschaftlichen und hochschulischen Disziplin, in: Archiv für Wissenschaft und Praxis der sozialen Arbeit 24 (1993) 3, 196-208

Pfeifer-Schaupp, Hans-Ulrich/Schwendemann, Wilhelm, Sozialarbeit und Diskursethik. Kommunikation als Quelle ethischer Normen, in: Archiv für Wissenschaft und Praxis der sozialen Arbeit 25 (1994) 2, 124-149

Philippi, Paul, Art. Diakonie I. Geschichte der Diakonie, in: TRE 8, 621-644

Pittner, Bertram, Das Entstehen eines christlichen Menschenbildes beobachtet am Beispiel des 1. Korintherbriefes, in: *Ullrich* (1991), Aspekte eines christlichen Menschenbildes, 20-30

Ploier-Niederschick, Eduard, Katholische Soziallehre und „Dritte Welt", in: *Palaver* (1991), Centesimo anno, 173-183

Poinsenet, Marie Dominique, Vor allem die Liebe. Leben und Dienst der Mutter Euphrasia Pelletier, Stifterin der Kongregation der Schwestern vom Guten Hirten, Kevelaer 1970

Pompey, Heinrich, Leid und Not - Herausforderungen für Christliche Soziallehre und Christliche Sozialarbeit. Zum Wechselverhältnis und Selbstverständnis beider Disziplinen, in: *Glatzel/Pompey* (1991), Barmherzigkeit oder Gerechtigkeit?, 9-37

Pompey, Heinrich (Hrsg.), Caritas im Spannungsfeld von Wirtschaftlichkeit und Menschlichkeit, Würzburg 1997 (= Studien zur Theologie und Praxis der Caritas und Sozialen Pastoral, hrsg. von *Pompey, Heinrich* u.a., Bd.9)

Predigt des Erzbischofs von Köln, Kardinal Joachim Meißner, bei der Frühjahrs-Vollversammlung der Deutschen Bischofskonferenz am 20. Februar 1997 in Mallersdorf, in: Pressemitteilungen der Deutschen Bischofskonferenz vom 21.02.1997, hrsg. vom *Sekretär der Deutschen Bischofskonferenz H. Langendörfer*, 9-12

Prognos AG (Hrsg.), Freie Wohlfahrtspflege im zukünftigen Europa. Herausforderungen und Chancen im Europäischen Binnenmarkt. Studie der Prognos AG im Auftrag der Bank für Sozialwirtschaft GmbH, Köln 1991

Provinzialat der Don Bosco Schwestern (Hrsg.), Jugendpastoralkonzept der Don Bosco Schwestern (FMA) in Österreich, Innsbruck 1995

Puhl, Ria (Hrsg.), Sozialarbeitswissenschaft. Neue Chancen für theoriegeleitete Soziale Arbeit, Weinheim u.a. 1996

Puschmann, Helmut (Hrsg.), Not sehen und handeln. Caritas. Aufgaben - Herausforderung - Perspektiven. 100 Jahre Deutscher Caritasverband, Freiburg 1996

Rahmenstudienordnung für den Fachhochschulstudiengang Soziale Arbeit (RaStOSoz) vom 21.09.1995, KWMBl I, Nr. 17/1995, 395-402

Rahner, Karl, Die theologische Dimension der Frage nach dem Menschen, in: *ders.*, Schriften zur Theologie Bd. XII: Theologie aus der Erfahrung des Geistes, Einsiedeln u.a. 1975, 387-406

Rahner, Karl, Die Forderung nach einer „Kurzformel" des christlichen Glaubens, in: *ders.*, Schriften zur Theologie, Bd. VIII, Einsiedeln u.a. 1967, 153-164

Rahner, Karl, Christlicher Humanismus, in: *ders.*, Schriften zur Theologie, Bd. VIII, Einsiedeln u.a. 1967, 239-259

Rahner, Karl, Praktische Theologie und kirchliche Sozialarbeit, in: *ders.*, Schriften zur Theologie, Bd. VIII, Einsiedeln u.a. 1967, 667-688

Rahner, Karl, Über die Einheit von Gottes- und Nächstenliebe, in: *ders.*, Schriften zur Theologie, Bd. VI: Neuere Schriften, Einsiedeln ^{2}1968, 277-298

Rahner, Karl, Strukturwandel der Kirche als Aufgabe und Chance, Freiburg 1972

Rahner, Karl, Grundkurs des Glaubens. Einführung in den Begriff des Christentums, Freiburg u.a. 1976

Rahner, Karl, Elemente der Spiritualität in der Kirche der Zukunft, in: *ders.,* Schriften zur Theologie, Bd. XIV: In Sorge um die Welt, Zürich u. a. 1980, 368-381

Rahner, Karl, Sämtliche Werke, Bd. 19, Solothurn u. a. 1995

Rahner, Karl/Vorgrimler, Herbert, Kleines Konzilskompendium. Sämtliche Texte des Zweiten Vatikanums mit Einführungen und ausführlichem Sachregister, Freiburg u. a. 1966

Ratzinger, Josef, Vom Sinn des Christseins. Drei Predigten, München 1965

Ratzinger, Josef, Einführung in das Christentum. Vorlesungen über das Apostolische Glaubensbekenntnis, München 1968

Ratzinger, Josef, Identifikation mit der Kirche, in: *ders./Lehmann* (1977), Mit der Kirche leben, 11-40

Ratzinger, Josef, Zur Gemeinschaft gerufen. Kirche heute verstehen, Freiburg 1991

Ratzinger, Josef/Lehmann, Karl, Mit der Kirche leben, Freiburg 1977

Rauschenbach, Thomas/Sachße, Christoph/Olk, Thomas (Hrsg.), Von der Wertgemeinschaft zum Dienstleistungsunternehmen. Jugend- und Wohlfahrtsverbände im Umbruch, Frankfurt 1995

Rauschenbach, Thomas/Thiersch, Hans (Hrsg.), Die herausgeforderte Moral, Bielefeld 1987

Rauschenbach, Thomas, Artikel „Ausbildung/Ausbildungen", in: *Kreft/Mielenz* (1996), Wörterbuch Soziale Arbeit, 78-83

Ringel, Erwin/Kirchmayr, Alfred, Religionsverlust durch religiöse Erziehung. Tiefenpsychologische Ursachen und Folgerungen, Wien u. a. 1985

Ritter, Werner/Rothgangel Martin (Hrsg.), Religionspädagogik und Theologie. Enzyklopädische Aspekte. Festschrift zum 65. Geburtstag für Professor Dr. Wilhelm Sturm, Stuttgart u. a. 1998

Rooß, Burkhard, Flexible Antworten! Projekte der Jugendsozialarbeit vom BDKJ im Erzbistum Berlin, in: *Wedell* (1997), Gemeinsam sind wir Kirche, 94-98

Rössner, Lutz, Theorie der Sozialarbeit. Ein Entwurf, München ²1975

Rössner, Lutz, Erziehungs- und Sozialarbeitswissenschaft. Eine einführende Systemskizze, Freiburg 1977

Rothe, Marga, Das Soziotop und seine Bedeutung für die Jugend- und Familienhilfe, in: Zentralblatt für Jugendrecht 71 (1984) 9, 387-392

Rüttiger, Gabriele (Hrsg.), Schulpastoral, München 1992 (= Benediktbeurer Beiträge zur Jugendpastoral, hrsg. von *Lechner, Martin u.a.*, Bd.3)

Ruppert, Godehard, Kirchengeschichte und Religionspädagogik - Exemplarität oder Vollständigkeit?, in: *Ritter, Werner u.a.* (1998), Religionspädagogik und Theologie, S. 340-351,

Salesianer Don Boscos (Hrsg.), Leitlinien. Arbeiten im Geiste Don Boscos, München/Köln 1996

Salomon, Alice, Soziale Diagnose, Berlin 1926

Salustowicz, Piotr, Ohne Forschung keine Wissenschaft, in: Blätter der Wohlfahrtspflege 142 (1995) 1/2, 10-13

Sauer, Ralf, Mystik des Alltags. Jugendliche Lebenswelt und Glaube, Freiburg u.a. 1990

Sayer, Josef/Biesinger, Albert, Von lateinamerikanischen Gemeinden lernen, München 1988

Schaefer-Hagenmaier, Theresia, Von der Kreisfürsorgerinnenschule zur Katholischen Fachhochschule NW, Abteilung Münster, in: *Katholische Fachhochschule Nordrhein-Westfalen, Abteilung Münster* (1992), Theorie und Praxis sozialer und pädagogischer Lehre im Blickpunkt, 11-62

Schäflein, Karljörg, Weihnachten 96. Brief zum Weihnachtsfest und neuen Jahr, München 20.12.96

Schatteburg, Uta (Hrsg.), Aushandeln, Entscheiden, Gestalten - Soziale Arbeit, die Wissen schafft, Hannover 1994

Schatz, Klaus, Zwischen Säkularisation und Zweitem Vatikanum. Der Weg des deutschen Katholizismus im 19. und 20. Jahrhundert, Frankfurt a.M. 1986

Schepping, Johanna, Christlich orientierte Sozialerziehung, Donauwörth 1981

Scherpner, Hans (Hrsg.), Theorie der Fürsorge, Göttingen 1962

Scherr, Albert, Subjektorientierte Jugendarbeit, Weinheim; München 1997

Scherr, Albert, Subjektivität und Anerkennung. Grundzüge einer Theorie der Jugendarbeit, in: *Kiesel, Doron/ Scherr, Albert/Thole, Werner (Hrsg.)*,

Standortbestimmung Jugendarbeit. Theoretische Orientierungen und empirische Befunde, Schwalbach 1998, S. 147-163,

Schibilsky, Michael (Hrsg.), Kursbuch Diakonie, Neukirchen-Vluyn 1991

Scheilke, Christoph Th./Schweitzer, Friedrich (Hrsg), Kinder brauchen Hoffnung. Religion und Alltag des Kindergartens, Gütersloh 1999

Scheilke, Christoph Th., Interreligiöser Unterricht. Eine Zwischenbilanz 1998, in: PthI 19 (1999) 51-62.

Schleinzer, Annette, Die Liebe ist unsere einzige Aufgabe. Das Lebenszeugnis von Madeleine Delbrêl, Ostfildern 1994

Schlüter, Wolfgang, Sozialphilosophie für helfende Berufe, München u. a. 1983

Schmälzle, Udo F., Caritasmitarbeiter verwirklichen Kirche, in: Caritas 97 (1996) 6, 261-275

Schmälzle, Udo F., Das neue religiöse Bewußtsein als pastorale Herausforderung, in: *Kochanek* (1996), Religion und Glaube, 95-127

Schmidt, Hans-Ludwig, Theorien der Sozialpädagogik. Kritische Bestandsaufnahme vorliegender Entwürfe und Konturen eines handlungstheoretischen Neuansatzes, Rheinstetten 1981

Schmidtchen, Gerhard, Was den Deutschen heilig ist. Religiöse und politische Strömungen in der Bundesrepublik Deutschland, München 1979

Schmidtchen, Gerhard, Ethik und Protest, Moralbilder und Wertkonflikte junger Menschen, Opladen 1992

Schnackenburg, Rudolf, Artikel Kirche, in: LTHK Bd. 6, Freiburg 1961, Sp. 167-188

Schreiben des Geschäftsführers der Stiftung „Katholische Bildungsstätten für Sozialberufe in Bayern e.V.", Herrn Josef Draxinger, betreffend die „Theologische Zusatzausbildung für Sozialarbeiter/Sozialpädagogen an der Katholischen Stiftungsfachhochschule München (Abteilungen Benediktbeuern und München) vom 1.12.1978. Archiv der KSFH München, Abteilung Benediktbeuern

Schulz, Ehrenfried/Brosseder, Hubert/Wahl, Heribert (Hrsg.), Den Menschen nachgehen. Offene Seelsorge als Diakonie in der Gesellschaft. Hans Schilling zum 60. Geburtstag von Freunden, Schülern und Kollegen, St. Ottilien 1987

Schütz, Christian, Praktisches Lexikon der Spiritualität, Freiburg u. a. 1992

Schütze, Fritz, Sozialarbeit als ‚bescheidene' Profession, in: *Dewe u. a.* (1992), Erziehen als Profession, 132-170

Schwab, Ulrich, Familienreligiosität. Religiöse Traditionen im Prozeß der Generationen, Stuttgart u.a. 1995 (= Praktische Theologie heute, hrsg. von *G. Bitter u.a.,* Bd.23)

Schwarze, Bernd, Die Religion der Rock- und Popmusik. Analysen und Interpretationen, Stuttgart u.a. 1997

Schweitzer, Friedrich/Nipkow, Karl-Ernst/Faust-Siehl, Gabriele/Krupka, Bernd, Religionsunterricht und Entwicklungspsychologie. Elementarisierung in der Praxis, Gütersloh 1995

Schweitzer, Friedrich, Praktische Theologie, Kultur der Gegenwart und die Sozialwissenschaften - Interdisziplinäre Beziehungen und die Einheit der Disziplin, in: *Nipkow u. a.* (1991), Praktische Theologie und Kultur der Gegenwart, 170-184

Schweitzer, Friedrich, Nachdenken, in: *Scheilke u. a. (1999),* Kinder brauchen Hoffnung, 137-166

Seibert, Horst, Die christlichen Wurzeln sozialer Arbeit, in: Soziale Arbeit 34 (1985) 8, 386-392

Seraphisches Liebeswerk Altötting (Hrsg.), Seraphisches Liebeswerk Altötting 1889-1989. Festschrift zum 100jährigen Bestehen des Seraphischen Liebeswerkes 1989, Eichstätt o.J.

Söderblom, Kerstin, Grenzgängerinnen. Die Bedeutung von christlicher Religion in den Lebensgeschichten lesbischer Frauen in (West-)Deutschland, in: *Fechtner/Haspel* (1998), Religion in der Lebenswelt der Moderne, 48-66

Solltmann, Idamarie, Sollen und können weltanschauliche Kräfte und Überzeugungen in der Familienfürsorge wirksam werden?, in: Ungelöste Fragen der Wohlfahrtspflege, Köln 1929, 14-38 (= Veröffentlichungen des Vereins katholischer deutscher Sozialbeamtinnen, H. 1)

Sommer, Regina, Lebensalltag und gelebte Religion von Frauen. Konsequenzen einer geschlechtsspezifischen Betrachtungsweise für die Praktische Theologie, in: *Fechtner/Haspel* (1998), Religion in der Lebenswelt der Moderne, 28-47

Sommer, Regina, Lebensgeschichte und gelebte Religion von Frauen. Eine qualitativ-empirische Studie über den Zusammenhang von biographischer Struktur und religiöser Orientierung, Stuttgart u.a. 1998

Sommerfeld, Peter, Soziale Arbeit - Grundlagen und Perspektiven einer eigenständigen wissenschaftlichen Disziplin, in: *Merten u. a.* (1996), Sozialarbeitswissenschaft, 21-54

Staub-Bernasconi, Silvia, Ist Soziale Arbeit zu einfach oder zu komplex, um theorie- und wissenschaftswürdig zu sein? Ein Beitrag der Frauenbewegung zur Professionalisierung der Sozialarbeit/Sozialpädagogik, in: *Pfaffenberger/Schenk* (1989), Sozialarbeit zwischen Berufung und Beruf, 131-171

Staub-Bernasconi, Silvia, Soziale Arbeit als eine besondere Art des Umgangs mit Menschen, Dingen und Ideen. Zur Entwicklung einer handlungstheoretischen Wissensbasis Sozialer Arbeit, in: Sozialarbeit 18 (1986) 10, 2-71

Staub-Bernasconi, Silvia, Zur Zukunft sozialer Arbeit, in: Nachrichtendienst des Deutschen Vereins für öffentliche und private Fürsorge 69 (1989) 4, 127-137

Staub-Bernasconi, Silvia, Stellen Sie sich vor: Markt, Ökologie und Management wären Konzepte einer Theorie und Wissenschaft Sozialer Arbeit, in: *Lewkowicz* (1991), Neues Denken in der sozialen Arbeit, 12-45

Staub-Bernasconi, Silvia, Soziale Arbeit als Gegenstand von Theorie und Wissenschaft, in: *Wendt* (1994), Sozial und wissenschaftlich arbeiten, 75-104

Staub-Bernasconi, Silvia, Das fachliche Selbstverständnis Sozialer Arbeit - Wege aus der Bescheidenheit. Soziale Arbeit als „Human Rights Profession", in: *Wendt* (1995), Soziale Arbeit im Wandel ihres Selbstverständnisses, 57-80

Staub-Bernasconi, Silvia, Systemtheorie, Soziale Probleme und Soziale Arbeit: lokal, international, Bern 1995

Steinhauf, Bernhard, Das Verhältnis der Kirche zu den Menschenrechten: Der Versuch einer historischen Antwort, in: *Bucher u. a.* (1998), In Würde leben, 123-139

Steinkamp, Hermann, Diakonie. Kennzeichen der Gemeinde, Freiburg 1985

Steinkamp, Hermann, Selbst ‚wenn die Betreuten sich ändern'. Das Parochialprinzip als Hindernis für Gemeindebildung, in: Diakonia 19 (1988) 2, 78-89

Steinkamp, Hermann, Sozialpastoral, Freiburg 1991

Steinkamp, Hermann, Diakonisches Handeln, in: *Arens* (1994), Gottesrede - Glaubenspraxis, 131-149

Steinkamp, Hermann, Solidarität und Parteilichkeit. Für eine neue Praxis in Kirche und Gemeinde. Mainz 1994

Stock, Hans, Elementartheologie, in: *W. Böcker u. a. (1987),* Handbuch Religiöser Erziehung, Bd. 2, 452-466

Strohm, Theodor, Ist Diakonie lehrbar? Plädoyer für ein neues Verständnis der theologischen Ausbildung, in: *Schibilsky* (1991), Kursbuch Diakonie, 145-160

Süddeutsche Provinz der Salesianer Don Boscos (Hrsg.), Jugendpastoralkonzept, München 1990

Thiersch, Hans, Die Erfahrung der Wirklichkeit. Perspektiven einer alltagsorientierten Sozialpädagogik, Weinheim u.a. 1986

Thiersch, Hans, Lebensweltorientierte Soziale Arbeit. Aufgaben der Praxis im sozialen Wandel, Weinheim u.a. 1992

Thiersch, Hans, Lebenswelt und Moral. Beiträge zur moralischen Orientierung Sozialer Arbeit, Weinheim u.a. 1995

Thiersch, Hans/Rauschenbach, Thomas, Stichwort Sozialpädagogik/Sozialarbeit: Theorie und Entwicklung, in: *Eyferth u. a.* (1984), Handbuch zur Sozialarbeit/Sozialpädagogik, 984-1016

Thiersch, Hans/Grunwald Klaus, (Hrsg.), Zeitdiagnose Soziale Arbeit. Zur wissenschaftlichen Leistungsfähigkeit der Sozialpädagogik in Theorie und Ausbildung, Weinheim u.a. 1995

Thole, Werner, Das Unbehagen bleibt. „Sozialarbeitswissenschaft" - Modell zur Lösung der Identität sozialpädagogischer Theorie und Praxis?, in: *Puhl* (1996), Sozialarbeitswissenschaft, 149-166

Tillmann, Jan, Sozialarbeitswissenschaft im Werden, in: *Schatteburg* (1994), Aushandeln, Entscheiden, Gestalten, 17-50

Tillmann, Jan, Sozialarbeitswissenschaft als Basis der Curriculumentwicklung, in: Soziale Arbeit 44 (1995) 9/10, 317-324

Tschamler, Herbert, Wissenschaftstheorie. Eine Einführung für Pädagogen, Bad Heilbrunn (3. erw. und überarb. Aufl.) 1996 ([1]1977)

Ulke, Karl-Dieter (Hrsg.), Ist Sozialarbeit lehrbar? Zum wechselseitigen Nutzen von Wissenschaft und Praxis, Freiburg 1988

Ullrich, Lothar (Hrsg.), Aspekte eines christlichen Menschenbildes, Erfurt 1991, 20-30 (= Erfurter Theologische Schriften, hrsg. von *W. Ernst und K. Feiereis*, Bd.21)

„... und der Fremdling, der in deinen Toren ist", Bonn 1997 (= Gemeinsame Texte, hrsg. vom *Sekretariat der Deutschen Bischofskonferenz*, H. 12)

Ungelöste Fragen der Wohlfahrtspflege, Köln 1929, 14-38 (= Veröffentlichungen des Vereins katholischer deutscher Sozialbeamtinnen, H. 1)

Unsere Hoffnung. Ein Bekenntnis zum Glauben in dieser Zeit, in: *Bertsch u. a. (1976)*, Gemeinsame Synode der Bistümer in der Bundesrepublik Deutschland, 84-111

Vahsen, Friedhelm G. (Hrsg.), Paradigmenwechsel in der Sozialpädagogik?!, Bielefeld 1992

Van der Ven, Johannes A., Unterwegs zu einer empirischen Theologie, in: Fuchs (1984), Theologie und Handeln, 102-128

Van der Ven, Johannes A./Ziebertz, Hans-Georg (Hrsg.), Paradigmenwechsel in der Praktischen Theologie, Weinheim 1993

Verband katholischer Einrichtungen der Heim- und Heilpädagogik e.V. (Hrsg.), Heimerziehung als Dienst der Kirche, Freiburg 1995 (= Beiträge zur Erziehungshilfe, H. 11)

Verband Katholischer Einrichtungen und Dienste für körperbehinderte Menschen e.V. (Hrsg.), Bilder, die uns leiten. Wege zu einem Leitbild, Freiburg 1994

Vereinigung der Deutschen Ordensoberen (VDO), Schulpastoral in katholischen Schulen in freier Trägerschaft (Orden) in der Bundesrepublik Deutschland. Grundlagentext, in: *Rüttiger (1992)*, Schulpastoral, 21-26

Vögtle, Anton, Die Dynamik des Anfangs. Leben und Fragen der jungen Kirche, Freiburg 1988

Völkl, Richard, Nächstenliebe. Die Summe der christlichen Religion?, Freiburg 1987

Volz, Fritz-Rüdiger, ‚Lebensführungshermeneutik'. Zu einigen Aspekten des Verhältnisses von Sozialpädagogik und Ethik, in: Neue Praxis 23 (1993) 1/2, 25-31

Wagner, Antonin, Zur Debatte um eine eigenständige Sozialarbeitswissenschaft. Wissenschaftstheoretische Anmerkungen, in: Soziale Arbeit 44 (1995) 9/10, 290-297

Waldenfels, Hans, Art. Kontextuelle Theologie, in: *Müller/Sundermeier* (1987), Lexikon missionstheologischer Grundbegriffe, 224-230

Waldenfels, Hans, Religion und christlicher Glaube - eine alte, ewig neue Spannung? Fundamentaltheologische Überlegungen, in: *Kochanek* (1996), Religion und Glaube, 77 -93

Weber, Franz (Hrsg.), Frischer Wind aus dem Süden. Impulse aus den Basisgemeinden, Innsbruck u.a. 1998

Weber, Franz, „Option für die Armen". Zu-tat oder pastoraltheologische Grundentscheidung? Antrittsvorlesung. Innsbruck, 05. Mai 1998, Manuskript 31 S.

Weber, Wilhelm, Art. Sozialtheologie, in: *Klose u. a.* (1980), Katholisches Soziallexikon, Sp. 2797-2802

Wedell, Michael (Hrsg.), Gemeinsam sind wir Kirche. 50 Jahre BDKJ im Erzbistum Berlin, Berlin 1997

Wendt, Wolf Rainer, Ökologie und soziale Arbeit, Stuttgart 1982

Wendt, Wolf Rainer, Ökosozial denken und handeln. Grundlagen und Anwendungen in der Sozialarbeit, Freiburg 1990

Wendt, Wolf Rainer, Sozialarbeit zwischen Moral und Management. Wie können wir fit sein für beides?, in: *Lewkowicz* (1991), Neues Denken in der sozialen Arbeit, 47-60

Wendt, Wolf Rainer (Hrsg.), Sozial und wissenschaftlich arbeiten. Status und Positionen der Sozialarbeitswissenschaft, Freiburg 1994

Wendt, Wolf Rainer (Hrsg.), Soziale Arbeit im Wandel ihres Selbstverständnisses: Beruf und Identität, Freiburg 1995

Wendt, Wolf Rainer, Der Praxisbezug der Sozialarbeitswissenschaft, in: Soziale Arbeit 44 (1995) 9/10, 307-317

Wendt, Wolf Rainer, Wissen ordnen für die soziale Arbeit, in: Blätter der Wohlfahrtspflege 142 (1995) 1/2, 5-7

Werbick, Jürgen, Glaube im Kontext. Prolegomena und Skizzen zu einer elementaren Theologie (= Studien zur praktischen Theologie Bd. 26, Zürich 1983

Werbick, Jürgen, Vom entscheidend und unterscheidend Christlichen, Düsseldorf 1992

Werbick, Jürgen, Kirche. Ein ekklesiologischer Entwurf für Studium und Praxis, Freiburg 1994

Weyand, Adolf, Anthropologie, in: *Knapp (1980),* Die wissenschaftlichen Grundlagen der Sozialarbeit und Sozialpädagogik, 13-29

Wiesner, Joachim, Kirchliches Engagement der Studenten des Sozialwesens im Vergleich Kölner Fachhochschulen. Resultate einer Explorationsstudie, in: Forum Katholische Fachhochschule Nordrhein-Westfalen Nr. 14, 10/96, 25-26

Wils, Jean-Pierre (Hrsg.), Wozu denn Theologie? Versuche wider die Resignation. Mit Beiträgen von Alfons Maurer, Urs Baumann, Herbert Niehr, Karl-Josef Kuschel, Hermann-Josef Stipp und Jean-Pierre Wils, Tübingen 1996

Winkel, Rainer, Brauchen Kinder Religion? Oder: Von Arpinum bis Flossenbürg, in: Erziehen heute 47 (1997) 1, 2-12.

Wohlfarth, Albert, Christliches Menschenbild im Kranken- und Altenbesuchsdienst, in: Caritas 93 (1992) 4, 169-174

Wohlgenannt, Lieselotte, Frau - Thema der katholischen Soziallehre?, in: *Palaver* (1991), Centesimo anno, 141-161

Wolf, Antonius, Die Frage nach Menschenbildern und Erziehungszielen, in: Lebendige Katechese 11 (1989) 1, 1-8

Wollasch, Hans-Josef, Caritasverband und katholische Kirche in Deutschland. Zur Bedeutung des ‚Anerkennungsbeschlusses' der Fuldaer Bischofskonferenz vom Jahre 1916, in: Jahrbuch des Deutschen Caritasverbandes 1972, Freiburg o. J., 59-75

Wollasch, Hans-Josef, „Der an sich schöne Gedanke der Charitas" und die Geburtswehen des Verbandes 1897, in: Jahrbuch des Deutschen Caritasverbandes 1988, Freiburg 1987, 311-333

Wollasch, Hans-Josef, „Sociale Gerechtigkeit und christliche Charitas". Leitfiguren und Wegmarkierungen aus 100 Jahren Caritasgeschichte, Freiburg 1996

Wollenweber, Horst (Hrsg.), Sozialpädagogische Theoriebildung. Quellenband, Paderborn u.a. 1983

Wollenweber, Horst (Hrsg.), Modelle sozialpädagogischer Theoriebildung, Paderborn u.a. 1983

Zeller, Susanne, Maria von Graimberg. Vierzig Jahre Sozialarbeiterinnenausbildung in Heidelberg, Freiburg 1989

Zerfaß, Rolf, Organisierte Caritas als Herausforderung an eine nachkonziliare Theologie, in: *Schulz u. a.* (1987), Den Menschen nachgehen, 321-348

Zerfaß, Rolf, Das Evangelium gehört den Armen. Ökumenische Ressourcen diakonischer Arbeit, in: *Schibilsky* (1991), Kursbuch Diakonie, Neukirchen-Vluyn 1991, 299-308

Zerfaß, Rolf, Lebensnerv Caritas. Helfer brauchen Rückhalt, Freiburg 1992

Zerfaß, Rolf, Die kirchlichen Grundvollzüge - im Horizont der Gottesherrschaft, in: *Konferenz der bayerischen Pastoraltheologen* (1994), Das Handeln der Kirche in der Welt von heute, 51-89

Zerfaß, Rolf, Mitarbeiterinnen und Mitarbeiter im kirchlichen Dienst - ein Qualitätsmerkmal für Heimerziehung. Thesenblatt zum Referat bei der 21. Bundestagung Heim- und Heilpädagogik vom 16.-18.09.97 in Würzburg, Manuskript, 1 S.

Zerfaß, Rolf, Praktische Theologie als Handlungswissenschaft, in: *Klostermann/Zerfaß* (1974), Praktische Theologie heute, 164-177

Ziebertz, Hans-Georg, Sozialarbeit und Diakonie. Eine empirisch-theologische Studie zu Identitäts- und Legitimationsproblemen kirchlicher Sozialberufe. Weinheim 1993

Ziebertz, Hans-Georg/Tzscheetzsch, Werner (Hrsg.), Religionsstile Jugendlicher, München 1997 (= Studien zur Jugendpastoral, hrsg. von *K. Bopp u.a.,* Bd.2)

Zink, Dionys, Aufforderung zur Konstitution von Sozialarbeitswissenschaft an Fachhochschulen, in: *Ulke* (1988), Ist Sozialarbeit lehrbar?, 40-54

Zu Fragen der Stellung der Frau in Kirche und Gesellschaft, Bonn 1981 (= Die deutschen Bischöfe, hrsg. vom *Sekretariat der Deutschen Bischofskonferenz,* H. 30)

Zukunft der Schöpfung - Zukunft der Menschheit, Bonn 1980 (= Die deutschen Bischöfe, hrsg. vom *Sekretariat der Deutschen Bischofskonferenz,* H. 28)

Zulehner, Paul Michael, „Leutereligion". Eine neue Gestalt des Christentums auf dem Weg durch die 80er Jahre?, Wien 1982

Zulehner, Paul Michael, Das Gottesgerücht. Bausteine für eine Kirche der Zukunft, Düsseldorf 1987

Zulehner, Paul Michael, Pastoraltheologie, Bd.1: Fundamentalpastoral, Düsseldorf 1989

Zulehner, Paul Michael/Denz, Hermann, Wie Europa lebt und glaubt. Europäische Wertestudie, Düsseldorf 1993

Vorlesungsverzeichnisse

Katholische Fachhochschule Berlin (Hrsg.), Vorlesungsverzeichnisse der Winter- und Sommersemester der Jahre 1991 bis 1997, Berlin (jeweiliges Jahr)

Katholische Universität Eichstätt, Vorlesungsverzeichnisse der Winter- und Sommersemester im Zeitraum von WS 1990/91 bis SS 1997, Eichstätt (jeweiliges Jahr)

Rektor der Katholischen Fachhochschule Freiburg, Prof. Dr. Herbert Pielmaier (Hrsg.), Verzeichnisse der Lehrveranstaltungen der Winter- und Sommersemester im Zeitraum von WS 1990/91 bis SS 1997, Freiburg (jeweiliges Jahr)

Die Rektorin (Hrsg.), Katholische Fachhochschule Mainz. Personen- und Studienverzeichnisse der Winter- und Sommersemester im Zeitraum von WS 1990/91 bis SS 1997, Mainz (jeweiliges Jahr)

Hochschulen Benediktbeuern. Philosophisch-Theologische Hochschule der Salesianer Don Boscos Benediktbeuern - Theologische Fakultät - und Katholische Stiftungsfachhochschule München, Abteilung Benediktbeuern (Hrsg.), Personal- und Vorlesungsverzeichnisse der Winter- und Sommersemester im Zeitraum von WS 1990/91 bis SS 1997, Ensdorf (jeweiliges Jahr)

Katholische Stiftungsfachhochschule München, Vorlesungs- und Personenverzeichnisse der Winter- und Sommersemester im Zeitraum von WS 1990/91 bis SS 1997, München (jeweiliges Jahr)

Katholische Fachhochschule Norddeutschland, Personal- und Vorlesungsverzeichnisse der Winter- und Sommersemester im Zeitraum von WS 1990/91 bis SS 1997, o.O. (jeweiliges Jahr)

Katholische Fachhochschule Nordrhein-Westfalen - die Rektorin (Hrsg.), Personal- und Vorlesungsverzeichnisse der Winter- und Sommersemester im Zeitraum von WS 1990/91 bis SS 1997, Köln (jeweiliges Jahr)

Der Rektor der Katholischen Hochschule für Soziale Arbeit Saarbrücken (Hrsg.), Vorlesungsverzeichnisse der Winter- und Sommersemester im Zeitraum von WS 1990/91 bis SS 1997, Saarbrücken (jeweiliges Jahr)

Studienordnungen und Studienführer

Die Gründungsrektorin der Katholischen Fachhochschule Berlin (Hrsg.), Katholische Fachhochschule Berlin. Studienführer. Oktober 1991

Die Gründungsrektorin der Katholischen Fachhochschule Berlin (Hrsg.), Katholische Fachhochschule Berlin. Studienführer. Vorlesungsverzeichnis Sommersemester 92, Berlin 1992

Rektor der Katholischen Fachhochschule Berlin, Prof. Klaus Kliesch (Hrsg.), Studienführer 1995: Prüfungsordnung - Studienordnung - Praxisordnung, Berlin 1995

Der Präsident der Katholischen Universität Eichstätt, Ruprecht Wimmer (Hrsg.), Studienordnung für den Fachhochschulstudiengang Soziale Arbeit an der Fakultät für Sozialwesen der Katholischen Universität Eichstätt vom 1.10.1996, Eichstätt 1996

Rektor der Katholischen Fachhochschule Freiburg, Prof. Dr. Herbert Pielmaier (Hrsg.), Studien- und Prüfungsordnung der Katholischen Fachhochschule Freiburg - staatl. anerkannt - Hochschule für Sozialwesen, Religionspädagogik und Pflege. Vom 18. November 1993

Katholischen Stiftungsfachhochschule München - der Präsident (Hrsg.), Studienführer 1997/98 Soziale Arbeit der Katholischen Stiftungsfachhochschule München, Abteilung Benediktbeuern, Abteilung München, München 1997

Katholische Fachhochschule Nordrhein-Westfalen - die Rektorin (Hrsg.), Studienordnung des Studiengangs Sozialarbeit. Senatsbeschluß vom 23.2.1983, Köln 1983

Der Rektor der Katholischen Hochschule für Soziale Arbeit Saarbrücken (Hrsg.), Grundordnung, Praxisordnung, Diplomprüfungsordnung, Studienordnung, Oberhausen o.J.

Index

Adams, Karl August 199, 211
Akademie für Sozialarbeit der Stadt Wien 204, 213
Ammann, Maria 299
Arens, Edmund 201, 202, 291, 292
Arlt, Ilse 127
Baader, Dietmar 254
Baas, Britta 246
Bach, Ulrich 139, 254
Bachmann, Hans 139
Badry, Elisabeth 25
Banawiratma, Johannes Baptista 137, 138
Bardmann, Theodor M. 169
Bärenz, Reinhold 280
Baron, Rüdiger 25, 242
Bartholomäus, Wolfgang 286
Barz, Heiner 288
Bauer, Johannes B. 245
Baum, Hermann 38
Baumann, Urs 228
Baumgartner, Isidor 211, 212
Bäumler, Christof 150, 151, 152, 232
Beer, Peter 220, 228, 292
Beirer, Georg 287
Berger, Franz S. 240
Bertsch, Ludwig 251
Bieger, Eckhard 259
Biehl, Peter 231
Biemer, Günter 258, 260
Biesinger, Albert 254
Bily, Lothar 279, 302
Biser, Eugen 255, 302
Bitter, Gottfried 33, 211, 216, 279
Bleistein, Roman 230
Bock, Theresia 237
Böcker, Werner 232
Böckle, Franz 264, 265

Boff, Clodvis 253
Boff, Leonardo 253
Böhnisch, Lothar 239
Boismarmin, Christine de 284
Bopp, Karl 279, 284
Bopp, Linus 144
Bracht, Monika 188, 281, 285
Breuer, Karl Hugo 16, 25, 301
Brosseder, Hubert 39,
Brumlik, Micha 168, 177
Brunkhorst, Hauke 176, 177
Buch, Alois J. 258
Büchele, Herwig 270
Bucher, Rainer 271
Budde, Heiner 295
Bühlmann, Walter 291
Bundeskonferenz der Rektoren und Präsidenten kirchlicher Fachhochschulen in der Bundesrepublik Deutschland 163
Bundesministerium für Familie, Senioren, Frauen und Jugend 220
Busse, Ulrich 250
Büttgen, Christof 214
Camara, Dom Helder 254
Caplan, Gerald 188
Comenius-Institut 230, 231, 277
Corsa, Mike 29
Cremer, Ines 5, 16, 33
Daiber, Karl-Fritz 33, 234, 275, 305, 309
Degen, Johannes 24, 25, 26, 32, 305
Deissler, Alfons 258, 305
Denz, Hermann 275, 276
Deutscher Caritasverband 27, 30, 32
Deutscher Verein für öffentliche und private Fürsorge 237
Dewe, Bernd 181, 183, 184, 200, 205, 206, 207, 208, 213, 242, 275
Dinger, Wolfgang 228

Döring, Heinrich 228
Ebertz, Michael N. 27, 275, 276, 278, 288
Eder, Manfred 293, 295, 297
Eicher, Peter 140, 217, 253
Eikelmann, Thomas 17, 134, 169
Elsässer, Antonellus 262
Emunds, Bernhard 270,
Engelke, Ernst 17, 18, 35, 36, 39, 126, 128, 129, 131, 133, 135, 153, 154, 160, 168, 172, 186, 207, 221, 226, 232, 236, 306
Englert, Rudolf 277
Erath, Peter 35, 38, 129
Erler, Michael 153
Ernst, Wilhelm 258
Ertl, Heimo 268
Esser, Wolfgang C. 277
Exeler, Adolf 228
Eyferth Hans 201
Failing, Eckart 214, 279
Falk, Hans S. 155
Faust-Siehl, Gabriele 231
Fechtner, Kristian 277, 278
Feiereis, Konrad 258
Feige, Andreas 46
Ferchhoff, Wilfried 181, 183, 200, 213
Feth, Reiner 37, 38, 113
Fischer, Dietlind 277
Fraling, Bernhard 273
Fries, Heinrich 228, 258
Friesenhahn, Günter J. 153, 156
Friesl, Christian 222
Fuchs, Dieter 124
Fuchs, Gotthard 260, 283, 289
Fuchs, Ottmar 5, 16, 33, 39, 40, 198, 201, 207, 214, 215, 229, 232, 233, 234, 250, 271, 291
Funke, Dieter 5, 16, 33, 277
Furger, Franz 269, 270
Fürst, Walter 207, 211
Gabriel, Karl 27, 31, 188, 270, 275, 281, 288

Garhammer, Erich 258
Garijo-Guembe, Miguel M. 288, 289, 290
Gehrmann, Gerd 37, 134, 302
Generalsekretariat des Zentralkomitees der deutschen Katholiken 24, 245
Gerber, Uwe 255
Germain, Carel B. 155
Gertler, Thomas 259
Gielkens, Leo 298, 299
Gildemeister, Regine 159, 183, 213
Gitterman, Alex 155
Glatzel, Norbert 268
Gleissner, Harald 240
Gmünder, Paul 277
Göppner, Hans-Jürgen 129
Gordan, Paulus 255, 258
Greinacher, Norbert 207
Groothoff, Hans-Hermann 230
Gründel, Johannes 265
Grunwald Klaus 35, 127
Grünweller-Hofmann, Gudrun 239
Gutiérres, Gustavo 253
Haag, Fritz 184, 185
Habermas, Jürgen 28, 154
Hainz, Michael 268
Häring, Bernhard 291
Haslinger, Herbert 201, 202, 203, 214
Haspel, Michael 277, 278
Haupert, Bernd 29, 30, 37, 130, 204, 205, 206, 207, 209, 210, 214, 220
Heimbach-Steins, Marianne 270, 271, 272, 273, 274, 284
Heimbrock, Hans-Günter 8, 142, 143, 144, 146, 214, 232, 279
Heiner, Maja 155, 156, 189
Heitger, Marian 255
Heitkamp, Hermann 36, 37, 131
Heller, Andreas 11, 152
Helsper, Werner 279
Hemmerle, Klaus 249
Hengsbach, Franz 270

Henke, Thomas 201, 207, 208, 211
Henze, Barbara 262
Herbertz, Dieter 22
Hermanns, Manfred 16
Herriger, Norbert 188, 189, 193, 213
Hilpert, Konrad 32
Hobelsberger, Hans 275, 288
Höffner, Josef Kardinal 269
Hofmeier, Johannes 230
Hohmann, Stefan 239
Höhn, Hans-Joachim 222
Hohn-Morisch, Ludger 290
Hollstein, Walter 154
Homeyer, Josef 288
Hoppe, Rudolf 250
Hoppe, Thomas 271
Horstmann, Johannes 275
Horx, Matthias 222
Hundmeyer, Simon 79
Hünermann, Peter 260
Hungs, Franz-Josef 23, 30, 84, 88, 89, 148, 149, 150, 212
Hürten, Heinz 295, 296
Hutter, Andreas 17, 18, 38, 134, 169, 240, 241
Irrgang, Bernhard 274
Jakobi, Bernd 45, 47
Jasbinschek, Karl 199, 211
Johach, Helmut 155
Jörns, Klaus-Peter 279
Juritsch, Martin 255, 259
Kamphaus, Franz 181
Karrer, Leo 218
Kasper, Walter 210
Kaufmann, Franz-Xaver 275, 288, 294, 295
Kecskes, Robert 279
Kehl, Medard 288
Kerber, Walter 268
Kerkhoff, Engelbert 232
Khella, Karam 154

Kirchmayr, Alfred 278
Kirchner, Baldur 240
Klafki, Wolfgang 230
Klein, Franz 293, 296, 297
Klein, Stefanie 210, 215, 216
Kleinert, Ulfried 270
Klinger, Elmar 207, 217, 252, 255, 283, 290
Klos, M. Basina 34
Klose, Alfred 136
Klostermann, Ferdinand 207, 208
Klumker, Christian Jasper 127, 197
Klüsche, Wilhelm 199
Knapp, Wolfgang 168
Knobloch, Stefan 202, 207, 208, 209, 210, 214, 218
Knoll, Jörg 255
Kobi, Emil E. 144
Koch, Kurt 248, 249, 250, 253
Kochanek, Hermann 258, 275, 277
Koditek, Thomas 35, 161
Kögler, Ilse 279
Konferenz der bayerischen Pastoraltheologen 291
Kongregation der Dienerinnen der hl. Kindheit Jesu OSF 285
Korff, Wilhelm 274
Kraimer, Klaus 37
Krämer, Hans 168
Krämer, Werner 270
Kraus, Holger 45, 47
Kreft, Dieter 17, 236, 269
Krieger, Walter 290
Krockauer, Rainer 16, 33, 124, 152, 284, 298, 299
Kruip, Gerhard 270
Krupka, Bernd 231
Kügler, Joachim 271
Kuld, Lothar 277
Küng, Hans 230, 250, 266, 271, 282, 283
Kuschel, Karl-J. 228

Lachmann, Rainer 230, 231
Lämmermann, Godwin 231
Landwehr, Rolf 25, 242
Lange, Klaus 238
Leber, Aloys 144
Lechner, Martin 19, 20, 22, 27, 32, 33, 34, 124, 290, 291
Lehmann, Karl 210, 291
Lehner, Markus 294
Lemaire, Bernhard 239
Leutzsch, Martin 270
Lewkowicz, Marianne 37, 161, 171
Lienkamp, Andreas 260, 270, 289
Lob-Hüdepohl, Andreas 262, 263, 270
Lohff, Wenzel 230
Lohfink, Gerhard 289
Löwisch, Dieter-Jürgen 146
Lowy, Louis 131, 163
Lüders, Christian 182, 205
Luhmann, Niklas 26, 27, 29, 154, 170, 189
Lukas, Helmut 184
Lüssi, Peter 154, 156, 159, 164, 166, 167, 176, 177, 178, 184, 185, 186, 190, 191, 192, 211, 212, 240, 287,
Luther, Henning 208
Maier, Hugo 36, 37, 38, 127, 128, 295
Maier, Konrad 44, 45, 129, 134
Mantl, Wolfgang 136
Marburger, Helga 153
Marcuse, Herbert 137, 154, 293
Maurer, Alfons 223, 224, 227, 228
McGrath, Alister E. 196
Meinhold, Marianne 154, 156
Merten, Roland 35, 127, 128, 161, 199, 206
Mette, Norbert 140, 198, 201, 203, 207, 211, 214, 217, 218, 227, 231, 253
Metz, Johann Baptist 223, 245, 246, 247, 253, 293
Mielenz, Ingrid 17, 236, 269
Mödl, Ludwig 248, 280, 284

Mogge-Grotjahn, Hildegard 38
Möhring-Hesse, Matthias 270
Mollat, Michel 293
Mollenhauer, Klaus 154
Moltmann, Jürgen 224, 245, 251, 255
Morel, Julius 203
Mühlum, Albert 129, 133, 134, 153, 155, 156, 157, 164, 200, 209, 227
Müller, Burkhard 168, 238, 302, 304
Müller, Carl Wolfgang 17, 35, 194, 197, 234
Müller, Johannes 137, 138
Müller, Josef 211, 215
Müller, Karl 228
Müller, Klaus Dieter 37, 134, 302
Münchmeier, Richard 239
Münk, Hans J. 274
Nagel, Ernst 272
Nebel, Georg 155, 169, 199
Neboisa, Marianne 196, 285, 298, 301
Neundörfer, Karl 292
Nipkow, Karl-Ernst 198, 231
Nohl, Hermann 154
Obrecht, Werner 161, 162
Ochs, Robert 250
Olk, Thomas 25, 159
Olschowy, Gerhard 155
Oppl, Hubert 30, 155
Ortmann, Friedrich 238
Oschwald, Hanspeter 284
Oser, Fritz 277
Otto, Hans-Uwe 25, 26, 177, 185, 201, 206
Palaver, Wolfgang 270, 272
Pannenberg, Wolfhart 203, 256
Papenkort, Ulrich 156
Parow, Eduard 185
Peukert, Helmut 201, 203
Pfaffenberger, Hans 134, 158, 161, 184
Pfeifer-Schaupp, Hans-Ulrich 174, 176, 177
Philippi, Paul 143

Philosophisch-Theologischen Hochschule der Salesianer Don Boscos 20, 93, 279, 284
Ploier-Niederschick, Eduard 270
Poinsenet, Marie Dominique 284
Polak, Regina 222
Pompey, Heinrich 267, 268
Pongratz, Lieselotte 185
Prognos AG 28, 29
Provinzialat der Don Bosco Schwestern 22
Puhl, Ria 30, 35, 124, 127, 129, 200
Puschmann, Helmut 27
Radtke, Frank-Olav 183
Rahner, Karl 146, 147, 148, 207, 210, 230, 235, 252, 255, 256, 257, 258, 260, 281, 283, 284, 285, 286, 287
Rath, Matthias 156
Ratzinger, Josef 246, 248, 249, 252, 256, 284, 289, 291
Rauschenbach, Thomas 168, 201, 236
Rehn, Gerhard 185
Ringel, Erwin 278
Ritter, Werner 232
Rooß, Burkhard 32
Rössler, Dietrich 198
Rössner, Lutz 127, 131, 154
Rothe, Marga 155
Rothgangel Martin 232
Rupp, Horst F. 230
Ruppert, Godehard 232
Rüttiger, Gabriele 22
Salesianer Don Boscos 285
Salomon, Alice 176, 181, 196, 234
Salustowicz, Piotr 133
Sauer, Ralf 188, 214, 279
Sayer, Josef 254
Schaefer-Hagenmaier, Theresia 300
Schäflein, Karljörg 87
Schatteburg, Uta 131
Schatz, Klaus 294, 295, 296, 297
Scheilke, Christoph Th. 220, 226

Schenk, Manfred 161, 184
Schepping, Johanna 269
Scherpner, Hans 127, 154, 197
Scherr, Albert 181, 200
Schibilsky, Michael 26, 254
Schleinzer, Annette 284
Schlüter, Wolfgang 38, 178
Schmälzle, Udo F. 33, 34, 277
Schmid, Franz 22
Schmidt, Hans-Ludwig 153
Schmidtchen, Gerhard 246, 278, 288
Schnackenburg, Rudolf 289
Schneider, Siegfried 26, 185
Schöll, Albrecht 277
Schultheis, Franz 278
Schulz, Ehrenfried 39
Schütz, Alfred 205
Schütz, Christian 286
Schütze, Fritz 183
Schwab, Ulrich 279
Schwarz, Alois 290
Schwarze, Bernd 279
Schweitzer, Friedrich 198, 220, 226, 231
Schwendemann, Wilhelm 174, 176, 177
Sekretariat der Deutschen Bischofskonferenz 28, 31, 49, 215, 235, 265, 270, 271, 272, 273, 274, 279, 291
Seraphisches Liebeswerk Altötting 285
Söderblom, Kerstin 278
Solltmann, Idamarie 292
Sommer, Regina 277
Sommerfeld, Peter 35, 128, 161
Stallmann, Martin 230
Staub-Bernasconi, Silvia 15, 131, 154, 155, 156, 157, 158, 159, 161, 162, 163, 164, 166, 171, 172, 173, 176, 177, 178, 179, 180, 181, 182, 196, 197, 200, 212, 216, 261, 271, 306
Steinhauf, Bernhard 271
Steinkamp, Hermann 33, 140, 141, 198, 214, 217, 227, 253, 292
Steins, Georg 288

Stempin, Angela 16
Stipp, Hermann Josef 228
Stock, Hans 231, 232
Stüwe, Gerd 181, 200
Sundermeier, Theo 228
Thiersch, Hans 35, 127, 154, 156, 168, 174, 175, 182, 185, 189, 190, 191, 192, 201, 213, 216, 217, 218
Thole, Werner 127
Tillmann, Jan 39, 130, 133, 135, 136, 305
Tschamler, Herbert 153
Tzscheetzsch, Werner 279
Ulke, Karl-Dieter 128
Ullrich, Lothar 258
Vahsen, Friedhelm G. 127
Van der Ven, Johannes 198, 217
van Spankeren, Reinhard 139
Verband Katholischer Einrichtungen der Heim- und Heilpädagogik e.V. 22
Verband Katholischer Einrichtungen und Dienste für körperbehinderte Menschen 31, 34
Vereinigung der Deutschen Ordensoberen VDO 22
Voggeser, Winfried 22
Vögtle, Anton 288, 289
Volk, Richard 228
Völkl, Richard 33
Volz, Fritz-Rüdiger 168, 182, 184
von Spiegel, Hiltrud 156
Vorgrimler, Herbert 210, 252, 255, 258, 287

Wagner, Antonin 132
Wagner, Harald 270
Wahl, Heribert 39
Waldenfels, Hans 228
Weber, Franz 215, 253, 254
Weber, Wilhelm 136
Wedell, Michael 32, 276
Wendt, Wolf Rainer 15, 35, 126, 131, 132, 153, 155, 156, 158, 170, 171, 173, 177, 179, 206, 213, 235
Werbick, Jürgen 231, 248, 283, 289, 290
Weyand, Adolf 168
Wiemeyer, Joachim 270
Wiesner, Joachim 44, 45
Wils, Jean-Pierre 223, 227, 228
Winkel, Rainer 308, 309, 310
Wittstadt, Klaus 207
Wohlfarth, Albert 260
Wohlgenannt, Lieselotte 272
Wolf, Antonius 164, 166, 167
Wolf, Christof 279
Wollasch, Hans-Josef 296, 301
Wollenweber, Horst 153
Woltmann-Zingsheim, Bernd 155, 169, 199
Zahalka, Anna 22
Zeller, Susanne 196, 298, 299, 301
Zerfaß, Rolf 15, 16, 27, 39, 40, 207, 208, 240, 254, 291
Ziebertz, Hans-Georg 45, 46, 47, 48, 217, 279
Zink, Dionys 127, 128, 131
Zsifkovits, Valentin 136
Zulehner, Paul Michael 184, 208, 275, 276, 291